税收理论与实务

主　编　周亚蕊
副主编　王保林　陈俊岭
参　编　张玉辉　张　维　杨慧娟

河南大学出版社
HENAN UNIVERSITY PRESS
·郑州·

图书在版编目(CIP)数据

税收理论与实务/周亚蕊主编. --郑州:河南大学出版社,2021.6
ISBN 978-7-5649-4761-3

Ⅰ.①税… Ⅱ.①周… Ⅲ.①税收理论-中国-教材 ②税收管理-中国-教材 Ⅳ.①F812.42

中国版本图书馆 CIP 数据核字(2021)第 127052 号

责任编辑	柳　涛
责任校对	陈　巧
封面设计	郭　灿

出版发行	河南大学出版社			
	地址:郑州市郑东新区商务外环中华大厦 2401 号		邮编:450046	
	电话:0371-86059750(高等教育与职业教育出版分社)			
	0371-86059701(营销部)		网址:hupress.henu.edu.cn	
排　版	郑州市今日文教印制有限公司			
印　刷	广东虎彩云印刷有限公司			
版　次	2021 年 6 月第 1 版		印　次	2021 年 6 月第 1 次印刷
开　本	787mm × 1092mm　1/16		印　张	22
字　数	484 千字		定　价	52.00 元

(本书如有印装质量问题,请与河南大学出版社营销部联系调换)

前 言

税收是政府为了满足社会公共需要,凭借政治权力,强制、无偿地取得财政收入的一种重要形式。随着经济体制改革的不断深入,税收作用日益重要,对企业和居民的影响也越来越大。掌握税收理论与实务的理论、操作与技能对于从业者也越来越重要。本教材系统地介绍我国税收理论、税制体系、纳税申报技能等税收理论与实务知识。该课程是我国工商管理类专业体系中的一门核心课程。

本书作者既有一直从事税收理论与实务教学的高校双师型教授、副教授,又有长期从事税收实务规划的注册会计师、税务师、会计师。在教材结构体系、内容上力求突出重点、结合实务,达到理论与实务完美融合。本教材具有如下特点:

第一,法规最新。教材作者收集、整理了最新税法和政策,避免过时内容。并结合教学特点,以及应用型人才培养需要,对税收理论及涉税政策进行整理安排,既有利于学习者掌握税收理论及最新税收政策,又避免政策繁琐增加学习难度。

第二,案例丰富。结合教材内容安排,涉及每一实体税种安排一节纳税申报实务,结合案例,使学习者能够按照政策规定的纳税申报表进行纳税申报,巩固理论知识,拓展实操能力。

第三,学练结合。本教材为各章内容配备练习题及练习题参考答案,习题类型包括单项选择题、多项选择题、判断题、计算题、案例题等多种类型,使学习者在理论学习的同时,可以配套练习,巩固理论知识。

第四,体例新颖。本教材为授课教师免费提供配套教学课件,配套教学课件根据最新税收政策定期更新。并且为了拓展学习深度和广度,对于在教材中无法详细讲解的知识点,采用微信二维码扫描的方式,补充相关内容,便于使用者查阅。另外,教材中还插入作者平时积累的大量总结表格,便于使用者一目了然进行知识汇总和比较,达到融会贯通的效果。

本教材可作为高等院校工商管理类的专业教材;也可作为注册会计师、税务师、会计师等资格考试的参考用书;还可作为税务机关工作人员、税务中介机构从业人员、企业财税管理人员的工作实践参考用书。

本教材共分为五个单元,共十三章。第一单元包括第一章、第二章,介绍税收的基本概念、基本理论,以及税收征管制度等内容;第二单元包括第三至第六章,系统地介绍了我国现行税种的流转税,包括增值税、消费税、城市维护建设税和关税;第三单元包括第七章、第八章,系统地介绍了我国现行税种的所得税,包括企业所得税和个人所得税;第四单元包括第九至第十一章,系统地介绍了我国现行税种的资源税类,包括资源税、土地增值税、城镇土地使用税;第五单元包括第十二章、第十三章,系统地介绍了我国现行税种的财产税和行为税,财产税包括房产税、车船税,行为税包括印花税、契税、车辆购置税、环境保护税。

本教材第一章由王保林撰写;第二、第五、第六由杨慧娟撰写;第三章、第四章由张玉辉撰写;第七章、第八章第由周亚蕊撰写;第九、十章由陈俊岭撰写;第十一章、第十二章、第十三章由张维撰写;周亚蕊任本书主编,并对全部书稿修改定稿。

由于作者水平有限,疏漏和错误也在所难免,真诚希望广大读者对本书提出宝贵意见,以便今后作进一步的修订与完善。

编　者

2021 年 3 月

目 录

第一章 税收总论 ·· （1）
  第一节 税收的概念和特征 ·· （1）
  第二节 税收的分类 ··· （3）
  第三节 税收要素 ·· （4）
  第四节 税收原则 ·· （8）
  第五节 税收管理体制 ··· （10）

第二章 税收征收管理 ·· （14）
  第一节 税务登记 ··· （14）
  第二节 发票管理 ··· （18）
  第三节 纳税申报 ··· （21）
  第四节 税款征收 ··· （22）

第三章 增值税 ·· （29）
  第一节 增值税构成要素 ·· （30）
  第二节 增值税计算 ·· （50）
  第三节 增值税纳税申报实务 ··· （79）

第四章 消费税 ·· （95）
  第一节 消费税构成要素 ·· （95）
  第二节 消费税应纳税额计算 ··· （102）
  第三节 消费税纳税申报实务 ··· （116）

第五章 城市维护建设税法与教育费附加 ·· （125）
  第一节 城市维护建设税法 ·· （125）
  第二节 教育费附加和地方教育附加 ··· （127）

第六章 关 税 ··· （129）
  第一节 关税构成要素 ·· （129）

第二节　关税应纳税额的计算 …………………………………… (139)
第三节　关税纳税申报实务 ……………………………………… (145)

第七章　企业所得税 …………………………………………………… (147)

第一节　企业所得税构成要素 …………………………………… (147)
第二节　资产的税务处理 ………………………………………… (159)
第三节　企业所得税应纳税额的计算 …………………………… (164)
第四节　企业所得税纳税申报实务 ……………………………… (183)

第八章　个人所得税法 ………………………………………………… (205)

第一节　个人所得税构成要素 …………………………………… (205)
第二节　个人所得税计算 ………………………………………… (221)
第三节　个人所得税纳税申报实务 ……………………………… (246)

第九章　资源税 ………………………………………………………… (263)

第一节　资源税构成要素 ………………………………………… (263)
第二节　资源税应纳税额的计算 ………………………………… (269)
第三节　资源税纳税申报实务 …………………………………… (271)

第十章　土地增值税 …………………………………………………… (273)

第一节　土地增值税构成要素 …………………………………… (273)
第二节　土地增值税的计算 ……………………………………… (279)
第三节　土地增值税纳税申报实务 ……………………………… (287)

第十一章　城镇土地使用税 …………………………………………… (292)

第一节　城镇土地使用税构成要素 ……………………………… (292)
第二节　城镇土地使用税计算 …………………………………… (296)
第三节　城镇土地使用税纳税申报实务 ………………………… (296)

第十二章　财产税 ……………………………………………………… (299)

第一节　房产税 …………………………………………………… (299)
第二节　车船税 …………………………………………………… (305)
第三节　财产税纳税申报实务 …………………………………… (310)

第十三章　行为税 ……………………………………………………… (316)

第一节　印花税 …………………………………………………… (316)
第二节　契税 ……………………………………………………… (321)
第三节　车辆购置税 ……………………………………………… (326)

第四节 环境保护税 …………………………………………………（331）
第五节 行为税纳税申报实务 ………………………………………（337）

第一章 税收总论

学习目标
1. 掌握税收的概念和特征。
2. 了解税收的分类。
3. 掌握税收实体法要素包含内容。
4. 理解税收原则。
5. 了解税收管理体制。

第一节 税收的概念和特征

一、税收的概念

税收是政府为了满足社会公共需要,凭借政治权力,按照法律的规定,强制、无偿地参与社会剩余产品分配和再分配,取得财政收入的一种方式。理解税收的概念,需要注意以下几方面。

(一) 税收的本质是国家参与剩余产品分配、取得财政收入的方式

税收是财政收入的主要来源,是国家参与国民收入分配最主要、最规范的形式。获得财政收入是税收最原始、最基本的职能。当代各国主要通过征税来筹集财政资金,以提供公共物品,满足公共需求。

(二) 国家征税的依据是政治权力和法律规定

税收分配与一般的社会分配不同。税收分配是以国家为主体进行的分配,是国家凭借政治权力,依照法律规定进行的分配。政治权力是税收分配最根本的依据。税法是税收的存在形式,税收之所以必须采用法的形式,是由税收和法的本质与特性决定的。

(三) 征税的目的主要是满足社会公共需要

国家运用税收筹集财政收入,通过预算安排财政支出,为社会提供公共产品和公共服

务,发展科学、技术、教育、文化、卫生、环境保护和社会保障等事业,改善人民生活,加强国防和公共安全,为国家的经济发展、社会稳定和人民生活提供强大的物质保障。

二、税收的特征

税收的特征,亦称为"税收的形式特征",是指税收分配形式区别于其他财政分配形式的质的规定性。我国学者一般把税收的特征概括为"税收三性",即无偿性、强制性和固定性。其中无偿性是核心,强制性是其基本保障。

(一) 无偿性

税收的无偿性,是指国家征税以后对具体纳税人既不需要直接偿还,也不需要付出任何直接形式的报酬,纳税人从政府支付所获得利益通常与其支付的税款不完全成一一对应的比例关系。

无偿性是税收的关键特征,它使税收明显区别于国债等财政收入形式,从而决定了税收是国家筹集财政收入的主要手段,并由此成为调节经济和矫正社会分配不公的有力工具。

(二) 强制性

税收的强制性,是指税收是国家凭借其政治权力,通过法律形式对社会产品进行的强制性分配,而非纳税人的一种自愿行为。纳税人必须依法纳税,否则会受到法律制裁。

强制性是国家权力在税收上的法律体现,是国家取得税收收入的根本前提。正因为税收具有无偿性,才需要通过税收法律的形式规范征纳双方的权利和义务。

(三) 固定性

税收的固定性,是指国家通过法律形式预先规定了对什么征税及征税比例等税制要素,并保持其相对的连续性和稳定性。即使税制要素的具体内容会因经济发展水平、国家经济政策的变化而进行必要的改革和调整,但这种改革和调整也要通过法律形式事先规定,而且改革调整后要保持一定时期的相对稳定。

税收固定性对国家和纳税人都具有十分重要的意义。对国家来说,税收的相对固定可以保证财政收入的及时、稳定和可靠实现,可以防止国家不顾客观经济条件和纳税人的负担能力,滥用税法权力。对于纳税人来说,税收的相对固定可以保护其合法权益不受非法侵犯,增强其依法纳税的税收意识,同时也有利于纳税人通过税收筹划选择合理的经营规模、经营方式和经营结构等,降低经营成本,从而提高单位的经济效益。

第二节 税收的分类

税收作为政府的筹资工具有着多种多样的具体形式。基于不同的分类标准，通常将税收进行如下分类。

一、直接税和间接税

根据税负能否转嫁，税收可以分为直接税和间接税。

直接税是指由纳税人直接负担，不易转嫁的税种，如所得税类、财产税类等。直接税的税源比较固定，较易适用累进税率，对经济能起到重要的调节作用。

间接税是指纳税人能将税负转嫁给他人负担的税种，一般情况下，各种商品的课税均属于间接税。间接税的征税对象广泛，其税基宽，税收收入随经济的发展而不断增加。

这种分类的意义在于：在存在税负转嫁的情况下，会出现纳税人和负税人不一致的情况。这种情况对于税款征管不会造成影响，但是对于研究税收归宿、税法实效以及对宏观经济的影响等方面具有重要的意义。立法者必须考虑税收的转嫁效果，否则就可能达不到预期的征税目的。

二、从价税和从量税

根据计税依据的不同，税收可分为从价税和从量税。

从价税，也称为"从价计征"，是以征税对象价格为计税依据，其应纳税额随商品价格的变化而变化，能充分体现合理负担的税收政策，因而大部分税种均采用这一计税方法。

从量税，也称为"从量计征"，是以征税对象的数量、重量、体积等作为计税依据，其课税数额与征税对象数量相关而与价格无关，如城镇土地使用税、车船税等。我国现行税制以从价税为主。

这种分类的意义在于：从价税受价格变动的影响明显，与征税对象的数量也有紧密关系。从价税与差别比例税率配合，可以调节产品利润，调节产品结构；影响价格水平，以间接调节消费方向与结构，最终调节产业结构。在通货膨胀时期，从价税收入随价格上涨而增加，不会像从量税那样，造成税收的明显损失。从价税的计税价格，有含税价与不含税价之分。计税价格不同，税收对经济产生的影响也不同。

三、流转税、所得税、资源税、财产税和行为税

根据征税对象的性质和作用不同，税收可分为流转税、所得税、资源税、财产税、行为税五大类型。

流转税，是指以商品交换和提供劳务为前提，以商品流转额和非商品流转额为征税对象的税种，包括增值税、消费税、关税。流转税是我国税制体系中的主体税种。

所得税，是指以纳税人的所得或收益额为纳税对象的税种，包括企业所得税和个人所得税，主要是在国民收入形成后，对生产经营者的利润和个人的纯收入发挥调节作用。

资源税，是指以占有和开发国有自然资源获得的收入为征税对象的税种，包括资源税、土地增值税、城镇土地使用税、耕地占用税，主要是对因开发和利用自然资源差异而形成的级差收入发挥调节作用。

财产税，主要是对各种财产征税，包括房产税、车船税。

行为税，主要是对某些特定的行为征税从而达到不同的立法目的，如印花税、契税、车辆购置税、环境保护税。

四、价内税和价外税

根据计税价格中是否包含税款，从价计征的税种可以分为价内税和价外税。

价内税，是指在征税对象的价格之中包含税款的税。

价外税，是指税款独立于征税对象的价格之外的税。增值税和关税是典型的价外税，其他从价计征的税种均属于价内税。

价内税的税款是作为征税对象的商品或者劳务的价格的有机组成部分，该税款随商品交换价值或者服务的实现方可收回，随着商品的流转会有重复征税的可能。而价外税一般不存在重复征税，税负比价内税更容易转嫁。

第三节　税收要素

税收要素，又称为课税要素，是指国家征税必不可少的构成元素，是国家有效征税必须具备的条件。只有符合法定的税收要素，才可以征税。税收要素有助于实现税法理论的自足性。税收要素对纳税人权利的保护与征税权的制约同样重要，可以保证税法主体间利益的公平、有效与合理分配。

本章所指税收要素主要是指实体税制的要素，由于实体税制主要围绕对谁征税、对什么征税和征多少税这三个基本问题，因此，纳税人、征税对象、税率就成为实体税制所涉及的三个基本要素。本章涉及到的程序税制的若干要素有，纳税义务发生时间、纳税期限、纳税地点等。程序法要素是税收程序法必须规定的内容，是指在税收征管中，如何保障征税机关和纳税人行使各自的权利以及履行各自的义务的程序条件。

税收实体法要素一般包括总则、纳税义务人、征税对象、税目、税率、纳税环节、纳税期限、纳税地点、减税免税、罚则、附则等项目。

一、总则

总则主要包括立法依据、立法目的、适用原则等。例如,《耕地占用税法》规定,"为了合理利用土地资源,加强土地管理,保护耕地,制定本法。"此条突出了该法制定的目的,即"立法目的"。

二、纳税义务人

纳税义务人或纳税人又叫纳税主体,是税法规定的直接负有纳税义务的单位和个人。任何一个税种首先要解决的就是国家对谁征税的问题,如我国个人所得税法、增值税暂行条例的第一条,规定的都是该税种的纳税义务人。

与纳税人紧密联系的两个概念是代扣代缴义务人和代收代缴义务人。前者是指虽不承担纳税义务,但依照有关规定,在向纳税人支付收入、结算货款、收取费用时有义务代扣代缴其应纳税款的单位和个人,如出版社代扣作者稿酬所得的个人所得税等。如果代扣代缴义务人按规定履行了代扣代缴义务,税务机关将支付一定的手续费。反之,未按规定代扣代缴税款,造成应纳税款流失或将已扣缴的税款私自截留挪用、不按时缴入国库,一经税务机关发现,将要承担相应的法律责任。代收代缴义务人是指虽不承担纳税义务,但依照有关规定,在向纳税人收取商品或劳务收入时,有义务代收代缴其应纳税款的单位和个人。如消费税条例规定,委托加工的应税消费品,由受托方在向委托方交货时代收代缴委托方应该缴纳的消费税。

三、征税对象

征税对象又叫课税对象、征税客体,指税法规定对什么征税,是征纳税双方权利义务共同指向的客体或标的物,是区别一种税与另一种税的重要标志。如消费税的征税对象是消费税条例所列举的应税消费品,房产税的征税对象是房屋等。征税对象是税法最基本的要素,因为它体现着征税的最基本界限,决定着某一种税的基本征税范围,同时,征税对象也决定了各个不同税种的名称。如消费税、土地增值税、个人所得税等,这些税种因征税对象不同、性质不同,税种也就不同。征税对象按其性质的不同,通常可划分为流转额、所得额、资源、财产、特定行为等五大类,通常也因此将税收分为相应的五大类即流转税或称商品和劳务税、所得税、资源税、财产税和特定行为税。

四、税目

税目是在税法中对征税对象分类规定的具体的征税项目,反映具体的征税范围,是对课税对象质的界定。设置税目的目的首先是明确具体的征税范围,凡列入税目的即为应税项目,未列入税目的,则不属于应税项目。其次,划分税目也是贯彻国家税收调节政策的需要，国家可根据不同项目的利润水平以及国家经济政策等为依据制定高低不同的税率，以体现不同的税收政策。并非所有税种都需规定税目，有些税种不分课税对象的具体项目，一律按照课税对象的应税数额采用同一税率计征税款，因此一般无须设置税目，如企业所得税。有些税种具体课税对象比较复杂，需要规定税目，如消费税、印花税等。

五、计税依据

计税依据，是据以计算征税对象应纳税款的直接数量依据，它解决对征税对象课税的计算问题，是对课税对象的量的规定。如企业所得税应纳税额的基本计算方法是应纳税所得额乘以适用税率，其中，应纳税所得额是据以计算所得税应纳税额的数量基础，为所得税的税基。计税依据按照计量单位的性质划分，有两种基本形态：价值形态和物理形态。价值形态包括应纳税所得额、销售收入、营业收入等；物理形态包括面积、体积、容积、重量等。以价值形态作为税基，又称为从价计征，如生产销售高档化妆品应纳消费税税额是由高档化妆品的销售收入乘以适用税率计算产生，其税基为销售收入，属于从价计征的方法。另一种是从量计征，即直接按征税对象的自然单位计算，如城镇土地使用税应纳税额是由占用土地面积乘以单位税额计算产生，其税基为占用土地的面积，属于从量计征的方法。

六、税率

税率是对征税对象的征收比例或征收额度。税率是计算税额的尺度，也是衡量税负轻重与否的重要标志。我国现行的税率形式如表1-1所示。

表1-1 税率主要类别及形式

税率类别		具体形式	应用的税种
比例税率		单一比例税率 差别比例税率 幅度比例税率	增值税、城市维护建设税、企业所得税等
定额税率		按征税对象确定的计算单位直接规定固定的税额	城镇土地使用税、车船税等
累进税率	全额累进税率	（我国目前没有采用）	
	超额累进税率	把征税对象按数额大小分成若干等级，每一等级规定一个税率，税率依次提高，将纳税人的征税对象依所属等级同时适用几个税率分别计算，再将计算结果相加后得出应纳税款	个人所得税中的综合所得和经营所得
	全率累进税率	（我国目前没有采用）	
	超率累进税率	以征税对象数额的相对率划分若干级距，分别规定相应的差别税率，相对率每超过一个级距的，对超过的部分就按高一级的税率计算征税	土地增值税

【例1-1】下列说法不正确的是( )。
A. 征税对象是区分不同税种的重要标志
B. 税目是征税对象的具体化
C. 税率是衡量税负轻重与否的唯一标志
D. 纳税义务人即纳税主体
【答案】C

七、纳税环节

纳税环节主要指税法规定的征税对象在从生产到消费的流转过程中应当缴纳税款的环节。如流转税在生产和流通环节纳税、所得税在分配环节纳税等。纳税环节有广义和狭义之分。广义的纳税环节指全部课税对象在再生产中的分布情况。如资源税分布在资源开采或生产环节,商品税分布在生产或流通环节,所得税分布在分配环节等。狭义的纳税环节特指应税商品在流转过程中应纳税的环节。商品从生产到消费要经历诸多流转环节,各环节都存在销售额,都可能成为纳税环节。但考虑到税收对经济的影响、财政收入的需要以及税收征管的能力等因素,国家常常对在商品流转过程中所征税种规定不同的纳税环节。按照某种税征税环节的多少,可以将税种划分为一次课征制或多次课征制。

八、纳税期限

纳税期限是指税法规定的关于税款缴纳时间,即纳税时限方面的限定。税法关于纳税时限的规定,有三个相关概念:

一是纳税义务发生时间。纳税义务发生时间,是指应税行为发生的时间。如增值税条例规定采取预收货款方式销售货物的,其纳税义务发生时间为货物发出的当天。

二是纳税期限,纳税人每次发生纳税义务后,不可能马上去缴纳税款。税法规定了每种税的纳税期限,即每隔固定时间汇总一次纳税的时间。如增值税条例规定,增值税的具体纳税期限分别为1日、3日、5日、10日、15日、1个月或者1个季度。纳税人的具体纳税期限,由主管税务机关根据纳税人应纳税额的大小分别核定;不能按照固定期限纳税的,可以按次纳税。

三是缴库期限,即税法规定的纳税期满后,纳税人将应纳税款缴入国库的期限。如增值税暂行条例规定,纳税人以1个月或者1个季度为1个纳税期的,自期满之日起15日内申报纳税;以1日、3日、5日、10日或者15日为1个纳税期的,自期满之日起5日内预缴税款,于次月1日起15日内申报纳税并结清上月应纳税款。

九、纳税地点

纳税地点主要是指根据各个税种纳税对象的纳税环节和有利于对税款的源泉控制而规定的纳税人(包括代征、代扣、代缴义务人)的具体申报缴纳税收的地方。

十、减税免税

减税免税是对某些纳税人或课税对象的鼓励或照顾措施。减税是减征部分应纳税款；免税是免征全部应纳税款。减税免税规定是为了解决按税制规定的税率征税时所不能解决的具体问题而采取的一种措施，是在一定时期内给予纳税人的一种税收优惠，同时也是税收的统一性和灵活性相结合的具体体现。减免税是税率的重要补充，是税法普遍性与特殊性、统一性与灵活性的有机结合。减免税的具体形式有税基式减免、税率式减免和税额式减免三种。

1. 税基式减免

税基式减免是通过直接缩小计税依据实现的减免税，如起征点、免征额、项目扣除等形式。

2. 税率式减免

税率式减免是通过直接降低税率实现的减免税，如重新确定税率、选用其他税率、零税率等形式。

3. 税额式减免

税额式减免是通过直接减少应纳税额实现的减免税，具体包括全额免征、减半征收、核定减征率和核定减征额等。

即征即退是一种特殊方式的免税和减税，是指对按税法规定缴纳的税款，由税务机关在征税时部分或全部退还纳税人的一种税收优惠。先征后退又称先征后返，是指对按税法规定缴纳的税款，由税务机关征收入库后，再由税务机关或财政部门按规定的程序给予部分或全部退税或返还已纳税款的一种税收优惠。与即征即退相比，先征后退具有严格的退税程序和管理规定，但税款返还滞后，特别是在一些财政比较困难的地区，存在税款不能及时返还甚至政策落实不到位的问题。先征后退办法主要适用于缴纳流转税的纳税人和个别缴纳企业所得税的纳税人。即征即退仅限于缴纳增值税的个别纳税人。

十一、罚则与附则

罚则主要是指对纳税人违反税法的行为采取的处罚措施。附则一般都规定与该法紧密相关的内容，例如，税法的解释权、生效时间等。

第四节　税收原则

税收的基本原则是决定税收分配规律和国家意志，调整税收关系的法律基本准则，它对各项税法的制定和全部税法规范起统率作用，使众多的税法规范成为一个有机的整体。税收的基本原则包括以下内容。

一、税收法定原则

税收法定性原则,是指税法主体的权利义务必须由法律加以规定,税法的各类构成要素皆必须且只能由法律予以明确。税收法律主义贯穿税收立法和执法的全部领域,其内容包括税收要件法定原则和税务合法性原则。

税收要件法定原则是指有关纳税人、课税对象、课税标准等税收要件必须以法律形式作出规定,且有关课税要素的规定必须尽量明确。具体来说它要求:

(1) 国家对其开征的任何税种都必须由法律对其进行专门确定才能实施。

(2) 国家对任何税种征税要素的变动都应当按相关法律的规定进行。

(3) 征税的各个要素不仅应当由法律作出专门的规定,这种规定还应当尽量明确。如果规定的不明确则定会产生漏洞或者歧义,在税收的立法过程中对税收的各要素加以规定之后还应当采用恰当准确的用语,使之明确化,尽量避免使用模糊性的文字。

税收法定性原则是指税务机关按法定程序依法征税,不得随意减征、停征或免征,无法律依据不征税。

二、税收公平原则

税收公平原则包括税收横向公平和纵向公平,即税收负担必须根据纳税人的负担能力分配,负担能力相等,税负相同;负担能力不等,税负不同。税收公平原则源于法律上的平等性原则,所以许多国家的税法在贯彻税收公平原则时,都特别强调"禁止不平等对待"的法理,禁止对特定纳税人给予歧视性对待,也禁止在没有正当理由的情况下对特定纳税人给予特别优惠。

【例1-2】下列关于税收公平主义的说法,不正确的是( )。

A. 税收公平最基本的含义是,税收负担必须根据纳税人的负担能力分配,负担能力相等,税负相同

B. 纳税人的负担能力无论是否相等,税负都是相同的

C. 法律上的税收公平主义与经济上的税收公平较为接近,其基本思想内涵是相通的

D. 由于税收公平主义源于法律上的平等性原则,所以许多国家的税法在贯彻税收公平主义时,都特别强调"禁止不平等对待"的法理

【答案】B

【解析】税收负担必须根据纳税人的负担能力分配,负担能力相等,税负相同;负担能力不等,税负不同。

三、税收合作信赖主义原则

税收合作信赖主义原则,或称为"公众信任原则",其认为税收征纳双方的关系就其主流来看是相互信赖、相互合作的,而不是对抗性的。

一方面,纳税人应按照税务机关的决定及时缴纳税款,税务机关有责任向纳税人提供完整的税收信息资料,征纳双方应建立起密切的税收信息联系和沟通渠道;另一方面,没有充足的依据,税务机关不能提出对纳税人是否依法纳税有所怀疑,纳税人有权利要求税务机关予以信任,纳税人也应信赖税务机关的决定是公正和准确的,税务机关作出的法律解释和事先裁定,可以作为纳税人缴税的根据,当这种解释或裁定存在错误时,纳税人并不承担法律责任,甚至纳税人因此而少缴的税款也不必再补缴。

四、实质课税原则

实质课税原则,是指应根据纳税人的真实负担能力决定纳税人的税负,不能仅考核其表面上是否符合课税要件。也就是说,在判断某个具体的人或事件是否满足课税要件,是否应承担纳税义务时,不能仅受其外在形式的蒙蔽,而要深入探求其实质,如果实质条件满足了课税要件,就应按实质条件的指向确认纳税义务。反之,如果仅仅是形式上符合课税要件,而实质上并不满足时则不能确定其负有纳税义务。

之所以提出这一原则,是因为纳税人是否满足课税要件,其外在形式与内在真实之间往往会因一些客观因素或纳税人的刻意伪装而产生差异。例如,《企业所得税法》规定,纳税人通过转让定价等手段减少应税所得的,税务机关核定应纳税所得额,并据以计算应纳税额。实质课税原则的意义在于防止纳税人逃避税收,以增强税法适用的公正性。

五、税收效率原则

税收效率原则包含两方面内容。税收的经济效率,是从税收与经济关系角度,将税收置于经济运行过程之中,考察税收对社会资源和经济运行机制的影响状况。检验税收经济效率的标准,是使税收的额外负担最小化和额外收益最大化。税收作为政府强制、无偿地占有一部分社会产品的再分配形式,对于纳税人的经济行为总会存在程度不同的影响。如果征税对市场经济运行产生了不良影响,干扰了私人消费和生产的正常决策,同时改变了相对价格和个人行为,就产生了税收在经济机制运行方面的额外负担。

税收的行政效率,亦称为"税收本身的效率",它通过一定时期税收成本与税收收入的对比加以衡量。提高税收效率的关键,一是力求税制简明、易懂,尽量降低纳税人的履行成本;二是建立健全先进、科学的税收管理体系,不仅要有一套针对纳税人而设计的强有力的税务稽查系统,而且也应具备对于税务人员行之有效的管理、监督机制。

第五节 税收管理体制

税收管理体制是在各级国家机构之间划分税收管理权限的制度。税收管理权限的划分有纵向划分和横向划分的区别。纵向划分是指税权在中央与地方国家机构之间的划分；横向划分是指税权在同级立法、司法、行政等国家机构之间的划分。

税收管理权限，包括税收立法权、税收法律法规的解释权、税种的开征或停征权、税目和税率的调整权、税收的加征和减免权等。如果按大类划分，可以简单地将税收管理权限划分为税收立法权和税收执法权两类。

一、我国税收立法权的划分

（1）全国性税种的立法权，即全部中央税、中央与地方共享税和在全国范围内征收的地方税税法的制定、公布和税种的开征、停征权，税收征收管理基本制度的设立属于全国人民代表大会（以下简称全国人大）及其常务委员会（以下简称常委会）。

（2）经全国人大及其常委会授权，全国性税种可先由国务院以"条例"或"暂行条例"的形式发布施行。经一段时期后，再行修订并通过立法程序，由全国人大及其常委会正式立法。

（3）经全国人大及其常委会授权，国务院有制定税法实施细则、增减税目和调整税率的权力。

（4）经全国人大及其常委会的授权，国务院有税法的解释权；经国务院授权，国家税务主管部门（财政部、国家税务总局及海关总署）有税收条例的解释权和制定税收条例实施细则的权力。

（5）经国务院授权，省级人民政府有本地区地方税法的解释权和制定税法实施细则，调整税目、税率的权力，也可在上述规定的前提下，制定一些税收征收办法，还可以在全国性地方税条例规定的幅度内，确定本地区适用的税率或税额。上述权力除税法解释权外，在行使后和发布实施前须报国务院备案。

二、税收立法程序

税收立法程序是指有权的机关，在制定、认可、修改、补充、废止等税收立法活动中，必须遵循的法定步骤和方法。

目前我国税收立法程序主要包括以下几个阶段：

1. 提议阶段

无论是税法的制定，还是税法的修改、补充和废止，一般由国务院授权其税务主管部门（财政部、国家税务总局及海关总署）负责立法的调查研究等准备工作，并提出立法方案或税法草案，上报国务院。

2. 审议阶段

税收法规由国务院负责审议。税收法律在经国务院审议通过后，以议案的形式提交全国人民代表大会常务委员会的有关工作部门，在广泛征求意见并做修改后，提交全国人民代表大会或其常务委员会审议通过。

3. 通过和公布阶段

税收行政法规，由国务院审议通过后，以国务院总理名义发布实施。税收法律，在全国人民代表大会或其常务委员会开会期间,先听取国务院关于制定税法议案的说明,然后经过讨论,以简单多数的方式通过后,以国家主席名义发布实施。

三、税务管理机构设置

根据1994年分税制财政管理体制的需要,中央政府设立国家税务总局(正部级),省及省以下税务机构分为国家税务局和地方税务局两个系统。

根据2018年国务院机构改革方案,省级和省级以下国税、地税机构将合并,具体承担所辖区内各项税收、非税收入征管等职能。国税、地税合并后,实行以国家税务总局为主与省(区、市)人民政府双重领导管理体制。

四、税收征收管理范围划分

目前,我国的税收分别由税务、海关系统负责征收管理。其权限划分如表1-2所示。

表1-2 我国的税收征管权限划分

征管主体	征管的税种
税务系统	增值税;消费税;车辆购置税;城市维护建设税;企业所得税;个人所得税;资源税;城镇土地使用税;耕地占用税;土地增值税;房产税;车船税;印花税;契税;烟叶税;环境保护税
海关	关税;船舶吨税;代征进出口环节的增值税、消费税

五、税收收入归属划分

根据国务院关于实行分税制财政管理体制的规定,我国的税收收入分为中央政府固定收入、地方政府固定收入和中央政府与地方政府共享收入。收入具体划分如表1-3所示。

表1-3 我国税收收入归属划分

收入归属	税 种
中央固定收入	消费税(含进口环节海关代征部分);车辆购置税;关税;船舶吨税;海关代征的进口环节增值税
地方固定收入	房产税;城镇土地使用税;耕地占用税;土地增值税;车船税;契税;烟叶税;环境保护税
中央、地方共享收入	增值税(不含海关代征的增值税);城市维护建设税;企业所得税;个人所得税(除储蓄存款利息所得的个人所得税外);印花税(证券交易印花税归中央,其他印花税归地方);资源税(海洋石油企业资源税归中央,其他资源税归地方)

其中,中央政府与地方政府共享收入分享比例如下:

(1) 增值税(不含进口环节由海关代征的部分):中央政府分享50%,地方政府分享 50%。

（2）企业所得税：中国铁路总公司（原铁道部）、各银行总行及海洋石油企业缴纳的部分归中央政府，其余部分中央与地方政府按 60% 与 40% 的比例分享。

（3）个人所得税：除储蓄存款利息所得的个人所得税外，其余部分的分享比例与企业所得税相同。

（4）资源税：海洋石油企业缴纳的部分归中央政府，其余部分归地方政府。

（5）城市维护建设税：中国铁路总公司、各银行总行、各保险总公司集中缴纳的部分归中央政府，其余部分归地方政府。

（6）印花税：证券交易印花税全部为中央收入，其他印花税收入归地方政府。

六、征税机关执法权

1. 税务检查权

税务检查是税务机关依据国家的税收法律、法规对纳税人等管理相对人履行法定义务的情况进行审查、监督的执法活动。有效的税务检查可以抑制不法纳税人的侥幸心理，提高税法的威慑力，减少税收违法犯罪行为，保证国家收入，维护税收公平与合法纳税人的合法利益。

2. 税务稽查权

税务稽查是税务机关依法对纳税人、扣缴义务人履行纳税义务、扣缴义务情况所进行的税务检查和处理工作的总称。税务稽查权是税收执法权的一个重要组成部分，也是整个国家行政监督体系中的一种特殊的监督权行使形式。

3. 税务行政复议裁决权

税务行政复议裁决权的行使是税收执法权的有机组成部分，该权力的实现对保障和监督税务机关依法行使税收执法权，防止和纠正违法或者不当的具体税务行政行为，保护纳税人和其他有关当事人的合法权益发挥着积极作用。根据《中华人民共和国行政复议法》《税收征收管理法》和其他有关规定，为了防止和纠正税务机关违法或者不当的具体行政行为，保护纳税人及其他当事人的合法权益，保障和监督税务机关依法行使职权，纳税人及其他当事人认为税务机关的具体行政行为侵犯其合法权益，可依法向税务行政复议机关申请行政复议；税务行政复议机关受理行政复议申请，作出行政复议决定。税务行政复议机关，是指依法受理行政复议申请，对具体行政行为进行审查并作出行政复议决定的税务机关。

4. 其他税收执法权

除上述税收执法权的几个方面之外，根据法律规定，税务机关还享有其他相关税收执法权。其中主要的有税务行政处罚权等。

第二章 税收征收管理

学习目标
1. 能够办理税务登记。
2. 能够进行发票管理。
3. 能够办理纳税申报。
4. 熟悉税款征收。

第一节 税务登记

税务登记又称纳税登记,是税务机关对纳税义务人的生产、经营活动进行登记并据此对纳税义务人实施税务管理的一种法定制度,是税务机关对纳税义务人实施税收管理的首要环节和基础工作,也是征纳税双方法律关系成立的依据和证明。

根据《中华人民共和国税收征收管理法》(以下简称《征管法》)和《税务登记管理办法》的规定,凡有法律、法规规定的应税收入、应税财产或应税行为的各类纳税义务人,均应当办理税务登记。扣缴义务人应当在发生扣缴义务时,到税务机关申报登记,领取扣缴税款凭证。税务登记包括:开业税务登记,变更税务登记,停业、复业税务登记,注销税务登记,跨区域涉税事项报验管理等。

一、开业税务登记

按照规定,除国家机关、个人(自然人)和无固定的生产经营场所的流动性农村小商贩外,具有应税收入、应税财产或应税行为的各类纳税人应在首次进行涉税事项时,到税务机关办理相关开业税务登记。

税务登记实行属地管理,纳税人应当到生产、经营所在地或者纳税义发生地的主管税务机关申报办理税务登记。非独立核算的分支机构也应当按照规定分别向生产、经营所在地税务机关办理开业税务登记。

(一)办理开业税务登记的时间要求

在领取"一照一码"营业执照后,企业无须再到质监、社保、统计等部门办理任何手续,但应在领取营业执照后15日内,将其财务、会计制度或处理办法报送主管税务机关备案,并向税务机关报告企业全部存款账号。

(二) 办理开业税务登记的程序

根据国家"一照一码"登记制度改革的规定:企业领取由工商行政管理部门核发加载法人和其他组织统一社会信用代码的"一照一码"营业执照后,不再领取税务登记证。企业在领取营业执照的同时,相关信息已通过工商行政管理部门共享到税务部门。但纳税人应在领取营业执照后15日内,去税务部门完成信息确认。在税务部门完成信息确认后,纳税人凭加载统一社会信用代码的营业执照即可代替税务登记证的使用。

(1) 纳税人去税务部门完成信息确认时,应提供"一照一码"营业执照原件和公章。其他需要提供的有关证件、资料,由省、自治区、直辖市税务机关确定。

(2) 纳税人填报"税务登记表"。纳税人领取并填报"税务登记表"。

二、变更税务登记

变更税务登记是纳税义务人税务登记内容发生重大变化时,向税务机关申报办理的税务登记手续。

(一) 变更税务登记的情形

1. 对于已领取"一照一码"营业执照的企业变更

在企业经营过程中,生产经营地、财务负责人、核算方式三项信息发生变化的,企业应向主管税务机关申请变更,不向工商登记部门申请变更。除上述三项情形外,企业在登记机关新设时采集的信息发生变更时,均由企业向工商登记部门申请变更。对于税务机关在后续管理中采集的涉及其他必要税务信息变更的情形,企业直接向税务机关申请变更。

2. 对于未领取"一照一码"营业执照的企业变更

对于未领取"一照一码"营业执照的企业申请变更登记或者换发营业执照的,税务机关应告知企业在税务信息确认机关变更申请,并换发载有统一社会信用代码的营业执照。原税务登记证由税务登记机关收缴、存档。生产经营地、财务负责人、核算方式三项信息发生变化的,企业可直接向主管税务机关申请变更。

对于未列入"一照一码"登记范围的依法设立的个体工商户及其他机关(编办、民政、司法等)变更事项的,仍按照原有税务业务流程操作。

(二) 变更税务登记的时间要求

(1) 纳税人已在工商行政机关办理变更信息确认的,应当自工商行政管理机关变更信息确认之日起30日内,向原税务信息确认机关申报办理变更税务信息确认。

(2) 纳税人按照规定不需要在工商行政管理机关办理变更信息确认,或者其变更信息确认的内容与工商信息确认内容无关的,应当自税务信息确认内容实际发生变化或者自有关机关批准变更之日起30日内,向原税务登记机关申报办理变更税务登记。

三、停业、复业税务登记

停业、复业税务登记,是纳税义务人暂停和恢复生产经营活动而办理的纳税登记。

(一) 停业、复业登记管理

实行定期定额征收方式的个体工商户需要停业的,应当在停业前向税务机关申报办理停业登记。纳税人的停业期限不得超过一年。

(二) 停业、复业登记流程

(1) 纳税人在申报办理停业登记时,应如实填写停业申请登记表,说明停业理由、停业期限、停业前的纳税情况和发票的领、用、存情况,并结清应纳税款、滞纳金、罚款。税务机关应收存其税务登记证件及副本、发票领购簿、未使用完的发票和其他税务证件。

(2) 纳税人在停业期间发生纳税义务的,应当按照税收法律、行政法规的规定申报缴纳税款。

(3) 纳税人应当于恢复生产经营之前,向税务机关申报办理复业登记,如实填写《停、复业报告书》,领回并启用税务登记证件、发票领购簿及其停业前领购的发票。

(4) 纳税人停业期满不能及时恢复生产经营的,应当在停业期满前向税务机关提出延长停业登记申请,并如实填写《停、复业报告书》。

四、注销税务登记

注销税务登记是纳税义务人税务登记内容发生根本性变化,需要终止履行纳税义务时,向税务机关申报办理的税务登记手续。

(一) 需要办理注销税务登记的情形

(1) 纳税人发生解散、破产、撤销以及其他情形,依法终止纳税义务的。

(2) 按规定不需要在工商行政管理机关或者其他机关办理注销登记的,但经有关机关批准或者宣告终止的。

(3) 被工商行政管理机关吊销营业执照或者被其他机关予以撤销登记的。

(4) 因住所、经营地点变动,涉及改变税务登记机关的。

(5) 外国企业常驻代表机构驻在期届满、提前终止业务活动的。

(6) 境外企业在中华人民共和国境内承包建筑、安装、装配、勘探工程和提供劳务,项目完工、离开中国的。

(7) 非境内注册居民企业经国家税务总局确认终止居民身份的。

(二) 纳税人办理时限

纳税人被工商行政管理机关吊销营业执照或者被其他机关予以撤销登记的,应当自营业执照被吊销或者被撤销登记之日起15日内,向原税务登记机关申报办理注销税务登记。

非境内注册居民企业经国家税务总局确认终止居民身份的,应当自收到主管税务机关书面通知之日起15日内,向主管税务机关申报办理注销税务登记。

(三)办理注销登记流程

1. 对于领取"一照一码"营业执照的企业办理注销税务登记

已实行"五证合一、一照一码"登记模式的企业办理注销税务登记,向主管税务机关申报清税,填写《清税申请表》。清税完毕后,纳税人持税务机关出具的《清税证明》办理后续工商注销事宜。

2. 对于未领取"一照一码"营业执照的企业办理注销税务登记

(1)纳税人发生解散、破产、撤销以及其他情形依法终止纳税义务的,应当在向工商行政管理机关办理注销登记前,持有关证件向原税务机关申报办理注销税务登记。按照规定不需要在工商行政管理机关办理注销的,应当自有关机关批准或者宣告终止之日起15日内,办理注销税务登记。

(2)纳税人因住所、经营地点变化而涉及改变税务登记机关的,应当在向工商行政管理机关申请办理变更或注销登记前,或者住所、经营地点变动前,向原税务登记机关申报办理注销税务登记并在注销税务登记之日起30日内向迁达地税务机关申报办理税务登记。

(3)纳税人被工商行政管理机关吊销营业执照或者被其他机关予以撤销登记之日起15日内,向原税务登记机关申报办理注销税务登记。

(4)非境内注册居民企业经国家税务总局确认终止居民身份的,应当自收到主管税务机关书面通知之日起15日内,向主管税务机关申报办理注销税务登记。

五、跨区域涉税事项报验管理

外出经营活动税收管理作为现行税收征管的一项基本制度,是税收征管法实施细则和增值税暂行条例规定的法定事项,也是落实现行财政分配体制、解决跨区域经营纳税人的税收收入及征管职责在机构所在地与经营地之间划分问题的管理方式,对维持税收属地入库原则、防止漏征漏管和重复征收具有重要作用。按照该项制度的管理实质,将其更名为"跨区域涉税事项报验管理"。

(一)纳税人跨区域经营前不再开具相关证明,改为填报《跨区域涉税事项报告表》

纳税人跨省(自治区、直辖市和计划单列市)临时从事生产经营活动的,不再开具《外出经营活动税收管理证明》,改向机构所在地的税务机关填报《跨区域涉税事项报告表》。纳税人在省(自治区、直辖市和计划单列市)内跨县(市)临时从事生产经营活动的,是否实施跨区域涉税事项报验管理由各省(自治区、直辖市和计划单列市)税务机关自行确定。

（二）取消跨区域涉税事项报验管理的固定有效期

税务机关不再按照 180 天设置报验管理的固定有效期，改按跨区域经营合同执行期限作为有效期限。合同延期的，纳税人可向经营地或机构所在地的税务机关办理报验管理有效期限延期手续。

（三）实行跨区域涉税事项报验管理信息电子化

跨区域报验管理事项的报告、报验、延期、反馈等信息，通过信息系统在机构所在地和经营地的国税机关之间传递，机构所在地的税务机关，经营地的税务机关之间均要实时共享相关信息。

第二节 发票管理

发票是会计核算的原始凭证，也是税务稽查的重要依据。《征管法》规定，税务机关是发票的主管机关，负责发票的印制、领购、开具、取得、保管、缴销的管理和监督。增值税专用发票由国务院税务主管部门指定的企业印制；其他发票，按照国务院税务主管部门的规定，分别由各省、自治区、直辖市国家税务局指定的企业印制。禁止私印、伪造、变造发票，禁止非法制造发票防伪专用品，禁止伪造发票监制章。

一、发票领购管理

（1）根据现行规定，依法办理税务登记的纳税义务人，在领取税务登记证件后，应向税务机关申请领购发票。申请领购发票的单位和个人，应当提出购票申请，提供经办人身份证明、税务登记证件或者其他有关证明以及财务印章或者发票专用章的印模，经主管税务机关审核后，发给发票领购簿。领购发票的单位和个人凭发票领购簿核准的种类、数量以及购票方式，向主管税务机关领购发票。

（2）需要临时使用发票的单位和个人，可以直接向税务机关办理。临时到外地（指本省、自治区、直辖市以外，下同）从事经营活动的单位和个人，应当凭所在地税务机关的证明，向经营地税务机关申请领购经营地的发票。

对外地来本辖区从事临时经营活动的单位和个人申请领购发票的，税务机关可以要求其提供保证人或者根据所领购发票的票面限额及数量缴纳不超过一万元的保证金，并限期缴销发票。按期缴销发票的，解除保证人的担保义务或者退还保证金；未按期缴销发票的，由保证人或者以保证金承担法律责任。保证人是指在中国境内具有担保能力的公民、法人或者其他经济组织。增值税专用发票只限于增值税一般纳税义务人领购使用。

二、发票的开具和保管

根据规定,销售商品、提供服务以及从事其他经营活动的单位和个人,对外发生经营业务收取款项,收款方应当向付款方开具发票。特殊情况下,由付款方向收款方开具发票。

普通发票的开具、使用和取得,应注意以下几点:

(1) 所有单位和从事生产、经营活动的个人在购买商品、接受服务以及从事其他经营活动支付款项,应当向收款方取得发票。取得发票时,不得要求变更品名和金额。

(2) 不符合规定的发票,不得作为财务报销凭证,任何单位和个人有权拒收。

(3) 开具发票应当按照规定的时限、顺序、栏目,全部联次一次性如实开具,并加盖发票专用章。任何单位和个人不得有下列虚开发票行为。

① 为他人、为自己开具与实际经营业务情况不符的发票。

② 让他人为自己开具与实际经营业务情况不符的发票。

③ 介绍他人开具与实际经营业务情况不符的发票。

(4) 安装税控装置的单位和个人,应当按照规定使用税控装置开具发票,并按期向主管税务机关报送开具发票的数据。使用非税控电子器具开具发票的,应当将非税控电子器具使用的软件程序说明资料报主管税务机关备案,并按照规定保存、报送开具发票的数据。国家推广使用网络发票管理系统开具发票,具体管理办法由国务院税务主管部门制定。

(5) 任何单位和个人应当按照发票管理规定使用发票,不得有下列行为:

① 转借、转让、介绍他人转让发票、发票监制章和发票防伪专用品。

② 知道或者应当知道是私自印制、伪造、变造、非法取得或者废止的发票而受让、开具、存放、携带、邮寄、运输。

③ 拆本使用发票。

④ 扩大发票使用范围。

⑤ 以其他凭证代替发票使用。

税务机关应当提供查询发票真伪的便捷渠道。

(6) 除国务院税务主管部门规定的特殊情形外,发票限于领购单位和个人在本省、自治区、直辖市内开具。省、自治区、直辖市税务机关可以规定跨市、县开具发票的办法。

(7) 除国务院税务主管部门规定的特殊情形外,任何单位和个人不得跨规定的使用区域携带、邮寄、运输空白发票。禁止携带、邮寄或者运输空白发票出入境。

(8) 开具发票的单位和个人应当建立发票使用登记制度,设置发票登记簿,并定期向主管税务机关报告发票使用情况。

(9) 开具发票的单位和个人应当在办理变更或者注销税务登记的同时,办理发票和发票领购簿的变更、缴销手续。

(10) 开具发票的单位和个人应当按照税务机关的规定存放和保管发票,不得擅自损毁。已经开具的发票存根联和发票登记簿,应当保存 5 年。保存期满,报经税务机关查验后销毁。

三、发票的检查

税务机关在发票管理中有权进行下列检查：
（1）检查印制、领购、开具、取得、保管和缴销发票的情况。
（2）调出发票查验。
（3）查阅、复制与发票有关的凭证、资料。
（4）向当事各方询问与发票有关的问题和情况。
（5）在查处发票案件时，对与案件有关的情况和资料，可以记录、录音、录像、照像和复制。

四、增值税电子普通发票的推广与应用

2016年1月1日期起，全国范围内使用增值税电子发票系统开具增值税电子发票。增值税电子普通发票的开票方和受票方需要纸质发票的，可以自行打印增值税电子普通发票的版式文件，其法律效力、基本用途、基本使用规定等与税务机关监制的增值税普通发票相同。

五、网络发票管理

网络发票是指符合国家税务总局统一标准并通过国家税务总局及省、自治区、直辖市国家税务局公布的网络发票管理系统开具的发票。国家积极推广使用网络发票管理系统开具发票。自2013年4月1日起：
（1）税务机关应根据开具发票的单位和个人的经营情况，核定其在线开具网络发票的种类、行业类别、开票限额等内容。开具发票的单位和个人需要变更网络发票核定内容的，可向税务机关提出书面申请，经税务机关确认，予以变更。
（2）开具发票的单位和个人开具网络发票应登录网络发票管理系统，如实完整填写发票的相关内容及数据，确认保存后打印发票。开具发票的单位和个人在线开具的网络发票，经系统自动保存数据后即完成开票信息的确认、查验。
（3）单位和个人取得网络发票时，应及时查询验证网络发票信息的真实性、完整性，对不符合规定的发票，不得作为财务报销凭证，任何单位和个人有权拒收。
（4）开具发票的单位和个人需要开具红字发票的，必须收回原网络发票全部联次或取得受票方出具的有效证明，通过网络发票管理系统开具金额为负数的红字网络发票。开具发票的单位和个人作废开具的网络发票，应收回原网络发票全部联次，注明"作废"，并在网络发票管理系统中进行发票作废处理。开具发票的单位和个人应当在办理变更或者注销税务登记的同时，办理网络发票管理系统的用户变更、注销手续并缴销空白发票。
（5）税务机关根据发票管理的需要，可以按照国家税务总局的规定委托其他单位通

过网络发票管理系统代开网络发票。税务机关应当与受托代开发票的单位签订协议,明确代开网络发票的种类、对象、内容和相关责任等内容。

(6)开具发票的单位和个人必须如实在线开具网络发票,不得利用网络发票进行转借、转让、虚开发票及其他违法活动。开具发票的单位和个人在网络出现故障,无法在线开具发票时,可离线开具发票。开具发票后,不得改动开票信息,并于48小时内上传开票信息。

(7)省以上税务机关在确保网络发票电子信息正确生成、可靠存储、查询验证、安全唯一等条件的情况下,可以试行电子发票。

第三节 纳税申报

纳税申报是纳税义务人按照税法规定的期限和内容,向税务机关提交有关纳税事项书面报告的法律行为,是纳税义务人履行纳税义务、界定纳税义务人法律责任的主要依据,是税务机关税收管理信息的主要来源和税务管理的重要制度。

一、纳税申报的对象

《征管法》规定,纳税申报的对象为纳税义务人(包括取得临时应税收入或发生应税行为的纳税义务人,享有减税、免税待遇的纳税义务人)和扣缴义务人。

二、纳税申报的内容

纳税义务人和扣缴义务人的纳税申报和代扣代缴、代收代缴税款报告的主要内容包括:税种、税目,应纳税项目或者应代扣、代收税款项目,适用税率或者单位税额,计税依据,抵扣项目、扣除项目及标准,应纳税额或者应代扣、代收税额,税款所属期限等。

三、纳税申报的期限

申报期限有两种:一种是法律、行政法规明确规定的;另一种是税务机关按照法律、行政法规的原则规定,结合纳税义务人生产经营的实际情况及其所应缴纳的税种等相关问题予以确定的。两种期限具有同等的法律效力。纳税义务人和扣缴义务人应按期、如实办理纳税申报。纳税义务人因有特殊情况,不能按期进行纳税申报的,经县以上税务机关核准,可以延期申报。经核准延期办理纳税申报的,应当在纳税期内按照上期实际缴纳的税额,或者税务机关核定的税额预缴税款,并在核准的延期内办理纳税结算。

四、纳税申报的要求

纳税义务人办理纳税申报时,应当如实填写《纳税申报表》,并根据不同情况相应报送有关证件、资料。如:财务会计报表及其说明材料;与纳税有关的合同(协议书、凭证);税控装置的电子报税资料;外出经营活动的跨区域涉税事项报告表及异地完税凭证、境内或者境外公证机构出具的有关证明文件;税务机关规定应当报送的其他证明、资料。

扣缴义务人办理代扣代缴、代收代缴税款报告时,应当如实填写代扣代缴、代收代缴税款报告表,并报送代扣代缴、代收代缴税款的合法凭证以及税务机关规定应当报送的其他证明、资料。

五、纳税申报的方式

目前纳税申报的方式主要有以下三种:
(1) 直接申报,是指纳税义务人自行到税务机关办理纳税申报。
(2) 邮寄申报,是指经税务机关批准的纳税义务人使用统一规定的纳税申报特快专递专用信封,通过邮政部门办理寄缴手续,并向邮政部门索取收据作为申报凭据的一种申报方式。邮寄纳税申报的具体日期以邮政部门收寄邮戳日期为准。
(3) 数据电文,是指经税务机关批准的纳税义务人经由电子手段、光学手段或类似手段生成、储存或传递的信息,这些手段包括电子数据交换、电子邮件、电报、电传或传真等。目前纳税义务人的远程申报,就是数据电文申报方式的一种形式。

六、延期申报的管理

延期申报是指纳税义务人、扣缴义务人不能按照税法规定的期限办理纳税申报或扣缴税款报告。纳税义务人因有特殊情况,不能按期进行纳税申报的,经县以上税务机关核准,可以延期申报。但应当在规定的期限内向税务机关提出书面延期申请,经税务机关核准,在核准的期限内办理。

经核准延期办理纳税申报的,应当在纳税期内按照上期实际缴纳的税额或者税务机关核准的税额预缴税款,并在核准的延期内办理纳税结算。

第四节 税款征收

税款征收是税务机关依照税收法律、法规的规定,将纳税义务人依法应纳的税款以及扣缴义务人代扣代缴、代收代缴的税款通过不同的方式组织征收入库的活动。它是征管工作的中心环节,是全部税收征管工作的目的和归宿。

一、税款征收方式

征收方式是税务机关根据各税种的不同特点、征纳税双方的具体条件而确定的计算征收税款的方法和形式。征收方式主要有：

（一）查账征收

查账征收是按纳税义务人提供的账表所反映的经营情况，依照适用税率计算税款的方式。适用于财务会计制度较健全，能够认真履行纳税义务的纳税单位。

（二）查定征收

查定征收是指税务机关根据纳税义务人的从业人员、生产设备、采用的原材料等因素，对其产制的应税产品查实核定产量、销售额并据以征收税款的方式。这种方式一般适用于账册不够健全，但是能够控制原材料或进销货的纳税单位。

（三）查验征收

查验征收是指税务机关对纳税义务人的应税商品，通过查验数量，按市场一般销售单价计算其销售收入并据以征税的方式。这种方式一般适用于经营品种比较单一，经营地点、时间和商品来源不固定的纳税单位。

（四）定期定额征收

定期定额征收是指税务机关通过典型调查，逐户确定营业额和所得额并据以征税的方式。这种方式一般适用于无完整考核依据的小型纳税单位。

（五）委托代征税款

委托代征税款是指税务机关委托代征人以税务机关的名义征收税款，并将税款缴入国库的方式。这种方式一般适用于小额、零散税源的征收。

（六）邮寄纳税

邮寄纳税是一种新的纳税方式。这种方式主要适用于那些有能力按期纳税，但采用其他方式纳税又不方便的纳税义务人。

（七）其他方式

随着现代征收媒介的发展，新的征收方式不断出现。如：利用网络申报、用IC卡纳税等方式。

二、税款征收措施

税款征收措施是指为保证税款及时征收入库所采取的措施。主要有加收滞纳金、核定应纳税额、税收保全措施、税收强制执行措施、出境清税、税款追征等。

（一）代扣代缴、代收代缴税款制度

（1）对法律、行政法规没有规定负有代扣代缴、代收代缴税款义务的单位和个人，税务机关不得要求其履行代扣代缴、代收代缴税款义务。

（2）税法规定的扣缴义务人必须依法履行代扣代缴、代收代缴税款义务，如果不履行义务，就要承担法律责任。除按《征管法》及其实施细则的规定给予处罚外，应当责成扣缴义务人将应扣未扣、应收未收的税款补扣或补收。

（3）扣缴义务人依法履行代扣代缴、代收代缴税款义务时，纳税义务人不得拒绝。纳税义务人拒绝的，扣缴义务人应当在1日之内报告主管税务机关处理。

（4）扣缴义务人代扣代缴、代收代缴税款只限于法律、行政法规规定的范围，并依照法律、行政法规规定的征收标准执行。

（5）税务机关按照规定付给扣缴义务人代扣代缴、代收代缴手续费。代扣代缴、代收代缴手续费只能由县（市）以上税务机关统一办理退库手续，不得在征收税款过程中坐支。

（二）延期缴纳税款制度

纳税义务人、扣缴义务人必须在税法规定的期限内缴纳、解缴税款。纳税义务人因有特殊困难，不能按期缴纳税款的，经省、自治区、直辖市税务局批准，可以延期缴纳税款，但最长不得超过3个月。同一笔税款不得滚动审批。特殊困难是指不可抗力和当前货币资金在扣除应付工资、社会保险费后，不足以缴纳税款。

纳税义务人需要延期缴纳税款的，应当在缴纳税款期限届满前提出申请，并报送有关材料：申请延期缴纳税款报告；当期货币资金余额情况；所有银行存款账户的对账单、资产负债表；应付工资和社会保险费等税务机关要求提供的支出预算。

税务机关应当自收到申请延期纳税报告之日起20日内做出批准或者不予批准的决定，不予批准的，从缴纳税款期限届满之日起加收滞纳金。

（三）税收滞纳金征收制度

纳税义务人必须按期缴纳税款。纳税义务人未按规定期限缴纳税款的、扣缴义务人未按规定期限解缴税款的，税务机关除责令限期缴款外，从滞纳税款之日起，按日加收滞纳金。加收税款滞纳金的起止时间为：从法律、行政法规规定或者税务机关依法确定的税款缴纳期限届满次日起，至纳税义务人、扣缴义务人实际缴纳或者解缴税款之日止。拒绝缴纳滞纳金的可以按不履行纳税义务实行强制执行措施，强制划拨或者强制征收。

(四)减免税收制度

减免税收必须有法律、行政法规的明确规定。地方各级人民政府,各级人民政府主管部门、单位和个人违反法律、行政法规的规定,擅自做出的减免税决定无效,税务机关不得执行,并向上级税务机关报告。纳税义务人申请减免税,应当向主管税务机关提出书面申请,并按规定报送有关材料。纳税义务人在享受减免税待遇期间仍应按规定办理纳税申报。减免税期满,纳税义务人应当自期满次日起恢复纳税。

(五)税额核定和税收调整制度

纳税义务人有下列情形之一的,税务机关有权核定其应纳税额。
(1)依照法律、行政法规的规定可以不设置账簿的。
(2)依照法律、行政法规的规定应当设置但未设置账簿的。
(3)擅自销毁账簿或者拒不提供纳税资料的。
(4)虽设置账簿,但账目混乱或者成本资料、收入凭证、费用凭证残缺不全,难以查账的。
(5)发生纳税义务,未按照规定的期限办理纳税申报,经税务机关责令限期申报,逾期仍不申报的。
(6)纳税义务人申报的计税依据明显偏低,又无正当理由的。

纳税义务人与关联企业之间的购销业务,不按照独立企业之间的业务往来作价的,税务机关可以按照下列顺序和确定的方法调整其计税收入额或者所得额,核定其应纳税额:①按照独立企业之间进行相同或者类似业务活动的价格;②按照再销售给无关联关系的第三者的价格所应取得的收入和利润水平;③按照成本加合理的费用和利润;④按照其他合理的方法。

采取以上任一种方法不足以正确核定应纳税额时,可以同时采取两种或两种以上的方法核定。

税收调整制度,主要指的是关联企业的税收调整制度。《征管法》规定,企业或者外国企业在中国境内设立的从事生产、经营的机构、场所与其关联企业之间的业务往来,应当按照独立企业之间的业务往来收取或者支付价款、费用。不按照独立企业之间的业务往来收取或者支付价款、费用,而减少其应纳税收入或者所得额的,税务机关有权进行合理调整。

纳税义务人与关联企业之间提供劳务,不按照独立企业之间业务往来收取或者支付劳务费用的,税务机关自该劳务发生的纳税年度起3年内进行调整;有特殊情况的,可以自该劳务发生的纳税年度起10年内进行调整。

税收调整制度的特殊情况可扫描二维码查阅。

（六）未办理税务登记的从事生产经营的纳税义务人以及临时从事经营的纳税义务人的税款征收制度

对未按照规定办理税务登记的从事生产、经营的纳税义务人以及临时从事生产经营的纳税义务人，由税务机关核定其应纳税额并责令缴纳。不缴纳的，税务机关可以扣押其价值相当于应纳税款的商品、货物。扣押后缴纳应纳税款的，税务机关必须立即解除扣押，并归还所扣押的商品货物。扣押后仍不缴纳税款的，经县以上税务局(分局)局长批准，依法拍卖或者变卖所扣押的商品、货物，以拍卖或者变卖所得抵缴税款。

（七）税收保全措施（如表2-1所示）

税收保全是税务机关对可能由于纳税义务人的行为或者某种客观因素造成的应征税款不能得到有效保证或难以保证的情况所采取的确保税款完整的措施。

《征管法》规定，税务机关有根据认为从事生产、经营的纳税义务人有逃避纳税义务行为的，可以在规定的纳税期限之前，责令限期缴纳应纳税款。在限期内发现纳税义务人有明显的转移、隐匿其应纳税商品、货物以及其他财产或者应纳税收入迹象的，税务机关可以责成纳税义务人提供纳税担保。如果纳税义务人不能提供纳税担保，经县以上税务局(分局)局长批准，税务机关可以采取下列税收保全措施：

（1）书面通知纳税义务人开户银行或者其他金融机构冻结纳税义务人的金额相当于应纳税款的存款。

（2）扣押、查封纳税义务人的金额相当于应纳税款的商品、货物或者其他财产。

纳税义务人在规定的限期内缴纳税款的，税务机关必须立即解除税收保全措施。期满仍未缴纳税款的，经县以上税务局(分局)局长批准，税务机关可以书面通知纳税义务人开户银行或者其他金融机构从其冻结的存款中扣缴税款，或者依法拍卖或者变卖所扣押、查封的商品、货物或者其他财产，以拍卖或者变卖所得抵缴税款。

税务机关采取税收保全措施不当，或者纳税义务人在限期内已缴纳税款，税务机关未立即解除税收保全措施，使纳税义务人的合法利益遭受损失的，税务机关应当承担赔偿责任。税收保全措施必须有法定的税务机关行使，不得由法定的税务机关以外的单位和个人行使。税务机关滥用职权采取税收保全措施，或者采取税收保全措施不当，使纳税义务人的合法权益遭受损失的，应当依法承担赔偿责任。

（八）税收强制执行措施（如表2-1所示）

《征管法》规定，从事生产、经营的纳税义务人、扣缴义务人未按照规定的期限缴纳或者解缴税款，纳税担保人未按照规定期限缴纳所担保的税款，由税务机关责令限期缴纳，逾期仍未缴纳的，经县级以上税务局(分局)局长批准，税务机关可以采取下列强制执行措施：

（1）书面通知其开户银行或者其他金融机构从其存款中扣缴税款。

（2）扣押、查封、依法拍卖或者变卖其价值相当于应纳税款的商品、货物或者其他财产，以拍卖或者变卖所得抵缴税款。

税务机关采取强制执行措施时,对上述所列纳税义务人、扣缴义务人、纳税担保人未缴纳的滞纳金同时强制执行。对纳税义务人、扣缴义务人和其他当事人偷税、抗税而少缴税款或者骗取的出口退税款,税务部门除可以无限期追征税款外,还可以采取税收强制执行措施。税务机关扣押商品、货物或者其他财产时,必须开付收据。查封商品、货物或者其他财产时,必须开付清单。税务机关将扣押、查封的商品、货物或者其他财产,拍卖或者变卖抵缴税款时,应当交由依法成立的拍卖机构拍卖或者交由商业企业按市场价格收购。强制执行措施必须由法定的税务机关行使,不得由法定税务机关以外的单位和个人行使。税务机关采取强制执行措施必须依照法定权限和法定程序,不得查封、扣押纳税义务人个人及其所抚养的家属维持生活必需的住房和用品。税务机关滥用职权采取强制执行措施,或者采取强制执行措施不当,使纳税义务人、扣缴义务人或者纳税担保人的合法权益遭受损失的,应当依法承担赔偿责任。

表2-1 税收保全措施与强制执行措施

对比分析		税收保全措施	税收强制执行措施
主要不同点	被执行人范围不同	只涉及从事生产、经营的纳税人	涉及从事生产、经营的纳税人,还涉及扣缴义务人、纳税担保人
	基本措施不同	(1)书面通知纳税人开户银行或者其他金融机构冻结纳税人的金额相当于应纳税款的存款 (2)扣押、查封纳税人的价值相当于应纳税款的商品、货物或其他财产	(1)书面通知其开户银行或者其他金融机构从其存款中扣缴税款 (2)扣押、查封、依法拍卖或者变卖其价值相当于应纳税款的商品、货物或其他财产,以拍卖或者变卖所得抵缴税款
	执行限度有差异	以应纳税额为限	纳税人、扣缴义务人、纳税担保人未缴纳的税额、滞纳金必须同时强制执行
主要相同点	批准级次相同	县以上税务局(分局)局长批准	
	基本人权保障相同	个人及其所扶养的家属维持生活必需的住房和用品,不在税收保全措施和强制执行措施范围之内	
两项措施之间的关系		税收强制执行措施与税收保全措施之间只有可能的连续关系,但没有必然的因果连续关系。也就是说,税收强制执行措施之前不一定有税收保全措施做铺垫,而税收保全措施的结果也不一定就是税收强制执行措施	

(九)欠税清缴制度

《征管法》规定,缓缴税款的审批权限集中在省、自治区、直辖市税务局。从事生产、经营的纳税义务人、扣缴义务人未按规定的期限缴纳或者解缴税款的,纳税担保人未按照规定的期限缴纳所担保的税款的,由税务机关发出限期缴纳通知书,责令缴纳或者解缴税款的最长期限不得超过15日。

欠缴税款的纳税义务人及其法定代表人需要出境的,应在出境前向税务机关结清应纳税款或者提供担保。未结清税款,又不提供担保的,税务机关可以通知出境管理机关阻止其出境。同时,根据国家实施主权管理的要求,建立改制纳税义务人欠税清缴制度、大额欠税处分财产报告制度、欠税公告制度等相关配套制度措施,以切实达到欠税清缴和离境清税的目的,防止欠缴税款的纳税义务人利用国家司法管辖和行政管辖在空间上的局限,逃避纳税。

(十) 税款的退还与追征制度

《征管法》规定,纳税义务人超过应纳税额缴纳的税款,税务机关发现后应立即退还。纳税义务人自结算缴纳税款之日起3年内发现的,可以向税务机关要求退还多缴的税款并加算银行同期存款利息,税务机关及时查实后应当立即退还。涉及从国库中退库的,依照法律、行政法规有关国库管理的规定退还。

因税务机关责任,致使纳税义务人、扣缴义务人未缴或者少缴税款的,税务机关可以要求纳税义务人、扣缴义务人补缴税款,但不得加收滞纳金。因纳税义务人、扣缴义务人计算错误等失误,未缴或者少缴税款的,税务机关在3年内可以追征税款、滞纳金,有特殊情况的,追征期可以延长到5年。其特殊情况是指纳税义务人、扣缴义务人计算错误等失误,未缴或者少缴、未扣或者少扣、未收或者少收税款,累计在10万元以上的。

对偷税、抗税、骗税的,税务机关追征其未缴或者少缴的税款、滞纳金或所骗取的税款,不受此规定限制。

补缴和追征期限自纳税义务人、扣缴义务人应缴未缴或少缴之日起计算。

第三章　增值税

学习目标

1. 掌握增值税的构成要素，能判断增值税一般纳税人和小规模纳税人，会判断增值税征税范围及适用税率。
2. 掌握一般计税方法下增值税销项税额、进项税额、进项税转出额和应纳税额的计算；掌握进口货物增值税应纳税额的计算。
3. 掌握简易计税方法下增值税应纳税额的计算。
4. 熟悉出口和跨境业务增值税退（免）税政策，会运用免抵退税办法和先征后退（免退税）的计算。
5. 能够办理增值税纳税申报。

增值税是以商品和劳务在流转过程中产生的增值额作为征税对象而征收的一种流转税。按照我国增值税法的规定，增值税是对我国境内销售货物或者加工、修理修配劳务（以下简称劳务）、销售服务、无形资产、不动产以及进口货物的单位和个人，就其销售货物、劳务、服务、无形资产、不动产的增值额和货物进口金额为计税依据而课征的一种流转税。增值税法是指国家制定的用以调整增值税征收与缴纳之间权利和义务关系的法律规范。

2019年11月27日财政部、税务总局发布《中华人民共和国增值税法（征求意见稿）》，向社会公开征求意见，意见稿具体内容可扫描二维码查阅。

第一节 增值税构成要素

一、增值税纳税人

(一) 纳税义务人和扣缴义务人

在中华人民共和国境内(以下简称境内)销售货物、劳务、服务、无形资产、不动产(以下统称为应税销售行为),进口货物的单位和个人,为增值税的纳税人。

单位,是指企业、行政单位、事业单位、军事单位、社会团体及其他单位。

个人,是指个体工商户和其他个人。

单位以承包、承租、挂靠方式经营的,承包人、承租人、挂靠人(以下统称承包人)以发包人、出租人、被挂靠人(以下统称发包人)名义对外经营并由发包人承担相关法律责任的,以该发包人为纳税人,否则以承包人为纳税人。

资管产品运营过程中发生的增值税应税行为,以资管产品管理人为增值税纳税人。

建筑企业与发包方签订建筑合同后,以内部授权或者三方协议等方式,授权集团内其他纳税人(以下称"第三方")为发包方提供建筑服务,并由第三方直接与发包方结算工程款的,由第三方缴纳增值税并向发包方开具增值税发票,与发包方签订建筑合同的建筑企业不缴纳增值税。发包方可凭实际提供建筑服务的纳税人开具的增值税专用发票抵扣进项税额。

中华人民共和国境外(以下称境外)单位和个人在境内发生应税交易,以购买方为扣缴义务人。

国务院另有规定的,从其规定。

【例 3-1】下列承包经营的情形中,应以发包人为增值税纳税人的是( )。
A. 以承包人名义对外经营,由承包人承担法律责任的
B. 以发包人名义对外经营,由发包人承担法律责任的
C. 以发包人名义对外经营,由承包人承担法律责任的
D. 以承包人名义对外经营,由发包人承担法律责任的

【答案】B

【解析】以承包、承租、挂靠方式经营的,承包人、承租人、挂靠人以发包人、出租人、被挂靠人名义对外经营并由发包人承担相关法律责任的,以该发包人为纳税人,否则以承包人为纳税人。

（二）一般纳税人与小规模纳税人

为简化增值税的计算和征收,也有利于减少税收征管漏洞,增值税法将增值税纳税人按会计核算水平和经营规模分为一般纳税人和小规模纳税人两类纳税人,分别采取不同的登记管理办法,如表3-1所示。

1. 一般纳税人

根据《增值税一般纳税人登记管理办法》的规定,增值税纳税人(以下简称纳税人),年应税销售额超过财政部、国家税务总局规定的小规模纳税人标准(以下简称"规定标准")的,除税法另有规定外,应当向主管税务机关办理一般纳税人登记。

年应税销售额,是指纳税人在连续不超过12个月或四个季度的经营期内累计应征增值税销售额,包括纳税申报销售额、稽查查补销售额、纳税评估调整销售额。

销售服务、无形资产或者不动产(以下简称"应税行为")有扣除项目的纳税人,其应税行为年应税销售额按未扣除之前的销售额计算。纳税人偶然发生的销售无形资产、转让不动产的销售额,不计入应税行为年应税销售额。

年应税销售额未超过规定标准的纳税人,会计核算健全,能够提供准确税务资料的,可以向主管税务机关办理一般纳税人登记。会计核算健全,是指能够按照国家统一的会计制度规定设置账簿,根据合法、有效凭证进行核算。

纳税人应当向其机构所在地主管税务机关办理一般纳税人登记手续。纳税人登记为一般纳税人后,不得转为小规模纳税人,国家税务总局另有规定的除外。

2. 小规模纳税人

小规模纳税人是指年应纳增值税销售额在规定标准以下,并且会计核算不健全,不能够准确提供会计核算资料和报送纳税资料的增值税纳税人。

增值税小规模纳税人标准为年应征增值税销售额500万元及以下。按照《中华人民共和国增值税暂行条例实施细则》第二十八条规定已登记为增值税一般纳税人的单位和个人,在2018年12月31日前,可转登记为小规模纳税人,其未抵扣的进项税额作转出处理。

一般纳税人转登记为小规模纳税人(以下称转登记纳税人)后,自转登记日的下期起,按照简易计税方法计算缴纳增值税。转登记日当期仍按照一般纳税人的有关规定计算缴纳增值税。

自转登记日的下期起连续不超过12个月或者连续不超过4个季度的经营期内,转登记纳税人应税销售额超过财政部、国家税务总局规定的小规模纳税人标准的,应当按照《增值税一般纳税人登记管理办法》(国家税务总局令第43号)的有关规定,向主管税务机关办理一般纳税人登记。

转登记纳税人按规定再次登记为一般纳税人后,不得再转登记为小规模纳税人,国家税务总局另有规定除外。

表 3-1 小规模纳税人与一般纳税人判断标准

	小规模纳税人	一般纳税人
标准	年应征增值税销售额 500 万元及以下	年应税销售额在标准以上
特殊情况	(1)其他个人(非个体工商户) (2)非企业性单位 (3)不经常发生应税行为的企业其中(1)是必须按小规模纳税人纳税,(2)、(3)可选择按小规模纳税人纳税	小规模会计核算健全,可以申请登记为一般纳税人

3. 一般纳税人与小规模纳税人的征税管理

除财政部、国家税务总局另有规定外,纳税人自一般纳税人生效之日起,按照增值税一般计税方法计算应纳税额,并可以按照规定领用增值税专用发票。小规模纳税义务人实行简易征税办法,一般不使用增值税专用发票。

【例 3-2】以下关于增值税一般纳税人和小规模纳税人划分的规定,表述不正确的有( )。

A. 个体工商户不需要办理增值税一般纳税人资格登记
B. 年应税销售额超过小规模纳税人标准的其他个人不得办理一般纳税人资格登记
C. 年应税销售额是指纳税人从 1 月 1 日到 12 月 31 日的年度销售额
D. 年应税销售额未超过小规模纳税人标准的企业,不能办理一般纳税人资格登记

【答案】ACD

二、增值税征税范围

根据《中华人民共和国增值税暂行条例》(以下简称《增值税暂行条例》)和《中华人民共和国增值税暂行条例实施细则》(以下称《增值税暂行条例实施细则》)和"营改增通知"的规定,增值税的征税范围包括在境内发生应税销售行为以及进口货物等。

(一) 征税范围的一般规定

1. 销售或进口货物

货物是指有形动产,包括电力、热力、气体在内。销售货物,是指有偿转让货物的所有权。

2. 销售劳务

加工是指受托加工货物,即委托方提供原料及主要材料,受托方按照委托方的要求制造货物并收取加工费的业务。修理修配是指受托对损伤和丧失功能的货物进行修复,使其恢复原状和功能的业务。

3. 销售服务

销售服务,是指提供交通运输服务、邮政服务、电信服务、建筑服务、金融服务、现代服务、生活服务。

附件：应税服务的具体范围

一、交通运输服务

交通运输服务，是指利用运输工具将货物或者旅客送达目的地，使其空间位置得到转移的业务活动。包括陆路运输服务、水路运输服务、航空运输服务和管道运输服务。

（1）陆路运输服务。陆路运输服务，是指通过陆路（地上或者地下）运送货物或者旅客的运输业务活动，包括铁路运输服务和其他陆路运输服务。

出租车公司向使用本公司自有出租车的出租车司机收取的管理费用，按照陆路运输服务缴纳增值税。

（2）水路运输服务。水路运输服务，是指通过江、河、湖、川等天然、人工水道或者海洋航道运送货物或者旅客的运输业务活动。

水路运输的程租、期租业务，属于水路运输服务。

程租业务，是指运输企业为租船人完成某一特定航次的运输任务并收取租赁费的业务。

期租业务，是指运输企业将配备有操作人员的船舶承租给他人使用一定期限，承租期内听候承租方调遣，不论是否经营，均按天向承租方收取租赁费，发生的固定费用均由船东负担的业务。

（3）航空运输服务。航空运输服务，是指通过空中航线运送货物或者旅客的运输业务活动。

航空运输的湿租业务，属于航空运输服务。

湿租业务，是指航空运输企业将配备有机组人员的飞机承租给他人使用一定期限，承租期内听候承租方调遣，不论是否经营，均按一定标准向承租方收取租赁费，发生的固定费用均由承租方承担的业务。

航天运输服务，按照航空运输服务缴纳增值税。

航天运输服务，是指利用火箭等载体将卫星、空间探测器等空间飞行器发射到空间轨道的业务活动。

（4）管道运输服务。管道运输服务，是指通过管道设施输送气体、液体、固体物质的运输业务活动。

无运输工具承运业务，按照交通运输服务缴纳增值税。

无运输工具承运业务，是指经营者以承运人身份与托运人签订运输服务合同，收取运费并承担承运人责任，然后委托实际承运人完成运输服务的经营活动。

二、邮政服务

邮政服务，是指中国邮政集团公司及其所属邮政企业提供邮件寄递、邮政汇兑和机要通信等邮政基本服务的业务活动。包括邮政普遍服务、邮政特殊服务和其他邮政服务。

（1）邮政普遍服务。邮政普遍服务，是指函件、包裹等邮件寄递，以及邮票发行、报刊发行和邮政汇兑等业务活动。

（2）邮政特殊服务。邮政特殊服务，是指义务兵平常信函、机要通信、盲人读物和革命烈士遗物的寄递等业务活动。

（3）其他邮政服务。其他邮政服务，是指邮册等邮品销售、邮政代理等业务活动。

三、电信服务

电信服务,是指利用有线、无线的电磁系统或者光电系统等各种通信网络资源,提供语音通话服务,传送、发射、接收或者应用图像、短信等电子数据和信息的业务活动。包括基础电信服务和增值电信服务。

(1) 基础电信服务。基础电信服务,是指利用固网、移动网、卫星、互联网,提供语音通话服务的业务活动,以及出租或者出售带宽、波长等网络元素的业务活动。

(2) 增值电信服务。增值电信服务,是指利用固网、移动网、卫星、互联网、有线电视网络,提供短信和彩信服务、电子数据和信息的传输及应用服务、互联网接入服务等业务活动。

卫星电视信号落地转接服务,按照增值电信服务缴纳增值税。

四、建筑服务

建筑服务,是指各类建筑物、构筑物及其附属设施的建造、修缮、装饰,线路、管道、设备、设施等的安装以及其他工程作业的业务活动。包括工程服务、安装服务、修缮服务、装饰服务和其他建筑服务。

物业服务企业为业主提供的装修服务,按照"建筑服务"缴纳增值税。纳税人将建筑施工设备出租给他人使用并配备操作人员的,按照"建筑服务"缴纳增值税。

(1) 工程服务。工程服务,是指新建、改建各种建筑物、构筑物的工程作业,包括与建筑物相连的各种设备或者支柱、操作平台的安装或者装设工程作业,以及各种窑炉和金属结构工程作业。

(2) 安装服务。安装服务,是指生产设备、动力设备、起重设备、运输设备、传动设备、医疗实验设备以及其他各种设备、设施的装配、安置工程作业,包括与被安装设备相连的工作台、梯子、栏杆的装设工程作业,以及被安装设备的绝缘、防腐、保温、油漆等工程作业。

固定电话、有线电视、宽带、水、电、燃气、暖气等经营者向用户收取的安装费、初装费、开户费、扩容费以及类似收费,按照安装服务缴纳增值税。

(3) 修缮服务。修缮服务,是指对建筑物、构筑物进行修补、加固、养护、改善,使之恢复原来的使用价值或者延长其使用期限的工程作业。

(4) 装饰服务。装饰服务,是指对建筑物、构筑物进行修饰装修,使之美观或者具有特定用途的工程作业。

(5) 其他建筑服务。其他建筑服务,是指上列工程作业之外的各种工程作业服务,如钻井(打井)、拆除建筑物或者构筑物、平整土地、园林绿化、疏浚(不包括航道疏浚)、建筑物平移、搭脚手架、爆破、矿山穿孔、表面附着物(包括岩层、土层、沙层等)剥离和清理等工程作业。

五、金融服务

金融服务,是指经营金融保险的业务活动。包括贷款服务、直接收费金融服务、保险服务和金融商品转让。

(1) 贷款服务。贷款,是指将资金贷与他人使用而取得利息收入的业务活动。

各种占用、拆借资金取得的收入,包括金融商品持有期间(含到期)利息(保本收益、报酬、资金占用费、补偿金等）收入、信用卡透支利息收入、买入返售金融商品利息收入、融资融券收取的利息收入，以及融资性售后回租、押汇、罚息、票据贴现、转贷等业务取得的利息及利息性质的收入，按照贷款服务缴纳增值税。

融资性售后回租，是指承租方以融资为目的，将资产出售给从事融资性售后回租业务的企业后，从事融资性售后回租业务的企业将该资产出租给承租方的业务活动。

以货币资金投资收取的固定利润或者保底利润，按照贷款服务缴纳增值税。

（2）直接收费金融服务。直接收费金融服务，是指为货币资金融通及其他金融业务提供相关服务并且收取费用的业务活动。包括提供货币兑换、账户管理、电子银行、信用卡、信用证、财务担保、资产管理、信托管理、基金管理、金融交易场所（平台）管理、资金结算、资金清算、金融支付等服务。

（3）保险服务。保险服务，是指投保人根据合同约定，向保险人支付保险费，保险人对于合同约定的可能发生的事故因其发生所造成的财产损失承担赔偿保险金责任，或者当被保险人死亡、伤残、疾病或者达到合同约定的年龄、期限等条件时承担给付保险金责任的商业保险行为。包括人身保险服务和财产保险服务。

（4）金融商品转让。金融商品转让，是指转让外汇、有价证券、非货物期货和其他金融商品所有权的业务活动。

其他金融商品转让包括基金、信托、理财产品等各类资产管理产品和各种金融衍生品的转让。

【例3-3】金融企业提供金融服务取得的下列收入中，按"贷款服务"缴纳增值税的有（　　）。

A. 以货币资金投资收取的保底利润
B. 融资性售后回租业务取得的利息收入
C. 买入返售金融商品利息收入
D. 金融商品持有期间取得的非保本收益

【答案】ABC

【解析】金融商品持有期间（含到期）利息（保本收益、报酬、资金占用费、补偿金等）收入、信用卡透支利息收入、买入返售金融商品利息收入、融资融券收取的利息收入，以及融资性售后回租、押汇、罚息、票据贴现、转贷等业务取得的利息及利息性质的收入，按照贷款服务缴纳增值税。

六、现代服务

现代服务，是指围绕制造业、文化产业、现代物流产业等提供技术性、知识性服务的业务活动。包括研发和技术服务、信息技术服务、文化创意服务、物流辅助服务、租赁服务、鉴证咨询服务、广播影视服务、商务辅助服务和其他现代服务。

（1）研发和技术服务。研发和技术服务，包括研发服务、合同能源管理服务、工程勘察勘探服务、专业技术服务。

（2）信息技术服务。信息技术服务，是指利用计算机、通信网络等技术对信息进行生产、收集、处理、加工、存储、运输、检索和利用，并提供信息服务的业务活动。包括软件服务、电路设计及测试服务、信息系统服务、业务流程管理服务和信息系统增值服务。

(3) 文化创意服务。文化创意服务,包括设计服务、知识产权服务、广告服务和会议展览服务。

宾馆、旅馆、旅社、度假村和其他经营性住宿场所提供会议场地及配套服务的活动,按照"会议展览服务"缴纳增值税。

(4) 物流辅助服务。物流辅助服务,包括航空服务、港口码头服务、货运客运场站服务、打捞救助服务、装卸搬运服务、仓储服务和收派服务。

(5) 租赁服务。租赁服务,包括融资租赁服务和经营租赁服务。

① 融资租赁服务,是指具有融资性质和所有权转移特点的租赁活动。即出租人根据承租人所要求的规格、型号、性能等条件购入有形动产或者不动产租赁给承租人,合同期内租赁物所有权属于出租人,承租人只拥有使用权,合同期满付清租金后,承租人有权按照残值购入租赁物,以拥有其所有权。不论出租人是否将租赁物销售给承租人,均属于融资租赁。

按照标的物的不同,融资租赁服务可分为有形动产融资租赁服务和不动产融资租赁服务。

融资性售后回租不按照本税目缴纳增值税。

② 经营租赁服务,是指在约定时间内将有形动产或者不动产转让他人使用且租赁物所有权不变更的业务活动。

按照标的物的不同,经营租赁服务可分为有形动产经营租赁服务和不动产经营租赁服务。

将建筑物、构筑物等不动产或者飞机、车辆等有形动产的广告位出租给其他单位或者个人用于发布广告,按照经营租赁服务缴纳增值税。

车辆停放服务、道路通行服务(包括过路费、过桥费、过闸费等)等按照不动产经营租赁服务缴纳增值税。

水路运输的光租业务、航空运输的干租业务,属于经营租赁。

光租业务,是指运输企业将船舶在约定的时间内出租给他人使用,不配备操作人员,不承担运输过程中发生的各项费用,只收取固定租赁费的业务活动。

干租业务,是指航空运输企业将飞机在约定的时间内出租给他人使用,不配备机组人员,不承担运输过程中发生的各项费用,只收取固定租赁费的业务活动。

(6) 鉴证咨询服务。鉴证咨询服务,包括认证服务、鉴证服务和咨询服务。翻译服务和市场调查服务按照咨询服务缴纳增值税。

(7) 广播影视服务。广播影视服务,包括广播影视节目(作品)的制作服务、发行服务和播映(含放映,下同)服务。

(8) 商务辅助服务。商务辅助服务,包括企业管理服务、经纪代理服务、人力资源服务、安全保护服务。纳税人提供武装守护押运服务,按照"安全保护服务"缴纳增值税。拍卖行受托拍卖取得的手续费或佣金收入,按照"经纪代理服务"缴纳增值税。

(9) 其他现代服务。其他现代服务,是指除研发和技术服务、信息技术服务、文化创意服务、物流辅助服务、租赁服务、鉴证咨询服务、广播影视服务和商务辅助服务以外的现代服务。纳税人对安装运行后的电梯提供的维护保养服务,按照"其他现代服务"缴纳增值税。

七、生活服务

生活服务,是指为满足城乡居民日常生活需求提供的各类服务活动。包括文化体育服务、教育医疗服务、旅游娱乐服务、餐饮住宿服务、居民日常服务和其他生活服务。

(1) 文化体育服务。文化体育服务,包括文化服务和体育服务。纳税人在游览场所经营索道、摆渡车、电瓶车、游船等取得的收入,按照"文化体育服务"缴纳增值税。

(2) 教育医疗服务。教育医疗服务,包括教育服务和医疗服务。

(3) 旅游娱乐服务。旅游娱乐服务,包括旅游服务和娱乐服务。

(4) 餐饮住宿服务。餐饮住宿服务,包括餐饮服务和住宿服务。

提供餐饮服务的纳税人销售的外卖食品,按照"餐饮服务"缴纳增值税。

(5) 居民日常服务。居民日常服务,是指主要为满足居民个人及其家庭日常生活需求提供的服务,包括市容市政管理、家政、婚庆、养老、殡葬、照料和护理、救助救济、美容美发、按摩、桑拿、氧吧、足疗、沐浴、洗染、摄影扩印等服务。

(6) 其他生活服务。其他生活服务,是指除文化体育服务、教育医疗服务、旅游娱乐服务、餐饮住宿服务和居民日常服务之外的生活服务。纳税人提供植物养护服务,按照"其他生活服务"缴纳增值税。

4. 销售无形资产

销售无形资产,是指转让无形资产所有权或者使用权的业务活动。无形资产,是指不具实物形态,但能带来经济利益的资产,包括技术、商标、著作权、商誉、自然资源使用权和其他权益性无形资产。

技术,包括专利技术和非专利技术。

自然资源使用权,包括土地使用权、海域使用权、探矿权、采矿权、取水权和其他自然资源使用权。

其他权益性无形资产,包括基础设施资产经营权、公共事业特许权、配额、经营权(包括特许经营权、连锁经营权、其他经营权)、经销权、分销权、代理权、会员权、席位权、网络游戏虚拟道具、域名、名称权、肖像权、冠名权、转会费等。

5. 销售不动产

销售不动产,是指转让不动产所有权的业务活动。不动产,是指不能移动或者移动后会引起性质、形状改变的财产,包括建筑物、构筑物等。

建筑物,包括住宅、商业营业用房、办公楼等可供居住、工作或者进行其他活动的建造物。

构筑物,包括道路、桥梁、隧道、水坝等建造物。

转让建筑物有限产权或者永久使用权的,转让在建的建筑物或者构筑物所有权的,以及在转让建筑物或者构筑物时一并转让其所占土地的使用权的,按照销售不动产缴纳增值税。

6. 征税范围的其他相关政策

确定一项经济行为是否需要缴纳增值税,根据"营改增通知",除另有规定外,一般应同时具备应税行为是发生在中华人民共和国境内,应税行为是属于《销售服务、无形资产、不动产注释》范围内的业务活动,应税服务是为他人提供的和应税行为是有偿的四个条件。

(1) 应税行为是发生在中华人民共和国境内。

境内销售服务、无形资产或者不动产的含义。在境内销售服务、无形资产或者不动产,是指:服务(租赁不动产除外)或者无形资产(自然资源使用权除外)的销售方或者购买方在境内;所销售或者租赁的不动产在境内;所销售自然资源使用权的自然资源在境内。

财政部和国家税务总局规定的其他情形。

下列情形不属于在境内销售服务或者无形资产:

境外单位或者个人向境内单位或者个人销售完全在境外发生的服务。

境外单位或者个人向境内单位或者个人销售完全在境外使用的无形资产。

境外单位或者个人向境内单位或者个人出租完全在境外使用的有形动产。

财政部和国家税务总局规定的其他情形。

(2) 应税行为是属于《销售服务、无形资产、不动产注释》范围内的业务活动。

应税行为即销售应税服务、无形资产和不动产。其中,应税服务包括交通运输服务、邮政服务、电信服务、建筑服务、金融服务、现代服务、生活服务。具体范围按照《销售服务、无形资产、不动产注释》执行。

(3) 应税服务是为他人提供的。

销售服务、无形资产或者不动产,是指有偿提供服务、有偿转让无形资产或者不动产,但属于下列非经营活动的情形除外:

行政单位收取的同时满足以下条件的政府性基金或者行政事业性收费:由国务院或者财政部批准设立的政府性基金,由国务院或者省级人民政府及其财政、价格主管部门批准设立的行政事业性收费。收取时开具省级以上(含省级)财政部门监(印)制的财政票据。所收款项全额上缴财政。

单位或者个体工商户聘用的员工为本单位或者雇主提供取得工资的服务。

单位或者个体工商户为聘用的员工提供服务。

财政部和国家税务总局规定的其他情形。

(4) 应税行为是有偿的。

有偿,是指从购买方取得货币、货物或者其他经济利益。其他经济利益是指非货币、货物形式的收益,具体包括固定资产(不含货物)、生物资产(不含货物)、无形资产(包括特许权)、股权投资、存货、不准备持有至到期的债券投资、服务以及有关权益等。

【例3-4】依据"营改增"的政策规定,下列行为中属于商务辅助服务的有( )。

A. 广告代理服务
B. 纳税人为客户办理退票而向客户收取的退票费、手续费等收入
C. 场所住宅保安服务
D. 代理报关服务

【答案】CD

【解析】选项A,属于文化创意服务中的广告服务。选项B,纳税人为客户办理退票而

向客户收取的退票费、手续费等收入,按照"其他现代服务"缴纳增值税。

【例3-5】根据增值税现行政策规定,下列业务属于在境内销售服务、无形资产或不动产的是( )。

A. 境外单位为境内单位提供境外矿山勘探服务
B. 境外单位向境内单位出租境外的厂房
C. 境外单位向境内单位销售在境外的不动产
D. 境外单位向境内单位提供运输服务

【答案】D

【解析】境外单位或者个人向境内单位或者个人销售完全在境外发生的服务、销售完全在境外使用的无形资产、出租完全在境外使用的有形动产。销售境外的不动产,不属于境内征税范围。

(二) 征税范围的特殊规定

1. 属于征税范围的特殊事项

(1) 货物期货,应当征收增值税,在期货的实物交割环节纳税。

交割时采取由期货交易所开具发票的,以期货交易所为纳税人;交割时采取由供货的会员单位直接将发票开给购货会员单位的,以供货会员单位为纳税人。

(2) 银行销售金银的业务,应当征收增值税。

(3) 典当业的死当物品销售业务和寄售业代委托人销售寄售物品的业务,均应征收增值税。

(4) 电力公司向发电企业收取的过网费,应当征收增值税。

(5) 纳税人取得的中央财政补贴,不属于增值税应税收入,不征收增值税。

(6) 纳税人在资产重组过程中,通过合并、分立、出售、置换等方式,将全部或者部分实物资产以及与其相关联的债权、负债和劳动力一并转让给其他单位和个人,不属于增值税的征税范围,其中涉及的货物转让,不征收增值税。

【例3-6】企业发生的下列行为中,需要计算缴纳增值税的是( )。

A. 取得存款利息
B. 获得保险赔偿
C. 取得中央财政补贴
D. 收取包装物租金

【答案】D

2. 属于征税范围的特殊行为

(1) 视同销售货物行为:(如表3-2所示)

① 将货物交付其他单位或者个人代销。
② 销售代销货物。
③ 设有两个以上机构并实行统一核算的纳税人,将货物从一个机构移送其他机构用于销售,但相关机构设在同一县(市)的除外。
④ 将自产或者委托加工的货物用于非增值税应税项目。

⑤ 将自产、委托加工的货物用于集体福利或者个人消费。
⑥ 将自产、委托加工或者购进的货物作为投资,提供给其他单位或者个体工商户。
⑦ 将自产、委托加工或者购进的货物分配给股东或者投资者。
⑧ 将自产、委托加工或者购进的货物无偿赠送其他单位或者个人。

药品生产企业销售自产创新药的销售额,为向购买方收取的全部价款和价外费用,其提供给患者后续免费使用的相同创新药,不属于增值税视同销售范围。

表3-2 视同销售货物的主要行为归纳

货物来源	货物去向
自产或委托加工	用于投资、分配、赠送等改变所有权的情形 用于非应税项目、集体福利、个人消费
外购	用于投资、分配、赠送等改变所有权的情形

(2) 视同销售服务、无形资产或者不动产:

营改增试点办法规定,下列情形视同销售服务、无形资产或者不动产。

① 单位或者个体工商户向其他单位或者个人无偿提供服务,但用于公益事业或者以社会公众为对象的除外。

② 单位或者个人向其他单位或者个人无偿转让无形资产或者不动产,但用于公益事业或者以社会公众为对象的除外。

③ 财政部和国家税务总局规定的其他情形。

【例3-7】下列行为中,视同销售货物缴纳增值税的是( )。

A. 将购进的货物用于集体福利
B. 将购进的货物用于个人消费
C. 将购进的货物用于非增值税应税项目
D. 将购进的货物用于对外投资

【答案】D

【解析】将购进的货物用于对外投资、分配、赠送视同销售缴纳增值税。

(3) 混合销售行为:(如表3-3所示)

一项销售行为如果既涉及货物又涉及服务,为混合销售。从事货物的生产、批发或者零售的单位和个体工商户的混合销售行为,按照销售货物缴纳增值税;其他单位和个体工商户的混合销售行为,按照销售服务缴纳增值税。从事货物的生产、批发或者零售的单位和个体工商户,包括以从事货物的生产、批发或者零售为主,并兼营销售服务的单位和个体工商户在内。

一般纳税人销售自产机器设备的同时提供安装服务,应分别核算机器设备和安装服务的销售额,安装服务可以按照甲供工程选择适用简易计税方法计税。

(4) 兼营行为:(如表3-3所示)

纳税人兼营销售货物、加工修理修配劳务、服务、无形资产或者不动产,适用不同税率或者征收率的,应当分别核算适用不同税率或者征收率的销售额;未分别核算的,按照以下方法从高适用税率或者征收率。

① 兼有不同税率的销售货物、加工修理修配劳务、服务、无形资产或者不动产,从高适用税率。

② 兼有不同征收率的销售货物、加工修理修配劳务、服务、无形资产或者不动产,从高适用征收率。

③ 兼有不同税率和征收率的销售货物、加工修理修配劳务、服务、无形资产或者不动产,从高适用税率。

表3-3 混合销售行为与兼营行为比较

	关键界定标准	税务处理
混合销售	在同一项销售行为中同时存在货物和服务的混合,二者有从属关系	按纳税人经营主业缴纳增值税,销售额为货物销售额与服务销售额的合计
兼营销售	同一纳税主体,既销售货物、加工修理修配劳务,又销售服务、无形资产、不动产,各类业务并无必然的从属关系(可以同时发生,也可以不同时发生)	关键看核算水平,分别核算则分别适用税率或征收率;未分别核算,则从高适用税率或从高适用征收率

三、税率与征收率

我国增值税采用比例税率,一般纳税人适用基本税率、低税率或零税率;小规模纳税人和采用简易办法征税的一般纳税人适用征收率。

(一) 税率(如表3-4所示)

表3-4 增值税税率

税率	具体项目
13%	销售和进口除执行9%低税率、出口零税率的货物以外的货物
	销售劳务
	有形动产租赁服务
9%	农产品、食用植物油、食用盐
	自来水、暖气、冷气、热水、煤气、石油液化气、天然气、沼气、居民用煤炭制品、二甲醚
	饲料、化肥、农药、农机、农膜
	国务院规定的其他货物: 音像制品、图书、报纸、杂志、电子出版物
	一般纳税人提供交通运输服务、邮政服务、基础电信、建筑服务、不动产租赁服务、销售不动产、转让土地使用权
6%	现代服务(租赁服务除外)
	金融服务
	生活服务

续表

税率	具体项目
6%	增值电信服务
	销售无形资产(转让土地使用权除外)
零税率	纳税人出口货物,税率为零,但是,国务院另有规定的除外
	国际运输服务
	航天运输服务
	向境外单位提供的完全在境外消费的下列服务:研发服务、合同能源管理服务、设计服务、广播影视节目(作品)的制作和发行服务、软件服务、电路设计及测试服务、信息系统服务、业务流程管理服务、离岸服务外包业务、转让技术

(二) 征收率(如表3-5所示)

增值税征收率适用于两种情况,一是小规模纳税人;二是一般纳税人发生应税销售行为按规定可以选择简易计税方法计税的。一般纳税人选择简易办法计算缴纳增值税后,36个月内不得变更。我国增值税的法定征收率为3%,一些特殊项目适用3%减按2%的征收率。营改增后的与不动产有关的特殊项目适用5%的征收率。征收率的调整,由国务院决定。

(1) 小规模纳税人以及一般纳税人选择简易办法计税,适用3%征收率,如表3-5所示。

表3-5 3%征收率适用范围

纳税人类型	应税范围	征收率
小规模纳税人	销售货物、提供加工修理修配应税劳务以及提供营改增应税服务	3%
	销售自己使用过的固定资产、销售旧货	2%
一般纳税人	寄售商店代销寄售物品(包括居民个人寄售的物品在内)	3%
	典当业销售死当物品	
	经国务院或国务院授权机关批准的免税商店零售免税货物	
	县级及县级以下小型水力发电单位生产的电力	
	建筑用和生产建筑材料所用的砂、土、石料	
	以自己采掘的砂、土、石料或其他矿物连续生产的砖、瓦、石灰(不含粘土实心砖、瓦)	
	用微生物、微生物代谢产物、动物毒素、人或动物的血液或组织制成的生物制品	
	自来水	
	商品混凝土(仅限于以水泥为原料生产的水泥混凝土)	

续表

纳税人类型	应税范围	征收率
一般纳税人	一般纳税人销售自己使用过的属于条例第十条规定不得抵扣且未抵扣进项税额的固定资产	依照3%征收率减按2%征收增值税
	销售旧货	
	可以选择适用简易计税方法计税： 公共交通运输、动漫企业等规定的服务	3%
	一般纳税人销售自己使用过的属于条例第十条规定不得抵扣且未抵扣进项税额的固定资产	依照3%征收率减按2%征收增值税
	适用营改增规定的一般纳税人销售试点以前购买在使用过的固定资产	

（2）小规模纳税人以及一般纳税人选择简易办法计税，适用5%征收率，如表3-6所示。

表3-6　5%征收率适用范围

税率	纳税主体	具体内容
5%	一般纳税人	转让其2016年4月30日前取得的不动产，选择简易方法计税的
		出租其2016年4月30日前取得的不动产，选择简易方法计税的
		销售自行开发的房地产老项目且选择简易方法计税
	小规模纳税人	转让其取得的不动产
		出租其取得的不动产（不含个人出租住房）
		房产开发企业销售自行开发的房产项目
	增值税纳税人	纳税人提供劳务派遣服务，选择差额纳税的，按照5%的征收率征收增值税

（3）个人销售其购买的住房适用的征收率如表3-7所示。

表3-7　个人销售其购买的住房适用征收率

地区	购置时间	住房性质	税务处理
北京市、上海市、广州市、深圳市	个人将购买不足2年的住房对外销售的	不必区分住房性质	按5%征收率全额缴纳增值税
	个人将购买2年以上（含2年）的住房对外销售	非普通住房	以销售收入减去购买住房价款后的差额，按照5%征收率缴纳增值税
		普通住房	免征增值税
其他城市	个人将购买不足2年的住房对外销售的	不必区分住房性质	按5%征收率全额缴纳增值税
	个人将购买2年以上（含2年）的住房对外销售	不必区分住房性质	免征增值税

注：个人出租住房，应按照5%的征收率减按1.5%计算应纳税额。

【例3-8】增值税一般纳税人销售自产的下列货物中,可选择按照简易办法计算缴纳增值税的有( )。

A. 生产建筑材料所用的砂土
B. 以水泥为原材料生产的水泥混凝土
C. 用微生物制成的生物制品
D. 县级以下小型火力发电单位生产的电力

【答案】ABC

【解析】选项D,县级及县级以下小型水力发电单位生产的电力,可选择按照简易办法依照3%征收率计算缴纳增值税,火力发电不可简易计税。

四、增值税税收优惠

(一)增值税起征点的规定

《增值税暂行条例》规定,纳税人销售额未达到国务院财政、税务主管部门规定的增值税起征点的,免征增值税;达到起征点,依照条例规定全额计算缴纳增值税。

增值税起征点的适用范围限于个人,包括个体工商户和其他个人,不适用于登记为一般纳税人的个体工商户。增值税起征点的幅度规定如表3-8所示。

表3-8 增值税起征点的规定

	具体额度
销售应税行为(按期纳税)	月销售额5000~20 000元(含本数)
按次纳税的	每次(日)销售额300~500元(含本数)

省、自治区、直辖市财政厅(局)和国家税务局应在规定的幅度内,根据实际情况确定本地区适用的起征点,并报财政部、国家税务总局备案。

根据《财政部税务总局关于明确增值税小规模纳税人免征增值税政策的公告》(2021年第11号),自2021年4月1日至2022年12月31日,对月销售额15万元以下(含本数)的增值税小规模纳税人,免征增值税。具体来说,小规模纳税人发生增值税应税销售行为,合计月销售额未超过15万元(以1个季度为1个纳税期的,季度销售额未超过45万元,下同)的,免征增值税。

适用增值税差额征税政策的小规模纳税人,以差额后的销售额确定是否可以享受免征增值税政策。

按固定期限纳税的小规模纳税人可以选择以1个月或1个季度为纳税期限,一经选择,一个会计年度内不得变更。

小规模纳税人发生增值税应税销售行为,合计月销售额超过15万元,但扣除本期发生的销售不动产的销售额后未超过15万元的,其销售货物、劳务、服务、无形资产取得的销售额免征增值税。

其他个人,采取一次性收取租金形式出租不动产取得的租金收入,可在对应的租赁期内平均分摊,分摊后的月租金收入未超过 15 万元的,免征增值税。

已经使用金税盘、税控盘等税控专用设备开具增值税发票的小规模纳税人,在免税标准调整后,月销售额未超过 15 万元的,可以自愿继续使用现有税控专用设备开具发票,也可以向税务机关免费换领税务 UKey 开具发票。

【例 3-9】按季度申报的小规模纳税人甲在 2021 年 4 月销售货物 10 万元,5 月提供建筑服务取得收入 40 万元,同时向其他建筑企业支付分包款 12 万元,6 月销售不动产 200 万元。则 A 小规模纳税人 2021 年第二季度(4~6 月)差额后合计销售额 238 万元(= 10+40-12+200),超过 45 万元,但是扣除 200 万元不动产,差额后的销售额是 38 万元(= 10+40-12),不超过 45 万元,可以享受小规模纳税人免税政策。同时,纳税人销售不动产 200 万元应依法纳税。

(二)《增值税暂行条例》规定的免税项目

(1) 农业生产者销售的自产农产品。
(2) 避孕药品和用具。
(3) 古旧图书。
(4) 直接用于科学研究、科学试验和教学的进口仪器、设备。
(5) 外国政府、国际组织无偿援助的进口物资和设备。
(6) 由残疾人的组织直接进口供残疾人专用的物品。
(7) 销售的自己使用过的物品。

【例 3-10】下列各项中,属于增值税法定免税的项目有( )。
A. 个体工商户销售使用过的物品
B. 农业生产者销售自产农产品
C. 国际友人无偿赠送的物资
D. 残疾人的组织直接进口供残疾人专用的物品
【答案】BD

(三)"营改增"税收优惠

1. 免征增值税(包括但不限于)
(1) 托儿所、幼儿园提供的保育和教育服务。
(2) 养老机构提供的养老服务。
(3) 残疾人福利机构提供的育养服务。
(4) 婚姻介绍服务。
(5) 殡葬服务。
(6) 残疾人员本人为社会提供的服务。
(7) 医疗机构提供的医疗服务。
(8) 从事学历教育的学校(不包括职业培训机构)提供的教育服务。
(9) 学生勤工俭学提供的服务。
(10) 农业机耕、排灌、病虫害防治、植物保护、农牧保险以及相关技术培训业务,家禽、牲畜、水生动物的配种和疾病防治。

（11）纪念馆、博物馆、文化馆、文物保护单位管理机构、美术馆、展览馆、书画院、图书馆在自己的场所提供文化体育服务取得的第一道门票收入。

（12）寺院、宫观、清真寺和教堂举办文化、宗教活动的门票收入。

（13）行政单位之外的其他单位收取的符合规定的政府性基金和行政事业性收费。

（14）个人转让著作权。

（15）个人销售自建自用住房。

（16）金融同业往来利息收入。

（17）纳税人提供技术转让、技术开发和与之相关的技术咨询、技术服务。

（18）政府举办的从事学历教育的高等、中等和初等学校(不含下属单位)，举办进修班、培训班取得的全部归该学校所有的收入。

（19）家政服务企业由员工制家政服务员提供家政服务取得的收入。

（20）福利彩票、体育彩票的发行收入。

（21）将土地使用权转让给农业生产者用于农业生产。

（22）涉及家庭财产分割的个人无偿转让不动产、土地使用权。

（23）土地所有者出让土地使用权和土地使用者将土地使用权归还给土地所有者。

【例3-11】以下适用"营改增"相关免税政策的有(　　)。

A. 个人转让著作权

B. 个人转让商标权

C. 残疾人员本人为社会提供的服务

D. 个人销售自建自用住房

【答案】ACD

2. 即征即退

（1）一般纳税人提供管道运输服务，对其增值税实际税负超过3%的部分实行增值税即征即退政策。

（2）经人民银行、银监会或者商务部批准从事融资租赁业务的试点纳税人中的一般纳税人，提供有形动产融资租赁服务和有形动产融资性售后回租服务，对其增值税实际税负超过3%的部分实行增值税即征即退政策。

【例3-12】某管道运输企业为增值税一般纳税人，2021年1月取得不含税管道运输收入100万元，当月购进材料，取得增值税专用发票，注明金额40万元，假定当月取得的相关票据均符合税法规定并在当月抵扣进项税，计算该企业当月实际缴纳增值税。

【解析】该企业应纳增值税 = $100 \times 9\% - 40 \times 13\% = 3.8$。但超过了实际税负的3%，对于超过部分0.8万元即征即退，只对 $100 \times 3\% = 3$ 征收增值税。

（四）税收优惠有关的管理规定

（1）纳税人兼营免税、减税项目的，应当分别核算免税、减税项目的销售额；未分别核算销售额的，不得免税、减税。

（2）纳税人销售货物或者应税劳务和应税服务适用免税规定的，可以放弃免税。放弃免税后,36个月内不得再申请免税。

【例3-13】根据营业税改征增值税试点相关规定,下列各项中,不属于免税项目的是(   )。

A. 养老机构提供的养老服务
B. 装修公司提供的装饰服务
C. 婚介所提供的婚姻介绍服务
D. 托儿所提供的保育服务

【答案】B

【解析】选项A:养老机构提供的养老服务,免征增值税;选项B:装修公司提供的装饰服务,按"建筑服务"计缴增值税;选项C:婚姻介绍服务免征增值税;选项D:托儿所、幼儿园提供的保育和教育服务,免征增值税。

五、增值税专用发票

(一)增值税专用发票的基本联次及用途

专用发票由基本联次或基本联次附加其他联次构成,基本联次为三联:发票联、抵扣联和记账联。其他联次用途,由一般纳税人自行确定。

(1)发票联,作为购买方核算采购成本和增值税进项税额的记账凭证。

(2)抵扣联,作为购买方报送税务机关认证和留存备查的扣税凭证。

(3)记账联,作为销售方核算销售收入和增值税销项税额的记账凭证。

(二)增值税一般纳税人有下列情形之一的,不得领购开具专用发票

(1)会计核算不健全,不能向税务机关准确提供增值税销项税额、进项税额、应纳税额数据及其他有关增值税税务资料的。

(2)有《税收征管法》规定的税收违法行为,拒不接受税务机关处理的。

(3)有下列行为之一,经税务机关责令限期改正而仍未改正的。

① 虚开增值税专用发票。
② 私自印制专用发票。
③ 向税务机关以外的单位和个人购买专用发票。
④ 借用他人专用发票。
⑤ 未按规定开具专用发票。
⑥ 未按规定保管专用发票和专用设备。
⑦ 未按规定申请办理防伪税控系统变更发行。
⑧ 未按规定接受税务机关检查。

(三)增值税专用发票的开票限额

(1)增值税专用发票实行最高开票限额管理。

(2) 最高开票限额由一般纳税人申请,税务机关依法审批。

(四) 不得开具增值税专用发票的情形

(1) 商业企业一般纳税人零售的烟、酒、食品、服装、鞋帽(不含劳保用品)、化妆品等消费品。

(2) 应税销售行为的购买方为消费者个人的。

(3) 发生应税销售行为适用免税规定的。

(4) 小规模纳税人发生应税销售行为的(需要开具增值税专用发票的,可向税务机关申请代开,国家税务总局另有规定的除外)。

增值税小规模纳税人(其他个人除外)发生增值税应税行为,需要开具增值税专用发票的,可以自愿使用增值税发票管理系统自行开具。选择自行开具增值税专用发票的小规模纳税人,税务机关不再为其代开增值税专用发票。增值税小规模纳税人应当就开具增值税专用发票的销售额计算增值税应纳税额,并在规定的纳税申报期内向主管税务机关申报缴纳。

小规模纳税人销售其取得的不动产,需要开具增值税专用发票的,应当按照有关规定向税务机关申请代开。

金融商品转让,不得开具增值税专用发票。

从事经纪代理服务,向委托方收取的政府性基金或者行政事业性收费,不得开具增值税专用发票。

选择差额计算方法计算销售额的纳税人,提供旅游服务向旅游服务购买方收取并支付的可以从全部价款和价外费用中扣除的费用,不得开具增值税专用发票。

六、征收管理

(一) 纳税义务发生时间

1. 一般规定

(1) 销售货物或者应税劳务和应税服务,为收讫销售款项或者取得索取销售款项凭据的当天。先开具发票的,为开具发票的当天。

(2) 进口货物,为报关进口的当天。

(3) 增值税扣缴义务发生时间为纳税人增值税纳税义务发生的当天。

2. 具体规定

(1) 采取直接收款方式销售货物,不论货物是否发出,均为收到销售款或者取得索取销售款凭据的当天。

(2) 采取托收承付和委托银行收款方式销售货物,为发出货物并办妥托收手续的当天。

(3) 采取赊销和分期收款方式销售货物,为书面合同约定的收款日期的当天,无书面合同的或者书面合同没有约定收款日期的,为货物发出的当天。

(4) 采取预收货款方式销售货物,为货物发出的当天,但生产销售生产工期超过12个月的大型机械设备、船舶、飞机等货物,为收到预收款或者书面合同约定的收款日期的当天。

(5) 委托其他纳税人代销货物,为收到代销单位的代销清单或者收到全部或者部分货款的当天。未收到代销清单及货款的,为发出代销货物满180天的当天。

(6) 销售应税劳务,为提供劳务同时收讫销售款或者取得索取销售款的凭据的当天。

(7) 纳税人发生视同销售货物行为,为货物移送的当天。

(8) 纳税人提供有形动产租赁服务采取预收款方式的,其纳税义务发生时间为收到预收款的当天。

(9) 纳税人发生视同提供应税服务的,其纳税义务发生时间为应税服务完成的当天。

【例3-14】根据增值税法律制度的规定,下列关于增值税纳税义务发生时间的表述中,不正确的是(　　)。

A. 纳税人发生应税行为先开具发票的,为开具发票的当天
B. 纳税人发生视同销售不动产的,为不动产权属变更的当天
C. 纳税人提供租赁服务采取预收款方式的,为租期届满的当天
D. 纳税人从事金融商品转让的,为金融商品所有权转移的当天

【答案】C

【解析】纳税人提供租赁服务采取预收款方式,其纳税义务发生时间为收到预收款的当天。

(二) 增值税的纳税地点

(1) 固定业户应当向其机构所在地的主管税务机关申报纳税。总机构和分支机构不在同一县(市)的,应当分别向各自所在地的主管税务机关申报纳税。经国务院财政、税务主管部门或者其授权的财政、税务机关批准,可以由总机构汇总向总机构所在地的主管税务机关申报纳税。

(2) 固定业户到外县(市)销售货物或者应税劳务,应当向其机构所在地的主管税务机关报告外出经营事项,并向其机构所在地的主管税务机关申报纳税。未开具证明的,应当向销售地或者劳务发生地的主管税务机关申报纳税。未向销售地或者劳务发生地的主管税务机关申报纳税的,由其机构所在地的主管税务机关补征税款。

(3) 非固定业户销售货物或者应税劳务,应当向销售地或者劳务发生地的主管税务机关申报纳税。未向销售地或者劳务发生地的主管税务机关申报纳税的,由其机构所在地或者居住地的主管税务机关补征税款。

(4) 进口货物,应当向报关地海关申报纳税。

(5) 扣缴义务人应当向其机构所在地或者居住地的主管税务机关申报缴纳其扣缴的税款。

【例3-15】以下关于增值税纳税地点的表述中,错误的是(　　)。

A. 固定业户在其机构所在地申报纳税
B. 非固定业户在其居住地或机构所在地申报纳税

C. 进口货物向报关地海关申报纳税

D. 总机构和分支机构不在同一县(市)的,分别向各自所在地主管税务机关申报纳税

【答案】B

(三) 增值税的纳税期限

纳税人以1个月或者1个季度为1个纳税期的,自期满之日起15日内申报纳税;以1日、3日、5日、10日或者15日为1个纳税期的,自期满之日起5日内预缴税款,于次月1日起15日内申报纳税并结清上个月应纳税款。

以1个季度为纳税期限的规定适用于小规模纳税人、银行、财务公司、信托投资公司、信用社,以及财政部和国家税务总局规定的其他纳税人。

扣缴义务人解缴税款的期限,依照前两项规定执行。

纳税人进口货物,应当自海关填发进口增值税专用缴款书之日起15日内缴纳税款。

按固定期限纳税的小规模纳税人可以选择以1个月或1个季度为纳税期限,一经选择,1个会计年度内不得变更。

第二节 增值税计算

增值税的计税方法,包括一般计税方法和简易计税方法。一般纳税人增值税的计算一般情况下采用一般计税方法,特殊情况下采用或选择适用简易计税方法;小规模纳税人适用简易计税方法计税。

一、一般计税方法应纳税额的计算

增值税一般纳税人当期应纳增值税税额的大小主要取决当期销项税额和当期进项税额两个因素。应纳税额的计算公式为:

应纳税额=当期销项税额-当期进项税额

(一) 销项税额的计算

销项税额是纳税人销售应税销售行为,按照销售额和增值税税率计算并向购买方收取的增值税税额,其计算方法为:

销项税额=销售额×税率

要计算销项税额,关键在于确定销售额。

1. 一般销售方式下的销售额

销售额是纳税人发生应税销售行为向购买方收取的全部价款和价外费用,但是不包括收取的销项税额。价外费用包括价外向购买方收取的手续费、补贴、基金、集资费、返还

利润、奖励费、违约金、滞纳金、延期付款利息、赔偿金、代收款项、代垫款项、包装费、包装物租金、储备费、优质费、运输装卸费以及其他各种性质的价外收费。但下列项目不包括在内：

（1）受托加工应征消费税的消费品所代收代缴的消费税。

（2）同时符合以下条件的代垫运费：承运部门的运输费用发票开具给购买方的；纳税人将该项发票转交给购货方的。

（3）同时符合以下条件代为收取的政府性基金或者行政事业性收费：由国务院或者财政部批准设立的政府性基金，由国务院或者省级人民政府及其财政、价格主管部门批准设立的行政事业性收费，收取时开具省级以上财政部门印制的财政票据，所收款项全额上缴财政。

（4）销售货物的同时代办保险等而向购买方收取的保险费，以及向购买方收取的代购买方缴纳的车辆购置税、车辆牌照费。

对增值税一般纳税人向购买方收取的价外费用和逾期包装物押金，无论其会计制度如何核算，均应并入销售额计算应纳税额。价外收入一般视为含增值税的收入，在征税时应换算为不含税收入再并入销售额。

【例3-16】增值税一般纳税人收取的下列款项中，应作为价外费用并入销售额计算增值税销项税额的有（　　）。

A. 商业企业销售货物时收取的优质服务费
B. 生产企业销售货物时收取的包装费
C. 设计企业提供设计服务向客户收取的提前完成奖励费
D. 4S店销售汽车同时向购买方收取的代购买方缴纳的车辆购置税、车辆牌照费

【答案】ABC

2. 特殊销售方式下的销售额

在市场竞争过程中，纳税人会采取某些特殊、灵活的销售方式销售货物，以求扩大销售、占领市场。不同销售方式下，销售者取得的销售额会所不同。

（1）采取折扣方式销售。（如表3-9所示）

① 折扣销售，又称商业折扣，是指销货方为鼓励购买者多买而给予的价格折让方面的优惠，即购买越多，价格折扣越大。商业折扣在销售时即已发生，其不构成最终成交价格的一部分，因此，销售商品确认销售额应是扣除商业折扣后的金额。税法规定，纳税人采取折扣方式销售货物，销售额和折扣额在同一张发票上的"金额"栏分别注明的，可按折扣后的销售额征收增值税；未在同一张发票"金额"栏注明折扣额，而仅在发票的"备注"栏注明折扣额的，折扣额不得从销售额中减除。

折扣销售仅限于货物价格的折扣，如果销货者将自产、委托加工和购买的应税销售行为用于实物折扣，则实物款额不能从货物销售额中减除，且该实物应按税法"视同销售货物"中的"赠送他人"计征增值税。

② 销售折扣，又称现金折扣，现金折扣是债权人为鼓励债务人在规定的期限内付款而向债务人提供的债务扣除。销售折扣实际发生时计入财务费用。在确定销售商品销售额时不考虑预计可能发生的销售折扣。因此销售折扣不得从销售额中扣除。

③ 纳税人发生应税销售行为因销售折让、中止或者退回的,应扣减当期的销项税额或销售额。

表3-9 折扣销售、销售折扣与销售折让税务处理

销售方式	税务处理	说明
折扣销售（商业折扣）	折扣额可以从销售额中扣减（要求在同一张发票"金额"栏上分别注明）	①目的:促销 ②实物折扣:按视同销售中"赠送他人"处理,实物价款不能从原销售额中减除
销售折扣（现金折扣）	折扣额不得从销售额中减除	目的:发生在销货之后,属于一种融资行为
销售折让	折让额可以从销售额中减除	目的:保证商业信誉,对已售产品出现品种、质量问题而给予购买方的补偿

【例3-17】甲公司为增值税一般纳税人,2021年10月采取折扣方式销售货物一批,该批货物不含税销售额90 000元,折扣额9 000元,销售额和折扣额在同一张发票的金额栏分别注明。已知增值税税率为13%。计算甲公司销售额和销项税额。

【解析】销售额 = 90 000 - 9 000 = 81 000(元)

销项税额 = 81 000 × 13% = 10 530(元)。

(2) 采取以旧换新方式销售。

纳税人采取以旧换新方式销售货物,应按新货物的同期销售价格确定销售额,不得扣减旧货物的收购价格。以旧换新销售,是指纳税人在销售过程中,折价收回同类旧货物,并以折价款部分冲减货物价款的一种销售方式。但是,对金银首饰以旧换新业务,应按照销售方实际收取的不含增值税的全部价款征收增值税。

【例3-18】甲手机专卖店为增值税一般纳税人,2021年10月采取以旧换新方式销售某型号手机100部,该型号新手机的同期含税销售单价为3164元,旧手机的收购单价为226元,已知增值税税率为13%,计算甲手机专卖店当月销项税额。

【解析】销售的货物是"手机",属于一般货物,按新货物的同期(不含增值税)销售价格确定销售额,不扣减旧货物的收购价格。

销项税额 = 3164 × 100 ÷ (1+13%) × 13% = 36 400(元)。

(3) 采取还本销售方式销售。

还本销售是企业销售货物后,在一定期限内将全部或部分销货款一次或分次无条件退还给购货方的一种销售方式。这种方式实际上是一种筹资,是以货物换取资金的使用价值,到期还本不付息的方法。税法规定,采用还本销售方式销售货物,其销售额就是货物的销售价格,不得从销售额中扣减还本支出。

(4) 采取以物易物方式销售。

以物易物,是指购销双方不是以货币结算,而是以同等价款的货物相互结算,实现货物购销的一种方式。以物易物双方都应作购销处理,以各自发出的货物核算销售额并计算销项税额,以各自收到的货物按规定核算购货额并计算进项税额。应注意的是,在以物易物活动中,应分别开具合法的票据,如收到的货物不能取得相应的增值税专用发票或其

他合法票据的,不能抵扣进项税额。

【例3-19】甲贸易公司为增值税一般纳税人,2021年10月以不含税价格为15万元的苹果与乙公司不含税价格为8万元的罐头进行交换,差价款由乙公司以银行存款支付,双方均向对方开具增值税专用发票,假定当月取得的相关票据均符合税法规定,并在当月抵扣进项税,计算甲贸易公司当月应缴纳增值税税额。

【解析】应纳的增值税=15×9%-8×13%=0.31(万元)。

(5)包装物押金计税问题。(如表3-10所示)

包装物是指纳税人包装本单位货物的各种物品。为了促使购货方尽早退回包装物以便周转使用,一般情况下,销货方向购货方收取包装物押金,购货方在规定的期间内返回包装物,销货方再将收取的包装物押金返还。

根据税法规定,纳税人为销售货物而出租出借包装物收取的押金,单独记账的,时间在1年内,又未过期的,不并入销售额征税。但对逾期未收回不再退还的包装物押金,应按所包装货物的适用税率计算纳税。这里需要注意两个问题:一是"逾期"的界定,"逾期"是指按合同约定实际逾期或者以1年为期限,对收取1年以上的押金,无论是否退还均并入销售额征税。二是押金属于含税收入,应先将其换算为不含税收入再并入销售额征税。另外,包装物押金与包装物租金不能混淆,包装物租金属于价外费用,在收取时便并入销售额征税。

从1995年6月1日起,对销售除啤酒、黄酒以外的其他酒类产品收取的包装物押金,无论是否返还以及会计上如何核算均应并入销售额征税。

表3-10 包装物押金税务处理

项目	取得时	逾期时
除酒类产品以外的其他货物	不征收增值税	征收增值税
白酒、其他酒	征收增值税	不征收增值税
啤酒、黄酒	不征收增值税	征收增值税

【例3-20】2021年10月,甲公司(增值税一般纳税人)销售产品取得含增值税价款113 000元,另收取包装物租金6780元。已知增值税税率为13%,计算甲公司该笔业务增值税销项税额。

【解析】销售货物的同时收取包装物租金,属于价外费用,应价税分离后并入销售额。
(113 000+6780)÷(1+13%)×13%=13 780(元)。

【例3-21】2021年6月,某酒厂(增值税一般纳税人)销售粮食白酒和啤酒给副食品公司,其中白酒开具增值税专用发票,收取不含税价款50 000元,另外收取包装物押金3000元;啤酒开具普通发票,收取的价税合计款23 200元,另外收取包装物押金1500元。副食品公司按合同约定,于2019年9月将白酒、啤酒包装物全部退还给酒厂,并取回全部押金。计算该酒厂2019年6月的增值税销项税额。

【解析】该酒厂2019年6月增值税销项税额=50 000×13%+(23 200+3000)÷(1+13%)×13%=9514.16(元)。

(6)直销企业销售额确定。

直销企业先将货物销售给直销员,直销员再将货物销售给消费者的,直销企业的销售额为其向直销员收取的全部价款和价外费用。直销员将货物销售给消费者时,应按照现行规定缴纳增值税。

直销企业通过直销员向消费者销售货物,直接向消费者收取货款,直销企业的销售额为其向消费者收取的全部价款和价外费用。

(7) 贷款服务,以提供贷款服务取得的全部利息及利息性质的收入为销售额。

(8) 直接收费金融服务,以提供直接收费金融服务收取的手续费、佣金、酬金、管理费、服务费、经手费、开户费、过户费、结算费、转托管费等各类费用为销售额。

3. 差额征收方式下销售额的确定

(1) 金融商品转让,按照卖出价扣除买入价后的余额为销售额。转让金融商品出现的正负差,按盈亏相抵后的余额为销售额。若相抵后出现负差,可结转下一纳税期与下期转让金融商品销售额相抵,但年末时仍出现负差的,不得转入下一个会计年度。金融商品转让,不得开具增值税专用发票。

【例3-22】假设某金融公司(一般纳税人)2021年第二季度转让债券卖出价为100 000元(含增值税价格,下同),该债券是2020年1月购入的,买入价为60 000元,2021年4月取得利息7000元,缴纳了增值税。该公司2021年第二季度之前转让金融商品亏损10 000元。计算转让债券的销项税额。

【解析】销售额 = 100 000 - 60 000 - 10 000 = 30 000(元)。

销项税额 = 30 000 ÷ (1 + 6%) × 6% = 1698.11(元)。

(2) 经纪代理服务,以取得的全部价款和价外费用,扣除向委托方收取并代为支付的政府性基金或者行政事业性收费后的余额为销售额。向委托方收取的政府性基金或者行政事业性收费,不得开具增值税专用发票。

(3) 融资租赁和融资性售后回租业务。(如表3-11所示)

① 经人民银行、银监会或者商务部批准从事融资租赁业务的试点纳税人,提供融资租赁服务,以取得的全部价款和价外费用,扣除支付的借款利息(包括外汇借款和人民币借款利息)、发行债券利息和车辆购置税后的余额为销售额。

② 经人民银行、银监会或者商务部批准从事融资租赁业务的试点纳税人,提供融资性售后回租服务,以取得的全部价款和价外费用(不含本金),扣除对外支付的借款利息(包括外汇借款和人民币借款利息)、发行债券利息后的余额作为销售额。

③ 试点纳税人根据2016年4月30日前签订的有形动产融资性售后回租合同,在合同到期前提供的有形动产融资性售后回租服务,可继续按照有形动产融资租赁服务缴纳增值税。

继续按照有形动产融资租赁服务缴纳增值税的试点纳税人,经人民银行、银监会或者商务部批准从事融资租赁业务的,根据2016年4月30日前签订的有形动产融资性售后回租合同,在合同到期前提供的有形动产融资性售后回租服务,可以选择以下方法之一计算销售额。

a. 以向承租方收取的全部价款和价外费用,扣除向承租方收取的价款本金,以及对外支付的借款利息(包括外汇借款和人民币借款利息)、发行债券利息后的余额为销售额。

纳税人提供有形动产融资性售后回租服务,计算当期销售额时可以扣除的价款本金,为书面合同约定的当期应当收取的本金。无书面合同或者书面合同没有约定的,为当期实际收取的本金。

试点纳税人提供有形动产融资性售后回租服务,向承租方收取的有形动产价款本金,不得开具增值税专用发票,可以开具普通发票。

b. 以向承租方收取的全部价款和价外费用,扣除支付的借款利息(包括外汇借款和人民币借款利息)、发行债券利息后的余额为销售额。

表3-11 融资租赁和融资性售后回租业务税务处理

租赁服务	税目及税率	计税销售额——差额
融资租赁服务	现代服务业——租赁(13%、9%)	全部价款和价外费用扣除支付的借款利息、发行债券利息和车辆购置税后的余额
融资性售后回租服务	金融业(6%)	全部价款和价外费用(不含本金)扣除对外支付的借款利息、发行债券利息后的余额

(4)航空运输企业的销售额,不包括代收的机场建设费和代售其他航空运输企业客票而代收转付的价款。

(5)试点纳税人中的一般纳税人提供客运场站服务,以其取得的全部价款和价外费用,扣除支付给承运方运费后的余额为销售额。

(6)试点纳税人提供旅游服务,可以选择以取得的全部价款和价外费用,扣除向旅游服务购买方收取并支付给其他单位或者个人的住宿费、餐饮费、交通费、签证费、门票费和支付给其他接团旅游企业的旅游费用后的余额为销售额。

选择上述办法计算销售额的试点纳税人,向旅游服务购买方收取并支付的上述费用,不得开具增值税专用发票,可以开具普通发票。

(7)试点纳税人提供建筑服务适用简易计税方法的,以取得的全部价款和价外费用扣除支付的分包款后的余额为销售额。

(8)房地产开发企业中的一般纳税人销售其开发的房地产项目(选择简易计税方法的房地产老项目除外),以取得的全部价款和价外费用,扣除受让土地时向政府部门支付的土地价款后的余额为销售额。

房地产老项目,是指《建筑工程施工许可证》注明的合同开工日期在2016年4月30日前的房地产项目。

(9)试点纳税人按照上述2~8款的规定从全部价款和价外费用中扣除的价款,应当取得符合法律、行政法规和国家税务总局规定的有效凭证。否则,不得扣除。

上述凭证是指:

① 支付给境内单位或者个人的款项,以发票为合法有效凭证。

② 支付给境外单位或者个人的款项,以该单位或者个人的签收单据为合法有效凭证,税务机关对签收单据有疑义的,可以要求其提供境外公证机构的确认证明。

③ 缴纳的税款,以完税凭证为合法有效凭证。

④ 扣除的政府性基金、行政事业性收费或者向政府支付的土地价款,以省级以上(含

省级)财政部门监(印)制的财政票据为合法有效凭证。

⑤ 国家税务总局规定的其他凭证。

纳税人取得的上述凭证属于增值税扣税凭证的,其进项税额不得从销项税额中抵扣。

【例3-23】下列行为在计算增值税销项税额时,应按照差额确定销售额的是( )。

A. 商业银行提供贷款服务

B. 转让金融商品

C. 直销员将从直销企业购买货物销售给消费者

D. 企业逾期未收回的包装物不再退还押金

【答案】B

【解析】金融商品转让,按照卖出价扣除买入价后的余额为销售额,是按照差额确定销售额的。

4. 视同发生应税销售行为销售额的确定

纳税人发生应税销售行为的情况,价格明显偏低并无正当理由或者发生应税销售行为而无销售额者,按下列顺序确定销售额。

(1) 按照纳税人最近时期同类应税销售行为平均价格确定。

(2) 按照其他纳税人最近时期同类应税销售行为的平均价格确定。

(3) 按照组成计税价格确定。组成计税价格的公式为:

组成计税价格 = 成本×(1+成本利润率)

如该货物属于征收消费税的范围,其组成计税价格中应加计消费税税额。组成计税价格计算公式为:

组成计税价格 = 成本×(1+成本利消率)+消费税税额

或组成计税价格 = 成本×(1+成本利润率)÷(1−消费税税率)

成本利润率由国家税务总局确定,一般为10%。但属于从价定率及复合计税办法征收消费税的货物,其组成计税价格公式中的成本利润率为《消费税若干具体问题的规定》中规定的成本利润率。

【例3-24】甲服装厂为增值税一般纳税人,2021年10月将自产的100件新型羽绒服作为福利发给本厂职工,该新型羽绒服生产成本为单件1130元,增值税税率为13%,成本利润率为10%。计算甲服装厂当月该笔业务增值税销项税额。

【解析】增值税销项税额 = 100×1130×(1+10%)×13% = 16 159(元)。

5. 含税销售额的换算

为了符合增值税作为价外税的要求,纳税人在填写进销货及纳税凭证,进行账务处理时,应分项记录不含税销售额,销项税额和进项税额,以正确计算应纳增值税额。然而,在实际工作中,常常会出现一般纳税人发生应税销售行为采用销售额和销项税额合并定价收取的方法,这样,就会形成含税销售额,我国增值税是价外税,计税依据中不含增值税本身的数额。因此,一般纳税人发生应税销售行为取得的含税销售额在计算销项税额时,必须将其换算为不含税的销售额。其换算公式如下:

不含税销售额 = 含税销售额÷(1+税率)

公式中的税率为发生应税销售行为时按《增值税暂行条例》中规定所适用的税率。

(二) 进项税额的计算

进项税额是纳税人购进货物、劳务、服务、无形资产、不动产支付或者负担的增值税额。

1. 准予从销项税额中抵扣进项税额

(1) 从销售方取得的增值税专用发票(含税控机动车销售统一发票,下同)上注明的增值税额。

(2) 从海关取得的海关进口增值税专用缴款书上注明的增值税额。

(3) 购进农产品,除取得增值税专用发票或者海关进口增值税专用缴款书外,自2019年4月1日起,纳税人购进农产品,原适用10%扣除率的,扣除率调整为9%。纳税人购进用于生产或者委托加工13%税率货物的农产品,按照10%的扣除率计算进项税额。

进项税额计算公式:

进项税额=买价×扣除率

农产品买价,包括纳税人购进农产品在农产品收购发票或者销售发票上注明的价款和按规定缴纳的烟叶税。

【例3-25】某食品厂为增值税一般纳税人,2021年5月从农民手中购进小麦,当月全部领用加工糕点,收购发票上注明买价5万元,支付运费,取得增值税专用发票,注明金额为0.6万元。本月销售糕点,取得不含税销售额20万元,假定当月取得的相关票据均符合税法规定并在当月抵扣进项税,计算该厂当月应纳增值税。

【解析】可抵扣的增值税进项税额=5×10%+0.6×9%=0.55(万元)。

应纳的增值税=20×13%-0.55=2.05(万元)。

(4) 自境外单位或者个人购进劳务、服务、无形资产或者境内的不动产,从税务机关或者扣缴义务人取得的代扣代缴税款的完税凭证上注明的增值税额。

(5) 自2018年1月1日起,纳税人支付的道路、桥、闸通行费,按照以下规定抵扣进项税额。

① 纳税人支付的道路通行费,按照收费公路通行费增值税电子普通发票上注明的增值税额抵扣进项税额。

② 纳税人支付的桥、闸通行费,暂凭取得的通行费发票上注明的收费金额按照下列公式计算可抵扣的进项税额。

桥、闸通行费可抵扣进项税额=桥、闸通行费发票上注明的金额÷(1+5%)×5%

③ 本通知所称通行费,是指有关单位依法或者依规设立并收取的过路、过桥和过闸费用。

【例3-26】某企业在2021年5月的经营中,支付桥、闸通行费6825元,取得通行费发票(非财政票据);支付高速公路通行费,增值税电子普通发票注明税额246元,则该企业上述发票可抵扣进项税。

【解析】可抵扣进项税=6825÷(1+5%)×5%+246=325+246=571(元)。

(6) 自2018年1月1日起,纳税人租入固定资产、不动产,既用于一般计税方法计税项目,又用于简易计税方法计税项目、免征增值税项目、集体福利或者个人消费的,其进项税额准予从销项税额中全额抵扣。

(7) 自2019年4月1日起,纳税人购进国内旅客运输服务,纳税人未取得增值税专用发票的,暂按照以下规定确定允许从销项税额中抵扣进项税额。

① 取得增值税电子普通发票的,为发票上注明的税额。

② 取得注明旅客身份信息的航空运输电子客票行程单的,为按照下列公式计算进项税额。

航空旅客运输进项税额=(票价+燃油附加费)÷(1+9%)×9%

③ 取得注明旅客身份信息的铁路车票的,为按照下列公式计算的进项税额。

铁路旅客运输进项税额=票面金额÷(1+9%)×9%

④ 取得注明旅客身份信息的公路、水路等其他客票的,按照下列公式计算进项税额。

公路、水路等其他旅客运输进项税额=票面金额÷(1+3%)×3%

(8) 自2019年4月1日至2021年12月31日,允许生产、生活性服务业纳税人按照当期可抵扣进项税额加计10%,抵减应纳税额。

① 生产、生活性服务业纳税人,是指提供邮政服务、电信服务、现代服务、生活服务取得的销售额占全部销售额的比重超过50%的纳税人。

② 纳税人应按照当期可抵扣进项税额的10%计提当期加计抵减额。按照现行规定不得从销项税额中抵扣的进项税额,不得计提加计抵减额。已计提加计抵减额的进项税额,按规定作进项税额转出的,应在进项税额转出当期,相应调减加计抵减额。计算公式如下:

当期计提加计抵减额=当期可抵扣进项税额×10%

当期可抵减加计抵减额=上期末加计抵减额余额+当期计提加计抵减额-当期调减加计抵减额

③ 纳税人应按照现行规定计算一般计税方法下的应纳税额(以下称抵减前的应纳税额)后,区分以下情形加计抵减。

抵减前的应纳税额等于零的,当期可抵减加计抵减额全部结转下期抵减。

抵减前的应纳税额大于零,且大于当期可抵减加计抵减额的,当期可抵减加计抵减额全额从抵减前的应纳税额中抵减。

抵减前的应纳税额大于零,且小于或等于当期可抵减加计抵减额的,以当期可抵减加计抵减额抵减应纳税额至零。未抵减完的当期可抵减加计抵减额,结转下期继续抵减。

④ 纳税人出口货物劳务,发生跨境应税行为不适用加计抵减政策,其对应的进项税额不得计提加计抵减额。

⑤ 为进一步完善减税措施,财政部、国家税务总局又下发了《关于明确生活性服务业增值税加计抵减政策的公告》(财政部国家税务总局公告2019年第87号),明确自2019年10月1日至2021年12月31日,允许生活性服务业纳税人按照当期可抵扣进项税额加计15%,抵减应纳税额。政策的调整不影响前期加计抵减政策的享受。调整政策适用的判断标准中仅适用于生活性服务业,并将设立时点调整为2019年10月1日,其他判断标准的基本方法不变,可以参照执行。

(9) 按照规定不得抵扣进项税额的不动产,发生用途改变,用于允许抵扣进项税额项目的,按照下列公式在改变用途的次月计算可抵扣进项税额。

可抵扣进项税额=增值税扣税凭证注明或计算的进项税额×不动产净值

准予抵扣的项目和扣除率的调整,由国务院决定。

2. 不得从销项税额中抵扣的进项税额

纳税人购进货物、劳务、服务、无形资产、不动产,取得的增值税扣税凭证不符合法律、行政法规或者国务院税务主管部门有关规定的,其进项税额不得从销项税额中抵扣。

根据《增值税暂行条例》和"营改增通知"及其他相关政策规定,下列项目的进项税额不得从销项税额中抵扣。

(1) 用于简易计税方法计税项目、免征增值税项目、集体福利或者个人消费的购进货物、劳务、服务、无形资产和不动产。

(2) 非正常损失的购进货物,以及相关的劳务和交通运输服务。

(3) 非正常损失的在产品、产成品所耗用的购进货物(不包括固定资产)、劳务和交通运输服务。

(4) 非正常损失的不动产,以及该不动产所耗用的购进货物、设计服务和建筑服务。

(5) 非正常损失的不动产在建工程所耗用的购进货物、设计服务和建筑服务。

纳税人新建、改建、扩建、修缮、装饰不动产,均属于不动产在建工程。

上述(2)~(4)项所述非正常损失,是指因管理不善造成货物被盗、丢失、霉烂变质,以及因违反法律法规造成货物或者不动产被依法没收、销毁、拆除的情形。

(6) 购进的贷款服务、餐饮服务、居民日常服务和娱乐服务。

(7) 国务院、财政部和国家税务总局规定的其他情形。

(8) 适用一般计税方法的纳税人,兼营简易计税方法计税项目、免征增值税项目而无法划分不得抵扣的进项税额,按照下列公式计算不得抵扣的进项税额。

不得抵扣的进项税额=当期无法划分的全部进项税额×(当期简易计税方法计税项目销售额+免征增值税项目销售额)÷当期全部销售额

主管税务机关可以按照上述公式依据年度数据对不得抵扣的进项税额进行清算。

(9) 纳税人适用一般计税方法计税的,因销售折让、中止或者退回而退还给购买方的增值税额,应当从当期的销项税额中扣减;因销售折让、中止或者退回而收回的增值税额,应当从当期的进项税额中扣减。

(10) 有下列情形之一者,应当按照销售额和增值税税率计算应纳税额,不得抵扣进项税额,也不得使用增值税专用发票。

① 一般纳税人会计核算不健全,或者不能够提供准确税务资料的。

② 应当办理一般纳税人资格登记而未办理的。

(11) 已抵扣进项税额的购进货物(不含固定资产)、劳务、服务,发生上述(1)至(7)规定情形(简易计税方法计税项目、免征增值税项目除外)的,应当将该进项税额从当期进项税额中扣减。无法确定该进项税额的,按照当期实际成本计算应扣减的进项税额。

【例3-27】2021年10月,某企业(增值税一般纳税人)将本年5月购进的一批生产用材料改变用途,用于集体福利,账面成本10 000元,计算需要转出进项税额。

【解析】需要转出进项税额=10000×13%=1300(元)。

【例3-28】2021年10月,某企业(增值税一般纳税人)因管理不善,导致一批本年5月购进向农业生产者收购的大豆霉烂变质,账面成本10920元,计算需要转出进项税额。

【解析】需要转出进项税额10920÷(1-9%)×9%=12000×9%=1080元)。

(12) 已抵扣进项税额的固定资产、无形资产或者不动产,发生上述(1)至(7)规定情形的,按照下列公式计算不得抵扣的进项税额。

不得抵扣的进项税额=固定资产、无形资产或者不动产净值×适用税率

固定资产、无形资产或者不动产净值,是指纳税人根据财务会计制度计提折旧或摊销后的余额。

【例3-29】根据增值税法律制度的规定,一般纳税人购进货物、服务发生的下列情形中,不得从销项税额中抵扣进项税额的有( )。

A. 购进原材料试制新产品
B. 购进生产免税货物用材料
C. 购进旅客运输服务
D. 购进贷款服务

【答案】BD

【解析】选项B:购进原材料,用于生产"免税"货物,对应的进项税额不得抵扣;选项D:购进的贷款服务、餐饮服务、居民日常服务和娱乐服务,不得抵扣进项税额。

【例3-30】某制药企业系增值税一般纳税人,2021年4月份同时生产感冒药和抗癌药,本期购买生产设备一台,取得增值税专用发票上注明税额为10万元。为感冒药购买药原料,取得增值税专用发票上注明税额为4万元。为感冒药和抗癌药共同购买药原料,取得增值税专用发票上注明税额为12万元。当月实现感冒药不含税销售收入210万元,抗癌药不含税收入150万元,该企业对抗癌药选择简易办法计算纳税,计算当月应纳增值税额。

【解析】该企业当期可抵扣的进项税=10+4+12×210÷(210+150)=21(万元)。

应纳增值税=210×13%-21+150×3%=27.3-21+4.5=10.8(万元)。

3. 应纳税额的计算

(1) 销项税额的时间界定。

增值税纳税人销售应税销售行为后,什么时间计算销项税额,关系到当期销项税额的大小。关于销项税额的确定时间,总的原则是:销项税额的确定不得滞后。《增值税暂行条例》和"营改增通知"对此作了严格的规定。

(2) 进项税额抵扣时限的界定。

进项税额是纳税人购进货物、劳务、服务、无形资产、不动产支付或者负担的增值税额,进项税额的大小,直接影响纳税人的应纳税额的多少。进项税额抵扣时间影响纳税人不同纳税期应纳税额。关于进项税额的抵扣时间,总的原则是:进项税额的抵扣不得提前。《增值税暂行条例》和"营改增通知"对不同扣税凭证的抵扣时间作了详细的规定。

① 增值税专用发票进项税额的抵扣限定。

增值税一般纳税人取得2017年1月1日及以后开具的增值税专用发票、海关进口增

值税专用缴款书、机动车销售统一发票、收费公路通行费增值税电子普通发票,取消认证确认、稽核比对、申报抵扣的期限。纳税人在进行增值税纳税申报时,应当通过本省(自治区、直辖市和计划单列市)增值税发票综合服务平台对上述扣税凭证信息进行用途确认。

增值税一般纳税人取得2016年12月31日及以前开具的增值税专用发票、海关进口增值税专用缴款书、机动车销售统一发票,超过认证确认、稽核比对、申报抵扣期限,但符合规定条件的,仍可按照规定,继续抵扣进项税额。

② 海关进口增值税专用缴款书进项税额申报抵扣和出口退税的限定。

增值税一般纳税人取得海关进口增值税专用缴款书(以下简称海关缴款书)后如需申报抵扣或出口退税,按以下方式处理:

增值税一般纳税人取得仅注明一个缴款单位信息的海关缴款书,应当登录本省(区、市)增值税发票选择确认平台(以下简称选择确认平台)查询、选择用于申报抵扣或出口退税的海关缴款书信息。通过选择确认平台查询到的海关缴款书信息与实际情况不一致或未查询到对应信息的,应当上传海关缴款书信息,经系统稽核比对相符后,纳税人登录选择确认平台查询、选择用于申报抵扣或出口退税的海关缴款书信息。

增值税一般纳税人取得注明两个缴款单位信息的海关缴款书,应当上传海关缴款书信息,经系统稽核比对相符后,纳税人登录选择确认平台查询、选择用于申报抵扣或出口退税的海关缴款书信息。

海关缴款书稽核比对异常的处理。稽核比对结果为不符、缺联、重号、滞留的异常海关缴款书按以下方式处理:

对于稽核比对结果为不符、缺联的海关缴款书,纳税人应当持海关缴款书原件向主管税务机关申请数据修改或核对。属于纳税人数据采集错误的,数据修改后再次进行稽核比对;不属于数据采集错误的,纳税人可向主管税务机关申请数据核对,主管税务机关会同海关进行核查。经核查,海关缴款书票面信息与纳税人实际进口货物业务一致的,纳税人登录选择确认平台查询、选择用于申报抵扣或出口退税的海关缴款书信息。

对于稽核比对结果为重号的海关缴款书,纳税人可向主管税务机关申请核查。经核查,海关缴款书票面信息与纳税人实际进口货物业务一致的,纳税人登录选择确认平台查询、选择用于申报抵扣或出口退税的海关缴款书信息。

对于稽核比对结果为滞留的海关缴款书,可继续参与稽核比对,纳税人不需申请数据核对。

(3) 计算应纳税额时进项税额不足抵扣的处理。

纳税人在计算应纳税额时,如果当期销项税额小于当期进项税额不足抵扣的部分,可以结转下期继续抵扣。

(4) 向供货方收取的返还收入的税务处理。

自2004年7月1日起,对商业企业向供货方收取的与商品销售量、销售额挂钩(如以一定比例、金额、数量计算)的各种返还收入,均应按平销返利行为的有关规定冲减当期增值税进项税额。冲减进项税额的计算公式为:

当期应冲减的进项税额=当期取得的返还资金÷(1+所购进货适用增值税税率)×所

购进货物适用增值税税率

商业企业向供货方收取的各种返还收入,一律不得开具增值税专用发票。

【例3-31】某商场采用平销返利方式销售某服装厂服装,2021年6月销售服装取得零售额100 000元,平价与服装厂结算,并按合同向服装厂收取销售额20%的返利收入20 000元,已知商场与服装厂均为增值税一般纳税人,计算当期应冲减进项税额。

【解析】当期应冲减进项税额=20 000÷(1+13%)×13%=2300.88(元)。

(5)一般纳税人注销时存货及留抵税额处理。

一般纳税人注销或被取消辅导期一般纳税人资格,转为小规模纳税人时,其存货不作进项税额转出处理,其留抵税额也不予以退税。

(6)关于增值税税控系统专用设备和技术维护费用抵减增值税税额有关政策。

① 增值税纳税人2011年12月1日(含,下同)以后初次购买增值税税控系统专用设备(包括分开票机)支付的费用,可凭购买增值税税控系统专用设备取得的增值税专用发票,在增值税应纳税额中全额抵减(抵减额为价税合计额),不足抵减的可结转下期继续抵减。增值税纳税人非初次购买增值税税控系统专用设备支付的费用,由其自行负担,不得在增值税应纳税额中抵减。

② 增值税纳税人2011年12月1日以后缴纳的技术维护费(不含补缴的2011年11月30日以前的技术维护费),可凭技术维护服务单位开具的技术维护费发票,在增值税应纳税额中全额抵减,不足抵减的可结转下期继续抵减。技术维护费按照价格主管部门核定的标准执行。

③ 增值税一般纳税人支付的二项费用在增值税应纳税额中全额抵减的,其增值税专用发票不作为增值税抵扣凭证,其进项税额不得从销项税额中抵扣。

(7)增值税期末留抵税额退税制度。

留抵退税条件:

同时符合以下条件的纳税人,可以向主管税务机关申请退还增量留抵税额。

① 自2019年4月税款所属期起,连续六个月(按季纳税的,连续两个季度)增量留抵税额均大于零,且第六个月增量留抵税额不低于50万元。

② 纳税信用等级为A级或者B级。

③ 申请退税前36个月未发生骗取留抵退税、出口退税或虚开增值税专用发票情形的。

④ 申请退税前36个月未因偷税被税务机关处罚两次及以上的。

⑤ 自2019年4月1日起未享受即征即退、先征后返(退)政策的。

上述留抵税额增量留抵税额,是指与2019年3月底相比新增加的期末留抵税额。

其中,部分先进制造业需同时符合:

① 增量留抵税额大于零。

② 纳税信用等级为A级或者B级。(税务机关根据纳税人申请留抵退税当期的纳税信用等级来判断是否符合规定条件。如果在申请时符合规定条件,后来等级被调整为C、D级,税务机关不追缴已退税款。但纳税人以后再次申请留抵退税时,如果信用等级为C、D级,则不能再次享受该政策。)

③ 申请退税前36个月未发生骗取留抵退税、出口退税或虚开增值税专用发票情形。
④ 申请退税前36个月未因偷税被税务机关处罚两次及以上。
⑤ 自2019年4月1日起未享受即征即退、先征后返(退)政策。

部分先进制造业纳税人,是指按照《国民经济行业分类》,生产并销售非金属矿物制品、通用设备、专用设备及计算机、通信和其他电子设备销售额占全部销售额的比重超过50%的纳税人。

留抵退税的计算:

允许退还的增量留抵税额=增量留抵税额×进项构成比例×60%

进项构成比例,为2019年4月至申请退税前一税款所属期内已抵扣的增值税专用发票(含税控机动车销售统一发票)、海关进口增值税专用缴款书、解缴税款完税凭证注明的增值税额占同期全部已抵扣进项税额的比重。

其中,部分先进制造业纳税人当期允许退还的增量留抵税额,计算公式为:

允许退还的增量留抵税额=增量留抵税额×进项构成比例

进项构成比例,为2019年4月至申请退税前一税款所属期内已抵扣的增值税专用发票(含税控机动车销售统一发票)、海关进口增值税专用缴款书、解缴税款完税凭证注明的增值税额占同期全部已抵扣进项税额的比重。

纳税人应在增值税纳税申报期内,向主管税务机关申请退还留抵税额。

纳税人取得退还的留抵税额后,应相应调减当期留抵税额。按照规定再次满足退税条件的,可以继续向主管税务机关申请退还留抵税额,但连续期间不得重复计算。

【例3-32】假设甲公司2019年3月底存量留抵税额为50万元,4月至9月的月末留抵税额分别为60万、55万、80万、70万、90万、100万,由于纳税人连续6个月都有增量留抵税额,且9月末增量留抵税额为50万元(100万-50万)。

甲公司2019年4月至9月已抵扣进项税额的情况:增值税专用发票进项税100万、海关进口增值税专用缴款书进项税50万、农产品销售发票进项税9万、国内航空运输电子客票行程单进项税1万。如果甲公司也同时满足其他四项退税条件,那么甲公司10月可申请退还的留抵税额是多少?

【案例分析】

全部已抵扣进项税额=100万+50万+9万+1万=160万

进项构成比例=(增值税专票+专用缴款书)进项÷已抵扣全部进项税×100%=(100万+50万)÷160万×100%=93.75%

当期允许退还的增量留抵税额=增量留抵税额×进项构成比例×60%=50万×93.75%×60%=28.125万。

如果甲公司10月收到了28.125万元退税款,那么甲公司10月的留抵税额就应从100万元调减为71.875万元(100万-28.125万)。

此后,甲公司可将10月份作为起始月,再往后连续计算6个月来判断增量留抵税额的情况,如再次满足退税条件,可继续按规定申请留抵退税。

4. 纳税人转让不动产增值税征收管理暂行办法

纳税人转让其取得的不动产,包括以直接购买、接受捐赠、接受投资入股、自建以及抵债等各种形式取得的不动产。房地产开发企业销售自行开发的房地产项目不适用该办法。

(1) 一般纳税人转让其取得的不动产,按照以下规定缴纳增值税。

① 一般纳税人转让其 2016 年 4 月 30 日前取得(不含自建)的不动产,可以选择适用简易计税方法计税,以取得的全部价款和价外费用扣除不动产购置原价或者取得不动产时的作价后的余额为销售额,按照 5% 的征收率计算应纳税额。纳税人应按照上述计税方法向不动产所在地主管税务机关预缴税款,向机构所在地主管税务机关申报纳税。

② 一般纳税人转让其 2016 年 4 月 30 日前自建的不动产,可以选择适用简易计税方法计税,以取得的全部价款和价外费用为销售额,按照 5% 的征收率计算应纳税额。纳税人应按照上述计税方法向不动产所在地主管税务机关预缴税款,向机构所在地主管税务机关申报纳税。

③ 一般纳税人转让其 2016 年 4 月 30 日前取得(不含自建)的不动产,选择适用一般计税方法计税的,以取得的全部价款和价外费用为销售额计算应纳税额。纳税人应以取得的全部价款和价外费用扣除不动产购置原价或者取得不动产时的作价后的余额,按照 5% 的预征率向不动产所在地主管税务机关预缴税款,向机构所在地主管税务机关申报纳税。

④ 一般纳税人转让其 2016 年 4 月 30 日前自建的不动产,选择适用一般计税方法计税的,以取得的全部价款和价外费用为销售额计算应纳税额。纳税人应以取得的全部价款和价外费用,按照 5% 的预征率向不动产所在地主管税务机关预缴税款,向机构所在地主管税务机关申报纳税。

⑤ 一般纳税人转让其 2016 年 5 月 1 日后取得(不含自建)的不动产,适用一般计税方法,以取得的全部价款和价外费用为销售额计算应纳税额。纳税人应以取得的全部价款和价外费用扣除不动产购置原价或者取得不动产时的作价后的余额,按照 5% 的预征率向不动产所在地主管税务机关预缴税款,向机构所在地主管税务机关申报纳税。

⑥ 一般纳税人转让其 2016 年 5 月 1 日后自建的不动产,适用一般计税方法,以取得的全部价款和价外费用为销售额计算应纳税额。纳税人应以取得的全部价款和价外费用,按照 5% 的预征率向不动产所在地主管税务机关预缴税款,向机构所在地主管税务机关申报纳税。

(2) 小规模纳税人转让其取得的不动产,除个人转让其购买的住房外,按照以下规定缴纳增值税。

① 小规模纳税人转让其取得(不含自建)的不动产,以取得的全部价款和价外费用扣除不动产购置原价或者取得不动产时的作价后的余额为销售额,按照 5% 的征收率计算应纳税额。

② 小规模纳税人转让其自建的不动产,以取得的全部价款和价外费用为销售额,按照 5% 的征收率计算应纳税额。

除其他个人之外的小规模纳税人,应按照规定的计税方法向不动产所在地主管税务机关预缴税款,向机构所在地主管税务机关申报纳税;其他个人按照本条规定的计税方法向不动产所在地主管税务机关申报纳税。

(3) 个人转让其购买的住房,按照以下规定缴纳增值税。

① 个人转让其购买的住房,按照有关规定全额缴纳增值税的,以取得的全部价款和价外费用为销售额,按照5%的征收率计算应纳税额。

② 个人转让其购买的住房,按照有关规定差额缴纳增值税的,以取得的全部价款和价外费用扣除购买住房价款后的余额为销售额,按照5%的征收率计算应纳税额。

个体工商户应按照本条规定的计税方法向住房所在地主管税务机关预缴税款,向机构所在地主管税务机关申报纳税;其他个人应按照本条规定的计税方法向住房所在地主管税务机关申报纳税。

(4) 其他个人以外的纳税人转让其取得的不动产,区分以下情形计算应向不动产所在地主管税务机关预缴的税款。

① 以转让不动产取得的全部价款和价外费用作为预缴税款计算依据的,计算公式为:

应预缴税款=全部价款和价外费用÷(1+5%)×5%

② 以转让不动产取得的全部价款和价外费用扣除不动产购置原价或者取得不动产时的作价后的余额作为预缴税款计算依据的,计算公式为:

应预缴税款=(全部价款和价外费用-不动产购置原价或者取得不动产时的作价)÷(1+5%)×5%

(5) 其他个人转让其取得的不动产,按照本办法第(4)条规定的计算方法计算应纳税额并向不动产所在地主管税务机关申报纳税。

(6) 纳税人按规定从取得的全部价款和价外费用中扣除不动产购置原价或者取得不动产时的作价的,应当取得符合法律、行政法规和国家税务总局规定的合法有效凭证。否则,不得扣除。

【例3-33】某纳税人(非自然人)2021年6月30日转让其2013年购买的写字楼一层,取得转让收入1000万元(含税,下同)。纳税人2013年购买时的价格为700万元,保留有合法有效凭证。如果该纳税人为增值税一般纳税,应如何在不动产所在地税务机关计算预缴税额;如该纳税人为小规模纳税人应如何处理?

【解析】在税务机关预缴税款时,不需要区分纳税人性质,也不需要区分房地产取得的时间是营改增前还是营改增后,只需要知道所销售的不动产,是属于自建的不动产,还是非自建。

本案例中,纳税人转让的不动产为2013年外购的,因此属于非自建,应以取得的全部价款和价外费用扣除不动产购置原价或者取得不动产时的作价后的余额:

余额=1000-700=300(万元)

此300万元为含税价格,换算为不含税价后,按照5%的预征率(或者征收率)向不动产所在地主管税务机关预缴税款。

一般纳税人税务处理:

① 一般计税方法。

向不动产所在地主管税务机关预缴税款:

$3\,000\,000 \div (1+5\%) \times 5\% = 142\,857.14(元)$

当期,企业向机构所在地主管税务机关纳税申报,计提销项税额:

$10\,000\,000 \div (1+9\%) \times 9\% = 825\,688.07(元)$

假设当期进项税额合计为 70 万元,其他销项税额合计为 30 万元,则应增值税
825 688.07+300 000-700 000-142 857.14=282 830.93(元)

② 简易计税方法。

向不动产所在地主管税务机关预缴税款:

3 000 000÷(1+5%)×5%=142 857.14(元)

当期,企业向机构所在地主管税务机关纳税申报:

3 000 000÷(1+5%)×5%=142 857.14(元)

可以看出,纳税人选择简易计税方法后,向不动产所在地主管税务机关预缴的税款,与回机构所在地主管税务机关计算申报的应纳税额,应是一致的。

小规模纳税人的税款计算同上述一般纳税人选择的简易计税方法。

【例 3-34】某纳税人(非自然人)为甲市区纳税人,2021 年 6 月 30 日,转让其 2013 年自己建造的厂房一间,取得转让收入 1000 万元,厂房也在甲市区。纳税人 2013 年建造厂房的成本为 700 万元。如果该纳税人为增值税一般纳税人,纳税人对该笔业务选择一般计税方法,应如何在不动产所在地税务机关计算预缴税额,如何在机构所在地申报纳税?(假设纳税人其他业务 6 月应纳增值税额为 70 万元)。

【解析】在甲市区税务机关预缴税款时:

预缴税款=1000÷(1+5%)×5%=47.62(万元)

按照假设,纳税人按照一般计税方法计税应纳税额,由于是 2013 年自建的房产,营改增后不能取得有效的增值税扣税凭证,不能抵扣进项税额,纳税人向甲市区税务机关申报纳税时:

应纳税额=1000÷(1+9%)×9%+70=152.57(万元)

纳税人在 7 月申报期内,将转让不动产及企业业务共同申报纳税,应纳税额合计 152.57 万元。纳税人可凭在甲市区税务机关缴纳税款的完税凭证,抵减纳税人应纳税额的 47.62 万元,纳税人仍需要缴纳 104.95 万元。

【例 3-35】某纳税人(非自然人)为甲市区纳税人,2021 年 6 月 30 日,转让其 2013 年自己建造的厂房一间,取得转让收入 1000 万元,厂房也在甲市区。纳税人 2013 年建造厂房的成本为 700 万元。如果该纳税人为增值税一般纳税人,纳税人对该笔业务选择简易计税方法,应如何在不动产所在地税务机关计算预缴税额,如何在机构所在地申报纳税?(假设纳税人其他业务 6 月应纳增值税额为 70 万元)。

【解析】纳税人在甲市区税务机关预缴税款时:

预缴税款=1000÷(1+5%)×5%=47.62(万元)

纳税人向甲市区税务机关申报纳税时,也应按照全部价款和价外费用为销售额,按照 5%的征收率计算应税税额。纳税人在申报时,应同时加上其他业务的增值税应纳税额。

应纳税款=1000÷(1+5%)×5%=47.62+70=117.62(万元)

纳税人在 7 月申报期内,将转让不动产及企业业务共同申报纳税,应纳税额合计 117.62 万元。纳税人可凭在甲市区税务机关缴纳税款的完税凭证,抵减纳税人应纳税额的 47.62 万元,纳税人仍需要缴纳 70 万元。

【例 3-36】某纳税人(非自然人),2021 年 6 月 30 日转让其 2013 年自己建造的厂房

一间,取得转让收入1000万元。纳税人2013年建造厂房的成本为700万元。如果该纳税人为小规模纳税人,应如何在不动产所在地税务机关计算预缴税款?

【解析】在税务机关预缴税款时,不需要区分纳税人性质,也不需要区分房产取得的时间是改革前还是改革后,只需要知道所销售的不动产,是属于自建的不动产,还是非自建。在本案例中,纳税人转让的不动产为2013年自建的,因此应以取得的全部价款和价外费用,即1000万元,为含税价格,换算为不含税价格后,按照5%的征收率向不动产所在地主管税务机关预缴税款。虽然本案例给出了700万元的建造成本价格,但是在自建房产的销售中,税务机关在预缴税款时,不允许扣除成本,这是需要注意的地方。

预缴税款==1000÷(1+5%)×5%=47.62(万元)

5. 纳税人跨县(市、区)提供建筑服务增值税征收管理暂行办法

纳税人跨县(市、区)提供建筑服务,是指单位和个体工商户在其机构所在地以外的县(市、区)提供建筑服务。纳税人跨县(市、区)提供建筑服务,应按照财税[2016]36号文件规定的纳税义务发生时间和计税方法,向建筑服务发生地主管税务机关预缴税款,向机构所在地主管税务机关申报纳税。

纳税人在同一直辖市、计划单列市范围内跨县(市、区)提供建筑服务的,由直辖市、计划单列市税务局决定是否适用本办法。其他个人跨县(市、区)提供建筑服务,不适用本办法。

《建筑工程施工许可证》未注明合同开工日期,但建筑工程承包合同注明的开工日期在2016年4月30日前的建筑工程项目,属于财税[2016]36号文件规定的可以选择简易计税方法计税的建筑工程老项目。

(1)纳税人跨县(市、区)提供建筑服务,按照以下规定预缴税款:

① 一般纳税人跨县(市、区)提供建筑服务,适用一般计税方法计税的,以取得的全部价款和价外费用扣除支付的分包款后的余额,按照2%的预征率计算应预缴税款。

【例3-37】机构所在地在甲省B市的甲建筑企业是增值税一般纳税人,2021年5月在乙省A市取得含税建筑收入400 000元,支付分包款100 000元,计算甲企业在建筑服务发生地A市预缴税款。

【解析】甲企业应在A市预缴税款=(400 000-100 000)÷(1+9%)×2%=5504.59(元)。

② 一般纳税人跨县(市、区)提供建筑服务,选择适用简易计税方法计税的,以取得的全部价款和价外费用扣除支付的分包款后的余额,按照3%的征收率计算应预缴税款。

③ 小规模纳税人跨县(市、区)提供建筑服务,以取得的全部价款和价外费用扣除支付的分包款后的余额,按照3%的征收率计算应预缴税款。

(2)纳税人跨县(市、区)提供建筑服务,按照以下公式计算应预缴税款:

① 适用一般计税方法计税的,应预缴税款=(全部价款和价外费用-支付的分包款)÷(1+9%)×2%。

② 适用简易计税方法计税的,应预缴税款=(全部价款和价外费用-支付的分包款)÷(1+3%)×3%。

纳税人取得的全部价款和价外费用扣除支付的分包款后的余额为负数的,可结转下次预缴税款时继续扣除。纳税人应按照工程项目分别计算应预缴税款,分别预缴。

(3) 纳税人按照上述规定从取得的全部价款和价外费用中扣除支付的分包款,应当取得符合法律、行政法规和国家税务总局规定的合法有效凭证,否则不得扣除。

6. 纳税人提供不动产经营租赁服务增值税征收管理暂行办法

纳税人以经营租赁方式出租其取得的不动产(以下简称出租不动产),适用本办法。取得的不动产,包括以直接购买、接受捐赠、接受投资入股、自建以及抵债等各种形式取得的不动产。纳税人提供道路通行服务不适用本办法。

(1) 一般纳税人出租不动产,按照以下规定缴纳增值税:

① 一般纳税人出租其2016年4月30日前取得的不动产,可以选择适用简易计税方法,按照5%的征收率计算应纳税额。

不动产所在地与机构所在地不在同一县(市、区)的,纳税人应按照上述计税方法向不动产所在地主管税务机关预缴税款,向机构所在地主管税务机关申报纳税。

不动产所在地与机构所在地在同一县(市、区)的,纳税人向机构所在地主管税务机关申报纳税。

② 一般纳税人出租其2016年5月1日后取得的不动产,适用一般计税方法计税。

不动产所在地与机构所在地不在同一县(市、区)的,纳税人应按照3%的预征率向不动产所在地主管税务机关预缴税款,向机构所在地主管税务机关申报纳税。

不动产所在地与机构所在地在同一县(市、区)的,纳税人应向机构所在地主管税务机关申报纳税。

一般纳税人出租其2016年4月30日前取得的不动产适用一般计税方法计税的,按照上述规定执行。

【例3-38】机构所在地在A市的甲企业是增值税一般纳税人,2021年6月在A市取得含税咨询收入250 000元,发生进项税8000元,将位于B市的一处办公用房(系2016年4月30日前取得)出租,收取含税月租金40 000元,甲企业出租房屋选择简易计税方法,计算甲企业在A、B两市应缴纳税款。

【解析】甲企业应在B市预缴出租办公用房的税款 = 40 000÷(1+5%)×5% = 1904.76(元)。甲企业在A市纳税 = 250 000÷(1+6%)×6% − 8000 + 40 000÷(1+5%)×5% − 1904.76 = 14 150.94−8000 = 6150.94(元)。

【例3-39】机构所在地在A市的甲企业是增值税一般纳税人,2021年6月在A市取得含税咨询收入250 000元,发生进项税8000元,将位于B市的一处办公用房(系2017年取得)出租,收取含税月租金40 000元,计算甲企业在A、B两市应缴纳税款。

【解析】甲企业应在B市预缴出租办公用房的税款 = 40 000÷(1+9%)×3% = 1100.92(元)。甲企业在A市纳税 = 250 000÷(1+6%)×6% − 8000 + 40 000÷(1+9%)×9% − 1100.92 = 14 150.94−8000+3302.75−1100.92 = 8352.77(元)。

(2) 小规模纳税人出租不动产,按照以下规定缴纳增值税:

① 单位和个体工商户出租不动产(不含个体工商户出租住房),按照5%的征收率计算应纳税额。个体工商户出租住房,按照5%的征收率减按1.5%计算应纳税额。

不动产所在地与机构所在地不在同一县(市、区)的,纳税人应按照上述计税方法向不动产所在地主管税务机关预缴税款,向机构所在地主管税务机关申报纳税。

不动产所在地与机构所在地在同一县(市、区)的,纳税人应向机构所在地主管税务机关申报纳税。

② 其他个人出租不动产(不含住房),按照5%的征收率计算应纳税额,向不动产所在地主管税务机关申报纳税。其他个人出租住房,按照5%的征收率减按1.5%计算应纳税额,向不动产所在地主管税务机关申报纳税。

(3) 预缴税款的计算。

① 纳税人出租不动产适用一般计税方法计税的,按照以下公式计算应预缴税款:

应预缴税款=含税销售额÷(1+9%)×3%

② 纳税人出租不动产适用简易计税方法计税的,除个人出租住房外,按照以下公式计算应预缴税款:

应预缴税款=含税销售额÷(1+5%)×5%

③ 个体工商户出租住房,按照以下公式计算应预缴税款:

应预缴税款=含税销售额÷(1+5%)×1.5%

(4) 其他个人出租不动产,按照以下公式计算应纳税款:

① 出租住房:

应纳税款=含税销售额÷(1+5%)×1.5%

② 出租非住房:

应纳税款=含税销售额÷(1+5%)×5%

7. 房地产开发企业销售自行开发的房地产项目增值税征收管理暂行办法

房地产开发企业销售自行开发的房地产项目,是指在依法取得土地使用权的土地上进行基础设施和房屋建设。房地产开发企业以接盘等形式购入未完工的房地产项目继续开发后,以自己的名义立项销售的,属于销售自行开发的房地产项目。

(1) 一般纳税人征收管理。

① 销售额:

房地产开发企业中的一般纳税人(以下简称一般纳税人)销售自行开发的房地产项目,适用一般计税方法计税,按照取得的全部价款和价外费用,扣除当期销售房地产项目对应的土地价款后的余额计算销售额。销售额的计算公式如下:

销售额=(全部价款和价外费用-当期允许扣除的土地价款)÷(1+9%)

当期允许扣除的土地价款按照以下公式计算:

当期允许扣除的土地价款=(当期销售房地产项目建筑面积÷房地产项目可供销售建筑面积)×支付的土地价款

当期销售房地产项目建筑面积,是指当期进行纳税申报的增值税销售额对应的建筑面积。

房地产项目可供销售建筑面积,是指房地产项目可以出售的总建筑面积,不包括销售房地产项目时未单独作价结算的配套公共设施的建筑面积。

支付的土地价款,是指向政府、土地管理部门或受政府委托收取土地价款的单位直接支付的土地价款。

在计算销售额时从全部价款和价外费用中扣除土地价款,应当取得省级以上(含省级)财政部门监(印)制的财政票据。

一般纳税人应建立台账,登记土地价款的扣除情况,扣除的土地价款不得超过纳税人实际支付的土地价款。

一般纳税人销售自行开发的房地产老项目,可以选择适用简易计税方法按照5%的征收率计税。一经选择简易计税方法计税的,36个月内不得变更为一般计税方法计税。

房地产老项目,是指:《建筑工程施工许可证》注明的合同开工日期在2016年4月30日前的房地产项目;《建筑工程施工许可证》未注明合同开工日期或者未取得《建筑工程施工许可证》但建筑工程承包合同注明的开工日期在2016年4月30日前的建筑工程项目。

一般纳税人销售自行开发的房地产老项目适用简易计税方法计税的,以取得的全部价款和价外费用为销售额,不得扣除对应的土地价款。

② 预缴税款:

一般纳税人采取预收款方式销售自行开发的房地产项目,应在收到预收款时按照3%的预征率预缴增值税。

应预缴税款按照以下公式计算:应预缴税款=预收款÷(1+适用税率或征收率)×3%

适用一般计税方法计税的,按照9%的适用税率计算;适用简易计税方法计税的,按照5%的征收率计算。

一般纳税人应在取得预收款的次月纳税申报期向主管税务机关预缴税款。

【例3-40】某房地产企业(增值税一般纳税人)的一个房地产开发项目2021年6月收到预收款2000万元,则应在7月的申报期内向主管税务机关预缴税款:2000÷(1+9%)×3%=55.05(万元)。

【例3-41】某房地产企业(增值税一般纳税人)的一个房地产老项目2021年6月收到预收款2000万元,该企业选择简易计税方法,则应在7月的申报期内向主管税务机关预缴税款:2000÷(1+5%)×3%=57.14(万元)。

③ 进项税额:

一般纳税人销售自行开发的房地产项目,兼有一般计税方法计税、简易计税方法计税、免征增值税的房地产项目而无法划分不得抵扣的进项税额的,应以《建筑工程施工许可证》注明的"建设规模"为依据进行划分。

不得抵扣的进项税额=当期无法划分的全部进项税额×(简易计税、免税房地产项目建设规模÷房地产项目总建设规模)

(2) 小规模纳税人征收管理。

① 预缴税款:

房地产开发企业中的小规模纳税人(以下简称小规模纳税人)采取预收款方式销售自行开发的房地产项目,应在收到预收款时按照3%的预征率预缴增值税。

应预缴税款按照以下公式计算:应预缴税款=预收款÷(1+5%)×3%

小规模纳税人应在取得预收款的次月纳税申报期或主管税务机关核定的纳税期限向主管税务机关预缴税款。

二、简易计税方法应纳税额的计算

简易计税方法既适用于小规模纳税人,也适用于增值税一般纳税人的特定应税行为。简易计税方法的应纳税额,是指按销售额和规定征收率计算应纳税额,不得抵扣进项税额。其应纳税额的计算公式为:

应纳税额=销售额×征收率

公式中销售额与增值税一般纳税人计算应纳增值税的销售额规定内容一致,是纳税人发生应税销售行为向购买方收取的全部价款和价外费用。但不包括按征收率收取的增值税税额。

纳税人采用销售额和应纳增值税税额合并定价方法的,按下列公式计算销售额:

不含税销售额=含税销售额÷(1+征收率)

【例3-42】某广告公司(小规模纳税人)2021年9月发生销售额(不含税,下同)62万元,另因发生服务中止而退还给服务接受方销售额15万元并按规定进行了税务处理,计算该广告公司9月应纳增值税。

【解析】该广告公司9月应纳增值税=(62-15)×3%=1.41(万元)。

【例3-43】某从事咨询服务的小规模纳税人2021年1月取得咨询业务收入25.75万元(含增值税,下同)。当月转让一辆自用过3年的小汽车,转让收入11.33万元;当月签订合同出租一间办公室,预收1年租金12.6万元;当月该企业外购一批干果用于交际应酬,取得增值税专用发票注明金额5000元。已知该小规模纳税人销售使用过的固定资产未放弃减税,计算该纳税人当月应纳增值税。

【解析】应纳增值税=25.75÷(1+3%)×3%+11.33÷(1+3%)×2%+12.6÷(1+5%)×5%=1.57(万元)。

三、进口货物应纳税额的计算

对进口货物征税是国际惯例。根据《增值税暂行条例》的规定,一切进口货物的单位和个人均应按规定缴纳增值税。

(一)进口货物征税范围及纳税人

1. 进口货物征税范围

根据《增值税暂行条例》的规定,申报进入中华人民共和国海关境内的货物,均应缴纳增值税。

确定一项货物是否属于进口货物,看其是否有报关手续。只要是报关进境的应税货物,不论其用途如何,是自行采购用于贸易,还是自用;不论是购进,还是国外捐赠,均应按照规定缴纳进口环节的增值税(免税进口的货物除外)。

2. 进口货物的纳税人

根据《增值税暂行条例》的规定,进口货物增值税的纳税义务人为进口货物的收货人或办理报关手续的单位和个人,包括国内一切从事进口业务的企事业单位、机关团体和个人。对于企业、单位和个人委托代理进口应征增值税的货物,鉴于代理进口货物的海关完税凭证,有的开具给委托方,有的开具给受托方的特殊性,对代理进口货物以海关开具的完税凭证上的纳税人为增值税纳税人。

3. 进口货物的适用税率

进口货物增值税税率与国内销售同类货物的税率相同。对进口抗癌药品,自 2018 年 5 月 1 日起,减按 3% 征收进口环节增值税。对进口罕见病药品,自 2019 年 3 月 1 日起,减按 3% 征收进口环节增值税。

4. 进口货物应纳税额的计算

纳税人进口货物,按照组成计税价格和《增值税暂行条例》规定的税率计算应纳税额。组成计税价格和应纳税额计算公式如下:

组成计税价格 = 关税完税价格 + 关税 + 消费税

纳税人在计算进口货物的增值税时应该注意以下问题:

(1) 进口货物增值税的组成计税价格中包括已纳关税税额,如果进口货物属于消费税应税消费品,其组成计税价格中还要包括进口环节已纳消费税税额。

(2) 按照《海关法》和《进出口关税条例》的规定,一般贸易项下进口货物的关税完税价格以海关审定的成交价格为基础的到岸价格作为完税价格。所谓成交价格是一般贸易项下进口货物的买方为购买该项货物向卖方实际支付或应当支付的价格。到岸价格是包括货价加上货物运抵我国关境内输入地点起卸前的包装费、运费、保险费和其他劳务费等费用构成的一种价格。特殊贸易项下进口的货物,由于进口时没有"成交价格"可作依据,为此,《进出口关税条例》对这些进口货物制定了确定其完税价格的具体办法。

(3) 纳税人进口货物,按照组成计税价格和适用的税率计算应纳税额,不得抵扣任何税额,即在计算进口环节的应纳增值税税额时,不得抵扣发生在我国境外的各种税金。

【例 3-44】2021 年 9 月某增值税小规模纳税人从国外进口设备一台,关税完税价格 80 000 元人民币,假定关税率 7%,计算其进口环节应纳增值税。

【解析】小规模纳税人,进口计税时也使用税率计税,不使用征收率。

其进口环节应纳增值税 = 80 000 × (1 + 7%) × 13% = 11 128(元)。

四、出口和跨境业务增值税退(免)税的计算

出口货物、劳务和跨境应税行为退(免)税是指在国际贸易业务中,对报关出口的货物、劳务和跨境应税行为退还在国内各生产环节和流转环节按税法规定已缴纳的增值税和消费税,或免征应缴纳的增值税和消费税。它是国际贸易中通常采用并为世界各国普遍接受的,目的在于鼓励各国出口货物公平竞争的一种税收措施。

(一) 出口货物、劳务和跨境应税行为退增值税(免)增值税基本政策

目前,我国的出口货物、劳务和和跨境应税行为税收政策分为以下三种形式:

1. 出口免税并退税

出口免税是指货物、劳务和跨境应税行为在出口销售环节不征增值税、消费税,这是把货物、劳务和跨境应税行为出口环节与出口前的销售环节都同样视为一个征税环节;出口退税是指对货物、劳务和跨境应税行为在出口前实际承担的税收负担,按规定的退税率计算后予以退还。

2. 出口免税不退税

出口免税与上述1含义相同。出口不退税是指适用这个政策的出口货物、劳务和跨境应税行为因在前一道生产、销售环节或进口环节免税,因此,出口时该货物、劳务和跨境应税行的价格中本身就不含税,也无须退税。

3. 出口不免税也不退税

出口不免税是指对国家限制或禁止其出口的某些货物、劳务和跨境应税行为的出口环节视同内销环节,照常征税。出口不退税是指对这些货物、劳务和跨境应税行为出口不退还出口前其所负担的税款。

(二) 出口货物、劳务和跨境应税行为增值税退(免)税政策

1. 对下列出口货物、劳务和跨境应税行为,除另有规定外,实行免征和退还增值税[以下称增值税退(免)税]政策。

(1) 出口企业出口货物。

出口企业,是指依法办理工商登记、税务登记、对外贸易经营者备案登记,自营或委托出口货物的单位或个体工商户,以及依法办理工商登记、税务登记但未办理对外贸易经营者备案登记,委托出口货物的生产企业。出口货物,是指向海关报关后实际离境并销售给境外单位或个人的货物,分为自营出口货物和委托出口货物两类。生产企业,是指具有生产能力(包括加工修理修配能力)的单位或个体工商户。

(2) 出口企业或其他单位视同出口货物。

(3) 出口企业对外提供加工修理修配劳务。

对外提供加工修理修配劳务,是指对进境复出口货物或从事国际运输的运输工具进行的加工修理修配。

2. 增值税退(免)税办法

适用增值税退(免)税政策的出口货物、劳务和应税行为,按照下列规定实行增值税免抵退税或免退税办法。

(1) 免抵退税办法。生产企业出口自产货物和视同自产货物及对外提供加工修理修配劳务,以及列名生产企业出口非自产货物,免征增值税,相应的进项税额抵减应纳增值税额(不包括适用增值税即征即退、先征后退政策的应纳增值税额),未抵减完的部分予以退还。

境内的单位和个人提供适用增值税零税率的服务或者无形资产,如果属于适用简易计税方法的,实行免征增值税办法。如果属于适用增值税一般计税方法的,生产企业实行免抵退税办法,外贸企业外购服务或者无形资产出口实行免退税办法,外贸企业直接将服务或自行研发的无形资产出口,视同生产企业连同其出口货物统一实行免抵退税办法。

(2) 免退税办法。不具有生产能力的出口企业(以下称外贸企业)或其他单位出口货物、劳务,免征增值税,相应的进项税额予以退还。

3. 增值税出口退税率

(1) 退税率的一般规定:

除财政部和国家税务总局根据国务院决定而明确的增值税出口退税率(以下称退税率)外,出口货物的退税率为其适用税率。服务和无形资产的退税率为其按照《增值税暂行条例》规定使用的增值税税率。国家税务总局根据上述规定将退税率通过出口货物劳务退税率文库予以发布,供征纳双方执行。退税率有调整的,除另有规定外,其执行时间以货物(包括被加工修理修配的货物)出口货物报关单(出口退税专用)上注明的出口日期为准。

(2) 退税率的特殊规定:

外贸企业购进按简易办法征税的出口货物,从小规模纳税人购进的出口货物,其退税率分别为简易办法实际执行的征收率、小规模纳税人征收率。上述出口货物取得增值税专用发票的,退税率按照增值税专用发票上的税率和出口货物退税率孰低的原则确定。

出口企业委托加工修理修配货物,其加工修理修配费用的退税率,为出口货物的退税率。

适用不同退税率的货物劳务,应分开报关、核算并申报退(免)税,未分开报关、核算或划分不清的,从低适用退税率。

4. 增值税退(免)税的计税依据

出口货物、劳务的增值税退(免)税的计税依据,按出口货物、劳务的出口发票(外销发票)、其他普通发票或购进出口货物、劳务的增值税专用发票、海关进口增值税专用缴款书确定。

(1) 生产企业出口货物、劳务(进料加工复出口货物除外)增值税退(免)税的计税依据,为出口货物、劳务的实际离岸价(FOB)。实际离岸价应以出口发票上的离岸价为准,但如果出口发票不能反映实际离岸价,主管税务机关有权予以核定。

(2) 生产企业进料加工复出口货物增值税退(免)税的计税依据,按出口货物的离岸价(FOB)扣除出口货物所含的海关保税进口料件的金额后确定。

(3) 生产企业国内购进无进项税额且不计提进项税额的免税原材料加工后出口的货物的计税依据,按出口货物的离岸价(FOB)扣除出口货物所含的国内购进免税原材料的金额后确定。

(4) 外贸企业出口货物(委托加工修理修配货物除外)增值税退(免)税的计税依据,为购进出口货物的增值税专用发票注明的金额或海关进口增值税专用缴款书注明的完税价格。

(5) 外贸企业出口委托加工修理修配货物增值税退(免)税的计税依据,为加工修理修配费用增值税专用发票注明的金额。外贸企业应将加工修理修配使用的原材料(进料加工海关保税进口料件除外)作价销售给受托加工修理修配的生产企业,受托加工修理修配的生产企业应将原材料成本并入加工修理修配费用开具发票。

(6) 出口进项税额未计算抵扣的已使用过的设备增值税退(免)税的计税依据,按下列公式确定：

退（免）税计税依据=增值税专用发票上的金额或海关进口增值税专用缴款书注明的完税价格×已使用过的设备固定资产净值÷已使用过的设备原值

已使用过的设备固定资产净值=已使用过的设备原值-已使用过的设备已提累计折旧

已使用过的设备，是指出口企业根据财务会计制度已经计提折旧的固定资产。

（7）免税品经营企业销售的货物增值税退（免）税的计税依据，为购进货物的增值税专用发票注明的金额或海关进口增值税专用缴款书注明的完税价格。

（8）中标机电产品增值税退（免）税的计税依据，生产企业为销售机电产品的普通发票注明的金额，外贸企业为购进货物的增值税专用发票注明的金额或海关进口增值税专用缴款书注明的完税价格。

（9）生产企业向海上石油天然气开采企业销售的自产的海洋工程结构物增值税退（免）税的计税依据，为销售海洋工程结构物的普通发票注明的金额。

（10）输入特殊区域的水电气增值税退（免）税的计税依据，为作为购买方的特殊区域内生产企业购进水（包括蒸汽）、电力、燃气的增值税专用发票注明的金额。

（11）增值税零税率应税服务实行免抵退税办法的退（免）税计税依据。

以铁路运输方式载运旅客的，为按照铁路合作组织清算规则清算后的实际运输收入。

以铁路运输方式载运货物的，为按照铁路运输进款清算办法，对"发站"或"到站（局）"名称包含"境"字的货票上注明的运输费用以及直接相关的国际联运杂费清算后的实际运输收入。

以航空运输方式载运货物或旅客的，如果国际运输或港澳台运输各航段由多个承运人承运的，为中国航空结算有限责任公司清算后的实际收入。如果国际运输或港澳台运输各航段由一个承运人承运的，为提供航空运输服务取得的收入。

其他实行免抵退税办法的增值税零税率应税服务，为提供增值税零税率应税服务取得的收入。

（12）增值税零税率应税服务实行免退税办法的退（免）税计税依据为购进应税服务的增值税专用发票或解缴税款的中华人民共和国税收缴款凭证上注明的金额。

5. 增值税免抵退税和免退税的计算

（1）生产企业出口货物、劳务、服务和无形资产的增值税免抵退税，依下列公式计算：

① 当期应纳税额的计算：

当期应纳税额=当期销项税额-（当期进项税额-当期不得免征和抵扣税额）

当期不得免征和抵扣税额=当期出口货物离岸价×外汇人民币折合率×（出口货物适用税率-出口货物退税率）-当期不得免征和抵扣税额抵减额

当期不得免征和抵扣税额抵减额=当期免税购进原材料价格×（出口货物适用税率-出口货物退税率）

② 当期免抵退税额的计算：

当期免抵退税额=当期出口货物离岸价×外汇人民币折合率×出口货物退税率-当期免抵退税额抵减额

当期免抵退税额抵减额=当期免税购进原材料价格×出口货物退税率

③ 当期应退税额和免抵税额的计算:

当期期末留抵税额≤当期免抵退税额,则

当期应退税额=当期期末留抵税额

当期免抵税额=当期免抵退税额-当期应退税额

当期期末留抵税额>当期免抵退税额,则

当期应退税额=当期免抵退税额

当期免抵税额=0

当期期末留抵税额为当期增值税纳税申报表中"期末留抵税额"。

④ 当期免税购进原材料价格包括当期国内购进的无进项税额且不计提进项税额的免税原材料的价格和当期进料加工保税进口料件的价格,其中当期进料加工保税进口料件的价格为组成计税价格。

当期进料加工保税进口料件的组成计税价格=当期进口料件到岸价格+海关实征关税+海关实征消费税

采用"实耗法"的,当期进料加工保税进口料件的组成计税价格为当期进料加工出口货物耗用的进口料件组成计税价格。其计算公式为:

当期进料加工保税进口料件的组成计税价格=当期进料加工出口货物离岸价×外汇人民币折合率×计划分配率

计划分配率=计划进口总值÷计划出口总值×100%

实行纸质手册和电子化手册的生产企业,应根据海关签发的加工贸易手册或加工贸易电子化纸质单证所列的计划进出口总值计算计划分配率。

实行电子账册的生产企业,计划分配率按前一期已核销的实际分配率确定。新启用电子账册的,计划分配率按前一期已核销的纸质手册或电子化手册的实际分配率确定。

采用"购进法"的,当期进料加工保税进口料件的组成计税价格为当期实际购进的进料加工进口料件的组成计税价格。

若当期实际不得免征和抵扣税额抵减额大于当期出口货物离岸价×外汇人民币折合率×(出口货物适用税率-出口货物退税率)的,则:

当期不得免征和抵扣税额抵减额=当期出口货物离岸价×外汇人民币折合率×(出口货物适用税率-出口货物退税率)

【例3-45】甲生产企业为增值税一般纳税人,具有进出口经营权,本年5月发生以下业务:进口货物,海关审定的关税完税价格为500万元,关税税率为10%,海关代征了进口环节增值税。进料加工免税进口料件一批,海关暂免征税,予以放行,组成计税价格为100万元,从国内市场购进材料支付的价款为1400万元(不含增值税),取得的增值税专用发票上注明的增值税税额为182万元。外销进料加工货物的离岸价格为1000万元。内销货物的销售额为1200万元(不含税)。该企业适用免抵退税办法,上期留抵税额为60万元。上述货物内销时均适用13%的增值税税率,出口退税率为9%。

【解析】① 当期应纳税额的计算

当期不得免征和抵扣税额抵减额=100×(13%-9%)=4(万元)。

当期不得免征和抵扣税额=1000×(13%-9%)-4=36(万元)。

当期应纳税额=1200×13%-[182+500×(1+10%)×13%-36]-60=-121.5(万元)。

②当期免抵退税额的计算：

当期免抵退税额抵减额=100×9%=9(万元)。

当期免抵退税额=1000×9%-9=81(万元)。

③当期应退税额和免抵税额的计算：

当期期末留抵税额121.5万元>当期免抵退税额81万元。

当期应退税额=当期免抵退税额=81(万元)。

当期免抵税额=0。

期末留抵结转下期继续抵扣税额为40.5万元(121.5-80)。

【例3-46】某国际运输公司，已登记为一般纳税人，该企业实行"免、抵、退"税管理办法。该企业2021年8月实际发生如下业务：

①该企业当月承接了3个国际运输业务，取得确认的收入60万元人民币。

②企业增值税纳税申报时，期末留抵税额为15万元人民币。

要求：计算该企业当月的退税额。

【解析】① 当期零税率应税服务"免、抵、退"税额=当期零税率应税服务"免、抵、退"税计税依据×零税率应税服务增值税退税率=60×9%=5.4(万元)。

当期期末留抵税额15万元>当期"免、抵、退"税额5.4万元。

② 当期应退税额=当期"免、抵、退"税额=5.4万元。

退税申报后，结转下期留抵的税额为9.6万元。

(2) 外贸企业出口货物、劳务和应税行为增值税免退税，依下列公式计算：

① 外贸企业出口委托加工修理修配货物以外的货物：

增值税应退税额=增值税退(免)税计税依据×出口货物退税率

② 外贸企业出口委托加工修理修配货物：

出口委托加工修理修配货物的增值税应退税额=委托加工修理修配的增值税退(免)税计税依据×出口货物退税率

【例3-47】某进出口公司2021年6月购进牛仔布委托加工成服装出口，取得牛仔布增值税发票一张，注明计税金额10 000元；取得服装加工费计税金额2000元，受托方将原料成本并入加工修理修配费用并开具了增值税专用发票。假设退税税率为13%，计算该企业应退税额。

【解析】应退税额=10 000×13%+2000×13%=1560(元)。

(3) 退税率低于适用税率的，相应计算出的差额部分的税款计入出口货物劳务成本。

(4) 出口企业既有适用增值税免抵退项目，也有增值税即征即退、先征后退项目的，增值税即征即退和先征后退项目不参与出口项目免抵退税计算。出口企业应分别核算增值税免抵退项目和增值税即征即退、先征后退项目，并分别申请享受增值税即征即退、先征后退和免抵退税政策。

用于增值税即征即退或者先征后退项目的进项税额无法划分的，按照下列公式计算：

无法划分进项税额中用于增值税即征即退或者先征后退项目的部分=当月无法划分的全部进项税额×当月增值税即征即退或者先征后退项目销售额÷当月全部销售额、营业额合计。

(三) 出口货物、劳务和跨境应税行为增值税免税政策

(1) 适用增值税免税政策的出口货物和劳务,其进项税额不得抵扣和退税,应当转入成本。

(2) 出口卷烟,依下列公式计算:

不得抵扣的进项税额=出口卷烟含消费税金额÷(出口卷烟含消费税金额+内销卷烟销售额)×当期全部进项税额

① 当生产企业销售的出口卷烟在国内有同类产品销售价格时:

出口卷烟含消费税金额=出口销售数量×销售价格

"销售价格"为同类产品生产企业国内实际调拨价格。如实际调拨价格低于税务机关公示的计税价格的,"销售价格"为税务机关公示的计税价格;高于公示计税价格的,销售价格为实际调拨价格。

② 当生产企业销售的出口卷烟在国内没有同类产品销售价格时:

出口卷烟含税金额=(出口销售额+出口销售数量×消费税定额税率)÷(1-消费税比例税率)

"出口销售额"以出口发票上的离岸价为准。若出口发票不能如实反映离岸价,生产企业应按实际离岸价计算,否则,税务机关有权按照有关规定予以核定调整。

(3) 除出口卷烟外,适用增值税免税政策的其他出口货物、劳务和应税行为的计算,按照增值税免税政策的统一规定执行。其中,如果涉及销售额,除来料加工复出口货物为其加工费收入外,其他均为出口离岸价或销售额。

(四) 出口货物、劳务和跨境应税行为增值税征税政策

适用增值税征税政策的出口货物、劳务和跨境应税行为,其应纳增值税按下列办法计算:

1. 一般纳税人出口货物、劳务和跨境应税行为

销项税额=(出口货物、劳务和跨境应税行为离岸价-出口货物耗用的进料加工保税进口料件金额)÷(1+适用税率)×适用税率

出口货物、劳务和跨境应税行为若已按征退税率之差计算不得免征和抵扣税额并已经转入成本的,相应的税额应转回进项税额。

(1) 出口货物耗用的进料加工保税进口料件金额=主营业务成本×(投入的保税进口料件金额÷生产成本)

主营业务成本、生产成本均为不予退(免)税的进料加工出口货物的主营业务成本、生产成本。当耗用的保税进口料件金额大于不予退(免)税的进料加工出口货物金额时,耗用的保税进口料件金额为不予退(免)税的进料加工出口货物金额。

(2) 出口企业应分别核算内销货物和增值税征税的出口货物、劳务和跨境应税行为的生产成本、主营业务成本。未分别核算的,其相应的生产成本、主营业务成本由主管税务机关核定。

进料加工手册海关核销后,出口企业应对出口货物耗用的保税进口料件金额进行清算。清算公式为:

清算耗用的保税进口料件总额=实际保税进口料件总额−退(免)税出口货物耗用的保税进口料件总额−进料加工副产品耗用的保税进口料件总额

若耗用的保税进口料件总额与各纳税期扣减的保税进口料件金额之和存在差额时,应在清算的当期相应调整销项税额。当耗用的保税进口料件总额大于出口货物离岸金额时,其差额部分不得扣减其他出口货物金额。

2. 小规模纳税人出口货物、劳务和跨境应税行为

应纳税额=出口货物、劳务和跨境应税行为÷(1+征收率)×征收率

第三节 增值税纳税申报实务

一、增值税纳税申报办理时限

纳税人应按月进行纳税申报,申报期为次月1日起至15日止,遇最后一日为法定节假日的,顺延1日。在每月1日至15日内有连续3日以上法定休假日的,按休假日天数顺延。

二、增值税纳税申报报送资料

(一)纳税申报报表及其附列资料

对于增值税一般纳税人,所需资料为:
(1)《增值税纳税申报表(一般纳税人适用)》。
(2)《增值税纳税申报表附列资料(一)》(本期销售情况明细)。
(3)《增值税纳税申报表附列资料(二)》(本期进项税额明细)。
(4)《增值税纳税申报表附列资料(三)》(服务、不动产和无形资产扣除项目明细)。
(5)《增值税纳税申报表附列资料(四)》(税收抵减情况表)。
(6)《增值税减免申报明细表》。

对于增值税小规模纳税人,所需资料为:
(1)《增值税纳税申报》表(小规模纳税人适用)。
(2)《增值税纳税申报表附列资料(小规模纳税人适用)附列资料》。

小规模纳税人提供应税服务,在确定应税服务销售额时,按照有关规定可以从取得的全部价款和价外费用中扣除价款的,需要报《增值税纳税申报表(小规模纳税人适用)附列资料》,其他情况不填写该附列资料。

(3)《增值税减免申报明细表》。

（二）纳税申报其他资料

（1）使用税控系统开具的机动车销售统一发票和已开具的普通发票的存根联。

（2）符合抵扣条件且在本期申报抵扣的使用税控系统开具的增值税专用发票和机动车销售统一发票的抵扣联。

按规定仍可以抵扣且在本期申报抵扣的公路、内河货物运输业统一发票的抵扣联。

（3）符合抵扣条件且在本期申报抵扣的海关进口增值税专用缴款书、购进农产品取得的普通发票、铁路运输费用结算单据的复印件。

按规定仍可以抵扣且在本期申报抵扣的其他运输费用结算单据的复印件。

（4）符合抵扣条件且在本期申报抵扣的中华人民共和国税收缴款凭证及其清单，以及书面合同、付款证明和境外单位的对账单或者发票。

（5）已开具的农产品收购凭证的存根联或报查联。

（6）纳税人提供应税服务，在确定应税服务销售额时，按照有关规定从取得的全部价款和价外费用中扣除价款的合法凭证及其清单。

（7）主管税务机关规定的其他资料。

（三）跨区域提供有关服务的

纳税人跨县(市)提供建筑服务、房地产开发企业预售自行开发的房地产项目、纳税人出租与机构所在地不在同一县(市)的不动产，按规定需要在项目所在地或不动产所在地主管税务机关预缴税款的，需填写《增值税预缴税款表》。

三、增值税申报的流程

增值税因纳税人身份不同，纳税申报的要求也不同。对于小规模纳税人，采用简易办法计税，只需在规定的时限内计算应纳税款，办理申报缴纳手续即可。小规模纳税人中适用核定征收的，按照税务机关核定的时间和应纳税款金额办理申报缴纳。

增值税一般纳税人，使用防伪税控系统开具专用发票，在纳税申报时，需对其电子信息进行采集。一般情况下，纳税申报的流程包括以下三个环节：专用发票抵扣联认证、纳税申报、IC卡报税。

增值税一般纳税人在日常取得专用发票时，可以自愿使用增值税发票选择确认平台查询、选择用于申报抵扣，同时在纳税申报前应停止。然后可在申报期限内，办理纳税申报，以及IC卡报税。

四、增值税纳税申报表实务

（一）企业基本信息

企业名称：广东省冷暖空调制造有限公司

纳税人识别号:954744123587462520
所属行业:制造业
法人代表:陈宏
注册地址:广州市花都区伟邦工业区C区
营业地址:广州市花都区伟邦工业区C区
开户银行及账号:中国工商银行广州市花都区支行6900100002228947133
企业登记注册类型:有限责任公司
电话:020-28569777

(二)企业商品信息

商品信息如表3-12所示。

表3-12 企业商品信息

商品编码	商品/货物名称	规格型号	计量单位	成本(元)	不含税单价(元)	税率	税收分类编码
1001	衡宝HB-119UY	分体挂式小1P	台	596	1490	13%	1090415010000000000
1002	衡宝HB-288KE	分体挂式1P	台	750	1875	13%	1090131040000000000
1003	衡宝HB-758SE	分体挂式小1.5P	台	900	2250	13%	1090131040000000000
1004	衡宝HS-484ZL	分体挂式1.5P	台	1180	2948	13%	1090131040000000000
1005	衡宝HB-369FC	分体挂式小2P	台	1352	3600	13%	1090415010000000000
1006	衡宝HB-513GQ	分体柜立式2P	台	1552	3880	13%	1090131040000000000
1007	衡宝HB-888MR	分体柜立式小3P	台	1992	4980	13%	1090131040000000000
1008	衡宝HB-941TO	分体柜立式3P	台	2364	5911	13%	1090131040000000000
1009	衡宝HB-627UB	分体柜立式大3P	台	2762	6905	13%	1090131040000000000
1010	华林牌	分体挂式小1P	台	560	1350	13%	1090415010000000000
1011	旧叉车	CPD10	辆	4050	9223.30	3%	1090113020000000000
1012	空调维修费	KF-26GW-3	台	20	75	13%	2020000000000000000

(三)基础信息

1~6月份缴纳税款(一般货物)的详细数据如下:
企业应税销售额1~6月份合计:8 141 307.00元
企业应税货物销售额1~6月合计:8 126 657.00元
企业应税劳物销售额1~6月份合计:14 650.00元
出口货物销售额1~6月份合计:1 352 070.00元
企业1~6月份增值税销项税额合计:1 438 104.99元
企业增值税进项税抵扣税额1~6月份合计:556 847.65元
企业6月份留抵税额:152 684.76元

企业增值税进项税转出 1~6 月份合计:34 851.20 元
企业应抵扣税额 1~6 月份合计:674 681.21 元
企业实际抵扣税额 1~6 月份合计:674 681.21 元
企业已缴纳增值税额 1~6 月份合计:763 423.78 元
企业前 6 个月没有发生应按简易征收办法计算增值税的业务。
企业上年末没有未缴的增值税。
企业前 6 个月没有申报抵扣的固定资产进项税额。

(四) 主要经济业务

广东省冷暖空调制造有限公司为增值税一般纳税人,纳税期限为一个月,7月主要经济业务有:

(1) 7.1 向广州市惠美电器有限公司销售空调,衡宝 HB-119V 小 1P 空调 50 台,单价 1490 元,总金额 74 500 元,税额 9685.00 元;衡宝 HS-484ZL1.5P 空调 40 台,单价 2948 元,总金额 117 920 元,税额 15 329.60 元、衡宝 HB-941TO3P 空调 20 台,单价 5911 元,总金额 118 220 元,税额 15 368.60 元。开具增值税专用发票。

(2) 7.1 向广东省启明星有限公司销售商品,衡宝 HB-513GQ 空调 5 台,单价 3880 元,总金额 19 400 元,税额 2522 元。开具增值税专用发票。

(3) 7.2 向广州市祥和塑材有限公司购进空调塑料外壳 1000 个,单价 80 元/个,合计:80 000 元,增值税额:10 400 元,材料已验收入库。收到增值税专用发票。

(4) 7.3 向从化市宏辉过滤器有限公司购进空调过滤器 800 台,单价 138 元/台,合计:110 400 元,增值税额:14 352 元,材料已验收入库。收到增值税专用发票。

(5) 7.4 苏醒电器有限公司送来的 15 台空调进行维修,维修费单价 75 元/台,合计:1125 元,税率:13%,税额:146.25。开具增值税专用发票。

(6) 7.6 广州市长红电器有限公司(系小规模纳税人)向本公司以 3600 元/台的不含税价采购衡宝 HB-369FC 小 2P 空调 60 台,货款未收。开具增值税普通发票。

(7) 7.8 向广州市洪城家电有限公司销售空调,衡宝 HB-513GQ2P 空调 20 台,单价 3880 元,总金额 77 600 元,税额 6052.80;衡宝 HB-627UB 大 3P 空调 10 台,单价 6905 元,总金额 69 050 元,税额 5385.90 元,签订分期收款合同,货款先收取 60%,往后每个月付款 10%,4 个月付清。采用赊销、分期付款结算方式的,专用发票开票时间为合同约定的收款日期的当天。开具增值税专用发票。

(8) 7.9 本公司向飞翔公司销售衡宝 HB-288KE1P 空调 50 台,本公司已于当天发货,同时收到飞翔公司支付的部分货款 50 000 元。开具增值税专用发票。

(9) 7.10 向广州升辉电气有限公司购进材料,N18-8 控制电脑板 1000 块,单价 22.5 元,总金额 22 500 元,进项税额 2925 元;KL56 轴流风扇电机 600 部,单价 30 元,总金额 18 000 元,进项税额 2340 元;RT6-3 贯流风扇电机 600 部,单价 30 元,总金额 18 000 元,进项税额 2340 元;CI93-0 步进电机 400 部,单价 33 元,总金额 13 200 元,进项税额 1716 元;LP75-11 压缩机 800 部,单价 45 元,总金额 36 000 元,进项税额 4680 元;KF90 加热电器件 1500 件,单价 20 元,总金额 30 000 元,进项税额 3900 元,已验收入库。备注:收到增值税专用发票。

（10）7.11 广州市花都区自来水公司支付上月用水 132 778.85 吨，单价为 1.20 元，共支付水费 159 334.62 元（不含税），另外，增值税率 9%，税额 14 340.12 元（水费于上月计入"其他应付款"），并收到增值税专用发票。收到增值税专用发票。

（11）7.11 向广州市花都区供电局支付上月用电 335 000kwh，单价为 1.30 元，共计 435 500，税率 13%，税额 69 680，税价合计：56 615，（电费于上月计入"其他应付款"），并收到增值税专用发票。收到增值税专用发票。

（12）7.12 收到广东省启明星有限公司退货申请（前面开具的发票购货方已抵扣），衡宝 HB-513GQ 空调 5 台，单价 3880 元，总金额 19 400 元，税额 2522 元，并用银行存款支付所退货款，商品已验收入库。开具负数增值税专用发票。

（13）7.13 向广东省铜星公司购进原材料，铜管 500 个，单价 11 元，总金额 5500 元，进项税额 715 元；阀门 50 个，单价 3 元，总金额 150 元，进项税额 19.5 元；管接头 450 个，单价 5 元，总金额 2250 元，进项税额 292.5 元；单向阀 200 个，单价 6 元，总金额 1200 元，进项税额 156 元；四通阀 300 个，单价 9 元，总金额 2700 元，进项税额 351 元，材料已验收入库。收到增值税专用发票。

（14）7.15 向广东省鑫盛电器有限公司出售空调，衡宝 HB-888MR 小 3P 空调 80 台，单价 4980 元，总金额 398 400 元，税额 51 792 元；衡宝 HB-941TO3P 空调 50 台，单价 5911 元，总金额 295 550 元，税额 38 421.50 元，发票已开，货款已收。同时向广州特快运输有限公司支付运费 3000 元，收到对方开来增值税专用发票。开具增值税专用发票，收到增值税专用发票。

（15）7.17 向柔暖科技有限公司（小规模纳税人）签订协议，用自产产品衡宝 HB-941TO3P 空调 100 台对其投资，双方不含税的协议价为 591 100 元。开具增值税普通发票。

（16）7.18 向花都儿童福利院捐赠一批空调（衡宝 HB-119UY 小 1P）30 台。不含税单价 1490 元。开具增值税普通发票。

（17）7.19 向广州市私联造纸有限公司购入周转材料一批。20Y 泡沫 2000 个，单价 8 元，总金额 16 000，进项税额 2080 元，价税合计 18 080 元；30U 纸箱 2000 个，单价 6 元，总金额 12 000，进项税额 1560 元，价税合计 13 560 元；5L 塑料袋 2000 个，单价 5 元，总金额 10 000，进项税额 1300 元，价税合计 11 300 元。收到增值税专用发票。

（18）7.21 向广东省驰腾购车中心购进五十铃货车 5 辆，每辆 125 000，税额 100 000，价税合计 81 250，并立即投入使用，预定使用年限为 10 年，净残值为 6250，使用年限平均法进行折旧。收到增值税专用发票。

（19）7.22 向康丽服饰公司出售旧叉车 3 辆，售价 28 500 元，不含税价 9223.30 元。叉车自 2015 年 1 月购进并使用至今。（放弃减税，按照简易办法依照 3%征收率缴纳增值税，并开具增值税专用发票）。开具增值税专用发票。

（20）7.23 以物易物与东莞长兴电子设备有限公司用衡宝 HB-758SE 小 1.5P 空调 4 台，换取控制电脑板 400 块，单价 22.5 元，金额 9000 元，税率 13%，税额 1170 元。开具增值税专用发票，收到增值税专用发票。

(21) 7.24 向丁香电器有限公司销售一批空调(衡宝 HB-888MR 小 3P)25 台。为及早收回货款,本公司和丁香公司约定的现金折扣条件为:2/10,1/20,n/30。开具增值税专用发票。

(22) 7.25 本公司受广东省美菱电器有限公司委托销售华林牌小 1P 空调 30 台,合同约定本公司应按每台 1350 元对外销售。本公司当天即将 30 台空调出售给广东省格致电器有限公司,并向美菱公司发出代销清单。开具增值税专用发票,收到增值税专用发票。

(23) 7.26 收到经销广州市晨光电器有限公司(小规模纳税人)的代销清单、货款以及收回旧空调,销售清单注明已销售衡宝空调 HS-484ZL30 台,旧空调 20 台,收到货款,收回旧空调没有相关增值税进项税额。开具增值税普通发票。

(24) 7.29 本公司委托方媛公司(小规模纳税人)销售衡宝 HB-369FC 小 2P 空调 50 台,协议价 3600 元/台,成本为 1352 元。代销协议约定,方媛公司在取得代销商品后,无论是否能够卖出,是否获利,均与本公司无关。这批空调已发出,货款已收到,本公司开具的增值税普通发票上注明增值税税额为 23 400 元。开具增值税普通发票。

(25) 7.30 向腾飞公司销售衡宝 HB-888MR 小 3P 空调 60 台,发出商品,货款已预收。开具增值税专用发票。

【解析】

1. 一般计税方法计税项目销售额及销项税额

(1) 开具 13%税率增值税专用发票销售额及销项税额:

销售额=4500+117 920+118 220(业务 1)+19 400(业务 2)+1125(业务 5)+46 560+41 430(业务 7)+93 750(业务 8)−19 400(业务 12)+398 400+295 550(业务 14)+9000(业务 20)+124 500(业务 21)+40 500(业务 22)+298 800(业务 25)= 1 660 255(元)。

销项税额=1 660 255×13%=215 833.15(元)。

(2) 开具 13%税率增值税普通发票销售额及销项税额:

销售额=216 000(业务 6)+591 100(业务 15)+44 700(业务 16)+88 440(业务 23)+180 000(业务 24)= 1 120 240(元)。

销项税额=1 120 240×13%=145 631.2(元)。

2. 简易计税方法计税销售额及应纳税额

销售额=9 223.30×3=27 669.9(元)。

应纳税额=27 669.9×3%=830.10(元)。

3. 当期可抵扣的进项税额

进项税额=10 400(业务 3)+14 352(业务 4)+2925+2340+2340+1716+4680+3900(业务 9)+14 340.12(业务 10)+56 615(业务 11)+715+19.5+292.5+156+351(业务 13)+247.71(业务 14)+2080+1560+1300(业务 17)+81 250(业务 18)+1170(业务 20)+5265(业务 22)= 208 014.83(元)

该案例的增值税纳税申报表如表 3-13 至表 3-18 所示。

第三章 增值税

表3-13 增值税纳税申报表
（一般纳税人适用）

根据国家税收法律法规及增值税相关规定制定本表。纳税人不论有无销售额，均应按税务机关核定的纳税期限填写本表，并向当地税务机关申报。

税款所属时间：自 2021 年 07 月 01 日至 2021 年 07 月 31 日　　　填表日期：2021 年 08 月 10 日　　　金额单位：元至角分

纳税人识别号	9	5	4	7	4	3	2	5	8	7	4	2	6	5	2	0	所属行业：	制造业
纳税人名称	（公章）				法定代表人姓名			陈宏			注册地址			广州市花都区伟邦工业园C区			生产经营地址	广州市花都区伟邦工业园C区
开户银行及账号	中国工商银行广州市花都区支行 6900100022228947133										登记注册类型			有限责任公司			电话号码	020-28569777

		一般项目		即征即退项目	
项目	栏次	本月数	本年累计	本月数	本年累计
销售额	（一）按适用税率计税销售额	1	2 780 495	10 921 802	—	—
	其中：应税货物销售额	2	2 780 495	10 907 152		
	应税劳务销售额	3		14 650		
	纳税检查调整的销售额	4				
	（二）按简易办法计税销售额	5	27 669.9	27 669.9		
	其中：纳税检查调整的销售额	6				
	（三）免、抵、退办法出口销售额	7			—	—
	（四）免税销售额	8			—	—
	其中：免税货物销售额	9			—	—
	免税劳务销售额	10			—	—
税款计算	销项税额	11	361 464.35	1 799 569.34		
	进项税额	12	208 014.83	764 862.48		
	上期留抵税额	13	152 684.76			
	进项税额转出	14				

续表

	项目	栏次	一般项目		即征即退项目	
			本月数	本年累计	本月数	本年累计
税款计算	免、抵、退应退税额	15		—	—	—
	按适用税率计算应纳税额检查应补缴税额	16		—	—	—
	应抵扣税额合计	17=12+13-14-15+16	360 699.59		—	—
	实际抵扣税额	18（如17<11，则为17，否则为11）	360 699.59		—	—
	应纳税额	19=11-18	764.76			
	期末留抵税额	20=17-18		—		—
	简易计税办法计算的应纳税额	21	830.1			
	按简易计税办法计算的纳税检查应补缴税额	22				
	应纳税额减征额	23				
	应纳税额合计	24=19+21-23	1 594.86			
税款缴纳	期初未缴税额（多缴为负数）	25				
	实收出口开具专用缴款书退税额	26		—		—
	本期已缴税额	27=28+29+30+31				
	①分次预缴税额	28			—	—
	②出口开具专用缴款书预缴税额	29			—	—
	③本期缴纳上期应纳税额	30				
	④本期缴纳欠缴税额	31				
	期末未缴税额（多缴为负数）	32=24+25+26-27	1 594.86			
	其中：欠缴税额（≥0）	33=25+26-27				
	本期应补（退）税额	34 = 24-28-29		—		—

续表

项目		栏次	一般项目		即征即退项目	
			本月数	本年累计	本月数	本年累计
税款缴纳	即征即退实际退税额	35	—		—	—
	期初未缴查补税额	36	—		—	—
	本期入库查补税额	37	—		—	—
	期末未缴查补税额	38=16+22-36-37				

授权声明：如果你已委托代理人申报，请填写下列资料：现授权_____（地址）_____为本纳税人的代理申报人，任何与本申报表有关的往来文件，都可寄予此人。

授权人签字：

申报人声明：本纳税申报表是根据国家税收法律法规及相关规定填报的，我确定它是真实的、可靠的、完整的。

声明人签字：

主管税务机关：　　　　　接收人：　　　　　接收日期：

表3-14 增值税纳税申报表附列资料（一）
（本期销售情况明细）

税款所属时间： 年 月 日 至 年 月 日

纳税人名称：（公章）

金额单位：元至角分

项目及栏次		开具增值税专用发票		开具其他发票		未开具发票		纳税检查调整		合计		价税合计 11=9+10	服务、不动产和无形资产扣除项目本期实际扣除金额 12	含税（免税）销售额 13=11-12	扣除后 销项（应纳）税额 14=13÷（100%+税率或征收率）×税率或征收率
		销售额 1	销项（应纳）税额 2	销售额 3	销项（应纳）税额 4	销售额 5	销项（应纳）税额 6	销售额 7	销项（应纳）税额 8	销售额 9=1+3+5+7	销项（应纳）税额 10=2+4+6+8				
一、一般计税方法计税	13%税率的货物及加工修理修配劳务	1	1 660 255	215 833.15	1 120 240	145 631.2					2 780 495	361 464.35				
	13%税率的服务、不动产和无形资产	2														
	9%税率的货物及加工修理修配劳务	3														
	9%税率的服务、不动产和无形资产	4														
	6%税率	5														
其中：即征即退项目	即征即退货物及加工修理修配劳务	6	—	—	—	—	—	—	—	—	—	—	—	—	—	—
	即征即退服务、不动产和无形资产	7	—	—	—	—	—	—	—	—	—	—	—	—	—	—
二、简易计税方法计税	6%征收率	8	—	—	—	—	—	—	—	—	—	—	—	—	—	—
	5%征收率的货物及加工修理修配劳务	9a	—	—	—	—	—	—	—	—	—	—	—	—	—	—
	5%征收率的服务、不动产和无形资产	9b	—	—	—	—	—	—	—	—	—	—	—	—	—	—
	4%征收率	10	—	—	—	—	—	—	—	—	—	—	—	—	—	—
	3%征收率的货物及加工修理修配劳务	11	27 669.9	830.1							27 669.9	830.1				

全部征税项目
全部征税项目

第三章 增值税

续表

项目及栏次		开具增值税专用发票		开具其他发票		未开具发票		纳税检查调整		合计			服务、不动产和无形资产扣除项目本期实际扣除金额	扣除后	
		销售额	销项(应纳)税额	销售额	销项(应纳)税额	销售额	销项(应纳)税额	销售额	销项(应纳)税额	销售额	销项(应纳)税额	价税合计		含税(免税)销售额	销项(应纳)税额
		1	2	3	4	5	6	7	8	9=1+3+5+7	10=2+4+6+8	11=9+10	12	13=11-12	14=13÷(100%+税率或征收率)×税率或征收率
二、简易计税方法计税	3%征收率的服务、不动产和无形资产 12														
	全部征税项目 预征率% 13a														
	预征率% 13b														
	预征率% 13c														
	其中：即征即退项目 即征即退货物及加工修理修配劳务 14	—	—	—	—	—	—	—	—	—	—	—	—	—	—
	即征即退服务、不动产和无形资产 15	—	—	—	—	—	—	—	—	—	—	—	—	—	—
三、免抵退税	货物及加工修理修配劳务 16	—									—	—	—	—	—
	服务、不动产和无形资产 17	—									—	—	—	—	—
四、免税	货物及加工修理修配劳务 18	—	—		—		—		—		—	—	—	—	—
	服务、不动产和无形资产 19	—	—		—		—		—		—	—	—	—	—

表 3-15　增值税纳税申报表附列资料（二）
（本期进项税额明细）

税款所属时间：　　年　月　日至　　年　月　日

金额单位：元至角分

纳税人名称：（公章）

一、申报抵扣的进项税额

项目	栏次	份数	金额	税额
（一）认证相符的增值税专用发票	1=2+3	11	1 649 986.91	208 014.83
其中：本期认证相符且本期申报抵扣	2	11	1 649 986.91	208 014.83
前期认证相符且本期申报抵扣	3			
（二）其他扣税凭证	4=5+6+7+8a+8b			
其中：海关进口增值税专用缴款书	5			
农产品收购发票或者销售发票	6			
代扣代缴税收缴款凭证	7			
加计扣除农产品进项税额	8a	—	—	
其他	8b	—	—	
（三）本期用于购建不动产的扣税凭证	9			
（四）本期用于抵扣的旅客运输服务扣税凭证	10			
（五）外贸企业进项税额抵扣证明	11			
当期申报抵扣进项税额合计	12=1+4+11	11	1 649 986.91	208 014.83

二、进项税额转出额

项目	栏次	税额
本期进项税额转出额	13=14至23之和	
其中：免税项目用	14	
集体福利、个人消费	15	
非正常损失	16	
简易计税方法征税项目用	17	

续表

项目	栏次	份数	金额	税额
免抵退税办法不得抵扣的进项税额	18			
纳税检查调减进项税额	19			
红字专用发票信息表注明的进项税额	20			
上期留抵税额抵减欠税	21			
上期留抵税额退税	22			
其他应作进项税额转出的情形	23			
三、待抵扣进项税额				

项目	栏次	份数	金额	税额
(一)认证相符的增值税专用发票	24			
期初已认证相符但未申报抵扣	25			
本期认证相符且本期未申报抵扣	26			
期末已认证相符但未申报抵扣	27			
其中:按照税法规定不允许抵扣	28			
(二)其他扣税凭证	29=30至33之和			
其中:海关进口增值税专用缴款书	30			
农产品收购发票或者销售发票	31			
代扣代缴税收缴款凭证	32			
其他	33			
	34			
四、其他				

项目	栏次	份数	金额	税额
本期认证相符的增值税专用发票	35	—		—
代扣代缴税额	36	—	—	

表 3-16 增值税纳税申报表附列资料（三）
（服务、不动产和无形资产扣除项目明细）

税款所属时间： 年 月 日 至 年 月 日

纳税人名称：（公章） 金额单位：元至角分

项目及栏次		本期服务、不动产和无形资产价税合计额（免税销售额）	服务、不动产和无形资产扣除项目			
			期初余额	本期发生额	本期应扣除金额	本期实际扣除金额	期末余额
		1	2	3	4=2+3	5（5≤1且5≤4）	6=4-5
13%税率的项目	1						
9%税率的项目	2						
6%税率的项目（不含金融商品转让）	3						
6%销售的金融商品转让项目	4						
5%征收率的项目	5						
3%征收率的项目	6						
免抵退税的项目	7						
免税的项目	8						

增值税纳税申报表附列资料（四）
（税额抵减情况表）

税款所属时间： 年 月 日 至 年 月 日

纳税人名称：（公章） 金额单位：元至角分

一、税额抵减情况

序号	抵减项目	期初余额	本期发生额	本期应抵减税额	本期实际抵减税额	期末余额
		1	2	3=1+2	4≤3	5=3-4
1	增值税税控系统专用设备费及技术维护费					
2	分支机构预征缴纳税款					
3	建筑服务预征缴纳税款					
4	销售不动产预征缴纳税款					
5	出租不动产预征缴纳税款					

表 3-17 加计抵减情况

序号	加计抵减项目	期初余额	本期发生额	本期调减额	本期可抵减额	本期实际抵减额	期末余额
		1	2	3	4=1+2-3	5	6=4-5
1	一般项目加计抵减额计算						
2	即征即退项目加计抵减额计算						
3	合计						

增值税减免税申报明细表

税款所属时间：　　年　月　日至　　年　月　日

纳税人名称：（公章）　　　　　　　　　　金额单位：元至角分

一、减税项目

减税性质代码及名称	栏次	期初余额	本期发生额	本期应抵减税额	本期实际抵减税额	期末余额
		1	2	3=1+2	4≤3	5=3-4
	1					
	2					
	3					
	4					
	5					
合计	6					

表 3-18 免税项目

免税性质代码及名称	栏次	免征增值税项目销售额	免税销售额扣除项目本期实际扣除金额	扣除后免税销售额	免税销售额对应的进项税额	免税额
		1	2	3=1-2	4	5
合计	1					
出口免税	2		—	—	—	—
其中：跨境服务	3		—	—	—	—
	4					
	5					
	6					
	7					
	8					
	9					
	10					

第四章 消费税

学习目标
1. 掌握消费税构成要素,掌握消费税的征税范围及适用税率。
2. 掌握直接对外销售应税消费品应纳税额的计算、自产自用应税消费品应纳税额的计算、委托加工应税消费品应纳税额的计算及进口应税消费品应纳税额的计算。
3. 熟悉消费税出口退税政策及退税计算。
4. 能够办理消费税纳税申报。

第一节 消费税构成要素

消费税是指对消费品和特定的消费行为按流转额征收的一种商品税。广义上看,消费税应对所有消费品包括生活必需品和日用品普遍课税。但从征收实践上看,消费税主要指对特定消费品或特定消费行为等课税。消费税主要以消费品为课税对象,属于间接税,税收随价格转嫁给消费者负担,消费者是税款的实际负担者。消费税的征收具有较强的选择性,是国家贯彻消费政策、引导消费结构从而引导产业结构的重要手段,因而在保证国家财政收入、体现国家经济政策等方面具有十分重要的意义。

我国现行消费税的特点:(1)征收范围具有选择性。我国消费税在征收范围上根据产业政策与消费政策仅选择部分消费品征税,而不是对所有消费品都征收消费税。(2)一般情况下,征税环节具有单一性。主要在生产销售和进口环节上征收。(3)平均税率水平比较高且税负差异大。消费税的平均税率水平比较高,并且不同征税项目的税负差异较大。如小汽车按排气量大小划分,最低税率1%,最高税率40%。(4)计税方法具有灵活性。既采用对消费品规定单位税额,以消费品的数量实行从量定额的计税方法,也采用对消费品制定比例税率,以消费品的价格实行从价定率的计税方法。对卷烟、白酒还采用了从量征收与从价征收相结合的复合计税方式。

现行消费税法的基本规范,是2008年11月5日经国务院第34次常务会议修订通过并颁布,自2009年1月1日起施行的《中华人民共和国消费税暂行条例》,以及2008年12月15日财政部、国家税务总局第51号令颁布的《中华人民共和国消费税暂行条例实施细则》。

2019年12月3日,财政部、国家税务总局发布《中华人民共和国消费税法(征求意见稿)》,向社会公开征求意见,《中华人民共和国消费税法(征求意见稿)》可扫描二维码查阅。

一、纳税义务人

在中华人民共和国境内销售、委托加工和进口应税消费品的单位和个人,以及国务院确定的销售《消费税暂行条例》规定的消费品的其他单位和个人,为消费税的纳税人。

单位,是指企业和行政单位、事业单位、军事单位、社会团体及其他单位。

个人是指个体工商户及其他个人。

中华人民共和国境内是指,生产、委托加工和进口应税消费品的起运地或所在地在境内。

二、征税范围的确定

(一)征税范围的确定原则

(1)一些过度消费会对人身健康、社会秩序、生态环境等方面造成危害的特殊消费品,如烟、酒、鞭炮、焰火等。

(2)非生活必需品,如高档化妆品、贵重首饰、珠宝玉石等。

(3)高能耗及高档消费品如摩托车、小汽车等。

(4)不可再生和替代的稀缺资源消费品如汽油、柴油等油品。

消费税的征税范围不是一成不变的,可随着国家政策和经济情况及消费结构的变化适当调整。

(二)征税范围的具体规定

1. 烟

凡是以烟叶为原料加工生产的产品,不论使用何种辅料,均属于本税目的征收范围。包括卷烟(进口卷烟、白包卷烟、手工卷烟和未经国务院批准纳入计划的企业及个人生产的卷烟)、雪茄烟和烟丝。

2. 酒

酒是指酒精度在1度以上的各种酒类饮料。本税目包括粮食白酒、薯类白酒、黄酒、啤酒、果啤和其他酒。

对饮食业、商业、娱乐业举办的啤酒屋(啤酒坊)利用啤酒生产设备生产的啤酒,应当征收消费税。

3. 高档化妆品

高档化妆品包括高档美容、修饰类化妆品,高档护肤类化妆品和成套化妆品。高档美容、修饰类化妆品和高档护肤类化妆品是指生产(进口)环节销售(完税)价格(不含增值税)在10元/毫升(克)或15元/片(张)及以上的美容、修饰类化妆品和护肤类化妆品。

舞台、戏剧、影视演员化妆用的上妆油、卸妆油、油彩不属于本税目的征收范围。

4. 贵重首饰及珠宝玉石

本税目征收范围包括凡以金、银、白金、宝石、珍珠、钻石、翡翠、珊瑚、玛瑙等高贵稀有物质以及其他金属、人造宝石等制作的各种纯金银首饰及镶嵌首饰和经采掘、打磨、加工的各种珠宝玉石。对出国人员免税商店销售的金银首饰征收消费税。

5. 鞭炮、焰火

本税目征收范围包括各种鞭炮、焰火。体育上用的发令纸、鞭炮药引线,不按本税目征收。

6. 成品油

本税目征收范围包括汽油、柴油、石脑油、溶剂油、航空煤油、润滑油、燃料油7个子目,航空煤油暂缓征收。

7. 摩托车

本税目征收范围包括轻便摩托车和摩托车两种。对最大设计车速不超过50km/h,发动机汽缸总工作容量不超过50ml的三轮摩托车不征收消费税。

8. 小汽车

小汽车是指由动力驱动,具有四个或四个以上车轮的非轨道承载的车辆。本税目征收范围包括含驾驶员座位在内最多不超过9个座位(含)的,在设计和技术特性上用于载运乘客和货物的各类乘用车和含驾驶员座位在内的座位数在10~23座(含23座)的在设计和技术特性上用于载运乘客和货物的各类中轻型商用客车。

含驾驶员人数(额定载客)为区间值的(如8~10人、17~26人)小汽车,按其区间值下限人数确定征收范围。

自2016年12月1日起,"小汽车"税目下增设"超豪华小汽车"子税目。征收范围为每辆零售价格130万元(不含增值税)及以上的乘用车和中轻型商用客车,即乘用车和中轻型商用客车子税目中的超豪华小汽车。对超豪华小汽车,在生产(进口)环节按现行税率征收消费税基础上,在零售环节加征消费税,税率为10%。

电动汽车,车身长度大于7米(含),并且座位在10~23座(含)以下的商用客车、沙滩车、雪地车、卡丁车、高尔夫车不属于消费税征收范围,不征收消费税。

9. 高尔夫球及球具

高尔夫球及球具是指从事高尔夫球运动所需的各种专用装备,包括高尔夫球、高尔夫球杆及高尔夫球包(袋)等。本税目征收范围包括高尔夫球、高尔夫球杆、高尔夫球包(袋)。高尔夫球杆的杆头、杆身和握把属于本税目的征收范围。

10. 高档手表

高档手表是指销售价格(不含增值税)每只在10 000元(含)以上的各类手表。

本税目征收范围包括符合以上标准的各类手表。

11. 游艇

游艇是指长度大于8米小于90米,船体由玻璃钢、钢、铝合金、塑料等多种材料制作,可以在水上移动的水上浮载体。按照动力划分,游艇分为无动力艇、帆艇和机动艇。

本税目征收范围包括艇身长度大于8米(含)小于90米(含),内置发动机,可以在水上移动,一般为私人或团体购置,主要用于水上运动和休闲娱乐等非营利活动的各类机动艇。

12. 木制一次性筷子

木制一次性筷子,又称卫生筷子,是指以木材为原料经过锯段、浸泡、旋切、刨切、烘干、筛选、打磨、倒角、包装等环节加工而成的各类一次性使用的筷子。本税目征收范围包括各种规格的木制一次性筷子。未经打磨、倒角的木制一次性筷子属于本税目征税范围。

13. 实木地板

实木地板是指以木材为原料,经锯割、干燥、刨光、截断、开榫、涂漆等工序加工而成的块状或条状的地面装饰材料。本税目征收范围包括各类规格的实木地板、实木指接地板、实木复合地板及用于装饰墙壁、天棚的侧端面为榫、槽的实木装饰板,还包括未经涂饰的素板。

14. 电池

电池,是一种将化学能、光能等直接转换为电能的装置,一般由电极、电解质、容器、极端,通常还有隔离层组成的基本功能单元,以及用一个或多个基本功能单元装配成的电池组。范围包括:原电池、蓄电池、燃料电池、太阳能电池和其他电池。

自2015年2月1日起对无汞原电池、金属氢化物镍蓄电池(又称"氢镍蓄电池"或"镍氢蓄电池")、锂原电池、锂离子蓄电池、太阳能电池、燃料电池和全钒液流电池免征消费税。2015年12月31日前对铅蓄电池缓征消费税。自2016年1月1日起,对铅蓄电池按4%税率征收消费税。

15. 涂料

涂料是指涂于物体表面能形成具有保护、装饰或特殊性能的固态涂膜的一类液体或固体材料之总称。

自2015年2月1日起对施工状态下挥发性有机物(volatile organic compounds,VOC)含量低于420克/升(含)的涂料免征消费税。

三、税率

现行消费税采用比例税率和定额税率两种形式,消费税根据不同的税目或子目确定相应的税率或单位税额。多数消费品采用比例税率,最高税率为56%,最低税率为1%。对黄酒、啤酒、成品油等实行定额税率。卷烟、白酒采用比例税率和定额税率复合征税。消费税税目、税率表如表4-1所示。

表 4-1 消费税税目、税率

税目	税率
一、烟	
1. 卷烟	
（1）甲类卷烟（生产环节）	56%加 0.003 元/支
（2）乙类卷烟（生产环节）	36%加 0.003 元/支
（3）甲类卷烟和乙类卷烟（批发环节）	11%加 0.005 元/支
2. 雪茄烟	36%
3. 烟丝	30%
二、酒及酒精	
1. 白酒	20%加 0.5 元/500 克（或者 500 毫升）
2. 黄酒	240 元/吨
3. 啤酒	
（1）甲类啤酒	250 元/吨
（2）乙类啤酒	220 元/吨
4. 其他酒	10%
三、高档化妆品	15%
四、贵重首饰及珠宝玉石	
1. 金银首饰、铂金首饰和钻石及钻石饰品	5%
2. 其他贵重首饰和珠宝玉石	10%
五、鞭炮、焰火	15%
六、成品油	
1. 汽油	1.52 元/升
2. 柴油	1.2 元/升
3. 航空煤油	1.2 元/升
4. 石脑油	1.52 元/升
5. 溶剂油	1.52 元/升
6. 润滑油	1.52 元/升
7. 燃料油	1.2 元/升
七、摩托车	
1. 汽缸容量（排气量，下同）为 250 毫升的	3%
2. 汽缸容量在 250 毫升以上的	10%

续表

税目	税率
八、小汽车 1. 乘用车 　（1）汽缸容量（排气量，下同）在1.0升（含1.0升）以下的 　（2）汽缸容量在1.0升以上至1.5升（含1.5升）的 　（3）汽缸容量在1.5升以上至2.0升（含2.0升）的 　（4）汽缸容量在2.0升以上至2.5升（含2.5升）的 　（5）汽缸容量在2.5升以上至3.0升（含3.0升）的 　（6）汽缸容量在3.0升以上至4.0升（含4.0升）的 　（7）汽缸容量在4.0升以上的 2. 中轻型商用客车 3. 超豪华小轿车（零售环节）	 1% 3% 5% 9% 12% 25% 40% 5% 10%
九、高尔夫球及球具	10%
十、高档手表	20%
十一、游艇	10%
十二、木制一次性筷子	5%
十三、实木地板	5%
十四、电池	4%
十五、涂料	4%

在消费税税率运用中应注意的问题：

甲类卷烟，是指每标准条（200支，下同）调拨价格在70元（不含增值税）以上（含70元）的卷烟；乙类卷烟，即每标准条调拨价格在70元（不含增值税）以下的卷烟。

甲类啤酒，是指每吨出厂价（含包装物及包装物押金）在3000元（含3000元，不含增值税）以上的啤酒；乙类啤酒是指每吨出厂价（含包装物及包装物押金）在3000元以下的啤酒。

纳税人兼营不同税率的应当缴纳消费税的消费品（以下简称应税消费品），应当分别核算不同税率应税消费品的销售额、销售数量；未分别核算销售额、销售数量，或者将不同税率的应税消费品组成成套消费品销售的，从高适用税率。

【例4-1】下列各项中，应同时征收增值税和消费税的有（　　）。

A. 批发环节销售的卷烟

B. 零售环节销售的金基合金首饰

C. 生产环节销售的普通护肤护发品

D. 进口的小汽车

【答案】ABD

四、征收管理

(一) 消费税纳税义务发生时间

(1) 纳税人销售的应税消费品,其纳税义务发生的时间为:

① 采取赊销和分期收款结算方式的,为书面合同约定的收款日期的当天,书面合同没有约定收款日期或者无书面合同的,为发出应税消费品的当天。

② 纳税人采取预收货款结算方式的,其纳税义务的发生时间,为发出应税消费品的当天。

③ 采取托收承付和委托银行收款方式的,为发出应税消费品并办妥托收手续的当天。

④ 纳税人采取其他结算方式的,其纳税义务的发生时间,为收讫销售款或者取得索取销售款凭据的当天。

(2) 纳税人自产自用的应税消费品,其纳税义务的发生时间,为移送使用的当天。

(3) 纳税人委托加工的应税消费品,其纳税义务的发生时间,为纳税人提货的当天。

(4) 纳税人进口的应税消费品,其纳税义务的发生时间,为报关进口的当天。

(二) 消费税的纳税地点

(1) 纳税人销售的应税消费品及自产自用的应税消费品,除国家另有规定外,应当向机构所在地或者居住地的主管税务机关申报纳税。

(2) 纳税人到外县(市)销售或者委托外县(市)代销自产应税消费品的,于应税消费品销售后,向机构所在地或者居住地主管税务机关申报纳税。

(3) 纳税人总机构和分支机构不在同一县(市)的,应当分别向各自机构所在地的主管税务机关申报纳税。经财政部、国家税务总局或者授权的财政、税务机关批准,可以由总机构汇总向总机构所在地的主管税务机关申报纳税。

(4) 委托加工的应税消费品,除委托个人以外,由受托方向所在地主管税务机关代收代缴消费税税款。

委托个人加工的应税消费品,由委托方向其机构所在地或者居住地主管税务机关申报纳税。

(5) 进口的应税消费品,由进口人或者其代理人向报关地海关申报纳税。

(三) 消费税的纳税期限

消费税的纳税期限分别为 1 日、3 日、5 日、10 日、15 日、1 个月或者 1 个季度。纳税人的具体纳税期限,由主管税务机关根据纳税人应纳税额的大小分别核定,不能按照固定期限纳税的,可以按次纳税。

纳税人以 1 个月或者 1 个季度为 1 个纳税期的,自期满之日起 15 日内申报纳税;以 1 日、3 日、5 日、10 日或者 15 日为 1 个纳税期的,自期满之日起 5 日内预缴税款,于次月 1

日起15日内申报纳税并结清上月应纳税款。

纳税人进口应税消费品,应当自海关填发海关进口消费税专用缴款书之日起15日内缴纳税款。

【例4-2】某市一高尔夫球具生产企业(增值税一般纳税人)2021年9月1日以分期收款方式销售一批球杆,价税合计为140.4万元,合同约定客户于9月5日、11月5日各支付50%价款;9月5日按照约定收到50%的价款,但并未给客户开具发票。已知高尔夫球具消费税税率为10%。计算企业9月就该项业务应缴纳的消费税税额。

【解析】该企业9月就该项业务应缴纳的消费税 = 140.4×50%÷(1+13%)×10% = 6.21(万元)。

【例4-3】根据《消费税暂行条例实施细则》的规定,消费税纳税义务发生时间根据不同情况分别确定为(　　)。

A. 纳税人委托加工的应税消费品,其纳税义务发生时间,为纳税人提货的当天

B. 纳税人进口的应税消费品,其纳税义务发生时间,为报关进口的当天

C. 纳税人采取预收货款结算方式销售应税消费品的,其纳税义务发生时间,为收到预收货款的当天

D. 纳税人自产自用的应税消费品,用于生产非应税消费品的,其纳税义务发生时间,为移送使用的当天

【答案】ABD

第二节　消费税应纳税额计算

按照现行消费税法规定,消费税的纳税环节主要有生产环节、委托加工环节、进口环节、批发环节(仅适用于卷烟)、零售环节(仅适用于超豪华小汽车、金银首饰等)。消费税应纳税额的计算分为从价计征、从量计征和从价从量复合计征三种方法。

一、生产销售环节应纳税额的计算

(一) 从价定率计算方法

从价定率,即按照应税消费品销售价格计算应纳税额。在从价定率计算方法下,应纳税额的计算取决于应税消费品的销售额和适用税率两个因素。其基本计算公式为:

应纳税额=应税消费品的销售额×比例税率

1. 一般销售额的确定

应税消费品的销售额包括销售应税消费品从购买方收取的全部价款和价外费用。价外费用,是指价外收取的基金、集资款、返还利润、补贴、违约金(延期付款利息)和手续费、包装费、储备费、优质费、运输装卸费、品牌使用费、代收款项、代垫款项以及其他各种

性质的价外收费。但下列款项不属于价外费用。

(1) 同时符合以下条件的代垫运输费用:

① 承运部门的运输费用发票开具给购买方的。

② 纳税人将该项发票转交给购买方的。

(2) 同时符合以下条件代为收取的政府性基金或者行政事业性收费:

① 由国务院或者财政部批准设立的政府性基金,由国务院或者省级人民政府及其财政、价格主管部门批准设立的行政事业性收费。

② 收取时开具省级以上财政部门印制的财政票据。

③ 所收款项全额上缴财政。

除此之外,其他价外费用,无论是否属于纳税人的收入,均应并入销售额计算纳税。

2. 含税销售额的换算

如果纳税人应税消费品的销售额中未扣除增值税税额或者因不得开具增值税专用发票而发生价款和增值税税额合并收取的,在计算消费税时,应当换算为不含增值税税额的销售额。其换算公式如下:

应税消费品的销售 = 含增值税的销售额÷(1+增值税税率或征收率)

3. 包装物押金处理(如表4-2所示)

(1) 应税消费品连同包装物销售的,无论包装物是否单独计价,也不论在会计上如何核算,均应并入应税消费品的销售额中征收消费税。如果包装物不作价随同产品销售,而是收取押金,此项押金则不应并入应税消费品销售额中征税。但对逾期未收回的包装物不再退还的和已收取一年以上的押金,应并入应税消费品的销售额,按照应税消费品的适用税率征收消费税。

(2) 对既作价随同应税消费品销售,又另外收取的包装物的押金,凡纳税人在规定的期限内不予退还的,均应并入应税消费品的销售额,按照应税消费品的适用税率征收消费税

(3) 从1995年6月1日起,对酒类产品生产企业销售酒类产品而收取的包装物押金,无论押金是否返还及会计上如何核算,均应并入酒类产品消费额中征收消费税。对销售啤酒、黄酒所收取的押金,按一般押金的规定处理。啤酒的包装物押金不包括供重复使用的塑料周转箱的押金。

表4-2 包装物押金增值税与消费税的税务处理

包装物押金	增值税		消费税	
	取得时	逾期时	取得时	逾期时
一般货物	不征收	征收	不征收	征收
白酒、其他酒	征收	不征	征收	不征收
啤酒、黄酒	不征收	征收	不征收	不征收

4. 白酒"品牌使用费"的税务处理

白酒生产企业向商业销售单位收取的"品牌使用费"是随着应税白酒的销售而向购货方收取的,属于应税白酒销售价款的组成部分,因此不论企业采取何种方式以何种名义

收取价款,均应并入白酒的销售额中缴纳消费税。

纳税人销售的应税消费品,以外汇结算销售额的,其销售额的人民币折合率可以选择结算当天或者当月 1 日的国家外汇牌价(原则上为中间价)。纳税人应在事先确定采用何种折合率,确定后 1 年内不得变更。

5. 特殊销售额的规定

(1) 自设非独立核算门市部计税的规定:

纳税人通过自设非独立核算门市部销售的自产应税消费品,应当按照门市部对外销售额或者销售数量计算征收消费税。

(2) 应税消费品用于其他方面的规定:

纳税人自产的应消费品用于换取生产资料和消费资料、投资入股和抵偿债务等方面,应当按纳税人同类应税消费品的最高销售价格作为计税依据。

【例 4-4】下列关于缴纳消费税适用计税依据的表述中,正确的有(   )。

A. 委托加工应税消费品应当首先以受托人同类消费品销售价格作为计税依据

B. 投资入股的自产应税消费品应以纳税人同类应税消费品最高售价作为计税依据

C. 用于连续生产非应税消费品的自产应税消费品应以同类应税消费品最高售价作为计税依据

D. 换取消费资料的自产应税消费品应以纳税人同类消费品平均价格作为计税依据

【答案】AB

【解析】选项 C:用于连续生产非应税消费品的自产应税消费品应以同类应税消费品平均价格作为计税依据;选项 D:换取消费资料的自产应税消费品应以纳税人同类消费品的最高售价作为计税依据。

【例 4-5】某化妆品厂为增值税一般纳税人,2021 年 5 月发生以下业务:8 日销售高档化妆品 400 箱,每箱不含税价格 600 元;15 日销售同类高档化妆品 500 箱,每箱不含税价格 650 元。当月以 200 箱同类高档化妆品与某公司换取精油。计算该厂当月应纳消费税。(高档化妆品消费税税率为 15%)

【解析】应纳消费税 = $(600×400+650×500+650×200)×15\% = 104\,250$(元)。

(二) 从量定额计算方法

从量定额,即按照应税消费品数量计算应纳税额。在从量定额计算方法下,应纳税额的计算取决于消费品的应税数量和单位税额两个因素。

1. 从量定额销售数量的确定

数量是指应税消费品的数量,具体为:

销售应税消费品的,为应税消费品的销售数量。

自产自用应税消费品的,为应税消费品的移送使用数量。

委托加工应税消费品的,为纳税人收回的应税消费品数量。

进口的应税消费品,为海关核定的应税消费品进口征税数量。

【例 4-6】下列各项中,符合应税消费品销售数量规定的有(   )。

A. 生产销售应税消费品的,为应税消费品的销售数量

B. 自产自用应税消费品的,为应税消费品的生产数量
C. 委托加工应税消费品的,为纳税人收回的应税消费品数量
D. 进口应税消费品的,为海关核定的应税消费品进口征税数量

【答案】ACD

2. 从量定额的换算标准

为了规范不同产品的计量单位,《消费税暂行条例的实施细则》中具体规定了吨与升两个计量单位的换算标准:

黄酒 1 吨 = 902 升　　　　石脑油 1 吨 = 1385 升
啤酒 1 吨 = 988 升　　　　溶剂油 1 吨 = 1282 升
汽油 1 吨 = 1388 升　　　　润滑油 1 吨 = 1126 升
柴油 1 吨 = 1176 升　　　　燃料油 1 吨 = 1015 升
航空煤油 1 吨 = 1246 升

3. 从量定额的计算

在采用从量定额计算方法下,应纳税额的计算公式为:(如表4-3所示)

应纳税额 = 应税消费品的销售数量 × 定额税率

(三) 复合计税计算方法

现行消费税的征税范围中,只有卷烟、白酒采用复合计征方法。应纳税额等于应税销售数量乘以单位税额再加应税销售额乘以比例税率。

其基本计算公式为:(如表4-3所示)

应纳税额 = 销售数量 × 定额税率 + 销售额 × 比例税率

【例4-7】2021年5月,某酒厂(增值税一般纳税人)生产粮食白酒100吨全部用于销售,当月取得不含税销售额480万元,同时收取品牌使用费15万元,当期收取包装物押金5万元,到期没收包装物押金3万元。计算该厂当月应纳消费税税额。

【解析】

该厂当月应纳消费税 = [480 + (15 + 5) ÷ (1 + 13%)] × 20% + 100 × 2000 × 0.5 ÷ 10 000 = 109.54(万元)。

表4-3　消费税计税方法及公式

税率形式	适用税目	计税公式
从价定率	除适用从量计税、复合计税以外的其他税目	应纳税额 = 销售额或组成计税价格 × 比例税率
从量定额	啤酒、黄酒、成品油	应纳税额 = 销售数量 × 定额税率
复合计税	卷烟、白酒	应纳税额 = 销售数量 × 定额税率 + 销售额或组成计税价格 × 比例税率

(四) 外购应税消费品连续生产应税消费品已纳税额扣除的计算

我国现行消费税规定,将外购应税消费品继续生产应税消费品销售的,可以将外购应

税消费品已缴纳的消费税给予扣除。

1. 准予扣除的范围

（1）外购已税烟丝为原料生产的卷烟。

（2）外购已税高档化妆品为原料生产的高档化妆品。

（3）外购已税珠宝玉石为原料生产的贵重首饰及珠宝、玉石。

（4）外购已税鞭炮、焰火为原料生产的鞭炮、焰火。

（5）外购已税杆头、杆身和握把为原料生产的高尔夫球杆。

（6）外购已税木制一次性筷子为原料生产的木制一次性筷子。

（7）外购已税实木地板为原料生产的实木地板。

（8）外购已税汽油、柴油、石脑油、燃料油、润滑油为原料生产的应税成品油。

2. 准予扣除的计算

上述当期准予扣除外购已纳消费税税款的计算公式为：

当期准予扣除的外购应税消费品已纳税款＝当期准予扣除的外购应税消费品买价×外购应税消费品适用税率

当期准予扣除的外购应税消费品买价＝期初库存的外购应税消费品的买价＋当期购进的应税消费品的买价－期末库存的外购应税消费品的买价

外购已税消费品的买价是指购货发票上注明的销售额（不包括增值税税款）。

3. 准予扣除的特殊规定

（1）纳税人用外购的已税珠宝、玉石原料生产的改在零售环节征收消费税的金银首饰（镶嵌首饰），在计税时一律不得扣除外购珠宝、玉石的已纳税款。

（2）对自己不生产应税消费品，而只是购进后再销售应税消费品的工业企业，其销售的化妆品、鞭炮、焰火和珠宝、玉石，凡不能构成最终消费品直接进入消费品市场，而需进一步生产加工的，应当征收消费税，同时允许扣除上述外购应税消费品的已纳税款。

（3）自2015年5月1日起，纳税人从葡萄酒生产企业购进、进口葡萄酒连续生产应税葡萄酒的，准予从葡萄酒消费税应纳税额中扣除所耗用应税葡萄酒已纳消费税税款。

【例4-8】下列产品中，在计算缴纳消费税时准许扣除外购应税消费品已纳消费税的有（　　）。

A. 外购已税烟丝生产的卷烟

B. 外购已税实木素板涂漆生产的实木地板

C. 外购已税白酒加香生产的白酒

D. 外购已税手表镶嵌钻石生产的手表

【答案】AB

（五）自产自用应税消费品应纳税额的计算

1. 自产自用定义及纳税规定

自产自用是指纳税人生产应税消费品后，不是用于直接对外销售，而是用于自己连续生产应税消费品或用于其他方面。纳税人自产自用的应税消费品，用于连续生产应税消费品的，不纳税。所谓"纳税人自产自用的应税消费品，用于连续生产应税消费品的"，是指作为生产最终应税消费品的直接材料并构成最终产品实体的应税消费品。纳税人自产自用的应税消费品,除用于连续生产应税消费品外,凡用于其他方面的,于移送使用时纳税。用于其他方面的是指纳税人用于生产非应税消费品、在建工程、管理部门、非生产机构、提供劳务,以及用于馈赠、赞助、集资、广告、样品、职工福利、奖励等方面的应税消费品。

2. 自产自用应税消费品应纳税额的计算(如表4-5所示)

(1)从价定率的计算:

纳税人自产自用的应税消费品,凡用于其他方面的,应当纳税。有同类消费品销售价格的,按照纳税人生产的同类消费品的销售价格计算纳税。同类消费品的销售价格是指纳税人当月销售的同类消费品的销售价格,如果当月同类消费品各期销售价格高低不同,应按销售数量加权平均计算。但销售的应税消费品有下列情况之一的,不得列入加权平均计算:

① 销售价格明显偏低又无正当理由的。

② 无销售价格的。如果当月无销售或者当月未完结,应按照同类消费品上月或者最近月份的销售价格计算纳税。

没有同类消费品销售价格的,按照组成计税价格计算纳税。组成计税价格的计算公式是:

组成计税价格=(成本+利润)÷(1-比例税率)

应纳税额=组成计税价格×比例税率

上述公式中所说的"成本",是指应税消费品的产品生产成本。上述公式中所说的"利润",是指根据应税消费品的全国平均成本利润率计算的利润。应税消费品全国平均成本利润率由国家税务总局确定。应税消费品全国平均成本利润率如表4-4所示。

表4-4 应税消费品全国平均成本利润率　　　　　　　　　单位:%

货物名称	利润率	货物名称	利润率
1. 甲类卷烟	10	11. 摩托车	6
2. 乙类卷烟	5	12. 高尔夫球及球具	10
3. 雪茄烟	5	13. 高档手表	20
4. 烟丝	5	14. 游艇	10
5. 粮食白酒	10	15. 木制一次性筷子	5
6. 薯类白酒	5	16. 实木地板	5
7. 其他酒	5	17. 乘用车	8
8. 化妆品	5	18. 中轻型商用客车	5
9. 鞭炮、焰火	5	19. 电池	4
10. 贵重首饰及珠宝玉石	6	20. 涂料	7

【例4-9】2021年5月,某摩托车厂(增值税一般纳税人)将1辆自产摩托车奖励性发给优秀职工,其成本5000元/辆,成本利润率6%,适用消费税税率10%。计算发给优秀

职工自产摩托车应纳消费税。

【解析】其组成计税价格=5000×(1+6%)÷(1−10%)=5888.89(元)。

应纳消费税=5888.89×10%=588.89(元)。

【例4-10】某化妆品生产企业(增值税一般纳税人)2021年5月生产高档香水精50公斤,成本40万元,将7公斤移送投入车间连续生产护手霜;30公斤移送用于连续生产调制高档香水;10公斤对外销售,取得不含税收入14万元。企业当期销售护手霜取得不含税收入120万元,销售高档香水取得不含税收入200万元,当期发生可抵扣增值税进项税16万元。已知高档化妆品适用的消费税税率为15%,该企业当期应纳增值税和消费税合计数为多少万元?

【解析】销售高档香水精和高档香水既缴纳增值税又缴纳消费税。高档香水精移送用于生产高档香水(应税消费品),在移送环节不缴纳消费税,也不缴纳增值税;高档香水精移送用于生产护手霜(非应税消费品),在移送环节缴纳消费税但不缴纳增值税。销售护手霜缴纳增值税不缴纳消费税。

该企业当期应纳的增值税=(14+120+200)×13%−16=27.42(万元)。

该企业当期应纳的消费税=[14÷10×(10+7)+200]×15%=33.57(万元)。

当期应缴纳增值税、消费税合计=27.44+33.57=60.99(万元)。

(2) 从量定额的计算:

纳税人自产自用采用从量定额计算的应税消费品,于移送使用时,按照移送使用数量纳税。

应纳税额=自产自用数量×单位税额

【例4-11】2021年5月,某黄酒厂(增值税一般纳税人)将2吨黄酒发放给职工作福利,其成本4000元/吨,成本利润率10%,每吨税额240元。计算发放给职工作福利的黄酒应纳消费税。

【解析】其消费税不必组价,应纳消费税税额=2×240=480(元)。

(3) 复合计税的计算:

纳税人将自产的卷烟、白酒自用时,采用复合计征方法。应纳税额等于自产自用数量乘以单位税额再加组成计税价格乘以比例税率。

组成计税价格=(成本+利润+自产自用数量×定额税率)÷(1−比例税率)

应纳税额=组成计税价格×比例税率+自产自用数量×定额税率

【例4-12】2021年5月,某酒厂(增值税一般纳税人)将自产薯类白酒1吨发放给职工作福利,其成本4000元/吨,成本利润率5%,计算此笔业务当月应纳的消费税和增值税销项税。

【解析】消费税从量税=2000×0.5=1000(元)。

从价计征消费税的组成计税价格=[4000×(1+5%)+1000]÷(1−20%)=6500(元)。

应纳消费税=1000+6500×20%=2300(元)。

应纳增值税销项税=6500×13%=845(元)。

表 4-5　自产自用应税消费品的组成计税价格

计税方式	组成计税价格	应纳税额
从价定率	(成本+利润)÷(1-比例税率)	组成计税价格×比例税率
从量定额		自产自用数量×定额税率
复合计税	(成本+利润+自产自用数量×定额税率)÷(1-比例税率)	组成计税价格×比例税率+自产自用数量×定额税率

二、委托加工环节应税消费品应纳税额的计算

(一) 委托加工应税消费品的确定

委托加工的应税消费品是指由委托方提供原料和主要材料,受托方只收取加工费和代垫部分辅助材料加工的应税消费品。对于由受托方提供原材料生产的应税消费品,或者受托方先将原材料卖给委托方,然后再接受加工的应税消费品,以及由受托方以委托方名义购进原材料生产的应税消费品,不论纳税人在财务上是否作销售处理,都不得作为委托加工应税消费品,而应当按照销售自制应税消费品缴纳消费税。

【例 4-13】委托加工的特点是(　　)。
A. 委托方提供原料和主要材料,受托方代垫辅助材料并收取加工费
B. 委托方支付加工费,受托方提供原料或主要材料
C. 委托方支付加工费,受托方以委托方的名义购买原料或主要材料
D. 委托方支付加工费,受托方购买原料或主要材料再卖给委托方进行加工
【答案】A

(二) 代收代缴税款的规定

对于确实属于委托方提供原料和主要材料,受托方只收取加工费和代垫部分辅助材料加工的应税消费品。《税法》规定,由受托方在向委托方交货时代收代缴消费税。这样,受托方就是法定的代收代缴义务人。如果受托方对委托加工的应税消费品没有代收代缴或少代收代缴消费税,应按照《税收征收管理法》的规定,承担代收代缴的法律责任。因此,受托方必须严格履行代收代缴义务,正确计算和按时代缴税款。为了加强对受托方代收代缴税款的管理,委托个人(含个体工商户)加工的应税消费品,由委托方收回后缴纳消费税,如表 4-6 所示。

表 4-6　委托加工应税消费品代收代缴税款规定

受托方	消费税纳税人	消费税的征收
个人	委托方	由委托方收回后缴纳
单位		由受托方在向委托方交货时代收代缴

委托加工的应税消费品,受托方在交货时已代收代缴消费税,委托方将收回的应税消

费品,以不高于受托方的计税价格出售的,为直接出售,不再缴纳消费税;委托方以高于受托方的计税价格出售的,不属于直接出售,需按照规定申报缴纳消费税,在计税时准予扣除受托方已代收代缴的消费税。

对于受托方没有按规定代收代缴税款的,不能因此免除委托方补缴税款的责任。在对委托方进行税务检查中,如果发现受其委托加工应税消费品的受托方没有代收代缴税款,则应按照《税收征收管理法》规定,对受托方处以应代收代缴税款50%以上3倍以下的罚款。委托方要补缴税款,对委托方补征税款的计税依据是:如果在检查时,收回的应税消费品已经直接销售的,按销售额计税;收回的应税消费品尚未销售或不能直接销售的(如收回后用于连续生产等),按组成计税价格计税。

(三) 委托加工应纳税额的计算(如表4-7所示)

1. 从价定率应纳税额的计算

委托加工的应税消费品,按照受托方的同类消费品的销售价格计算纳税。消费品的销售价格是指受托方(即代收代缴义务人)当月销售的同类消费品的销售价格,如果当月同类消费品各期销售价格高低不同,应按销售数量加权平均计算。但销售的应税消费品有下列情况之一的,不得列入加权平均计算:(1) 销售价格明显偏低又无正当理由的;(2) 无销售价格的。如果当月无销售或者当月未完结,应按照同类消费品上月或最近月份的销售价格计算纳税。

受托方没有同类消费品销售价格的,按照组成计税价格计算纳税。组成计税价格的计算公式为:

组成计税价格=(材料成本+加工费)÷(1-比例税率)

应纳税额=组成计税价格×比例税率

上述组成计税价格公式中,材料成本是指委托方所提供加工材料的实际成本。委托加工应税消费品的纳税人,必须在委托加工合同上如实注明(或以其他方式提供)材料成本,凡未提供材料成本的,受托方所在地主管税务机关有权核定其材料成本。加工费是指受托方加工应税消费品向委托方所收取的全部费用(包括代垫辅助材料的实际成本,不包括增值税税金),这是税法对受托方的要求。受托方必须如实提供向委托方收取的全部费用,这样才能既保证组成计税价格及代收代缴消费税准确地计算出来,也使受托方按加工费得以正确计算其应纳的增值税。

【例4-14】2021年10月,甲实木地板厂(增值税一般纳税人)从农业生产者手中收购一批原木,税务机关认可的收购凭证上注明收购价款20万元,支付收购运费,取得增值税专用发票,运费金额2万元,将该批材料委托乙实木地板厂加工成素板(实木地板的一种),乙厂收取加工费和辅料费不含增值税价款3万元,乙实木地板厂无同类地板销售价格,甲实木地板厂收回素板后,将其中80%继续加工成实木地板成品销售,取得不含税销售收入35万元,计算:(1)甲厂被代收代缴的消费税是多少?(2)甲厂销售实木地板成品应纳的消费税是多少?(成本利润率5%;消费税率5%)

【解析】(1)甲厂被代收代缴的消费税:

材料成本=20×(1-10%)+2=20(万元)。

组成计税价格=(20+3)÷(1-5%)=24.21(万元)。
代收代缴消费税=24.21×5%=1.21(万元)。
(2)甲厂销售成品应纳的消费税=35×5%-1.21×80%=1.75-0.97=0.78(万元)。

2.从量定额应纳税额的计算

纳税人委托加工应税消费品采用从量定额计算的,于委托加工收回时,按照委托加工收回数量纳税。

应纳税额=委托加工收回数量×定额税率

3.复合计税应纳税额的计算

纳税人委托受托方加工卷烟、白酒时,采用复合计税方法。应纳税额等于委托加工收回数量乘以单位税额再加组成计税价格乘以比例税率。组成计税价格的计算公式为:

组成计税价格=(材料成本+加工费+委托加工数量×定额税率)÷(1-比例税率)

应纳税额=组成计税价格×比例税率+委托加工数量×定额税率

表4-7 委托加工应税消费品的组成计税价格

计税方式	组成计税价格	应纳税额
从价定率	(材料成本+加工费)÷(1-比例税率)	组成计税价格×比例税率
从量定额		委托加工数量×定额税率
复合计税	(材料成本+加工费+委托加工数量×定额税率)÷(1-比例税率)	组成计税价格×比例税率+委托加工数量×定额税率

(四)委托加工收回的应税消费品连续生产应税消费品已纳税额扣除的计算

我国现行消费税规定,将委托加工收回的应税消费品继续生产应税消费品销售的,可以将委托加工收回应税消费品已缴纳的消费税给予扣除。

1.准予扣除的范围

(1)委托加工收回已税烟丝为原料生产的卷烟。
(2)委托加工收回已税高档化妆品为原料生产的高档化妆品。
(3)委托加工收回已税珠宝玉石为原料生产的贵重首饰及珠宝、玉石。
(4)委托加工收回已税鞭炮、焰火为原料生产的鞭炮、焰火。
(5)委托加工收回已税杆头、杆身和握把为原料生产的高尔夫球杆。
(6)委托加工收回已税木制一次性筷子为原料生产的木制一次性筷子。
(7)委托加工收回已税实木地板为原料生产的实木地板。
(8)委托加工收回已税汽油、柴油、石脑油、燃料油、润滑油为原料生产的应税成品油。

2.准予扣除的计算

上述准予扣除委托加工收回应税消费品已纳消费税税款的计算公式为:

当期准予扣除的委托加工应税消费品已纳税款=期初库存的委托加工应税消费品已纳税款+当期收回的委托加工应税消费品已纳税款-期末库存的委托加工应税消费品已纳税款

纳税人用委托加工收回的已税珠宝、玉石原料生产的改在零售环节征收消费税的金银首饰(镶嵌首饰),在计税时一律不得扣除委托加工收回的珠宝、玉石的已纳税款。

【例题 4-15】依据消费税的有关规定,下列消费品中,不得扣除已纳消费税的有( )。

A. 以委托加工收回的烟叶为原料生产的烟丝
B. 以委托加工收回的电池为原料生产的蓄电池
C. 以委托加工收回的已税石脑油为原料生产的应税成品油
D. 以委托加工收回的普通护肤品为原料生产的高档化妆品

【答案】ABD

三、进口环节应纳消费税的计算(如表 4-8 所示)

进口的应税消费品,于报关进口时缴纳消费税;进口的应税消费品的消费税由海关代征;进口的应税消费品,由进口人或者其代理人向报关地海关申报纳税;纳税人进口应税消费品,按照关税征收管理的相关规定,应当自海关填发海关进口消费税专用缴款书之日起15日内缴纳税款。

1. 从价定率应纳税额的计算

纳税人进口应税消费品,采用从价定率方式计算应纳税额时,按照组成计税价格和规定的税率计算应纳税额。计算方法如下:

组成计税价格=(关税完税价格+关税)÷(1-比例税率)

应纳税额=组成计税价格×比例税率

2. 从量定额应纳税额的计算

纳税人进口应税消费品采用从量定额计算的,于报关进口时,按照报关进口数量纳税。

应纳税额=报关进口数量×单位税额

3. 复合计税应纳税额的计算

纳税人进口卷烟、白酒时,采用复合计征方法。应纳税额等于报关进口数量乘以单位税额再加组成计税价格乘以比例税率。

【例 4-16】公司进口一批粮食白酒共 10 000 瓶,每瓶 500 克,关税完税价格 20 万元,关税率 10%,计算其进口环节的消费税。

【解析】组成计税价格=(200 000+200 000×10%+10 000×0.5)÷(1-20%)=281 250(元)。

应纳消费税=10 000×0.5+281 250×20%=61 250(元)。

表 4-8 进口应税消费品的组成计税价格

计税方式	组成计税价格	应纳税额
从价定率	(关税完税价格+关税)÷(1-比例税率)	组成计税价格×比例税率
从量定额		进口数量×定额税率
复合计税	(关税完税价格+关税+进口数量×定额税率)÷(1-比例税率)	组成计税价格×比例税率+进口数量×定额税率

四、批发环节应纳消费税的计算

自2009年5月1日起,对在中华人民共和国境内从事卷烟批发业务的单位和个人,在卷烟批发环节加征一道从价税,税率5%。自2015年5月10日起,将卷烟批发环节从价税税率由5%提高至11%,并按0.005元/支加征从量税。

纳税人销售给纳税人以外的单位和个人的卷烟于销售时纳税。纳税人之间销售的卷烟不缴纳消费税。

纳税人应将卷烟销售额与其他商品销售额分开核算,未分开核算的,一并征收消费税。纳税人兼营卷烟批发和零售业务的,应当分别核算批发和零售环节的销售额、销售数量。未分别核算批发和零售环节销售额、销售数量的,按照全部销售额、销售数量计征批发环节消费税。

【例4-17】某烟酒批发公司(增值税一般纳税人)2021年5月向烟酒零售单位批发A牌卷烟5000条,开具的增值税专用发票上注明销售额250万元;向烟酒零售单位批发B牌卷烟2000条,开具的普通发票上注明销售额88.92万元;同时向消费者直接零售B牌卷烟300条,开具普通发票,取得含税收入20.358万元,当月允许抵扣的进项税额为35.598万元。计算该烟酒批发公司当月应缴纳的增值税、消费税税额合计。

【解析】应纳消费税=[250+88.92÷(1+13%)+20.358÷(1+13%)]×11%+(5000+2000+300)×0.005×200÷10 000=37.86+0.73=38.87(万元)。

应纳增值税=[250+(88.92+20.358)÷(1+13%)]×13%-35.598=45.07-35.598=9.47(万元)。

合计缴纳增值税、消费税=38.87+9.47=48.34(万元)。

五、零售环节应纳消费税的计算

(一)超豪华小汽车应纳消费税的计算(如表4-9所示)

自2016年12月1日起,"小汽车"税目下增设"超豪华小汽车"子税目。征收范围为每辆零售价格130万元(不含增值税)及以上的乘用车和中轻型商用客车,即乘用车和中轻型商用客车子税目中的超豪华小汽车。

对超豪华小汽车,在生产(进口)环节按现行税率征收消费税基础上,在零售环节加征消费税,税率为10%。将超豪华小汽车销售给消费者的单位和个人为超豪华小汽车零售环节纳税人。

超豪华小汽车零售环节消费税应纳税额计算公式:

应纳税额=零售环节销售额(不含增值税,下同)×零售环节税率

国内汽车生产企业直接销售给消费者的超豪华小汽车,消费税税率按照生产环节税率和零售环节税率加总计算。消费税应纳税额计算公式:

应纳税额=销售额×(生产环节税率+零售环节税率)

【例 4-18】国内某汽车制造厂将一辆高档小轿车以 140 万元（不含增值税）的价格直接销售给国内某歌星，该小轿车生产环节消费税税率 40%，计算该厂应纳消费税。

【解析】该厂应纳消费税 = 140×（40%+10%）= 70（万元）。

表 4-9 超豪华小汽车纳税环节及税率

小汽车		出厂环节税率	零售环节税率
每辆零售价格不超过 130 万元的小汽车	乘用车	1%~40%	不缴纳消费税
	中轻型商用客车	5%	
超豪华小汽车（每辆零售价格 130 万元及以上的）	乘用车	1%~40%	10%
	中轻型商用客车	5%	

（二）金银首饰零售环节应纳消费税的计算（如表 4-10 所示）

零售环节征收消费税的金银首饰范围仅限于：金、银和金基、银基合金首饰以及金、银和金基、银基合金的镶嵌首饰（以下简称金银首饰），钻石及钻石饰品，铂金首饰。

对既销售金银首饰，又销售非金银首饰的生产经营单位，应将两类商品划分清楚，分别核算销售额。凡划分不清楚或不能分别核算的，在生产环节销售的，一律从高适用税率征收消费税；在零售环节销售的，一律按金银首饰征收消费税。金银首饰与其他产品组成成套消费品销售的，应按销售额全额征收消费税。

金银首饰连同包装物销售的，无论包装是否单独计价，也无论会计上如何核算，均应并入金银首饰的销售额，计征消费税。

带料加工的金银首饰，应按受托方销售同类金银首饰的销售价格确定计税依据征收消费税。没有同类金银首饰销售价格的，按照组成计税价格计算纳税。

纳税人采用以旧换新（含翻新改制）方式销售的金银首饰，应按实际收取的不含增值税的全部价款确定计税依据征收消费税。

表 4-10 贵重首饰及珠宝玉石纳税环节及税率

分类及规定	税率	纳税环节
金、银和金基、银基合金首饰，以及金、银和金基、银基合金的镶嵌首饰、钻石及钻石饰品、铂金首饰	5%	零售环节
与金、银和金基、银基、钻无关的其他首饰	10%	生产、进口、委托加工提货环节

【例 4-19】乙商场（增值税一般纳税人）2021 年 5 月零售金银首饰取得含税销售额 10.44 万元，其中包括以旧换新业务中新首饰的含税销售额 5.83 万元。在以旧换新业务中，旧首饰作价的含税金额为 3.51 万元，乙商场实际收取的含税金额为 2.32 万元。计算乙商场零售金银首饰应缴纳的消费税、增值税。

【解析】应纳消费税 =（10.44-5.83）÷1.13×5%+2.32÷1.13×5% = 0.31（万元）。

应纳增值税 =（10.44-5.83）÷1.13×13%+2.32÷1.13×13% = 0.80（万元）。

六、出口退税环节退税额的计算(如表4-11所示)

对纳税人出口应税消费品,免征消费税,国务院另有规定的除外。

(一)出口免税并退税

有出口经营权的外贸企业购进应税消费品直接出口,以及外贸企业受其他外贸企业委托代理出口应税消费品。外贸企业只有受其他外贸企业委托,代理出口应税消费品才可办理退税,外贸企业受其他企业(主要是非生产性的商贸企业)委托,代理出口应税消费品是不予退(免)税的。

属于从价定率计征消费税的,为已征且未在内销应税消费品应纳税额中抵扣的购进出口货物金额;属于从量定额计征消费税的,为已征且未在内销应税消费品应纳税额中抵扣的购进出口货物数量;属于复合计征消费税的,按从价定率和从量定额的计税依据分别确定。

消费税应退税额=从价定率计征消费税的退税计税依据×比例税率+从量定额计征消费税的退税计税依据×定额税率

出口货物的消费税应退税额的计税依据,按购进出口货物的消费税专用缴款书和海关进口消费税专用缴款书确定。

【例4-20】某外贸公司(增值税一般纳税人,具有出口经营权)2021年8月从生产企业购进高档化妆品一批,取得增值税专用发票金额25万元,增值税3.25万元,发生运费取得增值税专票,金额1万元。当月该批高档化妆品全部出口取得销售收入35万元。该批高档化妆品消费税税率为15%,计算该外贸公司出口高档化妆品应退的消费税金额。

【解析】

应退消费税=25×15%=3.75(万元)。

(二)出口免税但不退税

有出口经营权的生产性企业自营出口或生产企业委托外贸企业代理出口自产的应税消费品,依据其实际出口数量免征消费税,不予办理退还消费税。免征消费税是指对生产性企业按其实际出口数量免征生产环节的消费税。不予办理退还消费税,因已免征生产环节的消费税,该应税消费品出口时,已不含消费税,所以无须再办理退还消费税。

(三)出口不免税也不退税

除生产企业、外贸企业外的其他企业,具体是指一般商贸企业,这类企业委托外贸企业代理出口应税消费品一律不予退(免)税。

表4-11 增值税出口退税与消费税出口退税比较

	增值税出口退税	消费税出口退税
退税比率	退税率、征税率、征收率	征税率

续表

	增值税出口退税	消费税出口退税
生产企业自营或委托出口	采用免抵退税政策 运用免抵退税的公式和规定退税	免税但不退税政策不计算退税
外贸企业收购货物出口	采用免退税政策 用退税计税依据和规定的退税率计算退税	免税并退上一环节已征消费税 用退税计税依据和规定征税率计算退税

第三节 消费税纳税申报实务

一、申报时间

纳税人应按月进行纳税申报,申报期为次月1日到15日。纳税人的具体纳税期限,由主管税务机关根据纳税人应纳税额的大小分别核定,不能按照固定期限纳税的,可以按次纳税。具体来说,纳税人以1日、3日、5日、10日或者15日为1个纳税期的,自期满之日起5日内预缴税款,于次月1日起15日内申报纳税并结清上月应纳税款。以1个月或者1个季度为1个纳税期的,自期满之日起15日内申报纳税。纳税人进口货物,应当自海关填发海关进口增值税专用缴款书之日起15日内缴纳税款。

二、报送资料

根据纳税人应税消费品项目的不同,国家税务总局制定了不同的纳税申报表。

1. 烟类消费税纳税人

(1) 主表:《烟类应税消费品消费税纳税申报表》《卷烟批发环节消费税纳税申报表(批发)》由卷烟批发环节的消费税纳税人填报,仅限烟类消费税纳税人使用。

(2) 附报资料:

①《本期准予扣除税额计算表》由外购或委托加工收回烟丝后连续生产卷烟的纳税人填报。

②《本期代收代缴税额计算表》由烟类应税消费品受托加工方填报。

③《卷烟销售明细表》为年报,由卷烟消费税纳税人于年度终了后填写,次年1月办理消费税纳税申报时报送,同时报送此表的 Excel 格式电子文件。

④《各牌号规格卷烟消费税计税价格》。

⑤《卷烟生产企业年度销售明细表》由从事烟类应税消费品生产的纳税人于次年1月申报纳税期报送本表;《卷烟批发企业月份销售明细清单》由从事卷烟批发的消费税纳

税人填报。

享受消费税减免税优惠政策的纳税人,还应提供《本期减(免)税额明细表》以及《代扣代收税款凭证》。

2. 酒类消费税纳税人

(1)主表《酒类应税消费品消费税纳税申报表》,仅限酒类应税消费品消费税纳税人使用。

(2)附报资料:

①《本期准予抵减税额计算表》由以外购啤酒液为原料连续生产啤酒的纳税人或以进口葡萄酒为原料连续生产葡萄酒的纳税人填报。

②《本期代收代缴税额计算表》由酒类应税消费品受托加工方填报。

③《生产经营情况表》为年报,由酒类应税消费品纳税人于年度终了后填写,次年1月办理消费税纳税申报时报送。

④《已核最低计税价格白酒清单》由白酒生产企业提供。

享受消费税减免税优惠政策的纳税人还应提供《本期减(免)税额明细表》。

3. 成品油消费税纳税人。

(1)主表《成品油消费税纳税申报表》,仅限成品油消费税纳税人使用。

(2)附报资料:

①《本期准予扣除税额计算表》由外购、进口或委托加工收回含铅汽油、无铅汽油、柴油、石脑油、润滑油、燃料油后连续生产应税成品油的纳税人填写。

②《本期减(免)税额计算表》由按照税法规定减免应税消费品消费税的纳税人填写。

③《成品油销售明细表》由成品油消费税纳税人在办理申报时提供,填写所属期内在国内销售的所有应税成品油的发票明细。

④《消费税扣税凭证明细表》由外购或委托加工收回应税消费品后连续生产应税消费品的纳税人填报。

⑤《代收代缴税款报告表》由成品油应税消费品受托加工方在实际业务发生时填写。

4. 小汽车消费税纳税人

(1)主表:《小汽车消费税纳税申报表》,仅限小汽车消费税纳税人使用。

(2)附报资料:

①《本期代收代缴税额计算表》由小汽车受托加工方填写。

②《生产经营情况表》为年报,作为《小汽车消费税纳税申报表》的附报资料,由纳税人于每年年度终了后填写,次年1月办理消费税纳税申报时报送。

享受消费税减免税优惠政策的纳税人,还应提供《本期减(免)税额明细表》。

5. 其他消费税纳税人

(1)主表:《其他应税消费品纳税申报表》,限化妆品、贵重首饰及珠宝玉石、鞭炮焰火、汽车轮胎、摩托车、高尔夫球及球具、高档手表、游艇、木制一次性筷子、实木地板等消费税纳税人使用;《涂料消费税纳税申报表》,限从事涂料生产、委托加工的纳税人使用;《电池消费税纳税申报表》,限从事电池生产、委托加工的纳税人使用。

(2) 附报资料：

①《本期准予扣除税额计算表》由外购或委托加工收回应税消费品后连续生产应税消费品的纳税人填报。

②《准予扣除消费税凭证明细表》由外购或委托加工收回应税消费品后连续生产应税消费品的纳税人填报。

③《本期代收代缴税额计算表》由应税消费品受托加工方填报。

④《生产经营情况表》为年报，由纳税人于年度终了后填写，次年1月办理消费税纳税申报时报送。

享受消费税减免税优惠政策的纳税人，还应提供《本期减(免)税额明细表》。

三、申报流程

我国消费税实行单一环节一次课征。一般在应税消费品的生产、委托加工和进口环节缴纳，在批发零售环节不再征收(卷烟、金银首饰除外)。这样做便于对消费税实施源泉控管，降低征纳成本，还可避免重复征税。

纳税人销售的应税消费品，以及自产自用的应税消费品，应当向纳税人机构所在地或者居住地的主管税务机关申报纳税。

委托加工的应税消费品，除受托方为个人外，由受托方向机构所在地或者居住地的主管税务机关解缴消费税税款。

进口的应税消费品，应当向报关地海关申报纳税。

四、消费税纳税申报表的填写

(一) 企业基本信息

企业名称：广东黄金酒业有限公司(一般纳税人)
纳税识别号：663829109923875520
所属行业：食品行业
法人名称：李应良
注册地址：广州市海珠区赤沙路21号
营业地址：广州市海珠区赤沙路21号
开户银行及账号：中国工商银行广州市海珠区支行 2048595914009922457
企业登记注册类型：股份有限公司
企业主营：粮食白酒、黄酒、啤酒、酒精生产、加工、销售。
电话：020-82654333
传真：020-82654333

（二）产品信息（如表4-12、13、14所示）

表4-12 企业产品信息表

产品名称	单位	规　格	消费税税率
穗宝牌白酒	箱	500克/瓶,24瓶/箱	20%加0.5元/500克（或者500毫升）
清江牌啤酒	箱	600毫升/瓶,24瓶/箱,14.4升/箱	220元/吨
清江牌纯生啤酒	箱	600毫升/瓶,24瓶/箱,30升/箱,1箱=1桶	250元/吨
埃克森葡萄酒	箱	750毫升/瓶,24瓶/箱	10%
食用酒精	吨	0	
百佳牌黄酒		1吨=962升	240元/吨
啤酒		1吨=988升	
葡萄酒/其他酒		1吨≈1000升	

表4-13 企业本月生产情况表

名称	生产数量
粮食白酒	6 732 000斤
纯生啤酒	350 000斤
普通啤酒	556 000斤
黄酒	2 600 000斤
酒精	279 000斤
其他酒	3 888 000斤

说明：
（1）清江牌啤酒：每箱该啤酒的容积=0.6×24=14.4升。

每升啤酒的价格=42÷14.4=2.917元（42元/箱）。

每吨出厂价格=2.917×988=2882元<3000元。因此，其每吨消费税税额为220元。

（2）清江牌纯生啤酒：每升啤酒的价格=100÷30=3.33元（100元/箱）。

每吨出厂价格=3.33×988=3290.04元>3000元。因此，其每吨消费税税额为250元。

（3）粮食白酒同类产品销售价格：30元/斤。

啤酒液：

期初库存外购啤酒液数量：286.00吨，单价为3682.00元。

期末库存外购啤酒液数量：375.00吨，单价为3682.00元。

表 4-14 企业产品成本明细表

产品名称	单位	金额
穗宝白酒	箱	1700 元
清江啤酒	箱	30 元
纯生啤酒	箱	70 元
葡萄酒	箱	1950 元
酒精	吨	1900 元
百佳黄酒	吨	5000 元

(三) 9 月份发生的经济业务

广东黄金酒业有限公司主营:粮食白酒、黄酒、啤酒、酒精生产、加工、销售,纳税期限为一个月,9 月主要经济业务有:

(1) 9.2 销售给开平市海地贸易有限公司穗宝牌白酒 1180 箱,每箱不含税价格 1870.00 元,合计:2 206 600.00 元。开具增值税专用发票。

(2) 9.4 用银行存款缴纳上期消费税 21 050 000.00 元。

(3) 9.7 销售给海宁市海天贸易公司百佳牌黄酒 100 吨,每吨不含税价格 6500.00 元,共计:650 000.00 元。开具增值税专用发票。

(4) 9.8 企业向贵州三台集团购买食用酒精 350 吨作为原材料,每吨不含税价格 2850.00 元,合计 997 500.00 元;啤酒液 450 吨(收到增值税专用发票,发票代码 4521014523,发票号码 44002365),每吨不含税价格为 3682.00 元,金额为 1 656 900.00 元。

(5) 9.8 向贵州三台集团销售进口埃克森 0910 葡萄酒 500 箱,不含税金额为:1080000.00,开具增值税专用发票。

(6) 9.10 销售给广东省粮油集团 K 牌连锁便利店穗宝牌白酒 1500 箱、埃克森 0910 葡萄酒 1000 箱,穗宝牌白酒每箱不含税价格 1870.00 元,埃克森 0910 葡萄酒每箱不含税价格 2160 元,总金额为 4 965 000.00 元。开具增值税专用发票。

(7) 9.12 以物易物向山东兰斯酒业公司销售百佳牌黄酒 150 吨,不含税金额共为 975 000.00 元,并向其购买"兰斯云"0102 葡萄酒液 80 吨,不含税价格为 12 187.50 元,金额共为 975 000.00 元。

(8) 9.18 向农民购买粮食 40 吨,每吨不含税价格 2000.00 元,合计 80 000.00 元。开具统一收购发票,同时支付运输费 5800.00 元。

(9) 9.19 给东莞市海洋贸易有限公司加工粮食白酒 70 吨,该粮食白酒在该地区不含税价格 30 元/斤,收取加工费 1 990 000.00 元,开具增值税专用发票.

(10) 9.20 销售给广汇餐饮有限公司清江牌纯生啤酒 2800 箱,每箱不含税价格 100.00 元,共 280 000.00 元,收到押金 28 000 元,开具增值税专用发票。

(11) 9.23 企业使用 10 箱穗宝牌白酒用于业务招待,不含税价格:1870 元/箱。

(12) 9.27 销售给广东老湘楼餐饮有限公司食用酒精 80 吨(2014 年 12 月 1 日起取

消酒精消费税),每吨不含税价格2790元,合计223 200.00元。开具增值税专用发票。

(13) 9.28 企业向番禺区敬老院赠送百佳牌黄酒1吨。

(14) 9.29 销售给广昌贸易有限公司清江牌啤酒11 200箱,每箱不含税价格42.00元,合计470 400.00元。取得增值税专用发票。

(15) 9.29 从法国德菲庄园葡萄酒酿酒有限公司进口波多莉亚干红葡萄酒300箱用于加工葡萄酒(750毫升/瓶、24瓶/箱),支付不含税买价2 600 000.00元,支付到达我国海关前的运输费用180 000.00元,保险费用78 000.00元,(进口关税税率10%,消费税税率10%,其中收到海关专用进口消费税缴款书,号码232720180918032635-Y01)

(16) 9.30 进口葡萄酒全部领用用于连续生产葡萄酒,结转领用成本。

(17) 9.30 结转本月领用啤酒液的成本。

【解析】

销售白酒应缴纳消费税:

1180×24×0.5+2 206 600×20%(业务1)+1500×24×0.5+2 805 000×20%(业务6)+10×24×0.5+18 700×20%(业务11)= 64 560×0.5+5 030 300×20%=1 038 340(元)。

销售百佳牌黄酒应缴纳消费税:

100×240(业务3)+150×240(业务7)+1×240(业务13)=251×240=60 240(元)。

销售清江牌纯生啤酒应缴纳消费税:

2000×30÷988=85.02(吨)(业务10)。

85.02×250=21 255.06(元)。

销售清江牌酒应缴纳消费税:

2800×14.4÷988=163.24(吨)(业务14)。

163.24×220=35 912.55(元)。

本期代收代缴税额:

70×2000×0.5+70×2000×30×20%=910 000(元)(业务9)。

销售葡萄酒应缴纳消费税:

1 080 000(业务5)+1870×1000(业务6)=3 240 000(元)。

3 240 000×10%=324 000(元)。

当期准予抵减的外购啤酒液已纳税款=(286+450-375)×250=90 250(元)。

进口葡萄酒应缴纳消费税:

完税价格=(2 600 000+180 000+78 000)×(1+10%)÷(1-10%)=3 493 111.11(元)。

消费税=3 493 111.11×10%=349 311.11(元)。

根据以上计算,填写消费税纳税申报表如表15至表18所示。

表 4-15 酒类应税消费品消费税纳税申报表

税款所属期:2021 年 09 月 01 日至 2021 年 09 月 30 日

纳税人名称(公章):

纳税人识别号:

| 6 | 6 | 3 | 8 | 2 | 9 | 1 | 0 | 9 | 9 | 2 | 3 | 8 | 7 | 5 | 5 | 2 | 0 |

填表日期:2021 年 10 月 5 日　　　　　　　　　　　　　　金额单位:元(列至角分)

应税项目 消费品名称	适用税率		销售数量	销售额	应纳税额
	定额税率	比例税率			
粮食白酒	0.5 元/斤	20%	64 560.00	5 030 300.00	1 038 340.00
薯类白酒	0.5 元/斤	20%			
啤酒	250 元/吨	——	85.02	280 000.00	21 255.06
啤酒	220 元/吨	——	163.24	470 400.00	35 912.55
黄酒	240 元/吨		251.00	1 631 500.00	60 240.00
其他酒	——	10%	27.00	3 240 000.00	324 000.00
合计	——	——	——	——	1 479 747.61

本期准予抵减税额:439 561.11	声明 此纳税申报表是根据国家税收法律的规定填报的,我确定它是真实的、可靠的、完整的。 经办人(签章): 财务负责人(签章): 联系电话:
本期减(免)税额:	
期初未缴税额:21 050 000.00	
本期缴纳前期应纳税额:21 050 000.00	(如果你已委托代理人申报,请填写) 授权声明 为代理一切税务事宜,现授权 (地址)　　　　　　　　为 本纳税人的代理申报人,任何与本申报表有关的往来文件,都可寄予此人。 授权人签章:
本期预缴税额:	
本期应补(退)税额:1 040 186.50	
期末未缴税额:1 040 186.50	

以下由税务机关填写

受理人(签章):　　　　　受理日期:　　年　月　日　　　受理税务机关(章)

表 4-16 本期准予抵减税额计算表

税款所属期:2021 年 09 月 01 日至 2021 年 09 月 30 日
纳税人名称(公章):
纳税人识别号:

6	6	3	8	2	9	1	0	9	9	2	3	8	7	5	5	2	0

填表日期:2021 年 10 月 5 日　　　　　　　　　　　　金额单位:元(列至角分)

一、当期准予抵减的外购啤酒液已纳税款计算	
1. 期初库存外购啤酒液数量:	286.00
2. 当期购进啤酒液数量:	450.00
3. 期末库存外购啤酒液数量:	375.00
4. 当期准予抵减的外购啤酒液已纳税款:	90 250.00
二、当期准予抵减的进口葡萄酒已纳税款:	349 311.11
三、本期准予抵减税款合计:	439 561.11

附:准予抵减消费税凭证明细

	号码	开票日期	数量	单价	定额税率(元/吨)
啤酒(增值税专用发票)	4521014523	9月8日	450.00	3682.00	250.00
	合计	——			

	号码	开票日期	数量	完税价格	税款金额
葡萄酒(海关进口消费税专用缴款书)	232720180918032635-Y01	9月29日	300.00	3 493 111.11	349 311.11
	合计	——	300.00	3 493 111.11	349 311.11

表4-17 本期代收代缴税额计算表

税款所属期:2021年09月01日至2021年09月30日
纳税人名称(公章):
纳税人识别号:

| 6 | 6 | 3 | 8 | 2 | 9 | 1 | 0 | 9 | 9 | 2 | 3 | 8 | 7 | 5 | 5 | 2 | 0 |

填表日期:2021年10月5日　　　　　　　　　　　　　金额单位:元(列至角分)

项目 \ 应税消费品名称		粮食白酒	薯类白酒	啤酒	啤酒	黄酒	其他酒	合计
适用税率	定额税率	0.5元/斤	0.5元/斤	250元/吨	220元/吨	240元/吨	——	
	比例税率	20%	20%	——	——	——	10%	
受托加工数量		140 000.00						
同类产品销售价格		30.00					——	
材料成本								
加工费								
组成计税价格		4 200 000.00					——	
本期代收代缴税款		910 000.00						

表4-18 生产经营情况表

税款所属期:2021年09月01日至2021年09月30日
纳税人名称(公章):
纳税人识别号:

| 6 | 6 | 3 | 8 | 2 | 9 | 1 | 0 | 9 | 9 | 2 | 3 | 8 | 7 | 5 | 5 | 2 | 0 |

填表日期:2021年10月5日　　　　　　　　　　　　　金额单位:元(列至角分)

项目 \ 应税消费品名称	粮食白酒	薯类白酒	啤酒(适用税率250元/吨)	啤酒(适用税率220元/吨)	黄酒	其他酒
生产数量	6 732 000.00		177.13	281.38	1351.35	1944.00
销售数量	64 560.00		85.02	163.24	251.00	27.00
委托加工收回酒类应税消费品直接销售数量						
委托加工收回酒类应税消费品直接销售额						
出口免税销售数量						
出口免税销售额						

第五章 城市维护建设税法与教育费附加

学习目标
1. 掌握城市维护建设税和教育费附加征税范围及税率。
2. 掌握城市维护建设税和教育费附加计税依据及计算。
3. 掌握城市维护建设税和教育费附加税收优惠。
4. 熟悉城市维护建设税和教育费附加纳税义务发生时间、纳税期限和纳税地点。

第一节 城市维护建设税法

城市维护建设税法,是指国家制定的用以调整城市维护建设税征收与缴纳权利及义务关系的法律规范。现行城市维护建设税的基本法律规范,是2020年8月11日第十三届全国人大常委会第二十一次会议表决通过,并于2021年9月1日施行的《中华人民共和国城市维护建设税法》(以下简称《城市维护建设税法》)。

我国现行的城市维护建设税,主要有以下几个特点:一是税款专款专用。城市维护建设税所征税款,用来保证城市公用事业和公共设施的维护和建设。二是属于附加税。城市维护建设税本身没有特定的课税对象,而是以纳税人实际缴纳的增值税、消费税的税额之和为计税依据,其征管方法也完全比照增值税、消费税的有关规定办理。三是根据城镇规模设计地区差别比例税率。城市维护建设税根据城镇规模不同,设计不同比例税率,较好地适应了不同规模城市建设的资金需要。四是征收范围较广。增值税、消费税是我国流转环节的主体税种,而城市维护建设税又是其附加税,一般而言,缴纳增值税、消费税的纳税人就要缴纳城市维护建设税,因此城市维护建设税的征收范围也相应较广。

一、纳税义务人和征税范围

(一) 纳税义务人

在中华人民共和国境内缴纳增值税、消费税的单位和个人,为城市维护建设税的纳税人,应当依照规定缴纳城市维护建设税。

上述单位和个人,包括国有企业、集体企业、私营企业、股份制企业、其他企业和行政单位、事业单位、军事单位、社会团体、其他单位,以及个体工商户及其他个人。

城市维护建设税的扣缴义务人为负有增值税、消费税扣缴义务的单位和个人,在扣缴增值税、消费税的同时扣缴城市维护建设税。

(二) 征税范围

城市维护建设税的征收范围较广,具体包括市区、县城、建制镇,以及税法规定的其他地区。

对进口货物或者境外单位和个人向境内销售劳务、服务、无形资产缴纳的增值税、消费税税额,不征收城市维护建设税。

二、税率、计税依据和应纳税额的计算

(一) 税率

城市维护建设税的税率,是指纳税人应缴纳的城市维护建设税税额与纳税人实际缴纳的增值税、消费税税额之间的比率。城市维护建设税按纳税人所在地的不同,设置了三档地区差别比例税率,除特殊规定外,即:

(1) 纳税人所在地为市区的,税率为7%。
(2) 纳税人所在地为县城、镇的,税率为5%。
(3) 纳税人所在地不在市区、县城或者镇的,税率为1%。

上述所称"纳税人所在地",是指纳税人住所地或者与纳税人生产经营活动相关的其他地点,具体地点由省、自治区、直辖市确定。

(二) 计税依据

城市维护建设税的计税依据,是指纳税人依法实际缴纳的增值税、消费税税额。城市维护建设税的计税依据应当按照规定扣除期末留抵退税退还的增值税税额。纳税人违反增值税、消费税有关税法而加收的滞纳金和罚款,是税务机关对纳税人违法行为的经济制裁,不作为城市维护建设税的计税依据。但纳税人在被查补增值税、消费税并被处以罚款时,应同时对其偷漏的城市维护建设税进行补税、征收滞纳金并处罚款。

城市维护建设税以增值税、消费税税额为计税依据并同时征收,如果要免征或者减征增值税、消费税,也就要同时免征或者减征城市维护建设税。

但对出口产品退还增值税、消费税的,不退还已缴纳的城市维护建设税。

城市维护建设税计税依据的具体确定办法,由国务院依据有关税收法律、行政法规规定,报全国人民代表大会常务委员会备案。

(三) 应纳税额的计算

城市维护建设税纳税人的应纳税额大小是由纳税人实际缴纳的增值税、消费税税额决定的,其计算公式为:

应纳税额=纳税人实际缴纳的增值税、消费税税额×适用税率

【例6-1】位于某市区的一家企业,2021年9月实际缴纳增值税500 000元、消费税400 000元。计算该企业应纳的城市维护建设税税额。

应纳城市维护建设税税额=(实际缴纳的增值税+实际缴纳的消费税)×适用税率
=(500 000+400 000)×7%=63 000(元)。

三、税收优惠和征收管理

(一)税收优惠

根据国民经济和社会发展的需要,国务院对重大公共基础设施建设、特殊产业和群体以及重大突发事件应对等情形可以规定减征或者免征城市维护建设税,报全国人民代表大会常务委员会备案。

(二)征收管理

1. 纳税环节

城市维护建设税的纳税环节,实际就是纳税人缴纳增值税、消费税的环节。纳税人只要发生增值税、消费税的纳税义务,就要在同样的环节,分别计算缴纳城市维护建设税。

2. 纳税地点

城市维护建设税以纳税人实际缴纳的增值税、消费税税额为计税依据,分别与增值税、消费税同时缴纳。所以,一般而言,纳税人缴纳增值税、消费税的地点,就是该纳税人缴纳城市维护建设税的地点。

3. 纳税义务发生时间和纳税期限

城市维护建设税的纳税义务发生时间与增值税、消费税的纳税义务发生时间一致,分别与增值税、消费税同时缴纳。

由于城市维护建设税是由纳税人在缴纳增值税、消费税时同时缴纳的,所以其纳税期限分别与增值税、消费税的纳税期限一致。根据增值税法和消费税法的规定,增值税、消费税的纳税期限分别为1日、3日、5日、10日、15日或者1个月。增值税、消费税的纳税人的具体纳税期限,由主管税务机关根据纳税人应纳税额大小分别核定,不能按照固定期限纳税的,可以按次纳税。

第二节 教育费附加和地方教育附加

教育费附加和地方教育附加是对缴纳增值税、消费税的单位和个人,就其实际缴纳的税额为计算依据征收的一种附加费。国务院于1986年4月28日颁布了《征收教育费附加的暂行规定》,决定从同年7月1日开始在全国范围内征收教育费附加。2010年财政

部下发了《关于统一地方教育附加政策有关问题的通知》对各省、自治区、直辖市的地方教育附加进行了统一。

一、教育费附加和地方教育附加的征收范围及计征依据

教育费附加和地方教育附加对缴纳增值税、消费税的单位和个人征收,以其实际缴纳的增值税、消费税税款为计征依据,分别与增值税、消费税同时缴纳。

二、教育费附加和地方教育附加计征比率

教育费附加计征比率曾几经变化。1986年开征时,规定为1%;1990年5月《国务院关于修改〈征收教育费附加的暂行规定〉的决定》中规定为2%;按照1994年2月7日《国务院关于教育费附加征收问题的紧急通知》的规定,现行教育费附加征收比率为3%,地方教育附加征收率从2010年起统一为2%。

三、教育费附加和地方教育附加的计算

教育费附加和地方教育附加的计算公式为:

应纳教育费附加或地方教育附加 = 实际缴纳的增值税、消费税 × 征收比率(3%或2%)

【例6-2】某企业2021年9月实际缴纳增值税300 000元,缴纳消费税300 000元。计算该企业应缴纳的教育费附加和地方教育附加。

应纳教育费附加 = (实际缴纳的增值税+实际缴纳的消费税) × 征收比率
= (300 000+300 000) × 3% = 18 000(元)。

应纳地方教育附加 = (实际缴纳的增值税+实际缴纳的消费税) × 征收比率
= (300 000+300 000) × 2% = 12 000(元)。

四、教育费附加和地方教育附加的减免规定

(1) 对海关进口的产品征收的增值税、消费税,不征收教育费附加。
(2) 对由于减免增值税、消费税而发生退税的,可同时退还已征收的教育费附加。但对出口产品退还增值税、消费税的,不退还已征的教育费附加。
(3) 对国家重大水利工程建设基金免征教育费附加。
(4) 自2016年2月1日起,按月纳税的月销售额或营业额不超过10万元(按季度纳税的季度销售额或营业额不超过30万元)的缴纳义务人,免征教育费附加、地方教育附加。

第六章 关 税

学习目标
1. 掌握关税的征税对象及纳税人。
2. 掌握关税进出口税则。
3. 掌握关税完税价格及应纳税额的计算。
4. 熟悉关税减免规定。
5. 熟悉关税征收管理。
6. 能够办理关税纳税申报实务。

第一节 关税构成要素

关税是海关依法对进出境货物、物品征收的一种税。关税法是指国家制定的调整关税征收与缴纳权利义务关系的法律规范。现行关税法律规范以全国人民代表大会于2000年7月修正颁布的《中华人民共和国海关法》(以下简称《海关法》)为法律依据,以国务院于2003年11月发布的《中华人民共和国进出口关税条例》(以下简称《进出口关税条例》),以及由国务院关税税则委员会审定并报国务院批准,作为条例组成部分的《中华人民共和国海关进出口税则》(以下简称《海关进出口税则》)和《中华人民共和国海关入境旅客行李物品和个人邮递物品征收进口税办法》为基本法规,由负责关税政策制定和征收管理的主管部门,依据基本法规拟订的管理办法和实施细则为主要内容。

一、关税的征税对象与纳税义务人

(一) 征税对象

关税是海关依法对进出境货物、物品征收的一种税。所谓"境"是指关境,又称"海关境域"或"关税领域",是国家《海关法》全面实施的领域。通常情况下,一国关境与国境是一致的,包括国家全部的领土、领海、领空。但当某一国家在国境内设立了自由港、自由贸易区等,这些区域就进出口关税而言处在关境之外,这时,该国家的关境小于国境。如我国根据《中华人民共和国香港特别行政区基本法》和《中华人民共和国澳门特别行政区基本法》,香港和澳门保持自由港地位,为我国单独的关税地区,即单独关境区。单独关境区是不完全适用该国海关法律、法规或实施单独海关管理制度的区域。

关税的征税对象是准许进出境的货物和物品。货物是指贸易性商品;物品指入境旅客随身携带的行李物品、个人邮递物品、各种运输工具上的服务人员携带进口的自用物品、馈赠物品以及其他方式进境的个人物品。

【例6-1】下列不属于关税的征税对象的是( )。

A. 出境的贸易性商品
B. 入境的旅客随身携带的行李物品
C. 境内个人之间转让的位于境外的不动产
D. 在海关放行前损失的货物

【答案】C

【解析】选项C,关税的征税对象是准许进出境的货物和物品,位于境外的不动产不属于关税的征税对象。

(二) 纳税义务人

进口货物的收货人、出口货物的发货人、进出境物品的所有人,是关税的纳税义务人。进出口货物的收、发货人是依法取得对外贸易经营权,并进口或者出口货物的法人或者其他社会团体。进出境物品的所有人包括该物品的所有人和推定为所有人的人。一般情况下,对于携带进境的物品,推定其携带人为所有人;对分离运输的行李,推定相应的进出境旅客为所有人;对以邮递方式进境的物品,推定其收件人为所有人;以邮递或其他运输方式出境的物品,推定其寄件人或托运人为所有人。

【例6-2】下列关于关税的概念和特点的解释,正确的是( )。

A. 当一个国家在境内设立自由贸易区域或自由港时,关境大于国境
B. 在境内和境外流通的货物,不进出关境的需征关税
C. 关税是多环节的价内税
D. 关税只对进出关境的货物和物品征收

【答案】D

【解析】选项A,当一个国家在境内设立自由贸易区域或自由港时,国境大于关境;选项B,在境内和境外流通的货物,不进出关境的不征关税;选项C,关税是单一环节的价外税。

二、进出口税则概况

进出口税则是一国政府根据国家关税政策和经济政策,通过一定的立法程序制定公布实施的进出口货物和物品应税的关税税率表。进出口税则以税率表为主体,通常还包括实施税则的法令、使用税则的有关说明和附录等。《海关进出口税则》是海关征收关税的法律依据。我国现行税则包括《进出口关税条例》《税率适用说明》《海关进口税则》《海关出口税则》及《进口商品从量税、复合税、滑准税税目税率表》《进口商品关税配额税

目税率表》《进口商品税则暂定税率表》《出口商品税则暂定税率表》等附录。

税率表作为税则主体,包括税则商品分类目录和税率栏两大部分。税则商品分类目录是把种类繁多的商品加以综合,按照其不同特点分门别类地简化成数量有限的商品类目,分别编号按序排列,称为税则号列,并逐号列出该号中应列入的商品名称。商品分类的原则即归类规则,包括归类总规则和各类、章、目的具体注释。税率栏是按商品分类目录逐项定出的税率栏目。我国现行进口税则为四栏税率,出口税则为一栏税率。从1992年1月起,我国开始实施以《商品名称及编码协调制度》为基础的进出口税则。

(一) 税则归类

税则归类,就是按照税则的规定,将每项具体进出口商品按其特性在税则中找出其最适合的某一个税号,以便确定其适用的税率,计算关税税负。税则归类错误会导致关税的多征或少征,影响关税作用的发挥。因此,税则归类关系到关税政策的正确贯彻。税则归类一般按以下步骤进行:

第一步,了解需要归类的具体进出口商品的构成、材料属性、成分组成、特性、用途和功能。

第二步,查找有关商品在税则中拟归的类、章及税号。对于原材料性质的货品,应首先考虑按其属性归类;对于制成品,应首先考虑按其用途归类。

第三步,将考虑采用的有关类、章及税号进行比较,筛选出最为合适的税号。在比较、筛选时,首先看类、章的注释有无具体描述归类对象或其类似品,已具体描述的,按类、章的规定办理;其次是查阅《HS注释》,确切地了解有关类、章及税号范围。

通过以上方法也难以确定的税则归类商品,可运用归类总规则的有关条款来确定其税号。如进口地海关无法解决的税则归类问题,应报海关总署明确。

(二) 关税税率

1. 进口关税税率

自2002年1月1日起,我国进口税则设有最惠国税率、协定税率、特惠税率、普通税率、关税配额税率等。对进口货物在一定期限内可以实行暂定税率。最惠国税率适用原产于与我国共同适用最惠国待遇条款的WTO成员或地区的进口货物,或原产于与我国签订有相互给予最惠国待遇条款的双边贸易协定的国家或地区进口的货物,以及原产于我国境内的进口货物;协定税率适用原产于我国参加的含有关税优惠条款的区域性贸易协定有关缔约方的进口货物;特惠税率适用原产于与我国签订有特殊优惠关税协定的国家或地区的进口货物;普通税率适用于原产于上述国家或地区以外的其他国家或地区的进口货物。按照普通税率征税的进口货物,经国务院关税税则委员会特别批准,可以适用最惠国税率。适用最惠国税率、协定税率、特惠税率的国家或者地区名单,由国务院关税税则委员会决定,报国务院批准后执行。

2. 税率种类

按征收关税的标准,可以分成从价税、从量税、选择税、复合税、滑准税。

(1) 从价税。从价税是一种最常用的关税计税标准。它是以货物的价格或者价值为征税标准,以应征税额占货物价格或者价值的百分比为税率,价格越高,税额越高。货物进口时,以此税率和海关审定的实际进口货物完税价格相乘计算应征税额。目前,我国海关计征关税标准主要是从价税。

(2) 从量税。从量税是以货物的数量、重量、体积、容量等计量单位为计税标准,以每计量单位货物的应征税额为税率。我国目前对原油、啤酒和胶卷等进口商品征收从量税。

(3) 复合税。复合税又称混合税,即订立从价、从量两种税率,随着完税价格和进口数量而变化,征收时两种税率合并计征。它是对某种进口货物混合使用从价税和从量税的一种关税计征标准。我国目前仅对录像机、放像机、摄像机、数字照相机和摄录一体机等进口商品征收复合税。

(4) 选择税。选择税是对一种进口商品同时定有从价税和从量税两种税率,但征税时选择其税额较高的一种征税。

(5) 滑准税。滑准税是根据货物的不同价格适用不同税率的一类特殊的从价关税。它是一种关税税率随进口货物价格由高至低而由低至高设置计征关税的方法。简单地讲,就是进口货物的价格越高,其进口关税税率越低,进口商品的价格越低,其进口关税税率越高。滑准税的特点是可保持实行滑准税商品的国内市场价格的相对稳定,而不受国际市场价格波动的影响。

3. 暂定税率与关税配额税率

根据经济发展需要,国家对部分进口原材料、零部件、农药原药和中间体、乐器及生产设备实行暂定税率。《进出口关税条例》规定,适用最惠国税率的进口货物有暂定税率的,应当适用暂定税率;适用特惠税率、协定税率的进口货物有暂定税率的,应当从低适用税率;适用普通税率的进口货物,不适用暂定税率。同时,对部分进口农产品和化肥产品实行关税配额,即一定数量内的上述进口商品适用税率较低的配额内税率,超出该数量的进口商品适用税率较高的配额外税率。现行税则对700多个税目进口商品实行了暂定税率,对小麦、玉米等7种农产品和尿素等3种化肥产品实行关税配额税率。

4. 出口关税税率

我国出口税则为一栏税率,即出口税率。国家仅对少数资源性产品及易于竞相杀价、盲目进口、需要规范出口秩序的半制成品征收出口关税。现行税则对100余种商品计征出口关税,主要是鳗鱼苗、部分有色金属矿砂及其精矿、生锑、磷、氟钽酸钾、苯、山羊板皮、部分铁合金、钢铁废碎料、铜和铝原料及其制品、镍锭、锌锭、锑锭。但对上述范围内的部分商品实行0~25%的暂定税率,此外,根据需要对其他200多种商品征收暂定税率。与进口暂定税率一样,出口暂定税率优先适用于出口税则中规定的出口税率。

5. 特别关税

特别关税包括报复性关税、反倾销税与反补贴税、保障性关税。征收特别关税的货物、适用国别、税率、期限和征收办法,由国务院关税税则委员会决定,海关总署负责实施。

6. 特殊进出口货物税率的运用

进出口货物,应当依照税则规定的归类原则归入合适的税号,并按照适用的税率征税。我国《进出口关税条例》和《中华人民共和国海关进出口货物征税管理办法》(以下简称《进出口货物征税管理办法》)对税率的运用作出了明确规定,具体如表6-1所示。

表 6-1 特殊进、出口货物税率运用规定

具体情况	适用税率
进口货物到达之前,经海关核准先行申报的	装载此货物的运输工具申报进境之日实施的税率
进口转关运输货物	指运地海关接受该货物申报进口之日实施的税率;货物运抵指运地前,经海关核准先行申报的,应当适用装载该货物的运输工具抵达指运地之日实施的税率
出口转关运输货物	启运地海关接受该货物申报出口之日实施的税率
经海关批准,实行集中申报的进出口货物	每次货物进出口时海关接受该货物申报之日实施的税率
因超过规定期限未申报而由海关依法变卖的进口货物	装载该货物的运输工具申报进境之日实施的税率
因纳税义务人违反规定需要追征税款的进出口货物	违反规定的行为发生之日实施的税率;行为发生之日不能确定的,适用海关发现该行为之日实施的税率

【例6-3】下列关于我国关税税率运用的表述中,正确的是( )。
A. 经海关批准,实行集中申报的进出口货物,应当适用海关接受该货物第一次申报之日实施的税率
B. 因超过规定期限未申报而由海关依法变卖的进口货物,适用变卖之日实施的税率
C. 出口转关运输货物,应当适用指运地海关接受该货物申报出口之日实施的税率
D. 进口仪器到达前,经海关核准先行申报的,适用装载此仪器的运输工具申报进境之日实施的税率
【答案】D
【解析】选项A:经海关批准,实行集中申报的进出口货物,应当适用每次货物进出口时海关接受该货物申报之日实施的税率。选项B:因超过规定期限未申报而由海关依法变卖的进口货物,其税款计征应当适用装载该货物的运输工具申报进境之日实施的税率。选项C:出口转关运输货物,应当适用启运地海关接受该货物申报出口之日实施的税率。

三、关税减免规定

关税减免是对某些纳税人和征税对象给予鼓励和照顾的一种特殊调节手段。正是有了这一手段,使关税政策工作兼顾了普遍性和特殊性、原则性和灵活性。因此,关税减免是贯彻国家关税政策的一项重要措施。关税减免分为法定减免税、特定减免税和临时减免税。根据《海关法》规定,除法定减免税外的其他减免税均由国务院决定。减征关税在我国加入世界贸易组织之前以税则规定税率为基准,在我国加入世界贸易组织之后以最惠国税率或者普通税率为基准。

(一)法定减免税

法定减免税是税法中明确列出的减税或免税。符合税法规定可予减免税的进出口货

物,纳税人无须提出申请,海关可按规定直接予以减免税。海关对法定减免税货物一般不进行后续管理。

我国《海关法》和《进出口关税条例》明确规定,下列货物、物品予以减免关税。

(1) 关税税额在人民币50元以下的一票货物,可免征关税。
(2) 无商业价值的广告品和货样,可免征关税。
(3) 外国政府、国际组织无偿赠送的物资,可免征关税。
(4) 进出境运输工具装载的途中必需的燃料、物料和饮食用品,可予免税。
(5) 在海关放行前损失的货物,可免征关税。
(6) 在海关放行前遭受损坏的货物,可以根据海关认定的受损程度减征关税。
(7) 我国缔结或者参加的国际条约规定减征、免征关税的货物、物品,按照规定予以减免关税。
(8) 法律规定减征、免征关税的其他货物、物品。

(二) 特定减免税

特定减免税也称政策性减免税。在法定减免税之外,国家按照国际通行规则和我国实际情况,制定发布的有关进出口货物减免关税的政策,称为特定或政策性减免税。特定减免税货物一般有地区、企业和用途的限制,海关需要进行后续管理,也需要进行减免税统计。

1. 科教用品

为有利于我国科研、教育事业发展,推动科教兴国战略的实施,经国务院批准,财政部、海关总署、国家税务总局制定了《科学研究和教学用品免征进口税收规定》,对科学研究机构和学校,以科学研究和教学为目的,在合理数量范围内进口国内不能生产或者性能不能满足需要的科学研究和教学用品,免征进口关税和进口环节增值税、消费税。该规定对享受该优惠的科研机构和学校资格、类别以及可以免税的物品都作了明确规定。

2. 残疾人专用品

为支持残疾人的康复工作,经国务院批准,海关总署发布了《残疾人专用品免征进口税收暂行规定》,对规定的残疾人个人专用品,免征进口关税和进口环节增值税、消费税;对康复、福利机构、假肢厂和荣誉军人康复医院进口国内不能生产的,该规定明确的残疾人专用品,免征进口关税和进口环节增值税。该规定对可以免税的残疾人专用品种类和品名作了明确规定。

3. 慈善捐赠物资

对境外自然人、法人或者其他组织等境外捐赠人,无偿向国务院有关部门和各省、自治区、直辖市人民政府,中国红十字会总会、中华全国妇女联合会、中国残疾人联合会、中华慈善总会、中国初级卫生保健基金会、中国宋庆龄基金会和中国癌症基金会,以及经民政部或省级民政部门登记注册且被评定为5A级的以人道救助和发展慈善事业为宗旨的社会团体或基金会等受赠人捐赠的直接用于慈善事业的物资,免征进口关税和进口环节增值税。所称慈善事业是指非营利的慈善救助等社会慈善和福利事业,包括以捐赠财产方式自愿开展的扶贫济困、扶助老幼病残等困难群体,促进教育、科学、文化、卫生、体育等事业发展,防治污染和其他公害,保护和改善环境等慈善活动。该办法对可以免税的捐赠物资种类和品名作了明确规定。

(三) 暂时免税

暂时进境或者暂时出境的下列货物,在进境或者出境时纳税义务人向海关缴纳相当于应纳税款的保证金或者提供其他担保的,可以暂不缴纳关税,并应当自进境或者出境之日起6个月内复运出境或者复运进境。需要延长复运出境或者复运进境期限的,纳税义务人应当根据海关总署的规定向海关办理延期手续。

(1) 在展览会、交易会、会议及类似活动中展示或者使用的货物。
(2) 文化、体育交流活动中使用的表演、比赛用品。
(3) 进行新闻报道或者摄制电影、电视节目使用的仪器、设备及用品。
(4) 开展科研、教学、医疗活动使用的仪器、设备及用品。
(5) 在上述第1项至第4项所列活动中使用的交通工具及特种车辆。
(6) 货样。
(7) 供安装、调试、检测设备时使用的仪器、工具。
(8) 盛装货物的容器。
(9) 其他用于非商业目的的货物。

法定减免税所列暂时进境货物在规定的期限内未复运出境的,或者暂时出境货物在规定的期限内未复运进境的,海关应当依法征收关税。

法定减免税所列可以暂时免征关税范围以外的其他暂时进境货物,应当按照该货物的完税价格和其在境内滞留时间与折旧时间的比例计算征收进口关税。具体办法由海关总署规定。

(四) 临时减免税

临时减免税是指以上法定和特定减免税以外的其他减免税,即由国务院根据《海关法》对某个单位、某类商品、某个项目或某批进出口货物的特殊情况,给予特别照顾,一案一批,专文下达的减免税。一般有单位、品种、期限、金额或数量等限制,不能比照执行。

我国已加入世界贸易组织,为遵循统一、规范、公平、公开的原则,有利于统一税法、公平税负、平等竞争,国家严格控制减免税,一般不办理个案临时性减免税,对特定减免税也在逐步规范、清理,对不符合国际惯例的税收优惠政策将逐步予以废止。

【例6-4】根据关税的减免税优惠政策,下列属于关税特定减免税的有( )。
A. 科教用品
B. 残疾人专用品
C. 外国政府、国际组织无偿赠送的物资
D. 慈善捐赠物资
【答案】ABD

四、关税征收管理(如表6-2所示)

(一)关税缴纳

进口货物的纳税义务人应当自运输工具申报进境之日起14日内;出口货物的纳税人除海关特准外,应当在货物运抵海关监管区后,装货的24小时以前,向货物的进出境地海关申报,海关根据税则归类和完税价格,计算应缴纳的关税和进口环节代征税,并填发税款缴款书。纳税人应当自海关填发税款缴款书之日起15日内,向指定银行缴纳税款。如关税缴款期限届满日遇星期六、星期日等休息日或者法定节假日,则关税缴纳期限顺延至休息日或者法定节假日之后的第一个工作日。为方便纳税人,经申请且海关同意,进(出)口货物的纳税人可以在设有海关的指运地(启运地)办理海关申报、纳税手续。

关税纳税人因不可抗力或者在国家税收政策调整的情形下,不能按期缴纳税款的,经依法提供税款担保后,可以延期缴纳税款,但最长不得超过6个月。

(二)关税的强制执行

纳税人未在关税缴纳期限内缴纳税款,即构成关税滞纳。为保证海关征收关税决定的有效执行和国家财政收入的及时入库,《海关法》赋予海关对滞纳关税的纳税人强制执行的权利。强制措施主要有两类:

(1)征收关税滞纳金。滞纳金自关税缴纳期限届满之日起,至纳税人缴纳关税之日止,按滞纳税款万分之五的比例按日征收,周末或法定节假日不予扣除。具体计算公式为:

关税滞纳金金额=滞纳关税税额×滞纳金征收比率×滞纳天数

(2)强制征收。如纳税人自缴纳税款期限届满之日起3个月仍未缴纳税款,经直属海关关长或者其授权的隶属海关关长批准,海关可以采取强制扣缴、变价抵缴等强制措施。强制扣缴即海关书面通知纳税人开户银行或者其他金融机构从其存款中扣缴税款。变价抵缴即海关将纳税人的应税货物依法变卖,或者扣留并依法变卖其价值相当于应纳税款的货物或者其他财产,以变卖所得抵缴税款。

(三)关税退还

关税退还是关税纳税人按海关核定的税额缴纳关税后,因某种原因的出现,海关将实际征收多于应当征收的税额(称为溢征关税)退还给原纳税人的一种行政行为。根据《海关法》和《进出口关税条例》的规定,海关多征的税款,海关发现后应当立即退还。纳税人发现多缴税款的,自缴纳税款之日起1年内,可以以书面形式要求海关退还多缴的税款并加算银行同期活期存款利息。海关应当受理退税申请之日起30日内查实并通知纳税人办理退还手续。此外,有下列情形之一的,纳税义务人自缴纳税款之日起1年内,可以申请退还关税,并应当以书面形式向海关说明理由,提供原缴款凭证及相关资料。

(1)已征进口关税的货物,因品质或者规格原因,原状退货复运出境的。

(2) 已征出口关税的货物,因品质或者规格原因,原状退货复运进境,并已重新缴纳因出口而退还的国内环节有关税收的。

(3) 已征出口关税的货物,因故未装运出口,申报退关的。

海关应当自受理退税申请之日起30日内查实并通知纳税人办理退还手续。纳税人应当自收到通知之日起3个月内办理有关退税手续。前述1项和第2项规定强调的是,"因货物品质或者规格原因,原状复运进境或者出境的"。如果属于其他原因且不能以原状复运进境或者出境,不能退税。

(四) 关税补征和追征

补征和追征是海关在关税纳税人按海关核定的税额缴纳关税后,发现实际征收税额少于应当征收的税额(称为短征关税)时,责令纳税人补缴所差税款的一种行政行为。海关法根据短征关税的原因,将海关征收原短征关税的行为分为补征和追征两种。由于纳税人违反海关规定造成短征关税的,称为追征;非因纳税人违反海关规定造成短征关税的,称为补征。区分关税追征和补征的目的是区别不同情况适用不同的征收时效,超过时效规定的期限,海关就丧失了追补关税的权力。

根据《海关法》和《进出口关税条例》的规定,进出境货物和物品放行后,海关发现少征或者漏征税款,应当自纳税款或者货物、物品放行之日起1年内,向纳税人补征税款;因纳税人违反规定而造成的少征或者漏征的税款,海关可以自纳税人缴纳税款或者货物、物品放行之日起3年以内追征,并从缴纳税款或者货物、物品放行之日起按日加收少征或者漏征税款万分之五的滞纳金;海关发现其监管货物因纳税人违反规定造成少征或者漏征税款的,应当自纳税人应缴纳税款之日起3年内追征税款,并从应缴纳税款之日起按日加收少征或者漏征税款万分之五的滞纳金。

(五) 关税纳税争议的处理

为保护纳税人合法权益,我国《海关法》和《进出口关税条例》都规定了纳税人对海关确定的进出口货物的征税、减税、补税或者退税等有异议时,有提出申诉的权利。在纳税人同海关发生纳税争议时,可以向海关申请复议,但同时应当在规定期限内按海关核定的税额缴纳关税,逾期则构成滞纳,海关有权按规定采取强制执行措施。

纳税争议为进出境货物和物品的纳税人对海关在原产地认定、税则归类、税率或汇率适用、完税价格确定、关税减征、免征、追征、补征和退还等征税行为是否合法或适当,是否侵害了纳税人的合法权益,而对海关征收关税的行为表示异议。

纳税争议的申诉程序:纳税人自海关填发税款缴款书之日起60日内,向原征税海关的上一级海关提出复议申请。逾期申请复议的,海关不予受理。海关行政复议机关应当自受理复议申请之日起60日内做出复议决定,并以复议决定书的形式正式答复纳税人。纳税人对海关复议决定仍然不服的,可以自收到复议决定书之日起15日内,向人民法院提起诉讼。

表 6-2 关税征收管理内容总结

征收管理项目	内　容
关税缴纳	1. 申报时间:进口货物自运输工具申报进境之日起 14 日内;出口货物在运抵海关监管区后装货的 24 小时以前 2. 纳税期限:关税的纳税义务人或其代理人,应在海关填发税款缴款书的之日起 15 日内向指定银行缴纳 3. 不能按期缴纳税款,经海关总署批准,可延期缴纳,但最长不得超过 6 个月
关税强制执行	1. 征收关税滞纳金 关税滞纳金金额=滞纳关税税额×滞纳金征收比率(万分之五)×滞纳天数 2. 强制征收 如纳税义务人自海关填发缴款书之日起 3 个月仍未缴纳税款,经海关关长批准,海关可以采取强制扣缴、变价抵缴等强制措施
关税退还	如遇下列情况之一,可自缴纳税款之日起 1 年内,书面声明理由,连同原纳税收据向海关申请退税,并加计同期银行活期存款利率计算的利息: 1. 已征进口关税的货物,因品质或规格原因,原状退货复运出境 2. 已征出口关税的货物,因品质或规格原因,原状退货复运进境,并已缴纳因出口退还的国内税收 3. 已征出口关税的货物,因故未装运出口,申报退关
关税补征和追征	1. 关税补征,是因非纳税人违反海关规定造成的少征或漏征关税,关税补征期为缴纳税款或货物放行之日起 1 年内 2. 关税追征,是因纳税人违反海关规定造成少征或漏征关税,关税追征期为缴纳税款或货物放行之日起 3 年内,并加收万分之五的滞纳金
关税纳税争议	争议时可以向海关申请复议,但同时应当在规定期限内按海关核定的税额缴纳关税,逾期则构成滞纳,海关有权按规定采取强制执行措施

【例 6-5】下列选项中,不可以申请退还关税的情形是(　　)。

A. 已征进口关税的货物,因品质或规格原因,原状退货复运出境的

B. 已征出口关税的货物,因品质或规格原因,原状退货复运进境,并已重新缴纳因出口而退还的国内环节有关税收的

C. 已征进口关税的货物,因进口商需求改变,原状退货复运出境的

D. 已征出口关税的货物,因故未装运出口,申报退关的

【答案】C

【解析】可申请退税的原因仅限品质、规格原因。

第二节 关税应纳税额的计算

一、原产地规定

确定进境货物原产国的主要原因之一,是便于正确运用进口税则的各栏税率,对产自不同国家或地区的进口货物适用不同的关税税率。我国原产地规定基本上采用了"全部产地生产标准""实质性加工标准"两种国际上通用的原产地标准。

（一）全部产地生产标准

全部产地生产标准是指进口货物"完全在一个国家生产或制造"生产国或制造国即为该货物的原产国。完全在一国生产或制造的进口货物包括：

（1）在该国领土或领海内开采的矿产品。
（2）在该国领土上收获或采集的植物产品。
（3）在该国领土上出生或由该国饲养的活动物及从其所得产品。
（4）在该国领土上狩猎或捕捞所得的产品。
（5）在该国的船只上卸下的海洋捕捞物,以及由该国船只在海上取得的其他产品。
（6）在该国加工船加工上述第5项所列物品所得的产品。
（7）在该国收集的只适用于做再加工制造的废碎料和废旧物品。
（8）在该国完全使用上述所列产品加工成的制成品。

（二）实质性加工标准

实质性加工标准是适用于确定有两个或两个以上国家参与生产的产品的原产国的标准,其基本含义是:经过几个国家加工、制造的进口货物,以最后一个对货物进行经济上可以视为实质性加工的国家作为有关货物的原产国。"实质性加工"是指产品加工后,在进出口税则中四位数税号一级的税则归类已经有了改变,或者加工增值部分占新产品总值的比例已超过30%及以上的。

（三）其他

对机器、仪器、器材或车辆所用零件、部件、配件、备件及工具,如与主件同时进口且数量合理的,其原产地按主件的原产地确定,分别进口的则按各自的原产地确定。

二、关税完税价格

《海关法》规定,进出口货物的完税价格,由海关以该货物的成交价格为基础审查确定。成交价格不能确定时,完税价格由海关依法估定。进口货物完税价格的计算方法有一般进口货物的完税价格和特殊进口货物完税价格,一般进口货物的完税价格计算方法包括成交价格估价方法和海关审查确定进口货物完税价格。

(一) 一般进口货物的完税价格

根据《海关法》规定,进口货物的完税价格包括货物的货价、货物运抵我国境内输入地点起卸前的运输及其相关费用、保险费。进口货物完税价格的确定方法大致可以划分为两类,一类是以进口货物的成交价格为基础进行调整,从而确定进口货物完税价格的估价方法(以下称成交价格估价方法),另一类则是在进口货物的成交价格不符合规定条件或者成交价格不能确定的情况下,海关用以审查确定进口货物完税价格的估价方法(以下称海关估价方法)。

1. 成交价格估价方法

进口货物的成交价格,是指卖方向我国境内销售该货物时买方为进口该货物向卖方实付、应付的,并且按照有关规定调整后的价款总额,包括直接支付的价款和间接支付的价款。

首先,应计入完税价格的调整项目包括在该货物实付、应付价格中的下列费用或者价值。

① 由买方负担的除购货佣金以外的佣金和经纪费。"购货佣金"指买方为购买进口货物向自己的采购代理人支付的劳务费用。"经纪费"指买方为购买进口货物向代表买卖双方利益的经纪人支付的劳务费用。

② 由买方负担的与该货物视为一体的容器费用。

③ 由买方负担的包装材料费用和包装劳务费用。

④ 与该货物的生产和向中华人民共和国境内销售有关的,由买方以免费或者以低于成本的方式提供并可以按适当比例分摊的料件、工具、模具、消耗材料及类似货物的价款,以及在境外开发、设计等相关服务的费用。

⑤ 与该货物有关并作为卖方向我国销售该货物的一项条件,应当由买方向卖方或者有关方直接或间接支付的特许权使用费。"特许权使用费"是指进口货物的买方为取得知识产权权利人及权利人有效授权人关于专利权、商标权、专有技术、著作权、分销权或者销售权的许可或者转让而支付的费用。

⑥ 卖方直接或间接从买方对该货物进口后转售、处置或使用所得中获得的收益。

其次,明确不计入完税价格的调整项目。

进口货物的价款中单独列明的下列税收、费用,不计入该货物的完税价格。

① 厂房、机械或者设备等货物进口后发生的建设、安装、装配、维修或者技术援助费用,但是保修费用除外。

② 进口货物运抵中华人民共和国境内输入地点起卸后发生的运输及其相关费用、保险费。

③ 进口关税、进口环节海关代征税及其他国内税。

④ 为在境内复制进口货物而支付的费用。

⑤ 境内外技术培训及境外考察费用。

⑥ 同时符合下列条件的利息费用:利息费用是买方为购买进口货物而融资所产生的;有书面的融资协议的;利息费用单独列明的;纳税义务人可以证明有关利率不高于在融资当时当地此类交易通常应当具有的利率水平,且没有融资安排的相同或者类似进口货物的价格与进口货物的实付、应付价格非常接近的。

【例6-6】下列选项中,属于进口关税完税价格组成部分的是( )
A. 买方为购买进口货物向自己的采购代理人支付的劳务费
B. 买方为购买进口货物向代表买卖双方利益的经纪人支付的劳务费用
C. 货物运抵境内输入地点起卸之后的运输费用
D. 境外考察费用
【答案】B
【解析】除购货佣金以外的佣金和经纪费计入完税价格。其中,购货佣金是指买方为购买进口货物向自己的采购代理人支付的劳务费。经纪费是指买方为购买进口货物向代表买卖双方利益的经纪人支付的劳务费用。所以选项B计入完税价格;选项ACD不计入进口关税完税价格中。

2. 进口货物海关估价方法

进口货物的成交价格不符合规定条件或者成交价格不能确定的,海关经了解有关情况,并且与纳税义务人进行价格磋商后,依次以相同货物成交价格估价方法、类似货物成交价格估价方法、倒扣价格估价方法、计算价格估价方法及其他合理方法审查确定该货物的完税价格。纳税义务人向海关提供有关资料后,可以提出申请,颠倒倒扣价格估价方法和计算价格估价方法的适用次序。

① 相同货物成交价格估价方法。
② 类似货物成交价格估价方法。
③ 倒扣价格估价方法。
④ 计算价格估价方法。
⑤ 其他合理方法。

(二) 进口货物完税价格中的运输及相关费用、保险费的确定

进口货物的运输及其相关费用,应当按照由买方实际支付或者应当支付的费用计算。如果进口货物的运输及其相关费用无法确定的,海关应当按照该货物进口同期的正常运输成本审查确定。

运输工具作为进口货物,利用自身动力进境的,海关在审查确定完税价格时,不再另行计入运输及其相关费用。

进口货物的保险费,应当按照实际支付的费用计算。如果进口货物的保险费无法确

定或者未实际发生,海关应当按照"货价加运费"两者总额的3‰计算保险费,其计算公式如下:

保险费=(货价+运费)×3‰

邮运进口的货物,应当以邮费作为运输及其相关费用、保险费。

具体规定如表6-3所示。

表6-3 进口货物完税价格中的运输及相关费用、保险费的确定

进口运载方式		运费及其相关费用的确定	保险费的确定
一般进口	实际支付了运保费	进口货物的运输及其相关费用,应当按照由买方实际支付或者应当支付的费用计算	进口货物的保险费,应当按照实际支付的费用计算
	运费无法确定;保险费无法确定或未实际发生	海关应当按照该货物进口同期的正常运输成本审查确定	(货价+运费)×3‰
运输工具作为进口货物,利用自身动力进境的		海关在审查确定完税价格时,不再另行计入运输及其相关费用	参照一般进口规定
邮运进口的货物		应当以邮费作为运输及其相关费用、保险费	

【例6-7】某单位进口小轿车100辆,每辆小轿车18万元,运抵我国海关前发生的运输费用、保险费用无法确定,经海关查实其他运输公司相同业务的运输费用占货价的比例为2%、关税税率为30%,计算该单位应缴纳的关税。

【解析】进口货物的运输费、保险费应当按照实际支付的费用计算,如果进口货物的运输费、保险费用无法确定或未实际发生,海关应当按照该货物进口同期运输行业公布的运费率(运费额)计算运费;按照"货价加运费"两者总额的3‰计算保险费。

运费=18×100×2%=36(万元)。

保险费=(18×100+36)×3‰=5.51(万元)。

应纳关税=(100×18+36+5.51)×30%=552.45(万元)。

(三)出口货物的完税价格

出口货物的完税价格,由海关以该货物的成交价格为基础审查确定,并且应当包括货物运至我国境内输出地点装载前的运输及其相关费用、保险费。

(1)出口货物的成交价格是指该货物出口销售时,卖方为出口该货物应当向买方直接收取和间接收取的价款总额。下列税收、费用不计入出口货物的完税价格:

① 出口关税。

② 在货物价款中单独列明的货物运至我国境内输出地点装载后的运输及其相关费用、保险费。

(2)出口货物的成交价格不能确定时,海关经了解有关情况,并且与纳税义务人进行价格磋商后,依次以下列价格审查确定该货物的完税价格:

① 同时或者大约同时向同一国家或者地区出口的相同货物的成交价格。
② 同时或者大约同时向同一国家或者地区出口的类似货物的成交价格。
③ 根据境内生产相同或者类似货物的成本、利润和一般费用(包括直接费用和间接费用)、境内发生的运输及其相关费用、保险费计算所得的价格。
④ 其他合理方法估定的价格。

三、关税应纳税额的计算

(一)从价税应纳税额的计算

关税税额=应税进(出)口货物数量×单位完税价格×税率

(二)从量税应纳税额的计算

关税税额=应税进(出)口货物数量×单位货物税额

(三)复合税应纳税额的计算

关税税额=应税进(出)口货物数量×单位货物税额+应税进(出)口货物数量×单位完税价格×税率

(四)滑准税应纳税额的计算

关税税额=应税进(出)口货物数量×单位完税价格×滑准税税率

现行税则《进(出)口商品从量税、复合税、滑准税税目税率表》后注明了滑准税税率的计算公式,该公式是一个与应税进(出)口货物完税价格相关的取整函数。

【例6-8】某商场于2021年10月进口一批高尔夫球及球具。该批货物在国外的买价200万元,货物运抵我国入关前发生的运输费、保险费和其他费用分别为20万元、10万元、4万元。货物报关后,该商场按规定缴纳了进口环节的增值税和消费税,并取得了海关开具的缴款书。将该批高尔夫球从海关运往商场所在地取得增值税专用发票,注明运输费用5万元、增值税进项税额0.45万元,该批高尔夫球及球具当月在国内全部销售,取得不含税销售额600万元(假定高尔夫球及球具的关税税率20%,增值税税率13%,消费税税率10%)。

要求:计算该批高尔夫球及球具进口环节应缴纳的关税、增值税、消费税和国内销售环节应缴纳的增值税。

【解析】(1)关税完税价格=200+20+10+4=234(万元)。
(2)应缴纳进口关税=234×20%=46.8(万元)。
(3)进口环节的组成计税价格=(234+46.8)÷(1-10%)=312(万元)。
(4)进口环节应缴纳增值税=312×13%=40.56(万元)。
(5)进口环节应缴纳消费税=312×10%=31.2(万元)。
(6)国内销售环节应缴纳增值税=600×13%-0.45-40.56=36.99(万元)。

四、跨境电子商务零售进口税收政策

自 2016 年 4 月 8 日起,跨境电子商务零售进口商品按照货物征收关税和进口环节增值税、消费税,购买跨境电子商务零售进口商品的个人作为纳税义务人,实际交易价格(包括货物零售价格、运费和保险费)作为完税价格,电子商务企业、电子商务交易平台企业或物流企业可作为代收代缴义务人。

(一) 适用范围

跨境电子商务零售进口税收政策适用于从其他国家或地区进口的《跨境电子商务零售进口商品清单》范围内的以下商品:

(1) 所有通过与海关联网的电子商务交易平台交易,能够实现交易、支付、物流电子信息"三单"比对的跨境电子商务零售进口商品。

(2) 未通过与海关联网的电子商务交易平台交易,但快递、邮政企业能够统一提供交易、支付、物流等电子信息,并承诺承担相应法律责任进境的跨境电子商务零售进口商品。

不属于跨境电子商务零售进口的个人物品以及无法提供交易、支付、物流等电子信息的跨境电子商务零售进口商品,按现行规定执行。

(二) 计征限额

跨境电子商务零售进口商品的单次交易限值为人民币 5000 元,个人年度交易限值为人民币 26 000 元。在限值以内进口的跨境电子商务零售进口商品,关税税率暂设为 0%;进口环节增值税、消费税取消免征税额,暂按法定应纳税额的 70% 征收。超过单次限值,累加后超过个人年度限值的单次交易,以及完税价格超过 2000 元限值的单个不可分割商品,均按照一般贸易方式全额征税。

(三) 计征规定

跨境电子商务零售进口商品自海关放行之日起 30 日内退货的,可申请退税,并相应调整个人年度交易总额。

跨境电子商务零售进口商品购买人(订购人)的身份信息应进行认证。未进行认证的,购买人(订购人)身份信息应与付款人一致。

《跨境电子商务零售进口商品清单》由财政部商有关部门另行公布。

第三节　关税纳税申报实务

一、关税纳税申报办理时限

进口货物的纳税义务人应当自运输工具申报进境之日起14日内,出口货物的纳税义务人除海关特准的外,应当在货物运抵海关监管区后,装货的24小时以前,向货物的进出境地海关申报,海关根据税则归类和完税价格计算应缴纳的关税和进口环节代征税,并填发税款缴款书。

纳税义务人应当自海关填发税款缴款书之日起15日内向指定银行缴纳税款。纳税义务人未按期缴纳税款的,从滞纳税款之日起,按日加收滞纳税款万分之五的滞纳金。

纳税义务人因不可抗力或者在国家税收政策调整的情形下,不能按期缴纳税款的,经依法提供担保后,可以延期缴纳税款,但是最长不得超过6个月。

二、关税纳税申报报送资料

关税纳税申报应提供的资料:
(1)《中华人民共和国海关进口货物报关单》。
(2)《中华人民共和国海关出口货物报关单》。
(3) 进口许可证及其有关单证。
(4)《海关(进出口)专用缴款书》。

三、关税纳税申报实务

【例6-9】某市进出口企业(增值税一般纳税人)发生如下业务:进口设备一批,合同规定货款50 000美元,进口海运费1000美元,报关费及港口至企业内陆运费200美元,买方另外支付进口货物保险费100美元,向自己的采购代理人支付佣金200美元,向货物代理中介支付中介费500美元。进口后将此批设备以500 000元含税价格销售,开出普通发票。(设备关税税率7%,当期汇率1:7)要求计算其应纳关税。
【解析】
进口关税完税价格=成交价格+进口海运费+进口保险费+支付的中介费
=(50 000+1000+100+500)×7=361 200(元)。
应缴关税=361 200×7%=25 284(元)。

海关专用缴款书的具体规定可扫描二维码查阅。

第七章　企业所得税

学习目标
1. 掌握企业所得税的纳税人、征税对象、税率。
2. 掌握企业所得税的税收优惠政策。
3. 掌握企业所得税的纳税义务发生时间、纳税期限、纳税地点。
4. 掌握企业所得税收入的确定,各项相关扣除的规定。
5. 掌握企业所得税应纳税所得额的计算与调整。
6. 掌握企业所得税应纳税额的计算。
7. 熟悉企业所得税纳税申报实务,能够办理企业所得税纳税申报。

企业所得税是对我国境内的企业和其他取得收入的组织的生产经营所得和其他所得征收的一种税。企业所得税法是指国家制定的用以调整企业所得税征收与缴纳之间权利及义务关系的法律规范。

现行企业所得税法的基本规范是 2007 年 3 月 16 日第十届全国人民代表大会第五次全体会议通过的《中华人民共和国企业所得税法》和 2007 年 11 月 28 日国务院第 197 次常务会议通过的《中华人民共和国企业所得税法实施条例》(以下简称《实施条例》)。

企业所得税的作用:(1)促进企业改善经营管理活动,提升企业的盈利能力。(2)调节产业结构,促进经济发展。(3)为国家建设筹集财政资金。

第一节　企业所得税构成要素

一、纳税义务人

企业所得税的纳税义务人,是指在中华人民共和国境内的企业和其他取得收入的组织。《企业所得税法》第一条规定,除个人独资企业、合伙企业不适用企业所得税法外,凡在我国境内的企业和其他取得收入的组织(以下统称企业)为企业所得税的纳税人。

根据登记注册地标准和实际管理机构标准,把企业分为居民企业和非居民企业,分别确定不同的纳税义务。居民企业承担无限纳税义务,就来源于中国境内、境外的全部所得纳税;非居民企业承担有限纳税义务,一般只就来源于我国境内的所得纳税。尽管登记注册地标准便于识别居民企业,但考虑到很多企业为规避一国税负和转移税收负担,往往在低税率地区或避税地登记注册,设立基地公司,人为选择注册地以规避税负,因此,同时采用实际管理机构标准,规定在外国(地区)注册的企业,但实际管理机构在我国境内的,也认定为居民企业。

(一)居民企业

居民企业,是指依法在中国境内成立,或者依照外国(地区)法律成立但实际管理机构在中国境内的企业。包括国有企业、集体企业、私营企业、联营企业、股份制企业、外商投资企业、外国企业以及有生产、经营所得和其他所得的其他组织。其中,有生产、经营所得和其他所得的其他组织,是指经国家有关部门批准,依法注册、登记的事业单位、社会团体等组织。由于我国的一些社会团体、事业单位在完成国家事业计划的过程中,开展多种经营和有偿服务活动,取得除财政部门各项拨款,财政部和国家物价部门批准的各项规费收入以外的经营收入,具有了经营的特点,应当视同企业纳入征税范围。其中,实际管理机构是指对企业的生产经营、人员、账务、财产等实施实质性全面管理和控制的机构。

(二)非居民企业

非居民企业是指依照外国(地区)法律成立且实际管理机构不在中国境内,但在中国境内设立机构、场所的,或者在中国境内未设立机构、场所,但有来源于中国境内所得的企业。

上述所称机构、场所是指在中国境内从事生产经营活动的机构、场所。包括:
(1)管理机构、营业机构、办事机构。
(2)工厂、农场、开采自然资源的场所。
(3)提供劳务的场所。
(4)从事建筑、安装、装配、修理、勘探等工程作业的场所。
(5)其他从事生产经营活动的机构、场所。

非居民企业委托营业代理人在中国境内从事生产经营活动的,包括委托单位或者个人经常代其签订合同,或者储存、交付货物等,该营业代理人视为非居民企业在中国境内设立的机构、场所。

【例7-1】下列选项中,属于划分居民企业和非居民企业标准的是(   )。
A. 注册地、实际管理机构所在地
B. 注册资金、从业人员人数
C. 注册地、注册资金
D. 管理机构、从业人员人数
【答案】A
【解析】注册地、实际管理机构所在地是划分居民企业和非居民企业的标准。

二、征税对象

企业所得税的征税对象是指企业的生产经营所得、其他所得和清算所得。

(一)居民企业的征税对象

居民企业应就来源于中国境内、境外的所得作为征税对象。所得包括销售货物所得、提供劳务所得、转让财产所得、股息红利等权益性投资所得、利息所得、租金所得、特许权使用费所得、接受捐赠所得和其他所得。

(二)非居民企业的征税对象

(1)非居民企业在中国境内设立机构、场所的,应当就其所设机构、场所取得的来源于中国境内的所得,以及发生在中国境外但与其所设机构、场所有实际联系的所得,缴纳企业所得税。

(2)非居民企业在中国境内未设立机构、场所的,或者虽设立机构、场所但取得的所得与其所设机构、场所没有实际联系的,应当就其来源于中国境内的所得缴纳企业所得税。

上述所称实际联系,是指非居民企业在中国境内设立的机构、场所拥有的据以取得所得的股权、债权,以及拥有、管理、控制据以取得所得的财产。

(三)所得来源地的确定(如表7-1所示)

表7-1 所得来源地的确定

所得形式	所得来源地
1. 销售货物所得	交易活动发生地
2. 提供劳务所得	劳务发生地
3. 转让财产所得	(1) 不动产转让所得按照不动产所在地确定 (2) 动产转让所得按照转让动产的企业或者机构、场所所在地确定 (3) 权益性投资资产转让所得,按照被投资企业所在地确定
4. 股息、红利等权益性投资所得	分配所得的企业所在地
5. 利息所得、租金所得、特许权使用费所得	负担、支付所得的企业或者机构、场所所在地
6. 其他所得	国务院财政、税务主管部门确定

三、税率

(一)基本税率

居民企业以及在中国境内设立机构、场所且取得的所得与其所设机构、场所有实际联系的非居民企业,应当就其来源于中国境内、境外的所得缴纳企业所得税,适用税率为 25%。

非居民企业在中国境内未设立机构、场所的,或者虽设立机构、场所但取得的所得与其所设机构、场所没有实际联系的,应当就其来源于中国境内的所得缴纳企业所得税,适用税率为 20%,实际实行 10% 的税率,如表 7-2 所示。

表 7-2 居民企业、非居民企业税率表

纳税人			税收管辖权		征税对象	税率
居民企业			居民管辖权,就其世界范围所得征税		居民企业、非居民企业在华机构的生产经营所得和其他所得	基本税率 25%
非居民企业	在我国境内设立机构、场所	取得所得与设立机构场所有联系的	地域管辖权	就其来源于我国的所得和发生在中国境外但与其境内所设机构、场所有实际联系的所得征税		
		取得所得与设立机构场所没有实际联系的		仅就其来自我国的所得征税	来源于我国的所得	低税率 20%(实际减按 10% 征收)
	未在我国境内设立机构、场所,却有来源于我国境内的所得					

(二) 优惠税率

符合条件的小型微利企业,减按 20% 的税率征收企业所得税;国家需要重点扶持的高新技术企业和技术先进型服务企业,减按 15% 的税率征收企业所得税。

【例 7-2】下列所得,可以减按 20% 的税率征收企业所得税的是(   )。
A. 符合条件的小型微利企业取得的所得
B. 技术先进型服务企业取得的所得
C. 国家需要重点扶持的高新技术企业取得的所得
D. 在中国境内设立机构、场所的非居民企业,取得与该机构、场所有实际联系的所得
【答案】A
【解析】选项 B、C,国家需要重点扶持的高新技术企业和技术先进型服务企业减按 15% 的税率征收企业所得税;选项 D,适用的税率为 25%。

四、企业所得税减免税

企业所得税减免税是指国家对某一部分特定企业和课税对象给予企业所得税减轻或免除税收负担的一种措施。税法规定的企业所得税的税收优惠方式包括免税、减税、加计扣除、加速折旧、减计收入、税额抵免等。

(一) 免征与减征优惠

企业的下列所得,可以免征、减征企业所得税。企业如果从事国家限制和禁止发展的

项目,不得享受企业所得税优惠。

1. 从事农、林、牧、渔业项目的所得

(1) 企业从事下列项目的所得,免征企业所得税:

① 蔬菜、谷物、薯类、油料、豆类、棉花、麻类、糖料、水果、坚果的种植。
② 农作物新品种的选育。
③ 中药材的种植。
④ 林木的培育和种植。
⑤ 牲畜、家禽的饲养。
⑥ 林产品的采集。
⑦ 灌溉、农产品初加工、兽医、农技推广、农机作业和维修等农、林、牧、渔服务业项目。
⑧ 远洋捕捞。

(2) 企业从事下列项目的所得,减半征收企业所得税:

① 花卉、茶以及其他饮料作物和香料作物的种植。
② 海水养殖、内陆养殖。

【例7-3】下列关于企业所得税税收优惠的表述,不正确的是( )。

A. 坚果的种植享受免征企业所得税的优惠
B. 农产品初加工享受免征企业所得税的优惠
C. 海水养殖享受免征企业所得税的优惠
D. 花卉的种植享受减半征收企业所得税的优惠

【答案】C

【解析】海水养殖享受减半征收企业所得税的优惠。

2. 从事国家重点扶持的公共基础设施项目的投资经营所得

企业所得税法所称国家重点扶持的公共基础设施项目是指《公共基础设施项目企业所得税优惠目录》规定的港口码头、机场、铁路、公路、电力、水利等项目。

企业从事国家重点扶持的公共基础设施项目的投资经营所得,自项目取得第一笔生产经营收入所属纳税年度起,第1年至第3年免征企业所得税,第4年至第6年减半征收企业所得税。

企业承包经营、承包建设和内部自建自用本条规定的项目,不得享受本条规定的企业所得税优惠。

企业投资经营符合《公共基础设施项目企业所得税优惠目录》规定条件和标准的公共基础设施项目,采用一次核准,分批次(如码头、泊位、航站楼、跑道、路段、发电机组等)建设的,凡同时符合以下条件的,可按每一批次为单位计算所得,并享受企业所得税"三免三减半"优惠。

(1) 不同批次在空间上相互独立。
(2) 每一批次自身具备取得收入的功能。
(3) 以每一批次为单位进行会计核算,单独计算所得,并合理分摊期间费用。

3. 从事符合条件的环境保护、节能节水项目的所得

符合条件的环境保护、节能节水项目,包括公共污水处理、公共垃圾处理、沼气综合开发利用、节能减排技术改造、海水淡化等。项目的具体条件和范围由国务院财政、税务主管部门商国务院有关部门制订,报国务院批准后公布施行。

环境保护、节能节水项目的所得,自项目取得第一笔生产经营收入所属纳税年度起,第1年至第3年免征企业所得税,第4年至第6年减半征收企业所得税。

但是以上规定享受减免税优惠的项目,在减免税期限内转让的,受让方自受让之日起,可以在剩余期限内享受规定的减免税优惠;减免税期限届满后转让的,受让方不得就该项目重复享受减免税优惠。

4. 符合条件的技术转让所得

(1) 企业所得税法所称符合条件的技术转让所得免征、减征企业所得税,是指一个纳税年度内,居民企业转让技术所有权所得不超过500万元的部分,免征企业所得税;超过500万元的部分,减半征收企业所得税。

(2) 符合条件的技术转让所得的计算方法:

技术转让所得=技术转让收入-技术转让成本-相关税费

或技术转让所得=技术转让收入-无形资产摊销费用-相关税费-应分摊期间费用

式中,技术转让收入是指当事人履行技术转让合同后获得的价款,不包括销售或转让设备、仪器、零部件、原材料等非技术性收入。不属于与技术转让项目密不可分的技术咨询、技术服务、技术培训等收入,不得计入技术转让收入。

技术转让所得的范围和条件,可扫二维码查阅。

(二)高新技术企业优惠和技术先进型服务企业优惠

国家需要重点扶持的高新技术企业减按15%的税率征收企业所得税。国家需要重点扶持的高新技术企业,是指拥有核心自主知识产权,并同时符合规定条件的企业。

自2018年1月1日起,在全国范围内对经认定的技术先进型服务企业,减按15%的税率征收企业所得税。

高新技术企业条件和技术先进型服务企业条件可扫二维码查阅。

(三)小型微利企业税收优惠

小型微利企业是指从事国家非限制和禁止行业,且同时符合年度应纳税所得额不超

过300万元、从业人数不超过300人、资产总额不超过5000万元等条件的企业。

小型微利企业所得税减免政策如下：

1. 根据国家税务总局2021年第8号公告，自2021年1月1日至2022年12月31日，对小型微利企业年应纳税所得额不超过100万元的部分，减按12.5%计入应纳税所得额，按20%的税率缴纳企业所得税；对年应纳税所得额超过100万元但不超过300万元的部分，减按50%计入应纳税所得额，按20%的税率缴纳企业所得税。

小型微利企业无论按查账征收方式或核定征收方式缴纳企业所得税，均可享受上述优惠政策。

2. 小型微利企业所得税统一实行按季度预缴。预缴企业所得税时，小型微利企业的资产总额、从业人数、年度应纳税所得额指标，暂按当年度截至本期申报所属期末的情况进行判断。其中，资产总额、从业人数指标比照《通知》第二条中"全年季度平均值"的计算公式，计算截至本期申报所属期末的季度平均值；年度应纳税所得额指标暂按截至本期申报所属期末不超过300万元的标准判断。

（四）加计扣除优惠

加计扣除是指对企业支出项目按规定的比例给予税前扣除的基础上再给予追加扣除。加计扣除优惠包括以下三项内容：

1. 一般企业研究开发费

研究开发费，自2018年至2020年12月31日，未形成无形资产计入当期损益的，按照规定据实扣除的基础上，再按照研究开发费用的75%加计扣除；形成无形资产的，按照无形资产成本的175%摊销。

可以加计扣除的研究开发费按相关规定执行，可扫二维码查阅。

2. 科技型中小企业研究开发费用

科技型中小企业开展研发活动中实际发生的研发费用，未形成无形资产计入当期损益的，在按规定据实扣除的基础上，在2017年1月1日至2019年12月31日期间，再按照实际发生额的75%在税前加计扣除；形成无形资产的，在上述期间按照无形资产成本的175%在税前摊销。

3. 企业委托境外研究开发费用的税前加计扣除

企业委托境外的研发费用按照费用实际发生额的80%计入委托方的委托境外研发费用，不超过境内符合条件的研发费用2/3的部分，可以按规定在企业所得税前加计扣除。

4. 企业安置残疾人员所支付的工资

企业安置残疾人员所支付工资费用的加计扣除，是指企业安置残疾人员的，在按照支付给残疾职工工资据实扣除的基础上，按照支付给残疾职工工资的100%加计扣除。企业安置国家鼓励安置的其他就业人员所支付的工资的加计扣除办法,由国务院另行规定。

(五) 创投企业优惠

创业投资企业从事国家需要重点扶持和鼓励的创业投资,可以按投资额的一定比例抵扣应纳税所得额。创投企业优惠,是指创业投资企业采取股权投资方式投资于未上市的中小高新技术企业2年以上的,可以按照其投资额的70%在股权持有满2年的当年抵扣该创业投资企业的应纳税所得额;当年不足抵扣的,可以在以后纳税年度结转抵扣。

(六) 加速折旧优惠

1. 可以加速折旧的固定资产

企业的固定资产由于技术进步等原因,确需加速折旧的,可以缩短折旧年限或者采取加速折旧的方法。可采用以上折旧方法的固定资产是指:

(1) 由于技术进步,产品更新换代较快的固定资产。

(2) 常年处于强震动、高腐蚀状态的固定资产。

采取缩短折旧年限方法的,最低折旧年限不得低于规定折旧年限的60%;采取加速折旧方法的,可以采取双倍余额递减法或者年数总和法。

2. 特殊行业加速折旧规定(如表7-3所示)

(1) 对生物药品制造业,专用设备制造业,铁路、船舶、航空航天和其他运输设备制造业,计算机、通信和其他电子设备制造业,仪器仪表制造业,信息传输、软件和信息技术服务业等6个行业的企业2014年1月1日后新购进的固定资产,可缩短折旧年限或采取加速折旧的方法。

对上述6个行业的小型微利企业2014年1月1日后新购进的研发和生产经营共用的仪器、设备,单位价值不超过100万元的,允许一次性计入当期成本费用,在计算应纳税所得额时扣除,不再分年度计算折旧;单位价值超过100万元的,可缩短折旧年限或采取加速折旧的方法。

(2) 轻工、纺织、机械、汽车四个领域重点行业加速折旧规定:

以上四个领域重点行业采取加速折旧方法的,可以采用双倍余额递减法或者年数总和法。加速折旧方法一经确定,不得改变。

对轻工、纺织、机械、汽车四个领域重点行业(以下简称四个领域重点行业)企业2013年1月1日后新购进的固定资产(包括自行建造,下同),允许缩短折旧年限或采取加速折旧方法。

四个领域重点行业企业是指以上述行业业务为主营业务,其固定资产投入使用当年的主营业务收入占企业收入总额50%(不含)以上的企业。

对四个领域重点行业小型微利企业2015年1月1日后新购进的研发和生产经营共用的仪器、设备,单位价值不超过100万元(含)的,允许在计算应纳税所得额时一次性全额扣除;单位价值超过100万元的,允许缩短折旧年限或采取加速折旧方法。

表7-3 "6行业+4领域"可缩短折旧年限或采取加速折旧政策

政策时效	"6行业+4领域"范围
2014年1月1日后新购进的固定资产	6行业： （1）生物药品制造业 （2）专用设备制造业 （3）铁路、船舶、航空航天和其他运输设备制造业 （4）计算机、通信和其他电子设备制造业 （5）仪器仪表制造业 （6）信息传输、软件和信息技术服务业等
2015年1月1日后新购进的固定资产	4领域重点行业： 轻工、纺织、机械、汽车

3. 设备、器具等固定资产一次性扣除规定

（1）对所有行业企业2014年1月1日后新购进的专门用于研发的仪器、设备，单位价值不超过100万元的，允许一次性计入当期成本费用在计算应纳税所得额时扣除，不再分年度计算折旧；单位价值超过100万元的，可缩短折旧年限或采取加速折旧的方法。

（2）对所有行业企业持有的单位价值不超过5000元的固定资产，允许一次性计入当期成本费用在计算应纳税所得额时扣除，不再分年度计算折旧。

（3）企业在2018年1月1日至2020年12月31日期间新购进的设备、器具（指除房屋、建筑物以外的固定资产），单位价值不超过500万元的，允许一次性计入当期成本费用在计算应纳税所得额时扣除，不再分年度计算折旧；单位价值超过500万元的，仍按相关扣除规定执行。

（七）减计收入优惠

企业综合利用资源，生产符合国家产业政策规定的产品所取得的收入，可以在计算应纳税所得额时减计收入。

综合利用资源，是指企业以《资源综合利用企业所得税优惠目录》规定的资源作为主要原材料，生产国家非限制和禁止并符合国家和行业相关标准的产品取得的收入，减按90%计入收入总额。

（八）税额抵免优惠

税额抵免，是指企业购置并实际使用符合国家规定的环境保护、节能节水、安全生产等专用设备的，该专用设备的投资额的10%可以从企业当年的应纳税额中抵免；当年不足抵免的，可以在以后5个纳税年度结转抵免。

享受该项规定的企业所得税优惠的企业，应当实际购置并自身实际投入使用规定的专用设备。若企业购置上述专用设备在5年内转让、出租的，应当停止享受企业所得税优惠，并补缴已经抵免的企业所得税税款。设备受让方可以按照该专用设备投资额的10%抵免当年企业所得税应纳税额；当年应纳税额不足抵免的，可以在以后5个纳税年度结转

抵免。

企业同时从事适用不同企业所得税待遇的项目的,其优惠项目应当单独计算所得,并合理分摊企业的期间费用;没有单独计算的,不得享受企业所得税优惠。

自2009年1月1日起,增值税一般纳税人购进固定资产发生的进项税额可从其销项税额中抵扣。如增值税进项税额允许抵扣,其专用设备投资额不再包括增值税进项税额;如增值税进项税额不允许抵扣,其专用设备投资额应为增值税专用发票上注明的价税合计金额。企业购买专用设备取得普通发票的,其专用设备投资额为普通发票上注明的金额。

(九)民族自治地方的优惠

民族自治地方的自治机关对本民族自治地方的企业应缴纳的企业所得税中属于地方分享的部分,可以决定减征或者免征。自治州、自治县决定减征或者免征的,须报省、自治区、直辖市人民政府批准。

企业所得税法所称民族自治地方,是指依照《中华人民共和国民族区域自治法》的规定,实行民族区域自治的自治区、自治州、自治县。

(十)非居民企业优惠

非居民企业减按10%的税率征收企业所得税。这里的非居民企业是指在中国境内未设立机构、场所的,或者虽设立机构、场所但取得的所得与其所设机构、场所没有实际联系的企业。该类非居民企业取得下列所得免征企业所得税。

(1)外国政府向中国政府提供贷款取得的利息所得。

(2)国际金融组织向中国政府和居民企业提供优惠贷款取得的利息所得。

(3)经国务院批准的其他所得。

(十一)特殊行业优惠

1. 集成电路设计和软件产业优惠政策

根据财政部、税务总局2019年第68号公告,为支持集成电路设计和软件产业发展,对依法成立且符合条件的集成电路设计企业和软件企业,在2018年12月31日前自获利年度起计算优惠期,第一年至第二年免征企业所得税,第三年至第五年按照25%的法定税率减半征收企业所得税,并享受至期满为止。

2. 证券投资基金企业的优惠政策

(1)证券投资基金公司从证券市场中取得的收入,包括买卖股票、债券的差价收入,股权的股息、红利收入,债券的利息收入及其他收入,暂不征收企业所得税。

(2)对投资者从证券投资基金分配中取得的收入,暂不征收企业所得税。

(3)对证券投资基金管理人运用基金买卖股票、债券的差价收入,暂不征收企业所得税。

3. 节能服务公司的优惠政策

自2011年1月1日起,对符合条件的节能服务公司实施合同能源管理项目,符合企业所得税税法有关规定的,自项目取得第一笔生产经营收入所属纳税年度起,第1年至第3年免征企业所得税,第4年至第6年按照25%的法定税率减半征收企业所得税。

4. 电网企业电网新建项目享受所得税的优惠政策

根据《中华人民共和国企业所得税法》及其实施条例的有关规定,居民企业从事符合《公共基础设施项目企业所得税优惠目录(2008年版)》规定条件和标准的电网(输变电设施)的新建项目,可依法享受"三免三减半"的企业所得税优惠政策。基于企业电网新建项目的核算特点,暂以资产比例法,即以企业新增输变电固定资产原值占企业总输变电固定资产原值的比例,合理计算电网新建项目的应纳税所得额,并据此享受"三免三减半"的企业所得税优惠政策。

【例7-4】下列选项中,属于减按90%计入收入总额计算企业所得税应纳税所得额的是( )。

A. 金融机构从保险公司取得的贷款利息收入
B. 金融机构为航空运输业提供保险业务的保费收入
C. 金融机构为远洋运输业提供保险业务的保费收入
D. 企业综合利用资源,生产符合规定的产品所取得的收入

【答案】D

【解析】企业综合利用资源,生产符合规定的产品所取得的收入属于减按90%计入收入总额计算企业所得税应纳税所得额的情形,其他选项没有此优惠规定。

(十二) 西部大开发的税收优惠

根据财政部2020年第23号公告,西部大开发的税收优惠如下:

1. 适用范围

西部地区包括内蒙古自治区、广西壮族自治区、重庆市、四川省、贵州省、云南省、西藏自治区、陕西省、甘肃省、青海省、宁夏回族自治区、新疆维吾尔自治区和新疆生产建设兵团。湖南省湘西土家族苗族自治州、湖北省恩施土家族苗族自治州、吉林省延边朝鲜族自治州和江西省赣州市,可以比照西部地区的企业所得税政策执行。

2. 优惠政策

自2021年1月1日至2030年12月31日,对设在西部地区的鼓励类产业企业减按15%的税率征收企业所得税。本条所称鼓励类产业企业是指以《西部地区鼓励类产业目录》中规定的产业项目为主营业务,且其主营业务收入占企业收入总额60%以上的企业。《西部地区鼓励类产业目录》由发展改革委牵头制定。

五、企业所得税征收管理要素

(一) 纳税地点

(1) 除税收法律、行政法规另有规定外,居民企业以企业登记注册地为纳税地点,但登记注册地在境外的,以实际管理机构所在地为纳税地点。企业注册登记地是指企业依

照国家有关规定登记注册的住所地。

（2）居民企业在中国境内设立不具有法人资格的营业机构的,应当汇总计算并缴纳企业所得税。企业汇总计算并缴纳企业所得税时,应当统一核算应纳税所得额,具体办法由国务院财政、税务主管部门另行制定。

（3）非居民企业在中国境内设立机构、场所的,应当就其所设机构、场所取得的来源于中国境内的所得,以及发生在中国境外但与其所设机构、场所有实际联系的所得,以机构、场所所在地为纳税地点。非居民企业在中国境内设立两个或者两个以上机构、场所的,经税务机关审核批准,可以选择由其主要机构、场所汇总缴纳企业所得税。非居民企业经批准汇总缴纳企业所得税后,需要增设、合并、迁移、关闭机构、场所或者停止机构、场所业务的,应当事先由负责汇总申报缴纳企业所得税的主要机构、场所向其所在地税务机关报告,需要变更汇总缴纳企业所得税的主要机构、场所的,依照前款规定办理。

（4）非居民企业在中国境内未设立机构、场所的,或者虽设立机构、场所但取得的所得与其所设机构、场所没有实际联系的所得,以扣缴义务人所在地为纳税地点。

（5）除国务院另有规定外,企业之间不得合并缴纳企业所得税。

（二）纳税期限

企业所得税按年计征,分月或者分季预缴,年终汇算清缴,多退少补。

企业所得税的纳税年度,自公历1月1日起至12月31日止。企业在一个纳税年度的中间开业,或者由于合并、关闭等原因终止经营活动,使该纳税年度的实际经营期不足12个月的,应当以其实际经营期为1个纳税年度。企业清算时,应当以清算期间作为1个纳税年度。

自年度终了之日起5个月内,向税务机关报送年度企业所得税纳税申报表,并汇算清缴,结清应缴应退税款。

企业在年度中间终止经营活动的,应当自实际经营终止之日起60日内,向税务机关办理当期企业所得税汇算清缴。

（三）纳税申报

按月或按季预缴的,应当自月份或者季度终了之日起15日内,向税务机关报送预缴企业所得税纳税申报表,预缴税款。

企业在报送企业所得税纳税申报表时,应当按照规定附送财务会计报告和其他有关资料。

企业应当在办理注销登记前,就其清算所得向税务机关申报并依法缴纳企业所得税。

依照企业所得税法缴纳的企业所得税,以人民币计算。所得以人民币以外的货币计算的,应当折合成人民币计算并缴纳税款。

企业在纳税年度内无论盈利或者亏损,都应当依照税法规定的期限,向税务机关报送预缴企业所得税纳税申报表、年度企业所得税纳税申报表、财务会计报告和税务机关规定应当报送的其他有关资料。

第二节 资产的税务处理

税法规定,涉及税务处理的资产主要有固定资产、生物资产、无形资产、长期待摊费用、存货、投资资产等,企业持有各项资产期间资产增值或者减值,除国务院财政、税务主管部门规定可以确认损益外,不得调整该资产的计税基础。

对于资本性支出以及无形资产受让、开办、开发费用,不允许作为成本、费用从纳税人的收入总额中一次性扣除,只能采取分次计提折旧或分次摊销的方式予以扣除。即纳税人经营活动中使用的固定资产的折旧费用、无形资产和长期待摊费用的摊销费用可以扣除。各项涉税资产允许扣除的相关规定如下:

一、固定资产的税务处理

固定资产,是指企业为生产产品、提供劳务、出租或者经营管理而持有的,使用时间超过12个月的非货币性资产,包括房屋、建筑物、机器、机械、运输工具以及其他与生产经营活动有关的设备、器具、工具等。

1. 固定资产计税基础

(1) 外购的固定资产,以购买价款和支付的相关税费以及直接归属于使该资产达到预定用途发生的其他支出为计税基础。

(2) 自行建造的固定资产,以竣工结算前发生的支出为计税基础。

(3) 融资租入的固定资产,以租赁合同约定的付款总额和承租人在签订租赁合同过程中发生的相关费用为计税基础,租赁合同未约定付款总额的,以该资产的公允价值和承租人在签订租赁合同过程中发生的相关费用为计税基础。

(4) 盘盈的固定资产,以同类固定资产的重置完全价值为计税基础。

(5) 通过捐赠、投资、非货币性资产交换、债务重组等方式取得的固定资产,以该资产的公允价值和支付的相关税费为计税基础。

(6) 改建的固定资产,除已足额提取折旧的固定资产和租入的固定资产以外的其他固定资产,以改建过程中发生的改建支出增加计税基础。

2. 固定资产折旧的计提方法

在计算应纳税所得额时,按照直线法计算的固定资产折旧额,准予扣除。

(1) 企业应当自固定资产投入使用月份的次月起计算折旧。停止使用的固定资产,应当自停止使用月份的次月起停止计算折旧。

(2) 企业应当根据固定资产的性质和使用情况,合理确定固定资产的预计净残值。固定资产的预计净残值一经确定,不得变更。

3. 固定资产折旧的计提年限

除国务院财政、税务主管部门另有规定外,固定资产计算折旧的最低年限如下:

(1) 房屋、建筑物,为 20 年。
(2) 飞机、火车、轮船、机器、机械和其他生产设备,为 10 年。
(3) 与生产经营活动有关的器具、工具、家具等,为 5 年。
(4) 飞机、火车、轮船以外的运输工具,为 4 年。
(5) 电子设备,为 3 年。
(6) 从事开采石油、天然气等矿产资源的企业,在开始商业性生产前发生的费用和有关固定资产的折耗、折旧方法,由国务院财政、税务主管部门另行规定。

4. 固定资产折旧的所得税处理

(1) 企业固定资产会计折旧年限如果短于税法规定的最低折旧年限,其按会计折旧年限计提的折旧高于按税法规定的最低折旧年限计提的折旧部分,应调增当期应纳税所得额;企业固定资产会计折旧年限已期满且会计折旧已提足,但税法规定的最低折旧年限尚未到期且税收折旧尚未足额扣除,其未足额扣除的部分准予在剩余的税收折旧年限继续按规定扣除。

(2) 企业固定资产会计折旧年限如果长于税法规定的最低折旧年限,其折旧应按会计折旧年限计算扣除,税法另有规定除外。

(3) 企业按会计规定提取的固定资产减值准备,不得税前扣除,其折旧仍按税法确定的固定资产计税基础计算扣除。

(4) 企业按税法规定实行加速折旧的,其按加速折旧办法计算的折旧额可全额在税前扣除。

(5) 房屋、建筑物类固定资产在未足额提取折旧前进行改扩建的,如属于推倒重置的,该资产原值减除提取折旧后的净值,应并入重置后的固定资产计税成本,并在该固定资产投入使用后的次月起,按照税法规定的折旧年限,一并计提折旧。如属于提升功能、增加面积的,该固定资产的改扩建支出,并入该固定资产计税基础,并从改扩建完工投入使用后的次月起,重新按税法规定的该固定资产折旧年限计提折旧。如该改扩建后的固定资产尚可使用的年限低于税法规定的最低年限的,可以按尚可使用的年限计提折旧。

二、生物资产的税务处理

生物资产,是指有生命的动物和植物。生物资产分为消耗性生物资产、生产性生物资产和公益性生物资产。消耗性生物资产,是指为出售而持有的或在将来收获为农产品的生物资产,包括生长中的农田作物、蔬菜、用材林以及存栏待售的牲畜等。生产性生物资产,是指为产出农产品、提供劳务或出租等目的而持有的生物资产,包括经济林、薪炭林、产畜和役畜等。公益性生物资产,是指以防护、环境保护为主要目的的生物资产,包括防风固沙林、水土保持林和水源涵养林等。涉及折旧的生物资产是指生产性生物资产。

1. 生产性生物资产的计税基础

(1) 外购的生产性生物资产,以购买价款和支付的相关税费为计税基础。

(2) 通过捐赠、投资、非货币性资产交换、债务重组等方式取得的生产性生物资产,以该资产的公允价值和支付的相关税费为计税基础。

2. 生产性生物资产的折旧方法和折旧年限

生产性生物资产按照直线法计算的折旧,准予扣除。企业应当自生产性生物资产投入使用月份的次月起计算折旧。停止使用的生产性生物资产,应当自停止使用月份的次月起停止计算折旧。

企业应当根据生产性生物资产的性质和使用情况,合理确定生产性生物资产的预计净残值。生产性生物资产的预计净残值一经确定,不得变更。

生产性生物资产计算折旧的最低年限如下:

(1) 林木类生产性生物资产,为 10 年。

(2) 畜类生产性生物资产,为 3 年。

三、无形资产的税务处理

无形资产,是指企业长期使用,但没有实物形态的资产,包括专利权、商标权、著作权、土地使用权、非专利技术、商誉等。

1. 无形资产的计税基础

(1) 外购的无形资产,以购买价款和支付的相关税费以及直接归属于使该资产达到预定用途发生的其他支出为计税基础。

(2) 自行开发的无形资产,以开发过程中该资产符合资本化条件后至达到预定用途前发生的支出为计税基础。

(3) 通过捐赠、投资、非货币性资产交换、债务重组等方式取得的无形资产,以该资产的公允价值和支付的相关税费为计税基础。

2. 无形资产的摊销方法及年限

在计算应纳税所得额时,企业按照直线法计算的无形资产摊销费用,准予扣除。

无形资产的摊销年限不得低于 10 年。作为投资或者受让的无形资产,有关法律规定或者合同约定了使用年限的,可以按照规定或者约定的使用年限分期摊销。外购商誉的支出,在企业整体转让或者清算时,准予扣除。

四、长期待摊费用的税务处理

长期待摊费用,是指企业发生的应在 1 个年度以上或几个年度进行摊销的费用。在计算应纳税所得额时,企业发生的下列支出作为长期待摊费用,按照规定的年限摊销的,准予扣除。

(1) 已足额提取折旧的固定资产的改建支出。

(2) 租入固定资产的改建支出。

(3) 固定资产的大修理支出。

(4) 其他应当作为长期待摊费用的支出。

企业的固定资产修理支出可在发生当期直接扣除。企业的固定资产改良支出,如果有关固定资产尚未提足折旧,可增加固定资产价值;如有关固定资产已提足折旧,可作为长期待摊费用,在规定的期间内平均摊销。

固定资产的改建支出,是指改变房屋或者建筑物结构、延长使用年限等发生的支出。已足额提取折旧的固定资产的改建支出,按照固定资产预计尚可使用年限分期摊销。租入固定资产的改建支出,按照合同约定的剩余租赁期限分期摊销。改建的固定资产延长使用年限的,除已足额提取折旧的固定资产、租入固定资产的改建支出外,其他的固定资产发生改建支出,应当适当延长折旧年限。

大修理支出,按照固定资产尚可使用年限分期摊销。企业所得税法所指固定资产的大修理支出,是指同时符合下列条件的支出:

(1)修理支出达到取得固定资产时的计税基础50%以上。

(2)修理后固定资产的使用年限延长2年以上。

其他应当作为长期待摊费用的支出,自支出发生月份的次月起,分期摊销,摊销年限不得低于3年。

五、存货的税务处理

存货,是指企业持有以备出售的产品或者商品、处在生产过程中的在产品、在生产或者提供劳务过程中耗用的材料和物料等。

1. 存货的计税基础

(1)通过支付现金方式取得的存货,以购买价款和支付的相关税费为成本。

(2)通过支付现金以外的方式取得的存货,以该存货的公允价值和支付的相关税费为成本。

(3)生产性生物资产收获的农产品,以产出或者采收过程中发生的材料费、人工费和分摊的间接费用等必要支出为成本。

2. 存货的成本计算方法

企业使用或者销售的存货的成本计算方法,可以在先进先出法、加权平均法、个别计价法中选用一种。计价方法一经选用,不得随意变更。

企业转让以上资产,在计算企业应纳税所得额时,资产的净值允许扣除。其中,资产的净值是指有关资产、财产的计税基础减除已经按照规定扣除的折旧、折耗、摊销、准备金等后的余额。

除国务院财政、税务主管部门另有规定外,企业在重组过程中,应当在交易发生时确认有关资产的转让所得或者损失,相关资产应当按照交易价格重新确定计税基础。

【例7-5】下列不属于存货成本计算方法可以使用的是( )。

A. 先进先出法

B. 加权平均法

C. 个别计价法

D. 实地盘点法

【答案】D

【解析】企业销售的存货的成本计算方法,可以在先进先出法、加权平均法、个别计价法中选用一种。一经选用,不得变更。

六、投资资产的税务处理

投资资产,是指企业对外进行权益性投资和债权性投资而形成的资产。

(1) 投资资产成本的确定:通过支付现金方式取得的投资资产,以购买价款为成本。通过支付现金以外的方式取得的投资资产,以该资产的公允价值和支付的相关税费为成本。

(2) 投资资产成本的扣除方法:

企业对外投资期间,投资资产的成本在计算应纳税所得额时不得扣除,企业在转让或者处置投资资产时,投资资产的成本准予扣除。

(3) 投资企业撤回或减少投资的税务处理:(如表7-4所示)

投资企业从被投资企业撤回或减少投资,其取得的资产中,相当于初始出资的部分,应确认为投资收回;相当于被投资企业累计未分配利润和累计盈余公积按减少实收资本比例计算的部分,应确认为股息所得;其余部分确认为投资资产转让所得。

被投资企业发生的经营亏损,由被投资企业按规定结转弥补;投资企业不得调减其投资成本,也不得将其确认为投资损失。

表7-4 投资企业撤回或减少投资的税务处理

撤资减资	各项内含	税务处理
1. 投资收回	相当于初始出资的部分	不属于应税收入
2. 股息所得	相当于被投资企业累计未分配利润和累计盈余公积按减少实收资本比例计算的部分	属于应税收入但免税
3. 转让所得	转让收入扣除上面两项后的余额,确认为转让所得(或损失)	属于应税收入

【例7-6】下列关于企业从被投资单位撤回投资时取得资产的企业所得税税务处理的说法,正确的是(   )。

A. 相当于初始投资的部分应确认为股息所得

B. 取得的全部资产应确认为股息所得

C. 超过初始投资的部分应确认为投资资产转让所得

D. 相当于被投资企业累计未分配利润和累计盈余公积部分应确认为股息所得

【答案】D

【解析】企业撤回或减少投资,其取得的资产中,相当于初始出资的部分,应确认为投资收回;相当于被投资企业累计未分配利润和累计盈余公积按减少实收资本比例计算的部分,应确认为股息所得;其余部分确认为投资资产转让所得。

七、税法规定与会计规定差异的处理

税法规定与会计规定差异的处理,是指企业在财务会计核算中与税法规定不一致的,应当依照税法规定予以调整。即企业在平时进行会计核算时,可以按会计制度的有关规定进行账务处理，但在申报纳税时，对税法规定和会计制度规定有差异的，要按税法规定进行纳税调整。

第三节　企业所得税应纳税额的计算

企业所得税应纳税额是企业依据税法规定应向国家缴纳的税款。企业所得税应纳税额以纳税人应纳税所得额乘以适用税率来计算，其计算公式为：

应纳税额＝应纳税所得额×适用税率－减免税额－抵免税额

从公式可以看出，要计算企业应纳税额，需要四个指标，分别是应纳税所得额、适用税率、减免税额、抵免税额。减免税额、抵免税额在优惠政策已经介绍，税率也在以前章节介绍过，本节重点讲解应纳税所得额及应纳税额的计算。

一、应纳税所得额的计算

企业应纳税所得额的计算以权责发生制为原则，属于当期的收入和费用，不论款项是否收付，均作为当期的收入和费用；不属于当期的收入和费用，即使款项已经在当期收付，均不作为当期的收入和费用。应纳税所得额的正确计算直接关系到国家财政收入和企业的税收负担，并且同成本、费用核算关系密切。因此，企业所得税法对应纳税所得额计算作了明确规定。主要内容包括收入总额、扣除范围和标准、亏损弥补等。

在实际计算中，应纳税所得额的计算一般有两种方法。

1. 直接计算法

在直接计算法下，企业每一纳税年度的收入总额减除不征税收入、免税收入、各项扣除以及允许弥补的以前年度亏损后的余额为应纳税所得额。计算公式为：

应纳税所得额＝收入总额－不征税收入－免税收入－各项扣除－弥补以前年度亏损

2. 间接计算法

间接计算法，是在会计利润总额的基础上加或减按照税法规定调整的项目金额后，即为应纳税所得额。计算公式为：

应纳税所得额＝会计利润总额±纳税调整项目金额

纳税调整项目金额包括两方面的内容：一是税收规定范围与会计规定不一致的应予以调整的金额；二是税法规定扣除标准与会计规定不一致的应予以调整的金额。

（一）收入总额

企业的收入总额包括以货币形式和非货币形式从各种来源取得的收入，具体有：销售货物收入、提供劳务收入、转让财产收入、股息、红利等权益性投资收益、利息收入、租金收入、特许权使用费收入、接受捐赠收入、其他收入。

企业取得的货币形式收入，包括现金、存款、应收账款、应收票据、准备持有至到期的债券投资以及债务的豁免等;企业取得的非货币形式收入,包括固定资产、生物资产、无形资产、股权投资、存货,不准备持有至到期的债券投资、劳务以及有关权益等,这些非货币资产应当按照公允价值确定收入额,公允价值是指按照市场价格确定的价值。

【例 7-7】下列选项中,不属于非货币形式收入的是(   )。

A. 甲公司生产用的机器设备
B. 乙公司年底产生的应收款项
C. 丙公司仓库存放的代销产品
D. 丁公司新研发的专利权

【答案】B

【解析】乙公司年底产生的应收款项属于货币资产。

收入的具体构成为:

1. 销售货物收入

销售货物收入,是指企业销售商品、产品、原材料、包装物、低值易耗品以及其他存货取得的收入。

收入确认条件及收入实现时间,可以扫描二维码查阅。

【例 7-8】下列商品销售方式确认收入实现时间正确的有(   )。

A. 销售商品采用托收承付方式的,在办妥托收手续时确认收入
B. 销售商品采取预收款方式的,在发出商品时确认收入
C. 销售商品采用支付手续费方式委托代销的,在收到手续费时确认收入
D. 采用售后回购方式销售商品的,销售的商品按售价确认收入,回购的商品作为购进商品处理

【答案】ABD

【解析】销售商品采用支付手续费方式委托代销的,在收到代销清单时确认收入。

2. 提供劳务收入

提供劳务收入,是指企业从事建筑安装、修理修配、交通运输、仓储租赁、金融保险、邮电通信、咨询经纪、文化体育、科学研究、技术服务、教育培训、餐饮住宿、中介代理、卫生保健、社区服务、旅游、娱乐、加工以及其他劳务服务活动取得的收入。

企业在各个纳税期末,提供劳务交易的结果能够可靠估计的,应采用完工进度(百分比)法确认提供劳务收入。

3. 转让财产收入

转让财产收入,是指企业转让固定资产、生物资产、无形资产、股权、债权等财产取得的收入。

4. 股息、红利等权益性投资收益

股息、红利等权益性投资收益,是指企业因权益性投资从被投资方取得的收入。股

息、红利等权益性投资收益,除国务院财政、税务主管部门另有规定外,按照被投资方作出利润分配决定的日期确认收入的实现。

被投资企业将股权(票)溢价所形成的资本公积转为股本的,不作为投资方企业的股息、红利收入,投资方企业也不得增加该项长期投资的计税基础。

5. 利息收入

利息收入,是指企业将资金提供他人使用但不构成权益性投资,或者因他人占用本企业资金取得的收入,包括存款利息、贷款利息、债券利息、欠款利息等收入。利息收入,按照合同约定的债务人应付利息的日期确认收入的实现。

6. 租金收入

租金收入,是指企业提供固定资产、包装物或者其他有形资产的使用权取得的收入。租金收入,按照合同约定的承租人应付租金的日期确认收入的实现。

【例7-9】下列关于租金收入确认实现的表述,正确的是(　　)。

A. 租金收入按照合同约定的承租人应付租金的日期确认收入的实现

B. 租金收入按照承租人实付租金的日期确认收入的实现

C. 租金收入按照租赁合同签订的日期确认收入的实现

D. 租金收入按照实际发生租赁行为的日期确认收入的实现

【答案】A

【解析】租金收入,按照合同约定的承租人应付租金的日期确认收入的实现。

7. 特许权使用费收入

特许权使用费收入,是指企业提供专利权、非专利技术、商标权、著作权以及其他特许权的使用权取得的收入。特许权使用费收入,按照合同约定的特许权使用人应付特许权使用费的日期确认收入的实现。

【例7-10】下列取得的所得中,属于特许权使用费收入的有(　　)。

A. 甲公司提供专利权取得的所得

B. 乙公司提供著作权取得的所得

C. 丙公司提供商标权取得的所得

D. 丁公司提供非专利技术取得的所得

【答案】ABCD

【解析】特许权使用费收入,是指企业提供专利权、非专利技术、商标权、著作权以及其他特许权的使用权取得的收入。

8. 接受捐赠收入

接受捐赠收入,是指企业接受的来自其他企业、组织或者个人无偿给予的货币性资产、非货币性资产。接受捐赠收入,按照实际收到捐赠资产的日期确认收入的实现。

企业以买一赠一等方式组合销售本企业商品的,不属于捐赠,应将总的销售金额按各项商品的公允价值的比例来分摊确认各项的销售收入。

9. 其他收入

其他收入包括企业资产溢余收入、逾期未退包装物押金收入、确实无法偿付的应付款项、已作坏账损失处理后又收回的应收款项、债务重组收入、补贴收入、违约金收入、汇兑收益等。

【例7-11】下列选项中属于企业所得税中的其他收入的有( )。

A. 企业资产溢余收入

B. 逾期未退包装物押金收入

C. 已作坏账损失处理后又收回的应收款项

D. 补贴收入

【答案】ABCD

【解析】其他收入包括：企业资产溢余收入、逾期未退包装物押金收入、确实无法偿付的应付款项、已作坏账损失处理后又收回的应收款项、债务重组收入、补贴收入、违约金收入、汇兑收益。

10. 特殊收入

(1) 企业发生非货币性资产交换，以及将货物、财产、劳务用于捐赠、偿债、赞助、集资、广告、样品、职工福利或者利润分配等用途的，应当视同销售货物、转让财产或者提供劳务，但国务院财政、税务主管部门另有规定的除外。

【例7-12】依据企业所得税的有关规定，下列行为应视同销售确认收入的有( )。

A. 将自产货物用于职工奖励

B. 将自建商品房转为固定资产

C. 将自产货物移送到境外分支机构

D. 将外购货物用于交际应酬

【答案】ACD

【解析】选项B属于内部处置资产，不属于视同销售。

(2) 采取产品分成方式取得收入的，按照企业分得产品的日期确认收入的实现，其收入额按照产品的公允价值确定。

(3) 企业受托加工制造大型机械设备、船舶、飞机，以及从事建筑、安装、装配工程业务或者提供其他劳务等，持续时间超过12个月的，按照纳税年度内完工进度或者完成的工作量确认收入的实现。采取预收货款方式销售货物，增值税的纳税义务发生时间为货物发出的当天，但生产工期超过12个月的大型机械设备、船舶、飞机等货物，为收到预收款或者书面合同约定的收款日期的当天。

11. 处置资产收入的确认(如表7-5所示)

表7-5 处置资产收入的确认

内部处置资产：不确认收入	移送他人：按视同销售确认收入
(1) 将资产用于生产、制造、加工另一产品。 (2) 改变资产形状、结构或性能。 (3) 改变资产用途(如，自建商品房转为自用或经营)。 (4) 将资产在总机构及其分支机构之间转移(限于境内)。 (5) 上述两种或两种以上情形的混合。 (6) 其他不改变所有权属的用途。	(1) 用于市场推广或销售。 (2) 用于交际应酬。 (3) 用于职工奖励或福利。 (4) 用于股息分配。 (5) 用于对外捐赠。 (6) 其他改变资产所有权属的用途。

【例7-13】根据企业所得税法的规定，下列收入的确认不正确的是( )。

A. 特许权使用费收入,按照合同约定的特许权使用人应付特许权使用费的日期确认收入的实现

B. 股息、红利等权益性投资收益,按照被投资方做出利润分配决定的日期确认收入的实现

C. 租金收入,按照合同约定的承租人应付租金的日期确认收入的实现

D. 接受捐赠收入,按照接受捐赠资产的入账日期确认收入的实现

【答案】D

【解析】接受捐赠收入,按照实际收到捐赠资产的日期确认收入的实现。

(二) 不征税收入

不征税收入,是指从性质和根源上不属于企业营利性活动带来的经济利益、不负有纳税义务并不作为应纳税所得额组成部分的收入。考虑到我国企业所得税的纳税人的组织形式多种多样,除了企业外,有的以事业单位形式存在,有的以社会团体形式存在,还有的以公益慈善组织形式存在等。这些组织中有些主要承担行政性或公共事务职能,不从事或很少从事营利性活动,收入来源主要靠财政拨款、行政事业性收费等,纳入预算管理,对这些收入征税没有意义。因此,《企业所得税法》引入了不征税收入的概念。

不征税收入不同于免税收入,从根源和性质来说,不征税收入不属于营利性活动带来的经济收益,是专门从事特定目的的收入,理论上不应列为征收范围的收入范畴;免税收入是纳税人的应税收入总额的组成部分,只是国家为了实现某些经济和社会目标,在特定时期或者对特定项目取得的经济利益给予的税收优惠,而在一定时期又有可能恢复征税的收入范围。

收入总额中的下列收入为不征税收入。

1. 财政拨款

财政拨款,是指各级人民政府对纳入预算管理的事业单位、社会团体等组织拨付的财政资金,但国务院和国务院财政、税务主管部门另有规定的除外。

财政性资金不仅仅是指财政部门拨付的资金,还包含政府及其他部门拨付的有关资金,财政性资金也不限于财政拨款。财政性资金,是指企业取得的来源于政府及其有关部门的财政补助、补贴、贷款贴息,以及其他各类财政专项资金,包括直接减免的增值税和即征即退、先征后退、先征后返的各种税收,但不包括企业按规定取得的出口退税。

2. 依法收取并纳入财政管理的行政事业性收费、政府性基金

行政事业性收费,是指依照法律法规等有关规定,按照国务院规定程序批准,在实施社会公共管理,以及在向公民、法人或者其他组织提供特定公共服务的过程中,向特定对象收取并纳入财政管理的费用。政府性基金,是指企业依照法律、行政法规等有关规定,代政府收取的具有专项用途的财政资金。

(1) 企业按照规定缴纳的,由国务院或财政部批准设立的政府性基金以及由国务院和省、自治区、直辖市人民政府及其财政、价格主管部门批准设立的行政事业性收费,准予在计算应纳税所得额时扣除。企业缴纳的不符合前述审批管理权限设立的基金、收费,不得在计算应纳税所得额时扣除。

(2) 企业收取的各种基金、收费,应计入企业当年收入总额。

(3) 对企业依照法律、法规及国务院有关规定收取并上缴财政的政府性基金和行政事业性收费,准予作为不征税收入,于上缴财政的当年在计算应纳税所得额时从收入总额中减除;未上缴财政的部分,不得从收入总额中减除。

3. 国务院规定的其他不征税收入

国务院规定的其他不征税收入,是指企业取得的由国务院财政、税务主管部门规定专项用途并经国务院批准的财政性资金。

企业的不征税收入用于支出所形成的费用,不得在计算应纳税所得额时扣除;企业的不征税收入用于支出所形成的资产,其计算的折旧、摊销不得在计算应纳税所得额时扣除。

【例7-14】根据企业所得税法律制度的规定不计入应纳税所得额的是( )。

A. 股权转让收入
B. 因债权人缘故确实无法支付的应付款项
C. 依法收取并纳入财政管理的行政事业性收费
D. 接受捐赠收入

【答案】C

【解析】根据规定,依法收取并纳入财政管理的行政事业性收费属于不征税收入,不计入应纳税所得额。

(三) 免税收入

免税收入是纳税人的应税收入总额的组成部分,是国家为了实现某些经济和社会目标,在特定时期或者对特定项目取得的经济利益给予的税收优惠。企业的下列收入为免税收入。

1. 国债利息收入

为鼓励企业积极购买国债,支援国家建设,税法规定,企业因购买国债所得的利息收入,免征企业所得税。

2. 符合条件的居民企业之间的股息、红利等权益性收益,指居民企业直接投资于其他居民企业取得的投资收益。

3. 在中国境内设立机构、场所的非居民企业从居民企业取得的与该机构、场所有实际联系的股息、红利等权益性投资收益。该收益不包括连续持有居民企业公开发行并上市流通的股票不足12个月取得的投资收益。

4. 符合条件的非营利组织的收入,非营利组织的收入,不包括非营利组织从事营利性活动取得的收入。

【例7-15】根据《企业所得税法》的规定,下列项目中,属于不征税收入的有( )。

A. 财政拨款
B. 国债利息收入
C. 企业债权利息收入
D. 依法收取并纳入财政管理的行政事业性收费、政府性基金

【答案】AD

【解析】企业所得税中不征税收入包括:财政拨款;依法收取并纳入财政管理的行政

事业性收费、政府性基金;国务院规定的其他不征税收入。

【例7-16】企业取得的下列收入,属于企业所得税免税收入的有(　　)。

A. 国债利息收入

B. 金融债券的利息收入

C. 居民企业直接投资于其他居民企业取得的投资收益

D. 在中国境内设立机构、场所的非居民企业连续持有居民企业公开发行并上市流通的股票1年以上取得的投资收益。

【答案】ACD

【解析】选项B,金融债券的利息收入不免企业所得税。

(四) 税前扣除项目的确定

1. 税前扣除项目的原则

企业申报的扣除项目和金额要真实、合法。所谓真实是指能提供证明有关支出确属已经实际发生;合法是指符合国家税法的规定,若其他法规规定与税收法规规定不一致,应以税收法规的规定为标准。除税收法规另有规定外,税前扣除一般应遵循以下原则:

(1) 权责发生制原则,是指企业费用应在发生的所属期扣除,而不是在实际支付时确认扣除。

(2) 配比原则,是指企业发生的费用应当与收入配比扣除。除特殊规定外,企业发生的费用不得提前或滞后申报扣除。

(3) 相关性原则,是指企业可扣除的费用从性质和根源上必须与取得应税收入直接相关。

(4) 确定性原则,是指企业可扣除的费用不论何时支付,其金额必须是确定的。

(5) 合理性原则,是指符合生产经营活动常规,应当计入当期损益或者有关资产成本的必要和正常的支出。

2. 税前扣除项目的范围

《企业所得税法》规定,企业实际发生的与取得收入有关的、合理的支出,包括成本、费用、税金、损失和其他支出,准予在计算应纳税所得额时扣除。

(1) 成本,是指企业在生产经营活动中发生的销售成本、销货成本、业务支出以及其他耗费,即企业销售商品(产品、材料、下脚料、废料、废旧物资等)、提供劳务,转让固定资产、无形资产(包括技术转让)的成本。企业必须将经营活动中发生的成本合理划分为直接成本和间接成本。直接成本是可直接计入有关成本计算对象或劳务的经营成本中的直接材料、直接人工等。间接成本是指多个部门为同一成本对象提供服务的共同成本,或者同一种投入可以制造、提供两种或两种以上的产品或劳务的联合成本。

(2) 费用,是指企业每一个纳税年度为生产、经营商品和提供劳务等所发生的销售(经营)费用、管理费用和财务费用。已经计入成本的有关费用除外。

销售费用,是指应由企业负担的为销售商品而发生的费用,包括广告费、运输费、装卸费、包装费、展览费、保险费、销售佣金(能直接认定的进口佣金调整商品进价成本)、代销手续费、经营性租赁费及销售部门发生的差旅费、工资、福利费等费用。

管理费用,是指企业的行政管理部门为管理组织经营活动提供各项支援性服务而发生的费用。

财务费用,是指企业筹集经营性资金而发生的费用,包括利息净支出、汇兑净损失、金融机构手续费以及其他非资本化支出。

(3)税金,是指企业发生的除企业所得税和允许抵扣的增值税以外的企业缴纳的各项税金及其附加。即企业按规定缴纳的消费税、城市维护建设税、关税、资源税、土地增值税、房产税、车船税、土地使用税、印花税、教育费附加等产品销售税金及附加。这些已纳税金准予税前扣除。准许扣除的税金有两种方式:一是在发生当期扣除;二是在发生当期计入相关资产的成本,在以后各期分摊扣除,如表7-6所示。

表7-6 企业所得税前可扣除的税金

准予扣除税金的方式	可扣除税金举例
在发生当期扣除	消费税、城市维护建设税、出口关税、资源税、土地增值税(房地产开发企业)、房产税、车船税、城镇土地使用税、印花税、环境保护税、教育费附加和地方教育附加(视同税金扣除)
在发生当期计入相关资产的成本,在以后各期分摊扣除	车辆购置税、契税、耕地占用税、进口关税、按规定不得抵扣的增值税等

(4)损失,是指企业在生产经营活动中发生的固定资产和存货的盘亏、毁损、报废损失、转让财产损失、呆账损失、坏账损失、自然灾害等不可抗力因素造成的损失以及其他损失。企业发生的损失,减除责任人赔偿和保险赔款后的余额,依照国务院财政、税务主管部门的规定扣除。企业已经作为损失处理的资产,在以后纳税年度又全部收回或者部分收回时,应当计入当期收入。

(5)其他支出,是指除成本、费用、税金、损失外,企业在生产经营活动中发生的与生产经营活动有关的、合理的支出。

在实际中,计算应纳税所得额时还应注意三方面的内容:第一,企业发生的支出应当区分收益性支出和资本性支出。收益性支出在发生当期直接扣除;资本性支出应当分期扣除或者计入有关资产成本,不得在发生当期直接扣除。第二,企业的不征税收入用于支出所形成的费用或者财产,不得扣除或者计算对应的折旧、摊销扣除。第三,除企业所得税法另有规定外,企业实际发生的成本、费用、税金、损失和其他支出,不得重复扣除。

表7-7 企业所得税税前扣除原则及项目

要点		具体规定
扣除原则(5个)		权责发生制原则、配比原则、相关性原则、确定性原则、合理性原则
基本范围		成本、费用、税金、损失、其他支出
具体项目和标准	按实际发生额扣除(在符合扣除原则的前提下)	工薪(合理和据实)、社保、财险、向金融机构借款利息、汇兑损失、劳动保护费、环境保护专项基金(限定用途)
	限定比例扣除(最重要)	职工福利费、职工教育经费、工会经费、业务招待费、公益捐赠、广告费和业务宣传费、向金融机构以外的借款利息、手续费及佣金
	限定手续扣除	总机构分摊的费用、资产损失

3. 税前扣除项目及其标准(如表7-7所示)

在计算应纳税所得额时,下列项目可按照实际发生额或规定的标准扣除。

(1) 工资、薪金支出。

企业发生的合理的工资、薪金支出准予据实扣除。工资、薪金支出是企业每一纳税年度支付给本企业任职或与其有雇佣关系的员工的所有现金或非现金形式的劳动报酬,包括基本工资、奖金、津贴、补贴、年终加薪、加班工资,以及与任职或者是受雇有关的其他支出。

合理的工资、薪金,是指企业按照股东大会、董事会、薪酬委员会或相关管理机构制定的工资薪金制度规定实际发放给员工的工资薪金。

税务机关在对工资薪金进行合理性确认时,需要掌握的原则,可扫描二维码查阅。

(2) 职工福利费、工会经费、职工教育经费。

企业发生的职工福利费、工会经费、职工教育经费按标准扣除,未超过标准的按实际数扣除,超过标准的只能按标准扣除。

企业发生的职工福利费支出,不超过工资薪金总额14%的部分准予扣除。

企业职工福利费,包括内容可扫描二维码查阅。

企业拨缴的工会经费,凭工会组织开具的《工会经费收入专用收据》在企业所得税税前扣除。扣除标准为不超过工资薪金总额2%。

除国务院财政、税务主管部门另有规定外,企业发生的职工教育经费支出,自2018年1月1日起不超过工资薪金总额8%的部分,准予在计算企业所得税应纳税所得额时扣除;超过部分,准予在以后纳税年度结转扣除。

软件生产企业发生的职工教育经费中的职工培训费用,可以全额在企业所得税前扣除。软件生产企业应准确划分职工教育经费中的职工培训费支出,对于不能准确划分的,以及准确划分后职工教育经费中扣除职工培训费用的余额,一律按照工资薪金总额8%的比例扣除。

核力发电企业为培养核电厂操纵员发生的培养费用,可作为企业的发电成本在税前扣除。企业应将核电厂操纵员培养费与员工的职工教育经费严格区分,单独核算,员工实际发生的职工教育经费支出不得计入核电厂操纵员培养费直接扣除。

【例7-17】某公司2021年实际支出的工资、薪金总额为200万元(包括支付给季节工的工资10万元),实际扣除的三项经费合计40万元,其中福利费本期发生32万元(包括支付给季节工的福利费1万元),拨缴的工会经费5万元,已经取得工会拨缴款收据,实际发生职工教育经费15万元,该企业在计算2021年应纳税所得额时,应调整的应纳税所得额。

【解析】

福利费扣除限额为200×14%=28(万元),实际发生32万元,准予扣除28万元,应调增4万元。

工会经费扣除限额=200×2%=4(万元),实际发生5万元,准予扣除4万元,应调增1万元。

职工教育经费扣除限额=200×8%=16(万元),实际发生15万元,可以据实扣除。

应调增应纳税所得额=4+1=5(万元)。

(3)社会保险费。

企业依照国务院有关主管部门或者省级人民政府规定的范围和标准为职工缴纳的五险一金,即基本养老保险费、基本医疗保险费、失业保险费、工伤保险费、生育保险费等基本社会保险费和住房公积金,准予扣除。

企业为投资者或者职工支付的补充养老保险费、补充医疗保险费,在国务院财政、税务主管部门规定的范围和标准内,准予扣除。企业依照国家有关规定为特殊工种职工支付的人身安全保险费和符合国务院财政、税务主管部门规定可以扣除的商业保险费准予扣除。

企业参加财产保险,按照规定缴纳的保险费,准予扣除。企业为投资者或者职工支付的商业保险费,不得扣除。

(4)利息费用。

企业在生产、经营活动中发生的利息费用,按下列规定扣除。

① 非金融企业向金融企业借款的利息支出、金融企业的各项存款利息支出、同业拆借利息支出、企业经批准发行债券的利息支出可据实扣除。

所谓金融企业,是指各类银行、保险公司及经中国人民银行批准从事金融业务的非银行金融机构。包括国家专业银行、区域性银行、股份制银行、外资银行、中外合资银行以及其他综合性银行。还包括全国性保险企业、区域性保险企业、股份制保险企业、中外合资保险企业以及其他专业性保险企业;城市、农村信用社、各类财务公司以及其他从事信托投资、租赁等业务的专业和综合性非银行金融机构。非金融企业,是指除上述金融企业以外的所有企业、事业单位以及社会团体等企业或组织。

② 非金融企业向非金融企业借款的利息支出,不超过按照金融企业同期同类贷款利率计算的数额的部分可据实扣除,超过部分不许扣除。

③ 关联企业利息费用的扣除。企业从其关联方接受的债权性投资与权益性投资的比例超过规定标准而发生的利息支出,不得在计算应纳税所得额时扣除。所称关联方债权性投资与其权益性投资比例为:金融企业5∶1;其他企业2∶1。

④ 企业向股东或其他与企业有关联关系的自然人借款的利息支出,其借款情况同时符合以下条件的,其利息支出在不超过按照金融企业同期同类贷款利率计算的数额的部分,准予扣除。条件一,企业与个人之间的借贷是真实、合法、有效的,并且不具有非法集资目的或其他违反法律、法规的行为;条件二,企业与个人之间签订了借款合同。

(5)借款费用。

企业在生产经营活动中发生的合理的不需要资本化的借款费用,准予扣除。

企业为购置、建造固定资产、无形资产和经过12个月以上的建造才能达到预定可销售状态的存货发生借款的,在有关资产购置、建造期间发生的合理的借款费用,应予以资本化,作为资本性支出计入有关资产的成本。有关资产交付使用后发生的借款利息,可在发生当期扣除。

企业通过发行债券、取得贷款、吸收保户储金等方式融资而发生的合理的费用支出,符合资本化条件的,应计入相关资产成本;不符合资本化条件的,应作为财务费用,准予在企业所得税前据实扣除,如表7-8所示。

表7-8 企业借款费用扣除规定

企业行为	借款利息处理
企业为购置、建造固定资产、无形资产和经过12个月以上的建造才能达到预定可销售状态的存货借款,发生在有关资产购置、建造期间的合理的借款费用	资本化处理——列入资产成本,用折旧、摊销方式税前扣除
有关固定资产、无形资产、12个月以上建造期的存货等交付使用后发生的借款利息	费用化处理——列入当期损益,直接在当期扣除(限符合金融机构同期同类贷款利率等标准)
企业生产经营过程中的借款利息	

(6) 汇兑损失。

企业在货币交易中,以及纳税年度终了时将人民币以外的货币性资产、负债按照期末即期人民币汇率中间价折算为人民币时产生的汇兑损失,除已经计入有关资产成本以及与向所有者进行利润分配相关的部分外,准予扣除。

(7) 业务招待费。

企业发生的与生产经营活动有关的业务招待费支出,按照发生额的60%扣除,但最高不得超过当年销售(营业)收入的5‰。计算业务招待费扣除限额的基数为销售(营业)收入,包括主营业务收入、其他业务收入和视同销售收入。

企业在筹建期间,发生的与筹办活动有关的业务招待费支出,可按实际发生额的60%计入企业筹办费,并按有关规定在税前扣除。

【例7-18】某饮料生产企业2021年取得全年产品销售收入16 000万元,出租机器设备取得不含税租金收入300万元,接受捐赠一辆小汽车,不含税市价20万元,从联营企业分回投资收益500万元;当年实际发生业务招待费100万元。计算该企业当年准予在企业所得税税前扣除的业务招待费金额。

【解析】根据企业所得税的规定,计算业务招待费扣除限额的基数为销售(营业)收入,包括主营业务收入、其他业务收入和视同销售收入。接受捐赠收入、投资收益不作为计算扣除限额的基数。业务招待费扣除限额=(16 000+300)×5‰=81.5(万元)>100×60%=60(万元)。

所以税前允许扣除的业务招待费为60万元。

(8) 广告费和业务宣传费。

企业发生的符合条件的广告费和业务宣传费支出,除国务院财政、税务主管部门另有规定外,不超过当年销售(营业)收入15%的部分,准予扣除;超过部分,准予结转以后纳税年度扣除。

自2016年1月1日起至2020年12月31日止,对化妆品制造或销售、医药制造和饮料制造(不含酒类制造)企业发生的广告费和业务宣传费支出,不超过当年销售(营业)收入30%的部分,准予扣除;超过部分,准予在以后纳税年度结转扣除。

企业在筹建期间,发生的广告费和业务宣传费,可按实际发生额计入企业筹办费,按照上述规定在税前扣除。

烟草企业的烟草广告费和业务宣传费支出,一律不得在计算应纳税所得额时扣除。

企业申报扣除的广告费支出应与赞助支出严格区分。企业申报扣除的广告费支出,必须符合下列条件:广告是通过工商部门批准的专门机构制作的;已实际支付费用,并已取得相应发票;通过一定的媒体传播。

【例7-19】2021年度,甲企业实现销售收入3000万元,当年发生广告费400万元,上年度结转未扣除广告费60万元。甲企业在计算2021年度企业所得税纳税所得额时,计算准予扣除的广告费金额。

【解析】扣除限额=3000×15%=450万元,本年实际发生400万可以全额扣除。另外,还可以扣除上年度结转未扣除的广告费50万,合计450万元。

(9) 环境保护专项资金。

企业依照法律、行政法规有关规定提取的用于环境保护、生态恢复等方面的专项资金,准予扣除。上述专项资金提取后改变用途的,不得扣除。

(10) 保险费。

企业参加财产保险,按照规定缴纳的保险费,准予扣除。

【例7-20】下列关于保险扣除政策的表述中,正确的有( )。
A. 企业职工因公出差发生的人身意外保险费支出,准予在计算应纳税所得额时扣除
B. 因公出差发生的人身意外保险费支出准予在计算应纳税所得额时扣除
C. 为本企业特种职工支付的人身安全险及相关保险准予在计算应纳税所得额时扣除
D. 企业参加财产保险,按照规定缴纳的保险费,准予扣除

【答案】ABCD

(11) 租赁费。

企业根据生产经营活动的需要租入固定资产支付的租赁费,按照以下方法扣除:
① 以经营租赁方式租入固定资产发生的租赁费支出,按照租赁期限均匀扣除。
② 以融资租赁方式租入固定资产发生的租赁费支出,按照规定构成融资租入固定资产价值的部分应当提取折旧费用,分期扣除。

(12) 劳动保护费。

企业发生的合理的劳动保护支出,准予扣除,如表7-9所示。

表 7-9 劳动保护用品与职工福利用品的涉税比较

方向	来源	增值税	所得税
劳动保护用品	外购货物	可以抵扣进项	不属于企业所得税的应税收入,列入成本费用扣除
	自产货物	不计销项	
职工福利用品	外购货物	不得抵扣进项	属于企业所得税的应税收入,在职工福利费限额内扣除
	自产货物	视同销售计销项	

(13) 公益性捐赠支出。

公益性捐赠,是指企业通过公益性社会团体或者县级(含县级)以上人民政府及其部门,用于《中华人民共和国公益事业捐赠法》规定的公益事业的捐赠。

企业发生的公益性捐赠支出,不超过年度利润总额12%的部分,准予扣除。超过年度利润总额12%的部分,准予以后三年内在计算应纳税所得额时结转扣除。年度利润总额,是指企业依照国家统一会计制度的规定计算的年度会计利润。

接受捐赠的货币性资产,应当按照实际收到的金额计算。接受捐赠的非货币性资产,应当以其公允价值计算。

【例 7-21】某居民企业 2021 年实现会计利润总额 200 万元,当年生产经营活动中发生了符合规定的公益性捐赠支出 30 万元,假设当年无其他纳税调整项目,计算该企业 2021 年应缴纳企业所得税。

【解析】公益性捐赠支出当年税前扣除限额=200×12%=24(万元),所以捐赠支出纳税调增额=30-24=6(万元)。应缴纳企业所得税=(200+6)×25%=51.50(万元)。

(14) 有关资产的费用。

企业转让各类固定资产发生的费用,允许扣除。企业按规定计算的固定资产折旧费、无形资产和递延资产的摊销费,准予扣除。

(15) 总机构分摊的费用。

非居民企业在中国境内设立的机构、场所,就其中国境外总机构发生的与该机构、场所生产经营有关的费用,能够提供总机构出具的费用汇集范围、定额、分配依据和方法等证明文件,并合理分摊的,准予扣除。

(16) 资产损失。

企业当期发生的固定资产和流动资产盘亏、毁损净损失,由其提供清查盘存资料经主管税务机关审核后,准予扣除。

(17) 手续费及佣金支出。

企业发生的与生产经营有关的手续费及佣金支出,不超过以下规定计算限额以内的部分,准予扣除;超过部分,不得扣除。

保险企业:财产保险企业按当年全部保费收入扣除退保金等后余额的15%(含本数,下同)计算限额;人身保险企业按当年全部保费收入扣除退保金等后余额的10%计算限额。

其他企业:按与具有合法经营资格中介服务机构或个人(不含交易双方及其雇员、代理人和代表人等)所签订服务协议或合同确认的收入金额的5%计算限额。

企业为发行权益性证券支付给有关证券承销机构的手续费及佣金不得在税前扣除。

企业不得将手续费及佣金支出计入回扣、业务提成、返利、进场费等费用。

企业已计入固定资产、无形资产等相关资产的手续费及佣金支出,应当通过折旧、摊销等方式分期扣除,不得在发生当期直接扣除。

(18)依照有关法律、行政法规和国家有关税法规定准予扣除的其他项目。如会员费、合理的会议费、差旅费、违约金、诉讼费用等。

(五)不得扣除的项目

在计算应纳税所得额时,下列支出不得扣除:

(1)向投资者支付的股息、红利等权益性投资收益款项。

(2)企业所得税税款。

(3)税收滞纳金,是指纳税人违反税收法规,被税务机关处以的滞纳金。

(4)罚金、罚款和被没收财物的损失,是指纳税人违反国家有关法律、法规规定,被有关部门处以的罚款,以及被司法机关处以的罚金和被没收财物。

(5)超过规定标准的捐赠支出。

(6)赞助支出,是指企业发生的与生产经营活动无关的各种非广告性质支出。

(7)未经核定的准备金支出,是指不符合国务院财政、税务主管部门规定的各项资产减值准备、风险准备等准备金支出。

(8)企业之间支付的管理费、企业内营业机构之间支付的租金和特许权使用费,以及非银行企业内营业机构之间支付的利息,不得扣除。

(9)与取得收入无关的其他支出。

(六)亏损弥补

亏损,是指企业每一纳税年度的收入总额减除不征税收入、免税收入和各项扣除后小于零的数额。税法规定,企业某一纳税年度发生的亏损可以用下一年度的所得弥补,下一年度的所得不足以弥补的,可以逐年延续弥补,具体弥补期限按照以下规定:

(1)企业所得税法的一般企业。

企业纳税年度发生的亏损,准予向以后年度结转,用以后年度的所得弥补,但结转年限最长不得超过5年。

(2)高新技术企业或科技型中小企业。

自2018年1月1日起,当年具备高新技术企业或科技型中小企业资格的企业,其具备资格年度之前5个年度发生的尚未弥补完的亏损,准予结转以后年度弥补,最长结转年限由5年延长至10年。

(3)国家鼓励的线宽小于130纳米(含)的集成电路生产企业。

国家鼓励的线宽小于130纳米(含)的集成电路生产企业,属于国家鼓励的集成电路生产企业清单年度之前5个纳税年度发生的尚未弥补完的亏损,准予向以后年度结转,总结转年限最长不得超过10年。

(4)电影行业企业。

对电影行业企业 2020 年度发生的亏损,最长结转年限由 5 年延长至 8 年。

(5) 受疫情影响较大的困难行业企业。

受疫情影响较大的困难行业企业 2020 年度发生的亏损,最长结转年限由 5 年延长至 8 年。

企业筹办期间不计算为亏损年度,企业自开始生产经营的年度,开始计算企业损益的年度。企业从事生产经营之前进行筹办活动期间发生筹办费用支出,不得计算为当期的亏损,企业可以在开始经营之日的当年一次性扣除,也可以按照新税法有关长期待摊费用的处理规定处理,但一经选定,不得改变。

二、应纳税额的计算

由于企业分为居民企业和非居民企业,所以企业应纳税额的计算也分为两类,分别是居民企业应纳税额计算和非居民应纳税额的计算。

(一) 居民企业应纳税额的计算

居民企业应纳税额以应纳税所得额乘以适用税率来计算,其计算公式为:

应纳税额=应纳税所得额×适用税率-减免税额-抵免税额

从公式看出,应纳税额的多少,取决于应纳税所得额和税率及减免税额、抵免税额,前面我们已经详细讲解这几个指标,下面通过相关例题讲解应纳税额的计算。

【例 7-22】某企业为居民企业,2021 年发生经营业务如下:

(1) 取得产品销售收入 4000 万元。

(2) 发生产品销售成本 2600 万元。

(3) 发生销售费用 770 万元(其中广告费 650 万元);管理费用 480 万元(其中业务招待费 25 万元);财务费用 60 万元。

(4) 销售税金 160 万元(含增值税 120 万元)。

(5) 营业外收入 80 万元,营业外支出 50 万元(含通过公益性社会团体向贫困山区捐款 30 万元,支付税收滞纳金 6 万元)。

(6) 计入成本、费用中的实发工资总额 200 万元,拨缴职工工会经费 5 万元、发生职工福利费 31 万元、发生职工教育经费 20 万元。

要求:计算该企业 2021 年度实际应纳的企业所得税。

【解析】

(1) 会计利润总额=4000+80-2600-770-480-60-40-50=80(万元)。

(2) 广告费和业务宣传费调增所得额=650-4000×15%=650-600=50(万元)。

(3) 业务招待费调增所得额=25-25×60%=25-15=10(万元)。

4000×5‰=20(万元)>25×60%=15(万元)。

(4) 捐赠支出应调增所得额=30-80×12%=20.4(万元)。

(5) 工会经费应调增所得额=5-200×2%=1(万元)。

(6) 职工福利费应调增所得额=31-200×14%=3(万元)。

(7) 职工教育经费应调增所得额=20-200×8%=4(万元)。
(8) 应纳税所得额=80+50+10+20.4+6+1+3+4=174.4(万元)。
(9) 2021年实际应纳的企业所得税=174.4×25%=43.6(万元)。

【例7-23】某工业企业为居民企业,2021年度发生经营业务如下。
(1) 全年取得产品销售收入5600万元,发生产品销售成本4000万元。
(2) 其他业务收入800万元,其他业务成本694万元。
(3) 取得购买国债的利息收入40万元。
(4) 缴纳非增值税销售税金及附加300万元。
(5) 发生的管理费用760万元,其中新技术的研究开发费用60万元、业务招待费70万元。
(6) 发生财务费用200万元。
(7) 取得直接投资其他居民企业的权益性收益34万元(已在投资方所在地按15%的税率缴纳了所得税)。
(8) 取得营业外收入100万元,发生营业外支出250万元(其中含公益捐赠38万元)。

要求:计算该企业2021年应纳的企业所得税。

【解析】
(1) 利润总额=5600+800+40+34+100-4000-694-300-760-200-250=370(万元)。
(2) 国债利息收入免征企业所得税,应调减所得额40万元。
(3) 技术开发费调减所得额=60×75%=45(万元)。
(4) 按实际发生业务招待费的60%计算=70×60%=42(万元)。
按销售(营业)收入的5‰计算=(5600+800)×5‰=32(万元)。
按照规定税前扣除限额应为32万元,实际应调增应纳税所得额=70-32=38(万元)。
(5) 取得直接投资其他居民企业的权益性收益属于免税收入,应调减应纳税所得额34万元。
(6) 捐赠扣除标准=370×12%=44.4(万元)。
实际捐赠额38万元小于扣除标准44.4万元,可按实际捐赠数扣除,不做纳税调整。
(7) 应纳税所得额=370-40-45+38-34=289(万元)。
(8) 该企业2021年应缴纳企业所得税=289×25%=72.25(万元)。

(二) 居民企业核定征收应纳税额的计算

1. 核定征收的范围
(1) 依照法律、行政法规的规定可以不设置账簿的。
(2) 依照法律、行政法规的规定应当设置但未设置账簿的。
(3) 擅自销毁账簿或者拒不提供纳税资料的。
(4) 虽设置账簿,但账目混乱或者成本资料、收入凭证、费用凭证残缺不全,难以查账的。
(5) 发生纳税义务,未按照规定的期限办理纳税申报,经税务机关责令限期申报,逾期仍不申报的。

（6）申报的计税依据明显偏低，又无正当理由的。

特殊行业、特殊类型的纳税人和一定规模以上的纳税人不适用核定征收办法。上述特定纳税人由国家税务总局另行明确。比如，根据国家税务总局公告2012年第27号规定，专门从事股权（股票）投资业务的企业，不得核定征收企业所得税。

对依法按核定应税所得率方式核定征收所得税的企业，取得的转让股权（股票）收入等转让财产收入，应全额计入应税收入额，按照主营项目（业务）确定适用的应税所得率计算征税。若主营项目（业务）发生变化，应在当年汇算清缴时，按照变化后的主营项目（业务）重新确定适用的应税所得率计算征税。

2. 核定征收的办法

税务机关应根据纳税人具体情况，对核定征收企业所得税的纳税人，核定应税所得率或者核定应纳所得税额。

具有下列情形之一的，核定其应税所得率（不具有以下情形的，核定应纳所得税额）。

（1）能正确核算（查实）收入总额，但不能正确核算（查实）成本费用总额的。

（2）能正确核算（查实）成本费用总额，但不能正确核算（查实）收入总额的。

（3）通过合理方法，能计算和推定纳税人收入总额或成本费用总额的。

采用应税所得率方式核定征收企业所得税的，应纳所得税额计算公式如下：

应纳所得税额 = 应纳税所得额 × 适用税率

应纳税所得额 = 应税收入额 × 应税所得率

或：应纳税所得额 = 成本（费用）支出额 ÷ (1 - 应税所得率) × 应税所得率

实行应税所得率方式核定征收企业所得税的纳税人，经营多业的，无论其经营项目是否单独核算，均由税务机关根据其主营项目确定适用的应税所得率。

主营项目应为纳税人所有经营项目中，收入总额或者成本（费用）支出额或者耗用原材料、燃料、动力数量所占比重最大的项目。

应税所得率按表7-10规定的幅度标准确定。

表7-10 应税所得率表　　　　　　　　　单位：%

行业	应税所得率
农、林、牧、渔业	3~10
制造业	5~15
批发和零售贸易业	4~15
交通运输业	7~15
建筑业	8~20
饮食业	8~25
娱乐业	15~30
其他行业	10~30

纳税人的生产经营范围、主营业务发生重大变化，或者应纳税所得额或应纳税额增减

变化达到20%的,应及时向税务机关申报调整已确定的应纳税额或应税所得率。

(三) 非居民企业应纳税额的计算

对于在中国境内未设立机构、场所的,或者虽设立机构、场所但取得的所得与其所设机构、场所没有实际联系的非居民企业的所得,按照下列方法计算应纳税所得额。

(1) 股息、红利等权益性投资收益和利息、租金、特许权使用费所得,以收入全额为应纳税所得额。

(2) 转让财产所得,以收入全额减除财产净值后的余额为应纳税所得额。财产净值是指财产的计税基础减除已经按照规定扣除的折旧、折耗、摊销、准备金等后的余额。

(3) 其他所得,参照前两项规定的方法计算应纳税所得额。

扣缴义务人在每次向非居民企业支付或者到期应支付所得时,应从支付或者到期应支付的款项中扣缴企业所得税。

(四) 非居民企业核定征收办法

非居民企业因会计账簿不健全,资料残缺难以查账,或者其他原因不能准确计算并据实申报其应纳税所得额的,税务机关有权采取以下方法核定其应纳税所得额。

(1) 按收入总额核定应纳税所得额:适用于能够正确核算收入或通过合理方法推定收入总额,但不能正确核算成本费用的非居民企业。计算公式如下:

应纳税所得额=收入总额×经税务机关核定的利润率

(2) 按成本费用核定应纳税所得额:适用于能够正确核算成本费用,但不能正确核算收入总额的非居民企业。计算公式如下:

应纳税所得额=成本费用总额÷(1−经税务机关核定的利润率)×经税务机关核定的利润率

(3) 税务机关核定非居民企业利润率标准:

① 从事承包工程作业、设计和咨询劳务的,利润率为15%~30%。

② 从事管理服务的,利润率为30%~50%。

③ 从事其他劳务或劳务以外经营活动的,利润率不低于15%。

税务机关有根据认为非居民企业的实际利润率明显高于上述标准的,可以按照比上述标准更高的利润率核定其应纳税所得额。

采取核定征收方式征收企业所得税的非居民企业,在中国境内从事适用不同核定利润率的经营活动,并取得应税所得的,应分别核算并适用相应的利润率计算缴纳企业所得税。凡不能分别核算的,应从高适用利润率,计算缴纳企业所得税。

(五) 企业境外所得抵扣税额的计算

企业取得的下列所得已在境外缴纳的所得税税额,可以从其当期应纳税额中抵免,抵免限额为该项所得依照企业所得税法规定计算的应纳税额。超过抵免限额的部分,可以在以后5个年度内,用每年度抵免限额抵免当年应抵税额后的余额进行抵补。

(1) 居民企业来源于中国境外的应税所得。

(2) 非居民企业在中国境内设立机构、场所,取得发生在中国境外但与该机构、场所有实际联系的应税所得。

居民企业从其直接或者间接控制的外国企业分得的来源于中国境外的股息、红利等权益性投资收益,该企业在境外实际缴纳的所得税税额中属于该项所得负担的部分,可以作为该居民企业的可抵免境外所得税税额,在企业所得税法规定的抵免限额内抵免。

上述所称直接控制,是指居民企业直接持有外国企业20%以上股份。

上述所称间接控制,是指居民企业以间接持股方式持有外国企业20%以上股份,具体认定办法由国务院财政、税务主管部门另行制定。

已在境外缴纳的所得税税额,是指企业来源于中国境外的所得依照境外税收法律以及相关规定应当缴纳并已经实际缴纳的企业所得税性质的税款。企业依照企业所得税法的规定抵免企业所得税税额时,应当提供境外税务机关出具的税款所属年度的有关纳税凭证。

抵免限额,是指企业来源于中国境外的所得,依照企业所得税法和实施条例的规定计算的应纳税额。除国务院财政、税务主管部门另有规定外,该抵免限额应当分国(地区)不分项计算,计算公式为:

抵免限额=中国境内、境外所得依照企业所得税法和条例规定计算的应纳税总额×来源于某国(地区)的应纳税所得额÷中国境内、境外应纳税所得额总额

【例7-24】某企业2021年度境内应纳税所得额为100万元,适用25%的企业所得税税率。另外,该企业分别在A、B两国设有分支机构(我国与A、B两国已经缔结避免双重征税协定),在A国分支机构的应纳税所得额为50万元,A国税率为20%;在B国的分支机构的应纳税所得额为30万元,B国税率为30%。假设该企业在A、B两国所得按我国税法计算的应纳税所得额和按A、B两国税法计算的应纳税所得额一致,两个分支机构在A、B两国分别缴纳了10万元和9万元的企业所得税。

要求:计算该企业汇总时在我国应缴纳的企业所得税税额。

【解析】

(1) 该企业按我国税法计算的境内、境外所得的应纳税额:

应纳税额=(100+50+30)×25%=45(万元)。

(2) A、B两国的扣除限额:

A国扣除限额=45×[50÷(100+50+30)]=12.5(万元)。

B国扣除限额=45×[30÷(100+50+30)]=7.5(万元)。

在A国缴纳的所得税为10万元,低于扣除限额12.5万元,可全额扣除。

在B国缴纳的所得税为9万元,高于扣除限额7.5万元,其超过扣除限额的部分1.5万元当年不能扣除。

(3) 汇总时在我国应缴纳的所得税=45-10-7.5=27.5(万元)。

第四节 企业所得税纳税申报实务

一、企业所得税纳税申报办理时限

企业所得税按年计征,分月或者分季预缴,年终汇算清缴,多退少补。

企业所得税的纳税年度,自公历1月1日起至12月31日止。企业在一个纳税年度的中间开业,或者由于合并、关闭等原因终止经营活动,使该纳税年度的实际经营期不足12个月的,应当以其实际经营期为1个纳税年度。企业清算时,应当以清算期间作为1个纳税年度。

自年度终了之日起5个月内,向税务机关报送年度企业所得税纳税申报表,并汇算清缴,结清应缴应退税款。

企业在年度中间终止经营活动的,应当自实际经营终止之日起60日内,向税务机关办理当期企业所得税汇算清缴。

纳税人有下列情形之一的,应办理居民企业清算所得税申报。

(1)因解散、破产、重组等原因终止生产经营活动的纳税人,应在办理注销登记之前,以整个清算期间作为一个纳税年度,计算清算所得及其应纳所得税,在清算结束之日起15日内办理申报。

(2)不再持续经营的纳税人,应在办理注销登记之前,以整个清算期间作为一个纳税年度,计算清算所得及其应纳所得税,在清算结束之日起15日内办理申报。

(3)企业由法人转变为个人独资企业、合伙企业等非法人组织,或将登记注册地转移至中华人民共和国境外(包括港澳台地区),应在办理注销登记之前,以整个清算期间作为一个纳税年度,计算清算所得及其应纳所得税,在清算结束之日起15日内办理申报。

二、企业所得税纳税申报报送资料

企业在纳税年度内无论盈利或者亏损,都应当依照税法规定的期限,向税务机关报送预缴企业所得税纳税申报表、年度企业所得税纳税申报表,并同时报送财务会计报告和税务机关规定应当报送的其他有关资料。

(一)预缴申报

根据国家税务总局2019年第23号公告《关于修订2018年版企业所得税预缴纳税申报表部分表单及填报说明的公告》,自2019年7月1日起,企业预缴纳企业所得税时,分为两种情况。

1. 实行查账征收的居民企业

实行查账征收的居民企业预缴月份、季度税款时,依据国家税务总局2019年第23号公告的规定,需要填报《中华人民共和国企业所得税月(季)度预缴纳税申报表(A类,2018年版)》。

2. 实行核定征收的居民企业

实行核定征收企业所得税的居民企业预缴月份、季度税款时,依据2019年第23号公告,需要填报《中华人民共和国企业所得税月(季)度预缴和年度纳税申报表(B类,2018年版)》。

(二) 年度申报

(1) 根据国家税务总局2017年第54号公告规定,查账征收企业年度终了,汇算清缴纳税申报时应填报《中华人民共和国企业所得税年度纳税申报表(A类,2017年版)》。其中年度纳税申报表中的以下表单为必填表:《中华人民共和国企业所得税年度纳税申报表(A类,2017年版)》封面、《企业所得税年度纳税申报表填报表单》、《企业所得税年度纳税申报基础信息表》(A000000)、《中华人民共和国企业所得税年度纳税申报表(A类)》(A100000)。另外,高新技术企业资格证书在有效期内的纳税人需要填报《高新技术企业优惠情况及明细表》(A107041)(不管是否享受高新技术企业优惠)。企业生产经营业务涉及需要填报其他表单的,应选择填报相关表单。

(2) 企业发生了符合规定的特殊性重组条件并选择特殊性税务处理的债务重组、股权收购、资产收购、合并、分立等重组业务办理年度纳税申报时,除报送《中华人民共和国企业所得税年度纳税申报表(A类,2017年版)》之外,还应报送《企业重组所得税特殊性税务处理报告表及附表》及相关证明资料。

(3) 采用核定征收企业所得税方式的居民企业年度汇算清缴时填报《中华人民共和国企业所得税月(季)度和年度纳税申报表(B类,2018年版)》。

(三) 跨地区经营汇总纳税企业的分支机构申报

跨地区经营汇总纳税企业的分支机构,使用《中华人民共和国企业所得税月(季)度预缴纳税申报表(A类,2018年版)》和《中华人民共和国企业所得税汇总纳税分支机构所得税分配表(2018年版)》进行年度企业所得税汇算清缴申报。

(四) 居民企业清算企业所得税申报

居民企业清算企业所得税申报需报送《中华人民共和国企业清算所得税申报表》。

(五) 关联申报

实行查账征收的居民企业和在中国境内设立机构、场所并据实申报缴纳企业所得税的非居民企业,向税务机关报送年度企业所得税纳税申报表时,应当就其与关联方之间的业务往来进行关联申报,报送《中华人民共和国企业年度关联业务往来报告表(2016年版)》。符合条件的企业,应当在报送年度关联业务往来报告表时,填报国别报告。

三、企业所得税纳税申报实务

【例7-25】

(一) 企业基本信息(如表7-11所示)

珠江电子科技股份有限公司成立于1998年2月13日(开业日期)
纳税人识别号:357856383517165666
纳税人海关编号:3357813752
公司名称:珠江电子科技股份有限公司 电话:020-85621036
纳税人编码:1106253126
网上报税密码:22073824
法人名称:朱江龙
传真:020-85621036
注册地址:广州市花都区登山大道853号
所属行业:通信终端设备制造
行业代码:4013
营业地址:广州市花都区登山大道853号
邮编:512360
注册类型:股份有限公司
注册资本:8000万元
主管税务机关代码:122645
增值税纳税类型:一般纳税人
主管税务机关名称:广州市花都区税务局
纳税优惠:无
监控标志:国家重点税源户
开户银行:工行广州花都支行
信用度:A
开户账号:6541023587412358963
财务负责人:郭安泰
经济性质:股份有限公司
所在省份:广东
办税人员:韩致远
员工人数:1500
会计档案存放地:财务室
办税电话:020-85621037
资产总额:19 000万元
会计核算软件:用友U8

企业实行计税工资计税办法,税局核定人均月计税工资费用扣除标准5000元。

固定资产折旧采用年限平均法(即直线法)。存货成本计价方法:移动加权平均法。所得税计算方法:资产负债表债务法。

坏账核算方式采用备抵法核算,期初坏账余额(会计)为2 681 500.00元,期初坏账余额(税法)为2 681 500.00元。

广告费税前扣除比例为15%,职工教育经费扣除比例8%,无形资产的研究开发加计扣除75%。

以前年度转接股权转让损失余额为0元。

企业是查账征收,非汇总纳税企业。

年度纳税申报方式:按季度申报。

预缴方式:按实际数预缴,前三个季度已实际预缴1 439 738.26元企业所得税。

工资费用扣除方法:计税工资。

实际经营月份为12个月。

境外所得已纳税款抵扣方法:分国不分项限额抵免。

表7-11 企业股东及相关信息

股东名称	证件种类	证件号码	经济性质	投资比例	国籍(注册地)
马文平	身份证	4468979720131054466	自然人	65%	中国
朱江龙	身份证	4468971256333335686	自然人	25%	中国
智尚科技	税务登记证	156984563245632265	有限责任公司	10%	广州花都科技路1号

(二) 企业经营情况(如表7-12所示)

表7-12 全年季度情况表

月份	营业收入	营业成本	营业外收入	营业外成本
1	10 000 000.00	10 000 000.00		
2	9 800 000.00	971 495.00		
3	12 000 000.00	1 100 000.00		1 000 000.00
第一季度合计	31 800 000.00	3 071 495.00		1 000 000.00
4	9 667 266.00	1 000 000.00		
5	8 000 000.00	1 000 000.00		2 600 000.00
6	11 200 000.00	1 300 000.00		
第二季度合计	28 867 266.00	3 300 000.00		2 600 000.00
7	7 200 000.00	1 000 000.00		
8	10 800 000.00	1 600 000.00	5983.00	
9	9 000 000.00	1 400 000.00		3 027 900.00
第三季度合计	27 000 000.00	4 000 000.00	5983.00	3 027 900.00

续表

月份	营业收入	营业成本	营业外收入	营业外成本
10	7 600 000.00	700 000.00		
11	8 400 000.00	800 000.00		
12	11 990 800.00	700 000.00		
第四季度合计	27 990 800.00	2 200 000.00		
全年合计	115 658 066.00	12 571 495.00	5983.00	6 627 900.00

（三）前五年亏损情况表

表 7-13　前五年亏损情况表

年度	2013	2014	2015	2016	2017
利润（元）	4 500 000.00	-3 000 000.00	2 800 000.00	1 200 000.00	-1 500 000.00

（四）企业所得税申报资料

生产经营利润情况如下：

1. 主营业务收入：115 600 916.00 元

HD1308 款手机收入：37 866 049.00 元　　HD1301 款手机收入：25 895 421.00 元
HD1202 款手机收入：14 011 583.00 元　　HD1198 款手机收入：12 984 638.00 元
HD1086 款手机收入：12 587 050.00 元　　HD1086 款手机收入：12 256 175.00 元

注意：其中已经包含将自产的手机发给公司优秀职工作为福利共 9200.00 元，视同销售为营业收入。

2. 主营业务成本：12 535 152.00 元

HD1308 款手机成本：4 735 828.00 元　　HD1301 款手机成本：2 823 625.00 元
HD1202 款手机成本：2 425 625.00 元　　HD1198 款手机成本：915 628.00 元
HD1086 款手机成本：836 570.00 元　　HD1086 款手机成本：797 876.00 元

注意：其中已经包含视同销售成本 5000.00 元。

3. 税金及附加：58 365.00 元

包括除增值税以外的企业应缴的其他税额。

4. 其他业务收入：57 150.00 元

代购代销手续费收入：25 612.00 元；包装物出租收入：31 538.00 元。

5. 其他业务成本：36 343.00 元

出租包装物成本：20 658.00 元；代购代销成本：15 685.00 元。

6. 营业外收入：5983.00 元。出售公司 5 辆废旧货车，获得净收益 5983.00 元。

7. 销售费用：52 718 165.22 元

广告费用：13 802 170.00 元，如表 7-14 所示。业务宣传费用：1 589 810.00 元
业务招待费用：905 669.00 元

固定资产折旧:35 256 016.22 元

工资:1 164 500.00 元

表 7-14 广告费用情况表

项目	广告发布者名称	广告发布者地址	金额
电视广告			
珠江魅力	广东新闻频道	广东省广州市	852 260.00
珠江魅力	中央二台	北京市	11 596 520.00
小计			12 448 780.00
报刊杂志			814 500.00
珠江事业	广州日报	广州	538 890.00
小计			1 353 390.00
合计			13 802 170.00

8. 资产减值损失:29 130.00 元

坏账准备金:29 130.00 元(会计按 3%计提坏账准备金),如表 7-15 所示。

表 7-15 坏账准备情况表

项目	期初余额	年初坏账准备金余额	本期转回额	本期新增额	期末余额	年末坏账准备金余额	本期计提的坏账准备金
应收账款	2 681 500	80 445	1 564 000	2 535 000	3 652 500	109 575	29 130

9. 管理费用:30 924 017.99 元

A. 新技术研发费用 4 585 250.00 元(未形成无形资产,其他,投入直接人工 885 000.00 元,直接材料 2 200 250.00 元,新产品设计 1 500 000.00 元)

B. 差旅费:684 000.00 元

C. 会议费:582 500.00 元

D. 固定资产折旧:19 332 384.66 元,如表 7-16 所示。

表 7-16 固定资产折旧情况表

项目	资产原值	折旧额	残值(按残值率 10%)
生产用			
房屋建筑物	1 058 260 200.00	47 621 709.00	105 826 020.00
机械及其他设备	785 962 100.00	70 736 589.00	78 596 210.00
电子设备	3 521 368.00	1 056 410.40	352 136.80
运输工具	1 000 000.00	225 000.00	100 000.00
合计		119 639 708.40	
管理部门			
房屋建筑物	256 841 252.00	11 557 856.34	25 684 125.20

续表

项目	资产原值	折旧额	残值（按残值率10%）
机械及其他设备	65 412 898.00	5 887 160.82	6 541 289.80
电子设备	5 541 225.00	1 662 367.50	554 122.50
运输工具	1 000 000.00	225 000.00	100 000.00
合计		19 332 384.66	
销售部门			
房屋建筑物	687 412 965.00	30 933 583.43	68 741 296.50
机械及其他设备	36 895 491.00	3 320 594.19	3 689 549.10
电子设备	2 589 462.00	776 838.60	258 946.20
运输工具	1 000 000.00	225 000.00	100 000.00
合计		35 256 016.22	
总计			
房屋建筑物	2 002 514 417.00	90 113 148.77	200 251 441.70
机械及其他设备	888 270 489.00	79 944 344.01	88 827 048.90
电子设备	11 652 055.00	3 495 616.50	1 165 205.50
运输工具	3 000 000.00	675 000.00	300 000.00
合计	2 905 436 961.00	174 228 109.30	290 543 696.10

E. 无形资产、递延资产摊销（公司于1月1日，申请本公司智能手机软件技术专利2 630 000.00元，摊销年限15年，采用直线法摊销）：175 333.33元

F. 工资：5 535 420.00元

G. 其他：29 130.00元

10. 财务费用：12 953 100.00元

A. 利息支出：11 880 000.00元（公司因扩大规模，已于1月1日向中国工商银行广州支行申请借款200 000 000.00元，贷款期限：8年，年利率为5.94%）

B. 汇兑损失：390 000.00元

C. 利息支出：683 100.00元（公司因一时资金不足，向非关联个人借款11 500 000.00元，签订借款合同，按照金融企业同期同类贷款利率计息）

11. 营业外支出：6 627 900.00元

A. 固定资产盘亏：2 359 900.00元

B. 处置固定资产净损失：2 268 000.00元

C. 捐赠支出：2 000 000.00元

企业本年度内于5月26日通过公益性社会团体"乐助会"向湖南水灾灾区捐赠2 000 000.00元。

12. 投资收益：1 824 540.10元

A. 短期股权投资转让净收入:85 000.00元(深圳天童股票:转让价为275 000.00元,转让成本:190 000.00元)

B. 集团债券利息收入:941 296.00元(此债券投资成本:380 000.00元)

C. 国债利息收入:368 415.20元(此国债投资成本:250 000.00元)

D. 权益性投资收益:取得上市公司山西钢铁股份有限公司的股权收入429 828.90元(被投资公司纳税人识别号:456245654566256120,所在地:山西太原市迎新街58号,投资时间:2017年5月20号,本公司占该公司的主权为45%,投资成本为250万元,被投资公司做出利润分配决定的时间:2018年12月8日)

13. 工资福利表(如表7-17所示)

表7-17 工资福利表

项目	应付工资	应付福利费	应付职工教育经费	应付工会经费
生产成本	15 214 200.00	2 065 250.00		
制造费用	2 650 210.00	322 250.00		
销售费用	1 025 250.00	139 250.00		
管理费用	3 823 020.00	520 160.00	689 560.00	502 680.00
总额	22 712 680.00	3 046 910.00	689 560.00	502 680.00

14. 年度利润表(如表7-18所示)

表7-18 年度利润表

项目	行次	本年发生数
一、营业收入	1	115 658 066.00
减:营业成本	2	12 571 495.00
税金及附加	3	58 365.00
销售费用	4	52 718 165.22
管理费用	5	30 924 017.99
财务费用(收益以"-"号填列)	6	12 953 100.00
资产减值损失	7	29 130.00
加:公允价值变动净收益(净损失以"-"号填列)	8	
投资收益(净损失以"-"号填列)	9	1 824 540.10
其中:对联营企业和合营企业的投资收益	10	
二、营业利润(亏损以"-"号填列)	11	8 228 332.89
加:营业外收入	12	5 983.00
减:营业外支出	13	6 627 900.00
其中:非流动资产处置损失	14	
三、利润总额(亏损总额以"-"号填列)	15	1 606 415.89

续表

项目	行次	本年发生数
减:所得税费用	16	401 603.97
四、净利润(净亏损以"-"号填列)	17	1 204 811.92

请根据以上数据,计算该公司企业所得税应纳税额并填写企业所得税纳税申报表。

【解析】

2018年该公司的应纳税所得额分析过程如下:

(1) 会计利润=115 658 066-12 571 495-58 365-52 718 165.22-30 924 017.99-12 953 100-29 130+1 824 540.10+5983-6 627 900=1 606 415.89(元)。

(2) 广告费和业务招待费扣除限额=115 658 066×15%=17 348 709.90(元),不需要调整应纳税所得额。

(3) 业务招待费扣除限额=115 658 066×0.5%=578 290.33(元),实际发生额的60%=543 401.4(元),应调增应纳税所得额=905 669-543 401.4=362 267.6(元)。

(4) 未经核定的准备金支出在计算应纳税所得额时不得扣除,应调增应纳税所得额29 130元。

(5) 新技术研发费用,加计75%扣除,应调减应纳税所得额75%×4 585 250.00=3 438 937.5(元)。

(6) 捐赠支出扣除限额=1 606 415.89×12%=192 769.91,应调增应纳税所得额=2 000 000-192 769.91=1 807 230.09(元)。

(7) 国债利息收入免征企业所得税,应调减应纳税所得额368 415.2元。

(8) 职工福利费扣除限额=22 712 680×15%=3 406 902(元),不需调整应纳税所得额。

(9) 职工教育经费扣除限额=22 712 680×8%=1 817 014.4(元),不需调整应纳税所得额。

(10) 工会经费扣除限额=22 712 680×2%=454 253.6(元),应调增应纳税所得额=502 680-454 253.6=48 426.4(元)。

(11) 居民企业之间的股息免征企业所得税,应调减应纳税所得额429 828.9元。

(12) 该公司的应纳税所得额为1 606 415.89+2 247 054.09-4 237 181.60=-383 711.62。

故该公司本期应纳税额为0,由于前期预缴企业所得税1 439 738.26元,故需退税1 439 738.26元。

该案例的企业所得税纳税申报表如表7-19至表7-29所示。

表7-19 A100000 中华人民共和国企业所得税年度纳税申报表(A类)

行次	类别	项目	金额
1	利润总额计算	一、营业收入(填写A101010\\101020\\103000)	115 658 066.00
2		减:营业成本(填写A102010\\102020\\103000)	12 571 495.00
3		减:税金及附加	58 365.00
4		减:销售费用(填写A104000)	52 718 165.22

续表

行次	类别	项目	金额
5	利润总额计算	减:管理费用(填写A104000)	30 924 017.99
6		减:财务费用(填写A104000)	12 953 100.00
7		减:资产减值损失	29 130.00
8		加:公允价值变动收益	
9		加:投资收益	1 824 540.10
10		二、营业利润(1-2-3-4-5-6-7+8+9)	8 228 332.89
11		加:营业外收入(填写A101010\\101020\\103000)	5983.00
12		减:营业外支出(填写A102010\\102020\\103000)	6 627 900.00
13		三、利润总额(10+11-12)	1 606 415.89
14	应纳税所得额计算	减:境外所得(填写A108010)	
15		加:纳税调整增加额(填写A105000)	2 247 054.09
16		减:纳税调整减少额(填写A105000)	0.00
17		减:免税、减计收入及加计扣除(填写A107010)	4 237 181.60
18		加:境外应税所得抵减境内亏损(填写A108000)	
19		四、纳税调整后所得(13-14+15-16-17+18)	-383 711.62
20		减:所得减免(填写A107020)	
21		减:弥补以前年度亏损(填写A106000)	0.00
22		减:抵扣应纳税所得额(填写A107030)	
23		五、应纳税所得额(19-20-21-22)	0.00
24	应纳税额计算	税率(25%)	25%
25		六、应纳所得税额(23×24)	0.00
26		减:减免所得税额(填写A107040)	
27		减:抵免所得税额(填写A107050)	
28		七、应纳税额(25-26-27)	0.00
29		加:境外所得应纳所得税额(填写A108000)	
30		减:境外所得抵免所得税额(填写A108000)	
31		八、实际应纳所得税额(28+29-30)	0.00
32		减:本年累计实际已缴纳的所得税额	1 439 738.26
33		九、本年应补(退)所得税额(31-32)	-1 439 738.26
34		其中:总机构分摊本年应补(退)所得税额(填写A109000)	
35		财政集中分配本年应补(退)所得税额(填写A109000)	

续表

行次	类别	项目	金额
36	应纳税额计算	总机构主体生产经营部门分摊本年应补(退)所得税额(填写A109000)	

表7-20 A101010 一般企业收入明细表

行次	项目	金额
1	一、营业收入(2+9)	115 658 066.00
2	(一)主营业务收入(3+5+6+7+8)	115 600 916.00
3	1.销售商品收入	115 600 916.00
4	其中:非货币性资产交换收入	
5	2.提供劳务收入	
6	3.建造合同收入	
7	4.让渡资产使用权收入	
8	5.其他	
9	(二)其他业务收入(10+12+13+14+15)	57 150.00
10	1.销售材料收入	
11	其中:非货币性资产交换收入	
12	2.出租固定资产收入	
13	3.出租无形资产收入	
14	4.出租包装物和商品收入	31 538.00
15	5.其他	25 612.00
16	二、营业外收入(17+18+19+20+21+22+23+24+25+26)	5983.00
17	(一)非流动资产处置利得	5983.00
18	(二)非货币性资产交换利得	
19	(三)债务重组利得	
20	(四)政府补助利得	
21	(五)盘盈利得	
22	(六)捐赠利得	
23	(七)罚没利得	
24	(八)确实无法偿付的应付款项	
25	(九)汇兑收益	
26	(十)其他	

表 7-21　A102010 一般企业成本支出明细表

行次	项目	金额
1	一、营业成本(2+9)	12 571 495.00
2	(一)主营业务成本(3+5+6+7+8)	12 535 152.00
3	1.销售商品成本	12 535 152.00
4	其中:非货币性资产交换成本	
5	2.提供劳务成本	
6	3.建造合同成本	
7	4.让渡资产使用权成本	
8	5.其他	
9	(二)其他业务成本(10+12+13+14+15)	36 343.00
10	1.销售材料成本	
11	其中:非货币性资产交换成本	
12	2.出租固定资产成本	
13	3.出租无形资产成本	
14	4.包装物出租成本	20 658.00
15	5.其他	15 685.00
16	二、营业外支出(17+18+19+20+21+22+23+24+25+26)	6 627 900.00
17	(一)非流动资产处置损失	2 268 000.00
18	(二)非货币性资产交换损失	
19	(三)债务重组损失	
20	(四)非常损失	
21	(五)捐赠支出	2 000 000.00
22	(六)赞助支出	
23	(七)罚没支出	
24	(八)坏账损失	
25	(九)无法收回的债券股权投资损失	
26	(十)其他	2 359 900.00

表 7-22 A104000 期间费用明细表

行次	项目	销售费用	其中：境外支付	管理费用	其中：境外支付	财务费用	其中：境外支付
		1	2	3	4	5	6
1	一、职工薪酬	1 164 500.00	*	5 535 420.00	*	*	*
2	二、劳务费					*	*
3	三、咨询顾问费					*	*
4	四、业务招待费	905 669.00	*		*	*	*
5	五、广告费和业务宣传费	15 391 980.00	*		*	*	*
6	六、佣金和手续费						
7	七、资产折旧摊销费	35 256 016.22	*	19 507 717.99	*	*	*
8	八、财产损耗、盘亏及毁损损失		*		*	*	*
9	九、办公费		*		*	*	*
10	十、董事会费		*	582 500.00	*	*	*
11	十一、租赁费					*	*
12	十二、诉讼费		*		*	*	*
13	十三、差旅费		*	684 000.00	*	*	*
14	十四、保险费		*		*	*	*
15	十五、运输、仓储费					*	*
16	十六、修理费					*	*
17	十七、包装费		*		*	*	*
18	十八、技术转让费					*	*
19	十九、研究费用			4 585 250.00			
20	二十、各项税费		*		*	*	*
21	二十一、利息收支	*	*	*	*	12 563 100.00	
22	二十二、汇兑差额	*	*	*	*	390 000.00	
23	二十三、现金折扣	*	*	*	*		*
24	二十四、党组织工作经费	*	*	*	*	*	*
25	二十五、其他			29 130.00			
26	合计(1+2+3+…25)	52 718 165.22	0.00	30 924 017.99	0.00	12 953 100.00	0.00

表 7-23 A105000 纳税调整项目明细表

行次	项 目	账载金额 1	税收金额 2	调增金额 3	调减金额 4
1	一、收入类调整项目(2+3+…8+10+11)	*	*	0.00	0.00
2	(一)视同销售收入(填写 A105010)	*			*
3	(二)未按权责发生制原则确认的收入(填写 A105020)				
4	(三)投资收益(填写 A105030)	1 026 296.00	1 026 296.00	0.00	
5	(四)按权益法核算长期股权投资对初始投资成本调整确认收益	*	*	*	
6	(五)交易性金融资产初始投资调整	*	*		*
7	(六)公允价值变动净损益		*		
8	(七)不征税收入	*	*		
9	其中:专项用途财政性资金(填写 A105040)	*	*		
10	(八)销售折扣、折让和退回				
11	(九)其他				
12	二、扣除类调整项目(13+14+…24+26+27+28+29+30)	*	*	2 217 924.09	0.00
13	(一)视同销售成本(填写 A105010)	*		*	
14	(二)职工薪酬(填写 A105050)	26 951 830.00	26 903 403.60	48 426.40	
15	(三)业务招待费支出	905 669.00	543 401.40	362 267.60	*
16	(四)广告费和业务宣传费支出(填写 A105060)	*	*	0.00	
17	(五)捐赠支出(填写 A105070)	2 000 000.00	192 769.91	1 807 230.09	
18	(六)利息支出	683 100.00	683 100.00	0.00	
19	(七)罚金、罚款和被没收财物的损失		*		*
20	(八)税收滞纳金、加收利息		*		*
21	(九)赞助支出		*		*
22	(十)与未实现融资收益相关在当期确认的财务费用				
23	(十一)佣金和手续费支出				*
24	(十二)不征税收入用于支出所形成的费用	*	*		*
25	其中:专项用途财政性资金用于支出所形成的费用(填写 A105040)	*	*		*
26	(十三)跨期扣除项目				
27	(十四)与取得收入无关的支出		*		*

续表

行次	项 目	账载金额 1	税收金额 2	调增金额 3	调减金额 4
28	(十五)境外所得分摊的共同支出	*	*		*
29	(十六)党组织工作经费				
30	(十七)其他				
31	三、资产类调整项目(32+33+34+35)	*	*	29 130.00	
32	(一)资产折旧、摊销(填写 A105080)	174 403 442.61	174 403 442.61	0.00	
33	(二)资产减值准备金	29 130.00	*	29 130.00	
34	(三)资产损失(填写 A105090)				
35	(四)其他				
36	四、特殊事项调整项目(37+38+…+42)	*	*	0.00	
37	(一)企业重组及递延纳税事项(填写 A105100)				
38	(二)政策性搬迁(填写 A105110)	*	*		
39	(三)特殊行业准备金(填写 A105120)				
40	(四)房地产开发企业特定业务计算的纳税调整额(填写 A105010)	*			
41	(五)有限合伙企业法人合伙方应分得的应纳税所得额				
42	(六)其他	*	*		
43	五、特别纳税调整应税所得	*	*		
44	六、其他	*	*		
45	合计(1+12+31+36+43+44)	*	*	2 247 054.09	0.00

表 7-24　A105030 投资收益纳税调整明细表

行次	项目	持有收益			处置收益						纳税调整金额
		账载金额	税收金额	纳税调整金额	会计确认的处置收入	税收计算的处置收入	处置投资的账面价值	处置投资的计税基础	会计确认的处置所得或损失	税收计算的处置所得	纳税调整金额	
		1	2	3（2-1）	4	5	6	7	8（4-6）	9（5-7）	10（9-8）	11（3+10）
1	一、交易性金融资产											
2	二、可供出售金融资产	941 296.00	941 296.00	0.00								0.00
3	三、持有至到期投资											
4	四、衍生工具											
5	五、交易性金融负债	0.00	0.00	0.00								0.00
6	六、长期股权投资											
7	七、短期投资				275 000.00	275 000.00	190 000.00	190 000.00	85 000.00	85 000.00	0.00	0.00
8	八、长期债券投资											
9	九、其他											
10	合计（1+2+3+4+5+6+7+8+9）	941 296.00	941 296.00	0.00	275 000.00	275 000.00	190 000.00	190 000.00	85 000.00	85 000.00	0.00	0.00

表 7-25 A105060 广告费和业务宣传费跨年度纳税调整明细表

行次	项目	金额
1	一、本年广告费和业务宣传费支出	15 391 980.00
2	减:不允许扣除的广告费和业务宣传费支出	
3	二、本年符合条件的广告费和业务宣传费支出(1-2)	15 391 980.00
4	三、本年计算广告费和业务宣传费扣除限额的销售(营业)收入	115 658 066.00
5	乘:税收规定扣除率	0.15
6	四、本企业计算的广告费和业务宣传费扣除限额(4×5)	17 348 709.90
7	五、本年结转以后年度扣除额(3>6,本行=3-6;3≤6,本行=0)	0.00
8	加:以前年度累计结转扣除额	
9	减:本年扣除的以前年度结转额[3>6,本行=0;3≤6,本行=8 与(6-3)孰小值]	
10	六、按照分摊协议归集至其他关联方的广告费和业务宣传费(10≤3 与 6 孰小值)	
11	按照分摊协议从其他关联方归集至本企业的广告费和业务宣传费	
12	七、本年广告费和业务宣传费支出纳税调整金额(3>6,本行=2+3-6+10-11;3≤6,本行=2+10-11-9)	0.00
13	八、累计结转以后年度扣除额(7+8-9)	

表 7-26 A105070 捐赠支出及纳税调整明细表

行次	项目	账载金额	以前年度结转可扣除的捐赠额	按税收规定计算的扣除限额	税收金额	纳税调增金额	纳税调减金额	可结转以后年度扣除的捐赠额
		1	2	3	4	5	6	7
1	一、非公益性捐赠		*	*	*		*	*
2	二、全额扣除的公益性捐赠		*	*		*	*	*
3	三、限额扣除的公益性捐赠(4+5+6+7)	2 000 000.00	0.00	192 769.91	192 769.91	1 807 230.09	0.00	1 807 230.09
4	前三年度(2015 年)	*		*	*	*		*
5	前二年度(2016 年)	*		*	*	*		*
6	前一年度(2017 年)	*		*	*	*		*
7	本年(2018 年)	2 000 000.00	*	192 769.91	192 769.91	1 807 230.09	*	1 807 230.09
8	合计(1+2+3)	2 000 000.00	0.00	192 769.91	192 769.91	1 807 230.09	0.00	1 807 230.09

表 7-27 A106000 企业所得税弥补亏损明细表

行次	项目	年度	可弥补亏损所得	合并、分立转入（转出）可弥补的亏损额	当年可弥补的亏损额	以前年度亏损已弥补额					本年度实际弥补的以前年度亏损额	可结转以后年度弥补的亏损额
						前四年度	前三年度	前二年度	前一年度	合计		
		1	2	3	4	5	6	7	8	9	10	11
1	前五年度	2013	4 500 000.00		0.00	0.00	0.00	0.00	0.00	0.00	0.00	*
2	前四年度	2014	-3 000 000.00		-3 000 000.00	*	2 800 000.00	200 000.00	0.00	3 000 000.00	0.00	0.00
3	前三年度	2015	2 800 000.00		0.00	*	*	0.00	0.00	0.00	0.00	0.00
4	前二年度	2016	1 200 000.00		0.00	*	*	*	0.00	0.00	0.00	0.00
5	前一年度	2017	-1 500 000.00		-1 500 000.00	*	*	*	*	*	0.00	1 500 000.00
6	本年度	2018	-383 711.62		-383 711.62	*	*	*	*	*		383 711.62
7	可结转以后年度弥补的亏损额合计											1 883 711.62

表 7-28 A107010 免税、减计收入及加计扣除优惠明细表

行次	项目	金额
1	一、免税收入(2+3+6+7+…+16)	798 244.10
2	(一)国债利息收入免征企业所得税	368 415.20
3	(二)符合条件的居民企业之间的股息、红利等权益性投资收益免征企业所得税(填写 A107011)	429 828.90
4	其中:内地居民企业通过沪港通投资且连续持有 H 股满 12 个月取得的股息红利所得免征企业所得税(填写 A107011)	
5	内地居民企业通过深港通投资且连续持有 H 股满 12 个月取得的股息红利所得免征企业所得税(填写 A107011)	
6	(三)符合条件的非营利组织的收入免征企业所得税	
7	(四)符合条件的非营利组织(科技企业孵化器)的收入免征企业所得税	
8	(五)符合条件的非营利组织(国家大学科技园)的收入免征企业所得税	
9	(六)中国清洁发展机制基金取得的收入免征企业所得税	
10	(七)投资者从证券投资基金分配中取得的收入免征企业所得税	
11	(八)取得的地方政府债券利息收入免征企业所得税	
12	(九)中国保险保障基金有限责任公司取得的保险保障基金等收入免征企业所得税	
13	(十)中央电视台的广告费和有线电视费收入免征企业所得税	
14	(十一)中国奥委会取得北京冬奥组委支付的收入免征企业所得税	
15	(十二)中国残奥委会取得北京冬奥组委分期支付的收入免征企业所得税	
16	(十三)其他	
17	二、减计收入(18+19+23+24)	
18	(一)综合利用资源生产产品取得的收入在计算应纳税所得额时减计收入	
19	(二)金融、保险等机构取得的涉农利息、保费减计收入(20+21+22)	
20	1.金融机构取得的涉农贷款利息收入在计算应纳税所得额时减计收入	
21	2.保险机构取得的涉农保费收入在计算应纳税所得额时减计收入	
22	3.小额贷款公司取得的农户小额贷款利息收入在计算应纳税所得额时减计收入	
23	(三)取得铁路债券利息收入减半征收企业所得税	
24	(四)其他	
25	三、加计扣除(26+27+28+29+30)	3 438 937.50
26	(一)开发新技术、新产品、新工艺发生的研究开发费用加计扣除(填写 A107012)	3 438 937.50

续表

行次	项目	金额
27	(二)科技型中小企业开发新技术、新产品、新工艺发生的研究开发费用加计扣除(填写 A107012)	
28	(三)企业为获得创新性、创意性、突破性的产品进行创意设计活动而发生的相关费用加计扣除	
29	(四)安置残疾人员所支付的工资加计扣除	
30	(五)其他	
31	合计(1+17+25)	4 237 181.60

表7-29 A107012研发费用加计扣除优惠明细表

	基本信息		
1	√一般企业　□科技型中小企业	科技型中小企业登记编号	
2	本年可享受研发费用加计扣除项目数量	1	
	研发活动费用明细		
3	一、自主研发、合作研发、集中研发(4+8+17+20+24+35)		4 585 250.00
4	(一)人员人工费用(5+6+7)		885 000.00
5	1.直接从事研发活动人员工资薪金		885 000.00
6	2.直接从事研发活动人员五险一金		
7	3.外聘研发人员的劳务费用		
8	(二)直接投入费用(9+10+…+16)		2 200 250.00
9	1.研发活动直接消耗材料		2 200 250.00
10	2.研发活动直接消耗燃料		
11	3.研发活动直接消耗动力费用		
12	4.用于中间试验和产品试制的模具、工艺装备开发及制造费		
13	5.用于不构成固定资产的样品、样机及一般测试手段购置费		
14	6.用于试制产品的检验费		
15	7.用于研发活动的仪器、设备的运行维护、调整、检验、维修等费用		
16	8.通过经营租赁方式租入的用于研发活动的仪器、设备租赁费		
17	(三)折旧费用(18+19)		0.00
18	1.用于研发活动的仪器的折旧费		
19	2.用于研发活动的设备的折旧费		
20	(四)无形资产摊销(21+22+23)		0.00
21	1.用于研发活动的软件的摊销费用		

续表

	研发活动费用明细	
22	2.用于研发活动的专利权的摊销费用	
23	3.用于研发活动的非专利技术(包括许可证、专有技术、设计和计算方法等)的摊销费用	
24	(五)新产品设计费等(25+26+27+28)	1 500 000.00
25	1.新产品设计费	1 500 000.00
26	2.新工艺规程制定费	
27	3.新药研制的临床试验费	
28	4.勘探开发技术的现场试验费	
29	(六)其他相关费用(30+31+32+33+34)	0.00
30	1.技术图书资料费、资料翻译费、专家咨询费、高新科技研发保险费	
31	2.研发成果的检索、分析、评议、论证、鉴定、评审、评估、验收费用	
32	3.知识产权的申请费、注册费、代理费	
33	4.职工福利费、补充养老保险费、补充医疗保险费	
34	5.差旅费、会议费	
35	(七)经限额调整后的其他相关费用	
36	二、委托研发[(37-38)×80%]	0.00
37	委托外部机构或个人进行研发活动所发生的费用	
38	其中:委托境外进行研发活动所发生的费用	
39	三、年度研发费用小计(3+36)	4 585 250.00
40	(一)本年费用化金额	4 585 250.00
41	(二)本年资本化金额	
42	四、本年形成无形资产摊销额	
43	五、以前年度形成无形资产本年摊销额	
44	六、允许扣除的研发费用合计(40+42+43)	4 585 250.00
45	减:特殊收入部分	
46	七、允许扣除的研发费用抵减特殊收入后的金额(44-45)	4 585 250.00
47	减:当年销售研发活动直接形成产品(包括组成部分)对应的材料部分	
48	减:以前年度销售研发活动直接形成产品(包括组成部分)对应材料部分结转金额	
49	八、加计扣除比例	0.75
50	九、本年研发费用加计扣除总额(46-47-48)×49	3 438 937.50

	研发活动费用明细	
51	十、销售研发活动直接形成产品(包括组成部分)对应材料部分结转以后年度扣减金额(当46-47-48≥0,本行=0;当46-47-48<0,本行=46-47-48的绝对值)	0.00

第八章 个人所得税法

学习目标

1. 掌握个人所得税的概念、特点。
2. 掌握个人所得税的纳税义务人和征税范围。
3. 掌握个人所得税的税收优惠。
4. 掌握个人所得税的征收管理。
5. 掌握个人所得税应纳税所得额的计算。
6. 掌握个人所得税应纳税额的计算。
7. 熟悉个人所得税境外所得已纳税额扣除的计算。
8. 能够进行个人申报表、代扣代缴申报表及经营所得申报表的填写。

第一节 个人所得税构成要素

个人所得税是以自然人取得的各类应税所得为征税对象而征收的一种所得税,是政府利用税收对个人收入进行调节的一种手段。个人所得税法是指国家制定的用以调整个人所得税征收与缴纳之间权利及义务关系的法律规范。个人所得税的基本规范是1980年9月10日第五届全国人民代表大会第三次会议制定的《中华人民共和国个人所得税法》(以下简称《个人所得税法》),多年来,通过了七次修改,目前适用的是2018年8月31日,由第十三届全国人民代表大会常务委员会第五次会议修改通过并公布的,自2019年1月1日起施行。

从世界范围看个人所得税的税制模式有三种:分类征收制、综合征收制与混合征收制。分类征收制,就是将纳税人不同来源、性质的所得项目,分别规定不同的税率征收;综合征收制,是对纳税人全年的各项所得加以汇总,就其总额进行征税;混合征收制,是对纳税人不同来源、性质的所得先分别按照不同的税率征税,然后将全年的各项所得进行汇总征税。三种不同的征收模式各有其优缺点。目前,我国个人所得税已初步建立分类与综合相结合的征收模式,即混合征收制。

个人所得税在组织财政收入、提高公民纳税意识,尤其在调节个人收入分配差距方面具有重要作用。我国现行的个人所得税主要有以下五个特点:

(1) 实行分类与综合相结合的模式。

我国个人所得税的征收采用的是分类征收制与综合征收制结合的模式。

（2）累进税率与比例税率并用。

我国现行个人所得税根据个人所得的不同性质和特点，采用累进税率与比例税率并用的税率形式。其中，对工资、薪金所得，劳务报酬所得税、稿酬所得、特许权使用费所得采用七级累进税率；对经营所得采用五级累进税率；对财产租赁所得、财产转让所得及利息、股息红利所得等，采用比例税率。

（3）费用扣除额较宽。

（4）计算简便。

（5）采取课源制和申报制两种征纳方法。

【例8-1】我国目前个人所得税采用（　　）。

A. 分类征收制　　　　　　B. 综合征收制
C. 混合征收制　　　　　　D. 单一征收制

【答案】C。

一、纳税义务人与扣缴义务人

1. 纳税义务人

个人所得税的纳税人，包括中国公民、个体工商业户、个人独资企业、合伙企业投资者，在中国有所得的外籍人员（包括无国籍人员，下同）和香港、澳门、台湾同胞。上述纳税人依据住所和居住时间两个标准，区分为居民和非居民，分别承担不同的纳税义务，如表8-1所示。居民纳税人承担无限纳税义务，非居民纳税人承担有限纳税义务。具体划分如下：

（1）居民纳税人：居民纳税人是指在中国境内有住所，或者无住所而一个纳税年度内在中国境内居住累计满183天的个人。在中国境内有住所的个人，是指因户籍、家庭、经济利益关系，而在中国境内习惯性居住的个人。这里所说的习惯性居住，是判定纳税义务人属于居民还是非居民的一个重要依据。它是指个人因学习、工作、探亲等原因消除之后，没有理由在其他地方继续居留时，所要回到的地方，而不是指实际居住或在某一个特定时期内的居住地。一个纳税人因学习、工作、探亲、旅游等原因，原来是在中国境外居住，但是在这些原因消除之后，如果必须回到中国境内居住的，则中国为该人的习惯性居住地。尽管该纳税义务人在一个纳税年度内，甚至连续几个纳税年度，都未在中国境内居住过1天，他仍然是中国居民纳税义务人，应就其来自全球的应纳税所得，向中国缴纳个人所得税。

一个纳税年度在境内居住累计满183天，是指在一个纳税年度（即公历1月1日起至12月31日止，下同）内，在中国境内居住累计满183天。在计算居住天数时，按其一个纳税年度内在境内的实际居住时间确定，取消了原有的临时离境规定。即境内无住所的某人在一个纳税年度内无论出境多少次，只要在我国境内累计住满183天，就可判定为我国的居民个人。综上可知，个人所得税的居民个人包括以下两类：

① 在中国境内定居的中国公民和外国侨民。但不包括虽具有中国国籍，却并没有在

中国大陆定居,而是侨居海外的华侨和居住在香港、澳门、台湾的同胞。

② 从公历1月1日起至12月31日止,在中国境内累计居住满183天的外国人、海外侨胞和香港、澳门、台湾同胞。

现行税法中关于"中国境内"的概念,是指中国大陆地区,目前还不包括香港、澳门和台湾地区。

居民纳税人判定标准:住所标准和居住时间标准只要具备一个就成为居民纳税人。①住所标准:"在中国境内有住所"是指因户籍、家庭、经济利益关系而在中国境内习惯性居住;②居住时间标准:一个纳税年度内在中国境内居住累计满183天。

(2) 非居民纳税人:非居民纳税人是指在中国境内无住所又不居住,或者无住所而一个纳税年度内在中国境内居住累计不满183天的个人。非居民纳税义务人只就其来源于中国境内的所得,向中国缴纳个人所得税。

非居民纳税人的判定条件是以下两条必须同时具备:①在我国境内无住所;②在我国不居住或居住不满183天。

无住所个人一个纳税年度内在中国境内累计居住天数,按照个人在中国境内累计停留的天数计算。在中国境内停留的当天满24小时的,计入中国境内居住天数,在中国境内停留的当天不足24小时的,不计入中国境内居住天数。

在现实生活中,习惯性居住地不在中国境内的个人,只有外籍人员、华侨或香港、澳门和台湾同胞。因此,非居民个人,实际上只能是在一个纳税年度中,没有在中国境内居住,或者在中国境内居住天数累计不满183天的外籍人员、华侨或香港、澳门、台湾同胞。

表8-1 居民个人与非居民个人判定标准及承担的纳税义务

纳税人类别	承担的纳税义务	判定标准
居民个人	负有无限纳税义务,其所取得的应纳税所得,无论是来源于中国境内还是中国境外任何地方,都要在中国缴纳个人所得税	住所标准和居住时间标准只要具备一个就成为居民个人: ①住所标准:"在中国境内有住所"是指因户籍、家庭、经济利益关系而在中国境内习惯性居住 ②居住时间标准:"无住所而一个纳税年度内在中国境内居住累计满183天"是指在一个纳税年度(公历1月1日起至12月31日止,下同)内,在中国境内居住累计满183天
非居民个人	承担有限纳税义务,只就其来源于中国境内的所得,向中国缴纳个人所得税	在中国境内无住所又不居住或者无住所而一个纳税年度内在境内居住累计不满183天的个人,所以,非居民个人的判定标准是以下两条必须同时具备: ①在中国境内无住所 ②在中国境内不居住或在一个纳税年度内在境内居住累计不满183天

2. 扣缴义务人

我国实行个人所得税代扣代缴和个人自行申报相结合的征收管理制度。税法规定,个人所得税以支付所得的单位或者个人为扣缴义务人。纳税人有中国公民身份号码的,以中国公民身份号码为纳税人识别号;纳税人没有中国公民身份号码的,由税务机关赋予其纳税人识别号。扣缴义务人扣缴税款时,纳税人应当向扣缴义务人提供纳税人识别号,扣缴义务人应当按照国家规定办理全员全额扣缴申报,并向纳税人提供其个人所得和已扣缴税款等信息。扣缴义务人在向纳税人支付各项应纳税所得时,必须履行代扣代缴税款的义务。扣缴义务人对纳税人的应扣未扣税款应由纳税人予以补缴。对扣缴义务人按照所扣缴的税款,税务机关应付给2%的手续费。

二、所得来源地的规定

除国务院财政、税务主管部门另有规定外,下列所得,不论支付地点是否在中国境内,均为来源于中国境内的所得:

(1) 因任职、受雇、履约等而在中国境内提供劳务取得的所得。
(2) 将财产出租给承租人在中国境内使用而取得的所得。
(3) 转让中国境内的不动产等财产或者在中国境内转让其他财产取得的所得。
(4) 许可各种特许权在中国境内使用而取得的所得。
(5) 从中国境内企业、事业单位、其他组织以及居民个人取得的利息、股息、红利所得。

在中国境内无住所的个人,在中国境内居住累计满183天的年度连续不满六年的,其来源于中国境外的所得,经向主管税务机关备案,其来源于中国境外且由境外单位或者个人支付的所得,免予缴纳个人所得税;在中国境内居住累计满183天的任一年度中有一次离境超过30天的,其在中国境内居住累计满183天的年度的连续年限重新起算。在中国境内无住所,但是在一个纳税年度中在中国境内居住累计不超过90天的个人,其来源于中国境内的所得,由境外雇主支付并且不由该雇主在中国境内的机构、场所负担的部分,免予缴纳个人所得税。例如,外国来华工作人员,在我国服务而取得的工资、薪金,不论是我方支付、外国支付、我方和外国共同支付,均属于来源于中国的所得,除少数人员可以享受免税优惠外,其他均应按规定征收个人所得税。但对在中国境内连续居住不超过90天的,可只就我方支付的工资、薪金部分计算纳税,对外国支付的工资、薪金部分免于征税。并且,外国来华工作人员,由外国派出单位发给包干款项,其中包括个人工资、公用经费(邮电费、办公费、广告费、业务上往来必要的交际费)、生活津贴费(住房费、差旅费),凡对上述所得能够划分清楚的,可只就工资薪金所得部分按照规定征收个人所得税。

三、征税项目

个人所得税的征税对象是个人取得的应税所得。个人所得的形式,包括现金、有价证券和其他形式的经济利益。所得为实物的,应当按照取得的凭证上所注明的价格计算应纳税所得额,无凭证的实物或者凭证上注明的价格明显偏低的,参照市场价格核定应纳税所得额。所得为有价证券的,根据票面价格和市场价格核定应纳税所得额。所得为其他形式的经济利益的,参照市场价格核定应纳税所得额,个人所得税征税项目如表8-2所示。

表 8-2 征税项目计税方法

混合制模式	税 目	计征方式
综合征收 （居民个人适用）	1. 工资、薪金所得	按月、按次预扣预缴； 年终合并汇算清缴
	2. 劳务报酬所得	
	3. 稿酬所得	
	4. 特许权使用费所得	
分类征收	5. 经营所得	按年计算，按季预缴，自行申报
	6. 财产租赁所得	按月计算，代扣代缴
	7. 利息、股息、红利所得	按次计算，代扣代缴
	8. 财产转让所得	
	9. 偶然所得	

（一）工资、薪金所得

(1) 工资、薪金所得，是指个人因任职或者受雇而取得的工资、薪金、奖金、年终加薪、劳动分红、津贴、补贴以及与任职或者受雇有关的其他所得。奖金是指所有具有工资性质的奖金，免税奖金的范围在税法中另有规定。

(2) 个人取得的津贴、补贴，不计入工资、薪金所得的项目

根据我国目前个人收入的构成情况，对于一些不属于工资、薪金性质的补贴、津贴或者不属于纳税人本人工资、薪金所得项目的收入，不予征税。这些项目包括：

① 独生子女补贴。

② 执行公务员工资制度未纳入基本工资总额的补贴、津贴差额和家属成员的副食品补贴。

③ 托儿补助费。

④ 差旅费津贴、误餐补助。其中，误餐补助是指按照财政部规定，个人因公在城区、郊区工作，不能在工作单位或返回就餐的，根据实际误餐顿数，按规定的标准领取的误餐费。注意：单位以误餐补助名义发给职工的补助、津贴不能包括在内。

⑤ 外国来华留学生，领取的生活津贴费、奖学金，不属于工资、薪金范畴，不征个人所得税。

(3) 退休人员再任职取得的收入，在减除按税法规定的费用扣除标准后，按"工资、薪金所得"应税项目缴纳个人所得税。

(4) 公司职工取得的用于购买企业国有股权的劳动分红，按"工资、薪金所得"项目计征个人所得税（区分劳动分红与股份分红的不同）。

(5) 对雇员免收差旅费、旅游费：按照"工资、薪金所得"项目征税；对非雇员免收差旅费、旅游费：按照"劳务报酬所得"项目征税。

对商品营销活动中，企业对营销业绩突出的雇员以培训班、研讨会、工作考察等名义组织旅游活动，通过免收差旅费、旅游费对个人实行的营销业绩奖励（包括实物、有价证

券等),应根据所发生费用的金额并入营销人员当期的工资、薪金所得,按照工资、薪金所得征收个人所得税。

(6) 个人按照规定领取的税收递延型商业养老保险的养老金收入,其中25%部分予以免税,其余75%部分按照10%的比例税率计算缴纳个人所得税,税款计入"工资、薪金所得"项目,由保险机构代扣代缴后,在个人购买税延养老保险的机构所在地办理全员全额扣缴申报。

【例8-2】根据个人所得税法律制度的规定,下列各项中,属于工资、薪金所得项目的是( )。

A. 年终加薪　　　　　　　　B. 托儿补助费
C. 独生子女补贴　　　　　　D. 差旅费津贴

【答案】A

【解析】本题考核个人所得税工资薪金项目。BCD选项不予征收个人所得税。

(二) 劳务报酬所得

劳务报酬所得,是指个人从事劳务取得的所得,包括从事设计、装潢、安装、制图、化验、测试、医疗、法律、会计、咨询、讲学、翻译、审稿、书画、雕刻、影视、录音、录像、演出、表演、广告、展览、技术服务、介绍服务、经纪服务、代办服务以及其他劳务取得的所得。

上述各项所得一般属于个人独立从事自由职业取得的所得或属于独立个人劳动所得。

其他规定:

(1) 个人担任董事职务所取得的董事费收入。

① 个人担任董事、监事,且不在公司任职、受雇的,其担任董事职务所取得的董事费收入,按"劳务报酬所得"纳税。

② 在公司(包括关联公司)任职、受雇,同时兼任董事、监事的,应将董事费、监事费与个人工资收入合并,统一按"工资、薪金所得"项目纳税。

(2) 在校学生因参与勤工俭学活动取得的应税所得项目。

(3) 对营销成绩突出的非雇员以培训班、研讨会、工作考察等名义组织旅游活动,所发生费用的全额作为该营销人员当期的劳务收入。

(4) 个人兼职取得的收入。

在实际操作过程中,还可能出现难以判定一项所得是属于工资、薪金所得,还是属于劳务报酬所得的情况。这两者的区别在于:工资、薪金所得是属于非独立个人劳务活动,即在机关、团体、学校、部队、企业、事业单位及其他组织中任职、受雇而得到的报酬,而劳务报酬所得,则是个人独立从事各种技艺,提供各项劳务取得的报酬。

【例8-3】下列属于个人所得税劳务报酬所得的有( )。

A. 笔译翻译收入　　　　　　B. 审稿收入
C. 现场书画收入　　　　　　D. 雕刻收入

【答案】ABCD

【解析】上述都属于独立从事某种技艺取得的收入,特别注意审稿和书画收入不属于稿酬所得。

【例8-4】下列个人所得按"劳务报酬所得"项目缴纳个人所得税的有(　　)。

A. 外部董事的董事费收入　　　　B. 个人兼职收入
C. 教师自办培训班取得的收入　　D. 在校学生参加勤工俭学活动取得的收入

【答案】ABCD

(三) 稿酬所得

稿酬所得,是指个人作品以图书、报刊形式出版、发表而取得的所得。作品包括文学作品、书画作品、摄影作品,以及其他作品。

(1) 作者去世后,财产继承人取得的遗作稿酬,也应征收个人所得税。

(2) 对报纸、杂志、出版等单位的职员在本单位的刊物上发表作品、出版图书取得所得征税问题,有关税收制度规定如下:

① 任职、受雇于报纸、杂志等单位的记者、编辑等专业人员,因在本单位的报纸、杂志上发表作品取得的所得,属于因任职、受雇而取得的所得,应与其当月工资收入合并,按"工资、薪金所得"项目征收个人所得税。

提示:除上述专业人员以外,其他人员在本单位的报纸、杂志上发表作品取得的所得,应按"稿酬所得"项目征收个人所得税。

② 出版社的专业作者撰写、编写或翻译的作品,由本社以图书形式出版而取得的稿费收入,应按"稿酬所得"项目征收个人所得税。

提示:以是否发表、是否在本单位发表以及作者专业状况为标准,辨析稿酬所得、劳务报酬所得和工资、薪金所得三者之间的区别。

【例8-5】根据个人所得税法律制度的规定,下列从事非雇佣劳动取得的收入中,应按"稿酬所得"税目缴纳个人所得税的是(　　)。

A. 审稿收入　　　　　　　　B. 翻译收入
C. 题字收入　　　　　　　　D. 出版作品收入

【答案】D

【解析】稿酬所得,是指个人因其作品以图书、报刊形式出版、发表而取得的所得。ABC 均属于劳务报酬所得。

【例8-6】某画家2021年8月将其精选的书画作品交由某出版社出版,从出版社取得报酬10万元。该笔报酬在缴纳个人所得税时适用的税目是(　　)。

A. 工资薪金所得　　　　　　B. 劳务报酬所得
C. 稿酬所得　　　　　　　　D. 特许权使用费所得

【答案】C

【解析】稿酬所得是指个人因其作品以图书、报刊形式出版、发表而取得的所得。作品包括文学作品、书画作品、摄影作品,以及其他作品。因此本题中,作家将其书画作品通过"出版社"出版取得的报酬,应属于"稿酬所得"。

(四) 特许权使用费所得

特许权使用费所得,是指个人提供专利权、商标权、著作权、非专利技术以及其他特许权的使用权取得的所得。

(1) 提供著作权的使用权取得的所得,不包括稿酬的所得。对于作者将自己的文字作品手稿原件或复印件公开拍卖(竞价)取得的所得,属于提供著作权的使用所得,故应按"特许权使用费所得"项目征收个人所得税。

(2) 个人取得特许权的经济赔偿收入,应按"特许权使用费所得"。

(3) 编剧从电视剧的制作单位取得的剧本使用费,统一按"特许权使用费所得"项目征收个人所得税。

需要注意的是作者将自己的文字作品手稿原件或复印件拍卖取得的所得,按照"特许权使用费"所得项目缴纳个人所得税。个人拍卖别人作品手稿或个人拍卖除文字作品原稿及复印件外的其他财产,都应按照"财产转让所得"项目缴纳个人所得税。

【例8-7】下列各项中,不应按"特许权使用费所得",征收个人所得税的是(　　)。

A. 专利权　　　　　　　　B. 著作权
C. 稿酬　　　　　　　　　D. 非专利技术

【答案】C

【解析】稿酬不应按特许权使用费所得,征收个人所得税。

【例8-8】作家马某2021年12月从某电视剧制作中心取得剧本使用费5000元。马某该项收入计缴个人所得税的下列表述中,正确的是(　　)。

A. 应按"稿酬所得"计缴个人所得税
B. 应按"工资、薪金所得"计缴个人所得税
C. 应按"劳务报酬所得"计缴个人所得税
D. 应按"特许权使用费所得"计缴个人所得税

【答案】D

【解析】从2005年5月1日起,编剧从电视剧的制作单位取得的剧本使用费,不再区分剧本的使用方是否为其任职单位,统一按特许权使用费所得项目征收个人所得税。

(五) 经营所得

经营所得,是指:

(1) 个体工商户从事生产、经营活动取得的所得,个人独资企业投资人、合伙企业的个人合伙人来源于境内注册的个人独资企业、合伙企业生产、经营的所得。

个体工商户以业主为个人所得税纳税义务人。

(2) 个人依法从事办学、医疗、咨询以及其他有偿服务活动取得的所得。

(3) 个人对企业、事业单位承包经营、承租经营以及转包、转租取得的所得。

对企事业单位的承包经营、承租经营所得,是指个人承包经营或承租经营以及转包、转租取得的所得。承包项目可分多种,如生产经营、采购、销售、建筑安装等各种承包。转包,包括全部转包或部分转包。

(4) 个人从事其他生产、经营活动取得的所得。

例如,个人因从事彩票代销业务而取得的所得;或者从事个体出租车运营的出租车驾驶员取得的收入,都应按照"经营所得"项目计征个人所得税。这里所说的从事个体出租车运营,包括:出租车属个人所有,但挂靠出租汽车经营单位或企事业单位,驾驶员向挂靠单位缴纳管理费的,或出租汽车经营单位将出租车所有权转移给驾驶员的。

个体工商户和从事生产、经营的个人,取得与生产、经营活动无关的其他各项应税所得,应分别按照其他应税项目的有关规定,计算征收个人所得税。如取得银行存款的利息所得、对外投资取得的股息所得,应按"股息、利息、红利"税目的规定单独计征个人所得税。

个人独资企业、合伙企业的个人投资者以企业资金为本人、家庭成员及其相关人员支付与企业生产经营无关的消费性支出及购买汽车、住房等财产性支出,视为企业对个人投资者利润分配,并入投资者个人的生产经营所得,依照"经营所得"项目计征个人所得税。

(六) 财产租赁所得

财产租赁所得,是指个人出租建筑物、土地使用权、机器设备、车船以及其他财产取得的所得。

(1) 个人取得的财产转租收入,属于"财产租赁所得"的征税范围。

(2) 个人购买的在一定期限内必须无偿提供给房地产开发企业对外出租使用的房产。对购买者个人少支出的购房价款,按照"财产租赁所得"项目征收个人所得税。

(七) 财产转让所得

财产转让所得,是指个人转让有价证券、股权、不动产、合伙企业中的财产份额、土地使用权、机器设备、车船以及其他财产取得的所得。

(1) 股票转让所得:暂不征收个人所得税。

(2) 量化资产股份转让。

集体所有制企业在改制为股份合作制企业时,对职工个人以股份形式取得的拥有所有权的企业量化资产,暂缓征收个人所得税。待个人将股份转让时,就其转让收入额,减除个人取得该股份时实际支付的费用和合理转让费用后的余额,按"财产转让所得"项目计征个人所得税。

(3) 个人出售自有住房。

① 个人出售自有住房取得的所得应按照"财产转让所得"项目的有关规定确定。

② 个人转让自用5年以上并且是家庭唯一生活用房取得的所得,免征个人所得税。

【例8-9】下列应按照财产转让所得项目征收个人所得税的有(   )。

A. 个人转让债券取得的所得

B. 个人转让住房取得的所得

C. 个人将其收藏的已故作家文字作品手稿拍卖取得的所得

D. 个人将自己的文字作品手稿拍卖取得的所得

【答案】ABC

(八) 利息、股息、红利所得（如表8-3所示）

利息、股息、红利所得，是指个人拥有债权、股权而取得的利息、股息、红利所得。

(1) 利息所得：①国债、国家发行的金融债券利息免税；②个人储蓄存款利息，自2008年10月9日(含)起暂免征收个人所得税。

(2) 职工个人取得的量化资产。

① 对职工个人以股份形式取得的仅作为分红依据，不拥有所有权的企业量化资产，不征收个人所得税。

② 对职工个人以股份形式取得的企业量化资产参与企业分配而获得的股息、红利，应按"利息、股息、红利所得"项目征收个人所得税。

③ 除个人独资企业、合伙企业以外的其他企业的个人投资者，以企业资金为本人、家庭成员及其相关人员支付与企业生产经营无关的消费性支出及购买汽车、住房等财产性支出，视为企业对个人投资者的红利分配，依照"利息、股息、红利所得"项目计征个人所得税。企业的上述支出不允许在所得税前扣除。

④ 纳税年度内个人投资者从其投资企业（个人独资企业、合伙企业除外）借款，在该纳税年度终了后既不归还又未用于企业生产经营的，其未归还的借款可视为企业对个人投资者的红利分配，依照"利息、股息、红利所得"项目计征个人所得税。

表8-3 利息、股息、红利所得征免规定

征免	具体状况
应征	1. 个人拥有债权、股权而取得的利息、股息、红利所得 2. 个人独资企业、合伙企业以外的其他企业用企业资金为其个人投资者、家庭成员及其相关人员支付与企业生产经营无关的消费性支出及购买汽车、住房等财产性支出 3. 个人取得量化资产的分红（以股份形式取得企业量化资产参与企业分配而获得的股息、红利）
不征	在股权交易时将"资本公积、盈余公积、未分配利润"等盈余积累一并计入股权转让价格，并缴纳了所得税，对于盈余积累已转化为原股东的股权转让所得计税，支付对价的新股东对已支付对价取得的盈余积累转增资本（股本）
免征	1. 个人取得国债利息、国家发行的金融债券利息、储蓄存款利息 2. 外籍个人从外商投资企业取得的股息、红利所得

(九) 偶然所得

是指个人得奖、中奖、中彩以及其他偶然性质的所得。得奖是指参加各种有奖竞赛活动，取得名次得到的奖金；中奖、中彩是指参加各种有奖活动，如有奖销售、有奖储蓄或者购买彩票，经过规定程序，抽中、摇中号码而取得的奖金。偶然所得应缴纳的个人所得税税款，一律由发奖单位或机构代扣代缴。

(1) 个人因参加企业的有奖销售活动而取得的赠品所得，应按照"偶然所得"项目计征个人所得税。

(2) 个人取得单张有奖发票奖金所得不超过800元(含800元)的，暂免征收个人所得税;个人取得单张有奖发票奖金所得超过800元的,应全额按照"偶然所得"项目征收个人所得税。

(3) 个人为单位或他人提供担保获得收入,按照"偶然所得"项目计算缴纳个人所得税。

(4) 企业在业务宣传、广告等活动中,随机向本单位以外的个人赠送礼品(包括网络红包,下同),以及企业在年会、座谈会、庆典以及其他活动中向本单位以外的个人赠送礼品,个人取得的礼品收入,按照"偶然所得"项目计算缴纳个人所得税,但企业赠送的具有价格折扣或折让性质的消费券、代金券、抵用券、优惠券等礼品除外。

【例8-10】根据个人所得税法律制度的规定,个人转让房屋所得适用的税目是( )
A. 财产转让所得　　　　　　B. 特许权使用费所得
C. 偶然所得　　　　　　　　D. 劳务报酬所得
【答案】A
【解析】财产转让所得,是指个人转让有价证券、股票、建筑物、土地使用权、机器设备及其他财产取得的所得。个人转让房屋,计算个人所得税适用的税目为财产转让所得。

【例8-11】下列个人收入,纳税人应按"劳务报酬"所得缴纳个人所得税的有( )
A. 张某办理内退手续后,在其他单位重新就业取得的收入
B. 陈某为供货方介绍业务,从供货方取得的佣金
C. 演员江某外地演出取得由当地主办方支付的演出费
D. 供货方给予购货方业务员钱某以免收旅游费用方式奖励其旅游所发生的费用
【答案】BCD
【解析】本题考核个人所得税中劳务报酬所得包括的项目。A选项属于"工资、薪金所得"缴纳个人所得税。

四、个人所得税的税率

我国个人所得税税率形式有超额累进税率和比例税率两种形式。

(一) 工资薪金所得、劳务报酬所得、稿酬所得、特许权使用费所得个人所得税的预扣率(预扣预缴)

(1) 居民个人工资、薪金所得预扣预交个人所得税的预扣率如表8-4所示。

表8-4　居民个人工资、薪金所得预扣预缴个人所得税的预扣率表

级数	累计预扣预缴应纳税所得额	预扣率(%)	速算扣除数
1	不超过36 000元的部分	3	0
2	超过36 000至144 000元的部分	10	2520
3	超过144 000元至300 000元的部分	20	16 920
4	超过300 000元至420 000元的部分	25	31 920
5	超过420 000元至660 000元的部分	30	52 920

续表

级数	累计预扣预缴应纳税所得额	预扣率(%)	速算扣除数
6	超过660 000元至960 000元的部分	35	85 920
7	超过960 000元的部分	45	181920

(2)居民个人劳务报酬所得预扣预缴个人所得税的预扣率如表8-5所示。

表8-5 居民个人劳务报酬所得预扣预缴个人所得税的预扣率表

级数	累计预扣预缴应纳税所得额	预扣率(%)	速算扣除数
1	不超过20 000元的部分	20	0
2	超过20 000元至50 000元的部分	30	2000
3	超过50 000元的部分	40	7000

(3)居民个人稿酬所得、特许权使用费所得预扣预缴个人所得税的预扣率为20%的比例税率。

(二)居民个人综合所得个人所得税适用税率

工资薪金所得、劳务报酬所得、稿酬所得、特许权使用费所得统称综合所得,综合所得,适用3%~45%的七级超额累进税率。居民个人综合所得按年缴纳个人所得税,税率表如表8-6所示。

表8-6 居民个人综合所得个人所得税的税率表

级数	全年应纳税所得额	税率(%)	速算扣除数
1	不超过36 000元的部分	3	0
2	超过36 000元至144 000元的部分	10	2520
3	超过144 000元至300 000元的部分	20	16 920
4	超过300 000元至420 000元的部分	25	31 920
5	超过420 000元至660 000元的部分	30	52 920
6	超过660 000元至960 000元的部分	35	85 920
7	超过960 000元的部分	45	181 920

表8-6所称全年应纳税所得额是指居民个人的综合所得,以每一税年度的收入额减除费用六万元以及专项扣除、专项附加扣除和依法确定的其他扣除后的余额。专项扣除,包括居民个人按照国家规定的范围和标准缴纳的基本养老保险、基本医疗保险、失业保险等社会保险费和住房公积金等;专项附加扣除,包括子女教育、继续教育、大病医疗、住房贷款利息或者住房租金、赡养老人等支出。

(三)非居民个人综合所得个人所得税适用税率

非居民个人工资薪金所得、劳务报酬所得、稿酬所得、特许权使用费所得适用税率表,如表8-7所示。

表8-7 非居民个人工资薪金所得、劳务报酬所得、稿酬所得、特许权使用费所得适用税率表

级数	应纳税所得额	税率(%)	速算扣除数
1	不超过3000元的部分	3	0
2	超过3000元至12 000元的部分	10	210
3	超过12 000元至25 000元的部分	20	1410
4	超过25 000元至35 000元的部分	25	2660
5	超过35 000元至55 000元的部分	30	4410
6	超过55 000元至80 000元的部分	35	7160
7	超过80 000元的部分	45	15 160

（四）经营所得的税率

经营所得，适用5%-35%的五级超额累进税率，如表8-8所示。

表8-8 经营所得税率表

级数	全年应纳税所得额	税率(%)	速算扣除数
1	不超过30 000元的部分	5	0
2	超过30 000元至90 000元的部分	10	1500
3	超过90 000元至300 000元的部分	20	10 500
4	超过300 000元至500 000元的部分	30	40 500
5	超过500 000元的部分	35	65 500

（五）财产所得税率

财产租赁所得、财产转让所得，利息、股息、红利所得和偶然所得，适用20%的比例税率。对个人出租住房取得的所得暂减按10%的税率征收个人所得税。

五、个人所得税优惠政策

根据《中华人民共和国个人所得税法》《中华人民共和国个人所得税法实施条例》，以及财政部、国家税务总局的若干规定，个人所得税的减税、免税的优惠，主要有三项。

（一）免征个人所得税的优惠

（1）省级人民政府、国务院部委和中国人民解放军军以上单位，以及外国组织、国际组织颁发的科学、教育、技术、文化、卫生、体育、环境保护等方面的奖金。

其他视同此项奖金的，可扫描二维码查阅。

(2) 国债和国家发行的金融债券利息。国债利息,是指个人持有中华人民共和国财政部发行的债券而取得的利息所得。国家发行的金融债券利息,是指个人持有经国务院批准发行的金融债券而取得的利息所得。

(3) 按照国家统一规定发给的补贴、津贴。按照国家统一规定发给的补贴、津贴,是指按照国务院规定发给的政府特殊津贴、院士津贴,以及国务院规定免予缴纳个人所得税的其他补贴、津贴。

(4) 福利费、抚恤金、救济金。福利费,是指根据国家有关规定,从企事业单位、国家机关、社会团体提留的福利费或者工会经费中支付给个人的生活补助费;救济金,是指各级人民政府民政部门支付给个人的生活困难补助费。

(5) 保险赔款。

(6) 军人的转业费、复员费、退役金。

(7) 按照国家统一规定发给干部、职工的安家费、退职费、基本养老金或者退休工资、离休工资、离休生活补助费。

(8) 依照我国有关法律规定应予免税的各国驻华使馆、领事馆的外交代表、领事官员和其他人员的所得。

(9) 中国政府参加的国际公约以及签订的协议中规定免税的所得。

(10) 对乡、镇(含乡、镇)以上人民政府或经县(含县)以上人民政府主管部门批准成立的有机构、有章程的见义勇为基金或者类似性质组织,奖励见义勇为者的奖金或奖品,经主管税务机关核准,免征个人所得税。

(11) 企业和个人按照省级以上人民政府规定的比例缴付的住房公积金、医疗保险金、基本养老保险金、失业保险金,允许在个人应纳税所得额中扣除,免予征收个人所得税。超过规定比例缴付的部分并入个人当期的工资、薪金收入,计征个人所得税。

个人领取原提存的住房公积金、医疗保险金、基本养老保险金时,免予征收个人所得税。

对按照国家或省级地方政府规定的比例缴付的住房公积金、医疗保险金、基本养老保险金和失业保险金存入银行个人账户所取得的利息收入,免征个人所得税。

(12) 对个人取得的教育储蓄存款利息所得以及国务院财政部门确定的其他专项储蓄存款或者储蓄性专项基金存款的利息所得,免征个人所得税。自 2008 年 10 月 9 日起,对居民储蓄存款利息,暂免征收个人所得税。

(13) 储蓄机构内从事代扣代缴工作的办税人员取得的扣缴利息税手续费所得,免征个人所得税。

(14) 生育妇女按照县级以上人民政府根据国家有关规定制定的生育保险办法,取得的生育津贴、生育医疗费或其他属于生育保险性质的津贴、补贴,免征个人所得税。

(15) 对工伤职工及其近亲属按照《工伤保险条例》规定取得的工伤保险待遇,免征个人所得税。

（16）个人举报、协查各种违法、犯罪行为而获得的奖金，免征个人所得税。

（17）对按《国务院关于高级专家离休退休若干问题的暂行规定》和《国务院办公厅关于杰出高级专家暂缓离休审批问题的通知》精神，达到离休、退休年龄，但确因工作需要，适当延长离休、退休年龄的高级专家，其在延长离休、退休期间的工资、薪金所得，视同退休工资、离休工资免征个人所得税。

延长离休、退休年龄的高级专家的相关规定，可扫描二维码查阅。

（二）减征个人所得税

下列情形之一的，可以减征个人所得税，具体幅度和期限，由省、自治区、直辖市人民政府规定，并报同级人民代表大会常务委员会备案。

（1）残疾、孤老人员和烈属的所得。

（2）因严重自然灾害造成重大损失的。

（3）国务院可以规定其他减税情形，报全国人民代表大会常务委员会备案。

【例8-12】根据个人所得税法律制度的规定，下列个人所得中，免征个人所得税的有（　　）

A．军人领取的转业费

B．教师工资所得

C．作家拍卖手稿所得

D．工人取得的保险赔款

【答案】AD

【解析】教师工资所得应按"工资、薪金所得"纳税；作家拍卖手稿所得应按照"特许权使用费所得"纳税。

（三）暂免征税项目

（1）外籍个人从外商投资企业取得的股息、红利所得。

（2）股权分置改革中非流通股股东通过对价方式向流通股股东支付的股份、现金等收入，暂免征收流通股股东应缴纳的个人所得税。

（3）对被拆迁人按照国家有关城镇房屋拆迁管理办法规定的标准取得的拆迁补偿款（含因棚户区改造而取得的拆迁补偿款），免征个人所得税。

（4）对个人投资者从投保基金公司取得的行政和解金，暂免征收个人所得税。

（5）对个人转让上市公司股票取得的所得暂免征收个人所得税。自2008年10月9日起，对证券市场个人投资者取得的证券交易结算资金利息所得，暂免征收个人所得税，即证券市场个人投资者的证券交易结算资金在2008年10月9日后（含10月9日）孳生的利息所得,暂免征收个人所得税。

(6) 个人从公开发行和转让市场取得的上市公司股票,持股期限超过1年的,股息红利所得暂免征收个人所得税。个人从公开发行和转让市场取得的上市公司股票,持股期限在1个月以内(含1个月)的,其股息红利所得全额计入应纳税所得额;持股期限在1个月以上至1年(含1年)的,暂减按50%计入应纳税所得额。上述所得统一适用20%的税率计征个人所得税。本规定自2015年9月8日起施行。

全国中小企业股份转让系统挂牌公司股息红利差别化个人所得税政策也按上述政策执行。

(7) 个人取得的下列中奖所得,暂免征收个人所得税:

① 单张有奖发票奖金所得不超过800元(含800元)的,暂免征收个人所得税;个人取得单张有奖发票奖金所得超过800元的,应全额按照个人所得税法规定的"偶然所得"目征收个人所得税。

② 购买社会福利有奖募捐奖券、体育彩票一次中奖收入不超过10 000元的暂免征收个人所得税,对一次中奖收入超过10 000元的,应按税法规定全额征税。

(8) 乡镇企业的职工和农民取得的青苗补偿费,属种植业的收益范围,同时,也属经济损失的补偿性收入,暂不征收个人所得税。

(9) 对由亚洲开发银行支付给我国公民或国民(包括为亚行执行任务的专家)的薪金和津贴,凡经亚洲开发银行确认这些人员为亚洲开发银行雇员或执行项目专家的,其取得的符合我国税法规定的有关薪金和津贴等报酬,免征个人所得税。

(10) 自原油期货对外开放之日起,对境外个人投资者投资中国境内原油期货取得的所得,三年内暂免征收个人所得税。

(11) 自2018年1月1日至2020年12月31日,对易地扶贫搬迁贫困人口按规定取得的住房建设补助资金、拆旧复垦奖励资金等与易地扶贫搬迁相关的货币化补偿和易地扶贫搬迁安置住房(以下简称安置住房),免征个人所得税。

(12) 经国务院财政部门批准免税的所得。

【例8-13】根据个人所得税法律制度的规定,下列个人所得中,免征个人所得税的是(   )。

A. 劳动分红

B. 出版科普读物的稿酬所得

C. 年终奖金

D. 转让自用6年唯一家庭生活用房所得

【答案】D

【解析】个人转让自用达5年以上,并且是唯一的家庭生活用房取得的所得。暂免征收个人所得税。AC属于工资薪金所得项目;B属于稿酬所得。

【例8-14】下列各项中,免征或暂免征收个人所得税的有(   )。

A. 个人取得的保险赔款

B. 军人的转业安置费

C. 国家金融债券利息收入

D. 外籍个人以现金形式取得的住房补贴和伙食补贴

【答案】ABC

【解析】外籍个人以非现金形式或者实报实销形式取得的住房补贴、伙食补贴、搬迁费、洗衣费暂免征收个人所得税。

第二节　个人所得税计算

一、应纳税所得额的规定

由于个人所得税的应税项目不同,并且取得某项所得所需费用也不相同,因此,计算个人应纳税所得额,需按不同应税项目分项计算。以某项应税项目的收入额减去税法规定的该项目费用减除标准后的余额,为该应税项应纳税所得额。两个以上的个人共同取得同一项目收入的,应当对每个人取得的收入分别按照个人所得税法的规定计算纳税。

(一) 每次收入的确定

《个人所得税法》对纳税义务人的征税方法有三种:一是按年计征,如经营所得,居民个人取得的综合所得;二是按月计征,如非居民个人取得的工资、薪金所得;三是按次计征,如利息、股息、红利所得,财产租赁所得,偶然所得和非居民个人取得的劳务报酬所得,稿酬所得,特许权使用费所得等6项所得。在按次征收情况下,由于扣除费用依据每次应纳税所得额的大小,分别规定了定额和定率两种标准。对于按次计征的,如何准确划分"次"是十分重要的。《个人所得税法实施条例》中对此作出了明确规定。具体是:

(1) 居民个人取得劳务报酬所得、稿酬所得、特许权使用费所得,根据不同所得项目的特点,分别规定为:

① 属于一次性收入的,以取得该项收入为一次。

就劳务报酬所得来看,从事设计、安装、装潢、制图、化验、测试等劳务,往往是接受客户的委托,按照客户的要求,完成一次劳务后取得收入。因此,是属于只有一次性的收入,应以每次提供劳务取得的收入为一次。但需要注意的是,如果一次性劳务报酬收入以分月支付方式取得的,属于同一事项连续取得收入,以1个月内取得的收入为一次。

就稿酬来看,以每次出版、发表取得的收入为一次,不论出版单位是预付还是分笔支付稿酬,或者加印该作品后再付稿酬,均应合并其稿酬所得按一次计征个人所得税。

具体又可细分为:

a. 同一作品再版取得的所得,应视作另一次稿酬所得计征个人所得税。

b. 同一作品先在报刊上连载,然后再出版,或先出版,再在报刊上连载的,应视为两次稿酬所得征税。即连载作为一次,出版作为另一次。

c. 同一作品在报刊上连载取得收入的,以连载完成后取得的所有收入合并为一次,计征个人所得税。

d. 同一作品在出版和发表时,以预付稿酬或分次支付稿酬等形式取得的稿酬收入,应合并计算为一次。

e. 同一作品出版、发表后,因添加印数而追加稿酬的,应与以前出版、发表时取得的稿酬合并计算为一次,计征个人所得税。

在两处或两处以上出版、发表或再版同一作品而取得稿酬所得,则可分别各处取得的所得或再版所得按分次所得计征个人所得税。作者去世后,对取得其遗作稿酬的个人,按稿酬所得征收个人所得税。

就特许权使用费来看,以某项使用权的一次转让所取得的收入为一次。一个居民个人,可能不仅拥有一项特许权利,每一项特许权的使用权也可能不止一次地向我国境内提供。因此,对特许权使用费所得的"次"的界定,明确为每一项使用权的每次转让所取得的收入为一次。如果该次转让取得的收入是分笔支付的,则应各笔收入相加为一次的收入,计征个人所得税。

② 属于同一事项连续取得收入的,以 1 个月内取得的收入为一次。例如,某外籍歌手(非居民个人)与一卡拉 OK 厅签约,在一定时期内每天到卡拉 OK 厅演唱一次,每次演出后付酬 500 元。在计算其劳务报酬所得时,应视为同一事项的连续性收入,以其 1 个月内取得的收入为一次计征个人所得税,而不能以每天取得的收入为一次。

(2) 财产租赁所得,以 1 个月内取得的收入为一次。

(3) 利息、股息、红利所得,以支付利息、股息、红利时取得的收入为一次。

(4) 偶然所得,以每次收入为一次。

(二) 应纳税所得额和费用减除标准

(1) 居民个人取得综合所得,以每年收入额减除费用 60 000 元以及专项扣除、专项附加扣除和依法确定的其他扣除后的余额,为应纳税所得额。其专项附加扣除标准如表 8-9 所示。

① 专项扣除,包括居民个人按照国家规定的范围和标准缴纳的基本养老保险、基本医疗保险、失业保险等社会保险费和住房公积金等。

② 专项附加扣除,包括子女教育、继续教育、大病医疗、住房贷款利息或者住房租金、赡养老人等支出,具体范围、标准和实施步骤由国务院确定,并报全国人民代表大会常务委员会备案。

表 8-9　居民个人专项附加扣除标准

专项附加扣除	标准	要求
1. 子女教育	每月每个子女扣 1000 元	(1) 3 岁以上——全日制学历教育完成 (2) 夫妻 1 人扣或 2 人各扣 50% (3) 在境外接受教育的,应留存境外学校录取通知书、留学签证等相关教育的证明资料备查

续表

专项附加扣除	标准	要求
2. 赡养老人	①独生每月扣2000元 ②非独生每人每月最多扣1000元	1. 老人60岁以上 2. 年满60岁的父母以及子女均已去世的年满60岁的祖父母、外祖父母
3. 继续教育	每月400元（每年4800）	境内非全日制学历继续教育定额扣除；同一学历（学位）继续教育扣除期不得超过48个月
	取得证书当年一次性3600元	技能人员职业资格继续教育、专业技术人员职业资格继续教育支出
4. 房贷（不可扣房租）	月扣1000元，扣除期限最长不得超过240个月	首套购房；1人扣或双方约定
5. 房租（不可扣房贷）	按地区月扣除800元、1100元、1500元	夫妻双方主要工作城市相同的，只能由一方扣
6. 大病医疗	年80000元限额内据实扣除	纳税人个人负担的超过基本医保15 000元部分

③ 依法确定的其他扣除，包括个人缴付符合国家规定的企业年金、职业年金，个人购买符合国家规定的商业健康保险、税收递延型商业养老保险的支出，以及国务院规定可以扣除的其他项目。

④ 专项扣除、专项附加扣除和依法确定的其他扣除，以居民个人一个纳税年度的应纳税所得额为限额，一个纳税年度扣除不完的，不结转以后年度扣除。

居民个人综合所得项目应纳税所得额的确认方法如表8-10所示。

表8-10 居民个人综合所得项目及应纳税所得额确认

综合所得包含项目	应纳税所得额		计税公式
	计入综合所得的收入额	扣除项目	
工资、薪金所得	全额计入收入额	（1）基本减除费用6万元 （2）专项扣除 （3）专项附加扣除 （4）依法确定的其他扣除	全年应纳税额 = ∑（每一级数的全年应纳税所得额×对应级数的适用税率） =（全年收入额-60 000元-专项扣除-享受的专项附加扣除-享受的其他扣除）×适用税率-速算扣除数
劳务报酬所得	实际取得劳务报酬、特许权使用费收入的80%		
特许权使用费所得			
稿酬所得	实际取得稿酬收入的56%（80%×70%）		

(2) 非居民个人的工资、薪金所得,以每月收入额减除费用5000元后的余额为应纳税所得额;劳务报酬所得、稿酬所得、特许权使用费所得,以每次收入额为应纳税所得额。

(3) 经营所得,以每一纳税年度的收入总额减除成本、费用以及损失后的余额,为应纳税所得额。

所称成本、费用,是指生产、经营活动中发生的各项直接支出和分配计入成本的间接费用以及销售费用、管理费用、财务费用;所称损失,是指生产、经营活动中发生的固定资产和存货的盘亏、毁损、报废损失,转让财产损失,坏账损失,自然灾害等不可抗力因素造成的损失以及其他损失。

取得经营所得的个人,没有综合所得的,计算其每一纳税年度的应纳税所得额时,应当减除费用60 000元、专项扣除、专项附加扣除以及依法确定的其他扣除。专项附加扣除在办理汇算清缴时减除。

在个人税收递延型商业养老保险试点区域内,取得个体工商户生产经营所得,对企事业单位的承包承租经营所得的个体工商户业主、个人独资企业投资者、合伙企业自然人合伙人和承包承租经营者,其缴纳的税收递延型商业养老保险保费准予在申报扣除当年计算应纳税所得额时予以限额据实扣除,扣除限额按照不超过当年应税收入的6%和12 000元孰低办法确定。

从事生产、经营活动,未提供完整、准确的纳税资料,不能正确计算应纳税所得额的,由主管税务机关核定应纳税所得额或者应纳税额。

个人独资企业的投资者以全部生产经营所得为应纳税所得额。合伙企业的投资者按照合伙企业的全部生产经营所得和合伙协议约定的分配比例,确定应纳税所得额,合伙协议没有约定分配比例的,以全部生产经营所得和合伙人数量平均计算每个投资者的应纳税所得额。

上述所称生产经营所得,包括企业分配给投资者个人的所得和企业当年留存的所得(利润)。

对个体工商户业主、个人独资企业和合伙企业自然人投资者的生产经营所得依法计征个人所得税时,个体工商户业主、个人独资企业和合伙企业是自然人投资者本人的费用扣除标准统一确定为60 000元/年(5000元/月)。

对企事业单位的承包经营、承租经营所得,以每一纳税年度的收入总额,减除必要费用后的余额,为应纳税所得额。每一纳税年度的收入总额,是指纳税义务人按照承包经营、承租经营合同规定分得的经营利润和工资、薪金性质的所得。所说的减除必要费用,是指按年减除60 000元。

(4) 财产租赁所得,每次收入不超过4000元的,减除费用800元;每次收入4000元以上的,减除20%的费用,其余额为应纳税所得额。

(5) 财产转让所得,以转让财产的收入额减除财产原值和合理费用后的余额,为应纳税所得额。财产原值,是指:

① 有价证券,为买入价以及买入时按照规定缴纳的有关费用。

② 建筑物,为建造费或者购进价格以及其他有关费用。

③ 土地使用权,为取得土地使用权所支付的金额、开发土地的费用以及其他有关

费用。

④ 机器设备、车船,为购进价格、运输费、安装费以及其他有关费用。

⑤ 其他财产,参照以上方法确定。

纳税义务人未提供完整、准确的财产原值凭证,不能正确计算财产原值的,由主管税务机关核定其财产原值。合理费用,是指卖出财产时按照规定支付的有关费用。

(6) 利息、股息、红利所得和偶然所得,以每次收入额为应纳税所得额。

综上所述,居民个人各项应税项目确认应纳税所得额时,允许扣除费用标准,如表8-11所示。

表8-11 居民个人应纳税所得额扣除标准汇总

应税项目	扣除标准	
1. 综合所得:工资薪金所得、劳务报酬所得、稿酬所得、特许权使用费所得	预缴时	第一项——按月预扣预缴时,扣除固定5000元;专项扣除;专项附加扣除(5项);法定的其他扣除
		后三项——按次预扣预缴时: 每次收入≤4000元:定额扣800元 每次收入>4000元:定率扣20% 稿酬所得的收入额减按70%计算
	年终汇算清缴时	扣除固定生计费60 000元;专项扣除;专项附加扣除(6项);依法确定的其他扣除
2. 经营所得(每年)		以每一纳税年度的收入总额,减除成本、费用以及损失;个体工商户、个人投资者,年扣除60 000元
3. 财产租赁所得(每月)		每月收入≤4000元:定额扣800元 每月收入>4000元:定率扣20% 提示:定额或定率扣除以外,还有其他扣除
4. 财产转让所得(每次)		转让财产的收入额减除财产原值和合理费用
5. 利息、股息、红利所得,偶然所得(每次)		无费用扣除,以每次收入为应纳税所得额

(三) 应纳税所得额的其他规定

(1) 劳务报酬所得、稿酬所得、特许权使用费所得以收入减除20%的费用后的余额为收入额。稿酬所得的收入额减按70%计算。个人兼有不同的劳务报酬所得,应当分别减除费用,计算缴纳个人所得税。

(2) 个人将其所得对教育、扶贫、济困等公益慈善事业进行捐赠,捐赠额未超过纳税人申报的应纳税所得额30%的部分,可以从其应纳税所得额中扣除;国务院规定对公益慈善事业捐赠实行全额税前扣除的,从其规定。

所称个人将其所得对教育、扶贫、济困等公益慈善事业进行捐赠,是指个人将其所得通过中国境内的公益性社会组织、国家机关向教育、扶贫、济困等公益慈善事业的捐赠。

所称应纳税所得额,是指计算扣除捐赠额之前的应纳税所得额。

(3) 个人所得的形式,包括现金、实物、有价证券和其他形式的经济利益。所得为实物的,应当按照取得的凭证上所注明的价格计算应纳税所得额,无凭证的实物或者凭证上所注明的价格明显偏低的,参照市场价格核定应纳税所得额;所得为有价证券的,根据票面价格和市场价格核定应纳税所得额;所得为其他形式的经济利益的,参照市场价格核定应纳税所得额。

(4) 居民个人从中国境外取得的所得,可以从其应纳税额中抵免已在境外缴纳的个人所得税税额,但抵免额不得超过该纳税人境外所得依照我国税法规定计算的应纳税额。

(5) 所得为人民币以外货币的,按照办理纳税申报或者扣缴申报的上一月最后一日人民币汇率中间价,折合成人民币计算应纳税所得额。年度终了后办理汇算清缴的,对已经按月、按季或者按次预缴税款的人民币以外货币所得,不再重新折算;对应当补缴税款的所得部分,按照上一纳税年度最后一日人民币汇率中间价,折合成人民币,计算应纳税所得额。

(6) 对个人从事技术转让、提供劳务等过程中所支付的中介费,如能提供有效、合法凭证的,允许从其所得中扣除。

二、居民个人综合所得应纳税额的计算

(一) 居民个人综合所得预扣预缴个人所得税的计算

扣缴义务人在向居民个人支付工资薪金所得、劳务报酬所得、稿酬所得、特许权使用费所得时,需要预扣预缴个人所得税,并向主管税务机关报送《个人所得税扣缴申报表》。年度预扣预缴税额与年度应纳税额不一致的,由居民个人于次年3月1日至6月30日期间向主管税务机关办理综合所得年度汇算清缴,税款多退少补。

(1) 扣缴义务人向居民个人支付工资、薪金所得预扣预缴个人所得税的计算。

扣缴义务人向居民个人支付工资、薪金所得时,应当按照累计预扣法计算预扣税款,并按月办理全员全额扣缴申报。具体计算公式如下:

本期应预扣预缴税额=(累计预扣预缴应纳税所得额×预扣率-速算扣除数)-累计减免税额-累计已预扣预缴税额

累计预扣预缴应纳税所得额=累计收入-累计免税收入-累计减除费用-累计专项扣除-累计依法确定的其他扣除

式中,累计减除费用,按照5000元/月乘以纳税人当年截至本月在本单位的任职受雇月份数计算;专项扣除,包括居民个人按照国家规定的范围和标准缴纳的基本养老保险、基本医疗保险、失业保险等社会保险费和住房公积金等;专项附加扣除,包括子女教育、继续教育、大病医疗、住房贷款利息或者住房租金、赡养老人等支出。

居民个人向扣缴义务人提供有关信息并依法要求办理专项附加扣除的,扣缴义务人应当按照规定在工资、薪金所得按月预扣预缴税款时予以扣除,不得拒绝。

(2) 扣缴义务人向居民个人支付劳务报酬所得、稿酬所得、特许权使用费所得时,应

按照以下方法按次或者按月预扣预缴税款:

① 劳务报酬所得、稿酬所得、特许权使用费所得以收入减除费用后的余额为收入额。其中,稿酬所得的收入额减按70%计算。

② 减除费用:预扣预缴税款时,劳务报酬所得、稿酬所得、特许权使用费所得每次收入不超过4000元的,减除费用800元;每次收入4000元以上的,减除费用20%。

③ 应纳税所得额:劳务报酬所得、稿酬所得、特许权使用费所得,以每次收入额为预扣预缴应纳税所得额,计算应预扣预缴税额。劳务报酬所得适用居民个人劳务报酬所得预扣预缴率表,稿酬所得、特许权使用费所得适用20%的预扣率。

④ 预扣预缴税额计算公式:

劳务报酬所得应预扣预缴税额=预扣预缴应纳税所得额×预扣率−速算扣除数

稿酬所得、特许权使用费所得应预扣预缴税额=预扣预缴应纳税所得额×20%

【例8-15】我国居民个人张某为独生子女,就职于我国的甲公司。2021年度个人收入项目如下:

(1) 每月税前工资、薪金收入为30 000元;
(2) 3月从兼职单位乙公司取得一次性劳务报酬收入40 000元;
(3) 6月从丙出版社取得一次性稿酬收入12 000元;
(4) 本年10月转让给丁公司专利权取得一次性特许权使用费收入3000元。

上述收入均为税前收入,且均来源于中国境内。张某符合每月减除费用5000元的条件,另外每月负担的基本养老保险2400元、基本医疗保险600元、失业保险150元、住房公积金2400元,"三险一金"合计5550元。每月赡养老人专项附加扣除金额为2000元。没有其他专项附加扣除和依法确定的其他扣除。居民个人工资、薪金所得预扣预缴个人所得税的预扣率表如表8-4所示。居民个人劳务报酬所得预扣预缴个人所得税的预扣率如表8-5所示。

要求:(1) 计算张某2021年度每月工资、薪金所得应由甲公司预扣预缴的个人所得税;

(2) 计算张某劳务报酬所得应由乙公司预扣预缴的个人所得税;

(3) 计算张某稿酬所得应由丙出版社预扣预缴的个人所得税;

(4) 计算张某特许权使用费所得应由丁公司预扣预缴的个人所得税。

【解析】

(1) 张某1月工资、薪金所得应由甲公司预扣预缴的个人所得税

=(30 000−5000−5550−2000)×3%=17450×3%=523.5(元)。

张某2月工资、薪金所得应由甲公司预扣预缴的个人所得税

=(30 000×2−5000×2−5550×2−2000×2)×3%−523.5

=34,900×3%−523.5

=1047−523.5=523.5(元)。

张某3月工资、薪金所得应由甲公司预扣预缴的个人所得税

=(30 000×3−5000×3−5550×3−2000×3)×10%−2520−523.5−523.5

=52 350×10%−2520−523.5−523.5

= 1668(元)。

张某 4 月工资、薪金所得应由甲公司预扣预缴的个人所得税

= (30 000×4-5000×4-5550×4-2000×4)×10%-2520-523.5-523.5-1668

= 69 800×10%-2520-523.5-523.5-1668

= 1745(元)。

张某 5 月工资、薪金所得应由甲公司预扣预缴的个人所得税

= (30 000×5-5000×5-5550×5-2000×5)×10%-2520-523.5-523.5-1668-1745

= 87 250×10%-2520-523.5-523.5-1668-1745

= 1745(元)。

张某 6 月工资、薪金所得应由甲公司预扣预缴的个人所得税

= (30 000×6-5000×6-5550×6-2000×6)×10%-2520-523.5-523.5-1668
-1745-1745

= 104 700×10%-2520-523.5-523.5-1668-1745-1745

= 1745(元)。

张某 7 月工资、薪金所得应由甲公司预扣预缴的个人所得税

= (30 000×7-5000×7-5550×7-2000×7)×10%-2520-523.5-523.5-1668-1745-1745-1745

= 122 150×10%-2520-523.5-523.5-1668-1745-1745-1745

= 1745(元)。

张某 8 月工资、薪金所得应由甲公司预扣预缴的个人所得税

= (30 000×8-5000×8-5550×8-2000×8)×10%-2520-523.5-523.5-1668
-1745-1745-1745-1745

= 139 600×10%-2520-523.5-523.5-1668-1745-1745-1745-1745

= 1745(元)。

张某 9 月工资、薪金所得应由甲公司预扣预缴的个人所得税

= (30 000×9-5000×9-5550×9-2000×9)×20%-16 920-523.5-523.5-1668-1745-1745-1745-1745-1745

= 157 050×20%-16 920-523.5-523.5-1668-1745-1745-1745-1745-1745

= 3050(元)。

张某 10 月工资、薪金所得应由甲公司预扣预缴的个人所得税

= (30 000×10-5000×10-5550×10-2000×10)×20%-16 920-523.5-523.5-1668-1745-1745-1745-1745-1745-3050

= 174 500×20%-16 920-523.5-523.5-1668-1745-1745-1745-1745-1745-3050

= 3490(元)。

张某 11 月工资、薪金所得应由甲公司预扣预缴的个人所得税

= (30 000×11-5000×11-5550×11-2000×11)×20%-16 920-523.5-523.5-1668-1745-1745-1745-1745-1745-3050-3490

= 174 500×20%-16 920-523.5-523.5-1668-1745-1745-1745-1745-1745-3050

−3490

=3490(元)。

张某12月工资、薪金所得应由甲公司预扣预缴的个人所得税

=(30 000×12−5000×12−5550×12−2000×12)×20%−16 920−523.5−523.5−1668−1745−1745−1745−1745−1745−3050−3490−3490

=174 500×20%−16920−523.5−523.5−1668−1745−1745−1745−1745−1745−3050−3490−3490

=3490(元)。

张某全年工资、薪金所得应由甲公司预扣预缴的个人所得税

=523.5+523.5+1668+1745+1745+1745+1745+1745+3050+3490+3490+3490

=24 960(元)。

(2)张某劳务报酬所得应由乙公司预扣预缴的个人所得税

=40 000×(1−20%)×30%−2000=7600(元)。

(3)张某稿酬所得应由丙出版社预扣预缴的个人所得税

=12 000×(1−20%)×70%×20%=1344(元)。

(4)张某特许权使用费所得应由丁公司预扣预缴的个人所得税

=(3000−800)×20%=440(元)。

(二)居民个人年度综合所得应纳税额的计算

居民综合所得包括,工资薪金所得、劳务报酬所得、稿酬所得、特许权使用费所得。工资、薪金所得全额计入收入额,而劳务报酬所得、特许权使用费所得的收入额为实际取得劳务报酬、特许权使用费收入的80%。稿酬所得的收入额在扣除20%费用基础上,再减按70%计算,即稿酬所得的收入额为实际取得稿酬收入的56%。

居民个人的综合所得,以每一纳税年度的收入额减除费用60 000元以及专项扣除、专项附加扣除和依法确定的其他扣除后的余额,为应纳税所得额。

居民个人综合所得应纳税额的计算公式为:

应纳税额=年应纳税所得额×适用税率−速算扣除数

=(每一纳税年度收入总额−60 000−专项扣除−专项附加扣除−其他扣除)×适用税率−速算扣除数

=[工资薪金收入总额+劳务报酬收入×(1−20%)+稿酬收入×(1−20%)×70%

+特许权使用费收入×(1−20%)−60 000−专项扣除−专项附加扣除−其他扣除]×适用税率−速算扣除数

【例8-16】上例中【例8-15】,计算居民个人张某次年3月1日至6月30日内办理汇算清缴时,应补缴(或申请退回)的个人所得税。

居民个人综合所得税率表(按年)如表8-6所示。

【解析】2021年度张某综合所得

应纳税所得额=30 000×12+40 000×(1−20%)+12 000×(1−20%)×70%+3000×(1−20%)−60 000−5550×12−2000×12=250 520(元)。

2021年度张某综合所得应纳个人所得税=250 520×20%-16 920=33 184(元)。
2021年度各单位预扣代缴个人所得税合计=24 960+7600+1341+440=34 341(元)。
因此次年3月1日至6月30日内汇算清缴时,
张某应申请退回个人所得税=34 341-33 184=1157(元)。

需要注意的是,自2022年1月1日起,将个人取得的全年一次性奖金,并入个人综合所得,缴纳个人所得税。

(三) 非居民个人综合所得个人所得税的计算

(1) 非居民个人取得工资、薪金所得,劳务报酬所得、稿酬所得和特许权使用费所得,有扣缴义务人的,由扣缴义务人按月或者按次代扣代缴税款,不办理汇算清缴。

扣缴义务人向非居民个人支付工资、薪金所得,劳务报酬所得、稿酬所得和特许权使用费所得时,应当按照以下方法按月或者按次代扣代缴税款:

① 非居民个人的工资薪金所得,以每月收入额减除费用5000元后的余额为应纳税所得额。

② 劳务报酬所得、稿酬所得、特许权使用费所得,以每次收入额为应纳税所得额,适用非居民个人工资薪金所得、劳务报酬所得、特许权使用费所得适用税率表计算应纳税额。劳务报酬所得、稿酬所得、特许权使用费所得以收入减除20%的费用后的余额为收入额。其中,稿酬所得的收入额减按70%计算。

③ 税款扣缴计算公式:

非居民个人工资、薪金所得,劳务报酬所得、稿酬所得、特许权使用费所得应纳税额的具体计算公式为:

非居民个人的工资、薪金所得适用非居民综合所得税率表,如8-7所示,其应纳税额的计算公式为:

应纳税额=月应纳税所得额×适用税率-速算扣除数
=(每月工资、薪金收入额-5000)×适用税率-速算扣除数

非居民个人的劳务报酬所得适用七级超额累进税率,其应纳税额的计算公式为:

应纳税额=应纳税所得额×适用税率-速算扣除数
=每次收入额×适用税率-速算扣除数
=劳务报酬收入×(1-20%)×适用税率-速算扣除数

非居民个人的稿酬所得适用七级超额累进税率,其应纳税额的计算公式为:

应纳税额=应纳税所得额×适用税率-速算扣除数
=每次收入额×适用税率-速算扣除数
=稿酬收入×(1-20%)×70%×适用税率-速算扣除数

非居民个人的特许权使用费所得适用七级超额累进税率,其应纳税额的计算公式为:

应纳税额=应纳税所得额×适用税率-速算扣除数
=每次收入额×适用税率-速算扣除数
=特许权使用费收入×(1-20%)×适用税率-速算扣除数

【例8-17】假定某美国专家(非居民个人)临时来华工作,2021年2月取得由该企业

发放的工资收入 40 000 元人民币,此外还受某大学邀请担任外语比赛评委取得劳务报酬 6000 元人民币。请计算当月其应纳个人所得税税额。

【解析】

（1）企业扣缴该非居民个人当月工资、薪金所得应纳税额 =（40 000－5000）×25%－2660＝6090(元)。

（2）大学扣缴该非居民个人当月劳务报酬所得应纳税额 = 6000×(1－20%)×10%－210＝270(元)。

（四）非居民个人其他所得应纳税额的计算

（1）扣缴义务人支付利息、股息、红利所得,财产租赁所得,财产转让所得或者偶然所得时,应当依法按次或者按月代扣代缴税款。财产租赁所得,以一个月内取得的收入为一次。利息、股息、红利所得,以支付利息、股息、红利时取得的收入为一次。偶然所得,以每次取得该项收入为一次。

（2）劳务报酬所得,稿酬所得,特许权使用费所得,属于一次性收入的,以取得该项收入为一次；属于同一项目连续性收入的,以一个月内取得的收入为一次。

（3）纳税人需要享受税收协定待遇的,应当在取得应税所得时主动向扣缴义务人提出,并提交相关信息、资料,扣缴义务人代扣代缴税款时按照享受税收协定待遇有关办法办理。

（4）扣缴义务人未将扣缴的税款解缴入库的,不影响纳税人按照规定申请退税,税务机关应当凭纳税人提供的有关资料办理退税。

三、经营所得应纳税额的计算

经营所得应纳税额的计算公式为：

应纳税额＝全年应纳税所得额×适用税率－速算扣除数

或＝(全年收入总额－成本、费用以及损失)×适用税率－速算扣除数

经营所得,适用 5%～35% 的五级超额累进税率,如表 8-8 所示。

（一）个体工商户应纳税额的计算

个体工商户应纳税所得额的计算,以权责发生制为原则,属于当期的收入和费用,不论款项是否收付,均作为当期的收入和费用；不属于当期的收入和费用,即使款项已经在当期收付,均不作为当期收入和费用。财政部、国家税务总局另有规定的除外。

1. 计税基本规定

（1）个体工商户的生产、经营所得,以每一纳税年度的收入总额,减除成本、费用、税金、损失、其他支出以及允许弥补的以前年度亏损后的余额,为应纳税所得额。

（2）个体工商户从事生产经营以及与生产经营有关的活动(以下简称生产经营)取得的货币形式和非货币形式的各项收入,为收入总额。包括：销售货物收入、提供劳务收入、转让财产收入、利息收入、租金收入、接受捐赠收入、其他收入。

其他收入包括个体工商户资产溢余收入、逾期一年以上的未退包装物押金收入、确实无法偿付的应付款项、已作坏账损失处理后又收回的应收款项、债务重组收入、补贴收入、违约金收入、汇兑收益等。

（3）成本，是指个体工商户在生产经营活动中发生的销售成本、销货成本、业务支出以及其他耗费。

（4）费用，是指个体工商户在生产经营活动中发生的销售费用、管理费用和财务费用，已经计入成本的有关费用除外。

（5）税金，是指个体工商户在生产经营活动中发生的除个人所得税和允许抵扣的增值税以外的各项税金及其附加。

（6）损失，是指个体工商户在生产经营活动中发生的固定资产和存货的盘亏、毁损、报废损失，转让财产损失，坏账损失，自然灾害等不可抗力因素造成的损失以及其他损失。

个体工商户发生的损失，减除责任人赔偿和保险赔款后的余额，参照财政部、国家税务总局有关企业资产损失税前扣除的规定扣除。

个体工商户已经作为损失处理的资产，在以后纳税年度又全部收回或者部分收回时，应当计入收回当期的收入。

（7）其他支出，是指除成本、费用、税金、损失外，个体工商户在生产经营活动中发生的与生产经营活动有关的、合理的支出。

（8）个体工商户发生的支出应当区分收益性支出和资本性支出。收益性支出在发生当期直接扣除；资本性支出应当分期扣除或者计入有关资产成本，不得在发生当期直接扣除。

前款所称支出，是指与取得收入直接相关的支出。除税收法律法规另有规定外，个体工商户实际发生的成本、费用、税金、损失和其他支出，不得重复扣除。

（9）个体工商户下列支出不得扣除：

个人所得税税款；税收滞纳金；罚金、罚款和被没收财物的损失；不符合扣除规定的捐赠支出；赞助支出；用于个人和家庭的支出；与取得生产经营收入无关的其他支出；国家税务总局规定不准扣除的支出。

（10）个体工商户生产经营活动中，应当分别核算生产经营费用和个人、家庭费用。对于生产经营与个人、家庭生活混用难以分清的费用，其40%视为与生产经营有关费用，准予扣除。

（11）个体工商户纳税年度发生的亏损，准予向以后年度结转，用以后年度的生产经营所得弥补，但结转年限最长不得超过五年。

（12）个体工商户使用或者销售存货，按照规定计算的存货成本，准予在计算应纳税所得额时扣除。

（13）个体工商户转让资产，该项资产的净值，准予在计算应纳税所得额时扣除。

（14）所称亏损，是指个体工商户依照本办法规定计算的应纳税所得额小于零的数额。

（15）个体工商户与企业联营而分得的利润，按利息、股息、红利所得项目征收个人所得税。

（16）个体工商户和从事生产、经营的个人，取得与生产、经营活动无关的各项应税所得，应按规定分别计算征收个人所得税。

2. 扣除项目及标准

（1）个体工商户实际支付给从业人员的合理的工资薪金支出，准予扣除。

个体工商户业主的费用扣除标准，确定为 60 000 元/年。

个体工商户业主的工资薪金支出不得税前扣除。

（2）个体工商户按照国务院有关主管部门或者省级人民政府规定的范围和标准为其业主和从业人员缴纳的基本养老保险费、基本医疗保险费、失业保险费、生育保险费、工伤保险费和住房公积金，准予扣除。

个体工商户为从业人员缴纳的补充养老保险费、补充医疗保险费，分别在不超过从业人员工资总额 5%标准内的部分据实扣除，超过部分，不得扣除。

个体工商户业主本人缴纳的补充养老保险费、补充医疗保险费，以当地（地级市）上年度社会平均工资的 3 倍为计算基数，分别在不超过该计算基数 5%标准内的部分据实扣除；超过部分，不得扣除。

（3）除个体工商户依照国家有关规定为特殊工种从业人员支付的人身安全保险费和财政部、国家税务总局规定可以扣除的其他商业保险费外，个体工商户为业主本人或者为从业人员支付的商业保险费，不得扣除。

（4）个体工商户在生产经营活动中发生的合理的不需要资本化的借款费用，准予扣除。

个体工商户为购置、建造固定资产、无形资产和经过 12 个月以上的建造才能达到预定可销售状态的存货发生借款的，在有关资产购置、建造期间发生的合理的借款费用，应当作为资本性支出计入有关资产的成本，并依照本办法的规定扣除。

（5）个体工商户在生产经营活动中发生的下列利息支出，准予扣除：

向金融企业借款的利息支出；向非金融企业和个人借款的利息支出，不超过按照金融企业同期同类贷款利率计算的数额的部分。

（6）个体工商户在货币交易中，以及纳税年度终了时将人民币以外的货币性资产、负债按照期末即期人民币汇率中间价折算为人民币时产生的汇兑损失，除已经计入有关资产成本部分外，准予扣除。

（7）个体工商户向当地工会组织拨缴的工会经费、实际发生的职工福利费支出、职工教育经费支出分别在工资薪金总额的 2%、14%、8%的标准内据实扣除。

工资薪金总额是指允许在当期税前扣除的工资薪金支出数额。

职工教育经费的实际发生数额超出规定比例当期不能扣除的数额，准予在以后纳税年度结转扣除。

个体工商户业主本人向当地工会组织缴纳的工会经费、实际发生的职工福利费支出、职工教育经费支出，以当地（地级市）上年度社会平均工资的 3 倍为计算基数。

（8）个体工商户发生的与生产经营活动有关的业务招待费，按照实际发生额的 60%扣除，但最高不得超过当年销售（营业）收入的 5‰。

业主自申请营业执照之日起至开始生产经营之日止所发生的业务招待费，按照实际发生额的60%计入个体工商户的开办费。

(9) 个体工商户每一纳税年度发生的与其生产经营活动直接相关的广告费和业务宣传费不超过当年销售(营业)收入15%的部分,可以据实扣除;超过部分,准予在以后纳税年度结转扣除。

(10) 个体工商户代其从业人员或者他人负担的税款,不得税前扣除。

(11) 个体工商户按照规定缴纳的摊位费、行政性收费、协会会费等,按实际发生额扣除。

(12) 个体工商户根据生产经营活动的需要租入固定资产支付的租赁费,按照以下方法扣除:以经营租赁方式租入固定资产发生的租赁费支出,按照租赁期限均匀扣除;以融资租赁方式租入固定资产发生的租赁费支出,按照规定构成融资租入固定资产价值的部分应当提取折旧费用,分期扣除。

(13) 个体工商户参加财产保险,按照规定缴纳的保险费,准予扣除。

(14) 个体工商户发生的合理的劳动保护支出,准予扣除。

(15) 个体工商户自申请营业执照之日起至开始生产经营之日止所发生的符合本办法规定的费用,除为取得固定资产、无形资产的支出,以及应计入资产价值的汇兑损益、利息支出外,作为开办费,个体工商户可以选择在开始生产经营的当年一次性扣除,也可自生产经营月份起在不短于3年期限内摊销扣除,但一经选定,不得改变。开始生产经营之日为个体工商户取得第一笔销售(营业)收入的日期。

(16) 个体工商户通过公益性社会团体或者县级以上人民政府及其部门,用于《中华人民共和国公益事业捐赠法》规定的公益事业的捐赠,捐赠额不超过其应纳税所得额30%的部分可以据实扣除。

财政部、国家税务总局规定可以全额在税前扣除的捐赠支出项目,按有关规定执行。

个体工商户直接对受益人的捐赠不得扣除。

公益性社会团体的认定,按照财政部、国家税务总局、民政部有关规定执行。

(17) 本办法所称赞助支出,是指个体工商户发生的与生产经营活动无关的各种非广告性质支出。

(18) 个体工商户研究开发新产品、新技术、新工艺所发生的开发费用,以及研究开发新产品、新技术而购置单台价值在10万元以下的测试仪器和试验性装置的购置费准予直接扣除;单台价值在10万元以上(含10万元)的测试仪器和试验性装置,按固定资产管理,不得在当期直接扣除。

【例8-18】某小型运输公司系个体工商户,账证健全,2021年12月取得经营收入为320 000元,准许扣除的当月成本、费用(不含业主工资)及相关税金共计250 600元。1~11月累计应纳税所得额88 400元(未扣除业主费用减除标准),1~11月累计已预缴个人所得税10 200元。除经营所得外,业主本人没有其他收入,2021年全年均享受赡养老人一项专项附加扣除。不考虑专项扣除和符合税法规定的其他扣除,请计算该个体工商户2021年度汇算清缴时应申请的个人所得税退税额。

【解析】纳税人取得经营所得,按年计算个人所得税,由纳税人在月度或季度终了后15日内,向经营所在地主管税务机关办理预缴纳税申报;在取得所得的次年3月31日前,向经营管理所在地主管税务机关办理汇算清缴。因此,按照税收法律、法规规定,先计算全年应纳税所得额,再计算全年应纳税额。并根据全年应纳税额和当年已预缴税额计算出当年度应补(退)税额。

(1) 全年应纳税所得额=320 000-250 600+88 400-60 000-24 000=73 800(元)。

(2) 全年应缴纳个人所得税=73 800×10%-1500=5880(元)。

(3) 该个体工商户2021年度应申请的个人所得税退税额=10 200-5880=4320(元)。

(二) 个人独资企业和合伙企业应纳税额的计算

对个人独资企业和合伙企业生产经营所得,其个人所得税应纳税额的计算有以下两种方法:

第一种:查账征税。

(1) 自2019年1月1日起,个人独资企业和合伙企业投资者的生产经营所得依法计征个人所得税时,个人独资企业和合伙企业投资者本人的费用扣除标准统一确定为60 000元/年,即5000元/月。投资者的工资不得在税前扣除。

(2) 投资者及其家庭发生的生活费用不允许在税前扣除。投资者及其家庭发生的生活费用与企业生产经营费用混合在一起,并且难以划分的,全部视为投资者个人及其家庭发生的生活费用,不允许在税前扣除。

(3) 企业生产经营和投资者及其家庭生活共用的固定资产,难以划分的,由主管税务机关根据企业的生产经营类型、规模等具体情况,核定准予在税前扣除的折旧费用的数额或比例。

(4) 企业向其从业人员实际支付的合理的工资、薪金支出,允许在税前据实扣除。

(5) 企业拨缴的工会经费、发生的职工福利费、职工教育经费支出分别在工资薪金总额2%、14%、8%的标准内据实扣除。

(6) 每一纳税年度发生的广告费和业务宣传费用不超过当年销售(营业)收入15%的部分,可据实扣除;超过部分,准予在以后纳税年度结转扣除。

(7) 每一纳税年度发生的与其生产经营业务直接相关的业务招待费支出,按照发生额的60%扣除,但最高不得超过当年销售(营业)收入的5‰。

(8) 企业计提的各种准备金不得扣除。

(9) 投资者兴办两个或两个以上企业,并且企业性质全部是独资的,年度终了后,汇算清缴时,应纳税款的计算按以下方法进行:汇总其投资兴办的所有企业的经营所得作为应纳税所得额,以此确定适用税率,计算出全年经营所得的应纳税额,再根据每个企业的经营所得占所有企业经营所得的比例,分别计算出每个企业的应纳税额和应补缴税额。计算公式如下:

应纳税所得额=∑各个企业的经营所得

应纳税额=应纳税所得额×税率-速算扣除数

本企业应纳税额=应纳税额×本企业的经营所得÷∑各个企业的经营所得

本企业应补缴的税额=本企业应纳税额-本企业预缴的税额

(10) 投资者兴办两个或两个以上企业的,根据前述规定准予扣除的个人费用,由投资者选择在其中一个企业的生产经营所得中扣除。

（11）企业的年度亏损,允许用本企业下一年度的生产经营所得弥补,下一年度所得不足弥补的,允许逐年延续弥补,但最长不得超过5年。

投资者兴办两个或两个以上企业的,企业的年度经营亏损不能跨企业弥补。

（12）投资者来源于中国境外的生产经营所得,已在境外缴纳所得税的,可以按照个人所得税法的有关规定计算扣除已在境外缴纳的所得税。

第二种：核定征收。

核定征收方式,包括定额征收、核定应税所得率征收以及其他合理的征收方式。

（1）有下列情形之一的,主管税务机关应采取核定征收方式征收个人所得税。

① 企业依照国家有关规定应当设置但未设置账簿的。

② 企业虽设置账簿,但账目混乱或者成本资料、收入凭证、费用凭证残缺不全,难以查账的。

③ 纳税人发生纳税义务,未按照规定的期限办理纳税申报,经税务机关责令限期申报,逾期仍不申报的。

（2）实行核定应税所得率征收方式的,应纳所得税额的计算公式如下：

应纳所得税额=应纳税所得额×适用税率

应纳税所得额=收入总额×应税所得率

或=成本费用支出额÷(1-应税所得率)×应税所得率

应税所得率应按规定的标准执行,如表8-12所示。

表8-12 个人所得税核定征收应税所得率表

行业	应税所得率（%）
工业、交通运输业、商业	5~20
建筑业、房地产开发业	7~20
饮食服务业	7~25
娱乐业	20~40
其他行业	10~30

企业经营多业的,无论其经营项目是否单独核算,均应根据其主营项目确定其适用的应税所得率。

（3）实行核定征税的投资者,不能享受个人所得税的优惠政策。

（4）实行查账征税方式的个人独资企业和合伙企业改为核定征税方式后,在查账征税方式下认定的年度经营亏损未弥补完的部分,不得再继续弥补。

（5）个体工商户、个人独资企业和合伙企业因在纳税年度中间开业、合并、注销及其他原因,导致该纳税年度的实际经营期不足1年的,对个体工商户业主、个人独资企业投资者与合伙企业自然人和合伙人的生产经营所得计算个人所得税时,以其实际经营期为1个纳税年度。投资者本人的费用扣除标准,应按照其实际经营月份数,以每月5000元的减除标准确定。计算公式如下：

应纳税所得额=该年度收入总额-成本、费用及损失-当年投资者本人的费用扣除额

当年投资者本人的费用扣除额=月减除费用(5000元/月)×当年实际经营月份数

应纳税额=应纳税所得额×税率-速算扣除数

此外,无论是查账征收,还是核定征税的个人独资企业和合伙企业,税法规定:

(1) 个人独资企业和合伙企业对外投资分回的利息或者股息、红利,不并入企业的收入,而应单独作为投资者个人取得的利息、股息、红利所得,按"利息、股息、红利所得"项目计算缴纳个人所得税。以合伙企业名义对外投资分回利息或者股息、红利的,应按个人独资企业的投资者以全部生产经营所得为应纳税所得额。合伙企业的投资者按照合伙企业的全部生产经营所得和合伙协议约定的分配比例确定应纳税所得额,合伙协议没有约定分配比例的,以全部生产经营所得和合伙人数量平均计算每个投资者的应纳税所得额的规定,确定各个投资者的利息、股息、红利所得,分别按"利息、股息、红利所得"应税项目计算缴纳个人所得税。

(2) 残疾人员投资兴办或参与投资兴办个人独资企业和合伙企业的,残疾人员取得的经营所得,符合各省、自治区、直辖市人民政府规定的减征个人所得税条件的,经本人申请,主管税务机关审核批准,可按各省、自治区、直辖市人民政府规定减征的范围和幅度,减征个人所得税。

(3) 企业进行清算时,投资者应当在注销工商登记之前,向主管税务机关结清有关税务事宜。企业的清算所得应当视为年度生产经营所得,由投资者依法缴纳个人所得税。

所称清算所得,是指企业清算时的全部资产或者财产的公允价值扣除各项清算费用、损失、负债、以前年度留存的利润后,超过实缴资本的部分。

(4) 企业在纳税年度的中间开业,或者由于合并、关闭等原因,使该纳税年度的实际经营期不足12个月的,应当以其实际经营期为一个纳税年度。

四、财产租赁所得应纳税额的计算

(一) 应纳税所得额

财产租赁所得一般以个人每次取得的收入,定额或定率减除规定费用后的余额为应纳税所得额。每次收入不超过4000元,定额减除费用800元;每次收入在4000元以上,定率减除20%的费用。财产租赁所得以1个月内取得的收入为一次。

在确定财产租赁的应纳税所得额时,纳税人在出租财产过程中缴纳的税金和教育费附加,可持完税(缴款)凭证,从其财产租赁收入中扣除。准予扣除的项目除了规定费用和有关税、费外,还准予扣除能够提供有效、准确凭证,证明由纳税人负担的该出租财产实际开支的修缮费用。允许扣除的修缮费用,以每次800元为限。一次扣除不完的,准予在下一次继续扣除,直到扣完为止。

个人出租财产取得的财产租赁收入,在计算缴纳个人所得税时,应依次扣除以下:

(1) 财产租赁过程中缴纳的税金和国家能源交通重点建设基金、国家预算调节基金、教育费附加。

(2) 由纳税人负担的该出租财产实际开支的修缮费用。

(3) 税法规定的费用扣除标准。

应纳税所得额的计算公式为：

每次(月)收入不超过 4000 元的。

应纳税所得额=每次(月)收入额-准予扣除项目-修缮费用(800元为限)-800

每次(月)收入超过 4000 元的。

应纳税所得额=[每次(月)收入额-准予扣除项目-修缮费用(800为限)]×(1-20%)

(二) 个人房屋转租应纳税额的计算

个人将承租房屋转租取得的租金收入，属于个人所得税应税所得，应按"财产租赁所得"项目计算缴纳个人所得税。

具体规定为：

(1) 取得转租收入的个人向房屋出租方支付的租金，凭房屋租赁合同和合法支付凭据允许在计算个人所得税时，从该项转租收入中扣除。

(2) 有关财产租赁所得个人所得税前扣除税费的扣除次序调整为：

① 财产租赁过程中缴纳的税费。②向出租方支付的租金。③由纳税人负担的租赁财产实际开支的修缮费用。④税法规定的费用扣除标准。

(三) 应纳税额的计算方法

财产租赁所得适用 20% 的比例税率。但对个人按市场价格出租的居民住房取得的所得，自 2001 年 1 月 1 日起暂减按 10% 的税率征收个人所得税。其应纳税额的计算公式为：

应纳税额=应纳税所得额×适用税率

【例8-19】王某于 2021 年 1 月将其自有的面积为 150 平方米的住房按市场价出租给张某居住。王某每月取得租金收入 4500 元，全年租金收入 54 000 元。计算王某全年租金收入应缴纳的个人所得税(不考虑其他税费)。

【解析】

财产租赁收入以每月内取得的收入为一次，按市场价出租给个人居住适用 10% 的税率，因此，王某每月及全年应纳税额为：

(1) 每月应纳税额=4500×(1-20%)×10%=360(元)。

(2) 全年应纳税额=360×12=4320(元)。

本例在计算个人所得税时未考虑其他税、费。如果对租金收入计征增值税、城市维护建设税、房产税和教育费附加等，还应将其从税前的收入中先扣除后再计算应缴纳的个人所得税。

假定在【例8-19】中，当年 2 月因下水道堵塞找人修理，发生修理费用 1000 元，有维修部门的正式收据，则 2 月和 3 月的应纳税额为：

(1) 2月应纳税额=(4500-800-800)×10%=290(元)。

(2) 3月应纳税额=(4500-200)×(1-20%)×10%=344(元)。

在实际征税过程中，有时会出现财产租赁所得的纳税人不明确的情况。对此，在确定财产租赁所得纳税人时,应以产权凭证为依据。无产权凭证的,由主管税务机关根据实际情况确定纳税人。如果产权所有人死亡,在未办理产权继承手续期间,该财产出租且有租金收入的,以领取租金收入的个人为纳税人。

五、财产转让所得应纳税额的计算

(一) 一般情况下财产转让所得应纳税额的计算

财产转让所得应纳税额的计算公式为:
应纳税额=应纳税所得额×适用税率=(收入总额-财产原值-合理税费)×20%

【例8-20】某人建房一幢,造价360 000元,支付其他费用50 000元。该个人建成后将房屋出售,售价600 000元,在售房过程中按规定支付交易费等相关税费35 000元,其应纳个人所得税税额的计算过程为:

(1) 应纳税所得额=财产转让收入-财产原值-合理费用
=600 000-(360 000+50 000)-35 000=155 000(元)。
(2) 应纳税额=155 000×20%=31 000(元)。

(二) 个人住房转让所得应纳税额的计算

自2006年8月1日起,个人转让住房所得应纳个人所得税的计算具体规定如下:

(1) 以实际成交价格为转让收入。纳税人申报的住房交易价格明显低于市场价格且无正当理由的,征收机关依法根据有关信息核定其转让收入,但必须保证各税种计税价格一致。

(2) 纳税人可凭原购房合同、发票等有效凭证,经税务机关审核后,允许从其转让收入中减除房屋原值、转让住房过程中缴纳的税金及有关合理费用。

① 房屋原值具体为:商品房:购置该房屋时实际支付的房价款及缴纳的相关税费。自建住房:实际发生的建造费用及建造和取得产权时实际缴纳的相关税费。经济适用房(含集资合作建房、安居工程住房):原购房人实际支付的房价款及相关税费,以及按规定缴纳的土地出让金。已购公有住房:原购公有住房标准面积按当地经济适用房价格计算的房价款,加上原购公有住房超标准面积实际支付的房价款以及按规定向财政部门(或原产权单位)缴纳的所得收益及相关税费。已购公有住房是指城镇职工根据国家和县级(含县级)以上人民政府有关城镇住房制度改革政策规定,按照成本价(或标准价)购买的公有住房。经济适用房价格按县级(含县级)以上地方人民政府规定的标准确定。城镇拆迁安置住房,其原值分别为:房屋拆迁取得货币补偿后购置房屋的,为购置该房屋实际支付的房价款及缴纳的相关税费;房屋拆迁采取产权调换方式的,所调换房屋原值为《房屋拆迁补偿安置协议》注明的价款及缴纳的相关税费;房屋拆迁采取产权调换方式,被拆迁人除取得所调换房屋,又取得部分货币补偿的,所调换房屋原值为《房屋拆迁补偿安置协议》注明的价款和缴纳的相关税费,减去货币补偿后的余额;房屋拆迁采取产权调换方式,被拆迁人取得所调换房屋,又支付部分货币的,所调换房屋原值为《房屋拆迁补偿安

置协议》注明的价款,加上所支付的货币及缴纳的相关税费。

② 转让住房过程中缴纳的税金是指纳税人在转让住房时实际缴纳的城市维护建设税、教育费附加税、土地增值税、印花税等税金。

③ 合理费用是指纳税人按照规定实际支付的住房装修费用、住房贷款利息、手续费、公证费等费用。其中:住房装修费用。纳税人能提供实际支付装修费用的税务统一发票,并且发票上所列付款人姓名与转让房屋产权人一致的,经税务机关审核,其转让的住房在转让前实际发生的装修费用可在以下规定比例内扣除:已购公有住房、经济适用房:最高扣除限额为房屋原值的15%;商品房及其他住房:最高扣除限额为房屋原值的10%。纳税人原购房为装修房,即合同注明房价款中含有装修费(铺装了地板,装配了洁具、厨具等)的,不得再重复扣除装修费用。住房贷款利息。纳税人出售以按揭贷款方式购置的住房,其向贷款银行实际支付的住房贷款利息,凭贷款银行出具的有效证明据实扣除。纳税人按照有关规定实际支付的手续费、公证费等,凭有关部门出具的有效证明据实扣除。

(3) 纳税人未提供完整、准确的房屋原值凭证,不能正确计算房屋原值和应纳税额的,税务机关可对其实行核定征税,即按纳税人住房转让收入的一定比例核定应纳个人所得税额。具体比例由省级地方税务局或者省级地方税务局授权的地市级地方税务局根据纳税人出售住房的所处区域、地理位置、建造时间、房屋类型、住房平均价格水平等因素,在住房转让收入1%~3%的幅度内确定。

(4) 关于个人转让离婚析产房屋的征税问题。

① 通过离婚析产的方式分割房屋产权是夫妻双方对共有财产的处置,个人因离婚办理房屋产权过户手续,不征收个人所得税。

② 个人转让离婚析产房屋所取得的收入,允许扣除其相应的财产原值和合理费用后,按照规定的税率缴纳个人所得税。其相应的财产原值,为房屋初次购置全部原值和相关税费之和乘以转让者占房屋所有权的比例。

③ 个人转让离婚析产房屋所取得的收入,符合家庭生活自用五年以上唯一住房的,可以申请免征个人所得税,其购置时间按照个人购买住房时取得的房屋产权证或契税完税证明上注明的时间作为其购买房屋的时间执行。对于纳税人申报时,同时出具房屋产权证和契税完税证明且二者所注明的时间不一致的,按照"孰先"的原则确定购买房屋的时间。

(三) 个人转让股权应纳税额的计算

自2015年1月1日起,个人转让股权应纳个人所得税额,按以下规定:

1. 基本概念

股权是指自然人股东(以下简称个人)投资于在中国境内成立的企业或组织(以下统称被投资企业,不包括个人独资企业和合伙企业)的股权或股份。

股权转让是指个人将股权转让给其他个人或法人的行为,包括以下情形:

(1) 出售股权。

(2) 公司回购股权。

(3) 发行人首次公开发行新股时,被投资企业股东将其持有的股份以公开发行方式一并向投资者发售。

（4）股权被司法或行政机关强制过户。

（5）以股权对外投资或进行其他非货币性交易。

（6）以股权抵偿债务。

（7）其他股权转移行为。

个人转让股权，以股权转让收入减除股权原值和合理费用后的余额为应纳税所得额，按"财产转让所得"缴纳个人所得税。合理费用是指股权转让时按照规定支付的有关税费。

个人股权转让所得个人所得税，以股权转让方为纳税人，以受让方为扣缴义务人。

扣缴义务人应于股权转让相关协议签订后 5 个工作日内，将股权转让的有关情况报告主管税务机关。

被投资企业应当详细记录股东持有本企业股权的相关成本，如实向税务机关提供与股权转让有关的信息，协助税务机关依法执行公务。

2. 股权转让收入的确认

股权转让收入，是指转让方因股权转让而获得的现金、实物、有价证券和其他形式的经济利益。

转让方取得与股权转让相关的各种款项，包括违约金、补偿金以及其他名目的款项、资产、权益等，均应当并入股权转让收入。

纳税人按照合同约定，在满足约定条件后取得的后续收入，应当作为股权转让收入。

股权转让收入应当按照公平交易原则确定。

符合下列情形之一的，主管税务机关可以核定股权转让收入：

（1）申报的股权转让收入明显偏低且无正当理由的。

（2）未按照规定期限办理纳税申报，经税务机关责令限期申报，逾期仍不申报的。

（3）转让方无法提供或拒不提供股权转让收入的有关资料。

（4）其他应核定股权转让收入的情形。

符合下列情形之一，视为股权转让收入明显偏低：

（1）申报的股权转让收入低于股权对应的净资产份额的。其中，被投资企业拥有土地使用权、房屋、房地产企业未销售房产、知识产权、探矿权、采矿权、股权等资产的，申报的股权转让收入低于股权对应的净资产公允价值份额的。

（2）申报的股权转让收入低于初始投资成本或低于取得该股权所支付的价款及相关税费的。

（3）申报的股权转让收入低于相同或类似条件下同一企业同一股东或其他股东股权转让收入的。

（4）申报的股权转让收入低于相同或类似条件下同类行业的企业股权转让收入的。

（5）不具合理性的无偿让渡股权或股份。

（6）主管税务机关认定的其他情形。

符合下列条件之一的股权转让收入明显偏低，视为有正当理由：

（1）能出具有效文件，证明被投资企业因国家政策调整，生产经营受到重大影响，导致低价转让股权。

(2) 继承或将股权转让给能提供具有法律效力身份关系证明的配偶、父母、子女、祖父母、外祖父母、孙子女、外孙子女、兄弟姐妹以及对转让人承担直接抚养或赡养义务的抚养人或者赡养人。

(3) 相关法律、政府文件或企业章程规定,并有相关资料充分证明转让价格合理且真实的本企业员工持有的不能对外转让股权的内部转让。

(4) 股权转让双方能够提供有效证据证明其合理性的其他合理情形。

3. 股权原值的确认

个人转让股权的原值依照以下方法确认:

(1) 以现金出资方式取得的股权,按照实际支付的价款与取得股权直接相关的合理税费之和确认股权原值。

(2) 以非货币性资产出资方式取得的股权,按照税务机关认可或核定的投资入股时非货币性资产价格与取得股权直接相关的合理税费之和确认股权原值。

(3) 通过无偿让渡方式取得股权,具备继承或将股权转让给其能提供具有法律效力身份关系证明的配偶、父母、子女、祖父母、外祖父母、孙子女、外孙子女、兄弟姐妹以及对转让人承担直接抚养或者赡养义务的抚养人或者赡养人的,按取得股权发生的合理税费与原持有人的股权原值之和确认股权原值。

(4) 被投资企业以资本公积、盈余公积、未分配利润转增股本,个人股东已依法缴纳个人所得税的,以转增额和相关税费之和确认其新转增股本的股权原值。

(5) 除以上情形外,由主管税务机关按照避免重复征收个人所得税的原则合理确认股权原值。

股权转让人已被主管税务机关核定股权转让收入并依法征收个人所得税的,该股权受让人的股权原值以取得股权时发生的合理税费与股权转让人被主管税务机关核定的股权转让收入之和确认。

个人转让股权未提供完整、准确的股权原值凭证,不能正确计算股权原值的,由主管税务机关核定其股权原值。

对个人多次取得同一被投资企业股权的,转让部分股权时,采用"加权平均法"确定其股权原值。

(四) 个人转让债券类债权时原值的确定

转让债券类债权,采用"加权平均法"确定其应予减除的财产原值和合理费用。即以纳税人购进的同一种类债券买入价和买进过程中缴纳的税费总和,除以纳税人购进的该种类债券数量之和,乘以纳税人卖出的该种类债券数量,再加上卖出的该种类债券过程中缴纳的税费。用公式表示为:

一次卖出某一种类债券允许扣除的买入价和费用=(纳税人购进的该种类债券买入价和买进过程中交纳的税费总和)×(一次卖出的该种类债券的数量+卖出该种类债券过程中缴纳的税费)÷纳税人购进的该种类债券总数量

六、利息、股息、红利所得和偶然所得应纳税额的计算

利息、股息、红利所得和偶然所得应纳税额的计算公式为：
应纳税额＝应纳税所得额×适用税率＝每次收入额×20%

七、境外所得税额扣除的计算

税法规定，纳税义务人从中国境外取得的所得，准予其在应纳税额中扣除已在境外缴纳的个人所得税税额。但扣除额不得超过该纳税义务人境外所得依照我国税法规定计算的应纳税额。

这里避免国际之间重复征税的原理与企业所得税相同，但计算境外税款扣除限额的方法采用的是分国分项计算、分国加总的方法，不同于企业所得税的分国不分项的计算。

【例8-21】中国居民个人张某在本年度从A国取得彩票收入20 000元。张某在A国已经缴纳个人所得税3000元，张某在A国没有其他收入。计算张某在A国取得的彩票收入在我国应当补缴的个人所得税。

【解析】
张某偶然所得个人所得税扣除限额（按照中国税法规定应纳个人所得税税额）
＝20 000×20%＝4000（元）。
则张某在我国应补缴个人所得税＝4000－3000＝1000（元）。

八、应纳税额计算中的特殊问题

（一）关于个人取得公务交通、通信补贴收入的征税问题

个人因公务用车和通信制度改革而取得的公务用车、通信补贴收入，扣除一定标准的公务费用后，按照"工资、薪金所得"项目计征个人所得税。按月发放的，并入当月"工资、薪金所得"计征个人所得税；不按月发放的，分解到所属月份并与该月份"工资、薪金所得"合并后计征个人所得税。

公务费用扣除标准，由省级地方税务局根据纳税人公务交通、通信费用实际发生情况调查测算，报经省级人民政府批准后确定，并报国家税务总局备案。

（二）在外商投资企业、外国企业和外国驻华机构工作的中方人员取得的工资、薪金所得的征税问题

（1）在外商投资企业、外国企业和外国驻华机构工作的中方人员取得的工资、薪金收入，凡是由雇用单位和派遣单位分别支付的，支付单位应按税法规定代扣代缴个人所得税。同时，按税法规定，纳税义务人应以每月全部工资、薪金收入减除规定费用后的余额为应纳税所得额。为了有利于征管，对雇用单位和派遣单位分别支付工资、薪金的，采取

由支付者中的一方减除费用的方法,即只由雇用单位在支付工资、薪金时,按税法规定减除费用,计算扣缴个人所得税。派遣单位支付的工资、薪金不再减除费用,以支付金额直接确定适用税率,计算扣缴个人所得税。

上述纳税义务人,应持两处支付单位提供的原始明细工资、薪金单(书)和完税凭证原件,选择并固定到一地税务机关申报每月工资、薪金收入,汇算清缴其工资、薪金收入的个人所得税,多退少补。具体申报期限,由各省、自治区、直辖市税务机关确定。

【例8-22】王某为一外商投资企业雇用的中方人员,假定2021年1月,该外商投资企业支付给王某的薪金为7500元,同月,王某还收到其所在的派遣单位发给的扣完"四险一金"后的工资3900元。请问:当月该外商投资企业、派遣单位应如何扣缴个人所得税? 王某当月实际应缴的个人所得税为多少?(不考虑王某应享受的专项附加扣除和依法确定的其他扣除)

【解析】

1月外商投资企业应为王某扣缴的个人所得税为:

扣缴税额=(每月收入额-5000)×适用税率-速算扣除数

=(7500-5000)×3%-0=75(元)。

1月派遣单位应为王某扣缴的个人所得税为:

扣缴税额=每月收入额×适用税率-速算扣除数=3900×3%-0=117(元)。

1月王某实际应缴的个人所得税为:

应纳税额=(每月收入额-5000)×适用税率-速算扣除数

=(7500+3900-5000)×10%-210=430(元)。

因此,王某到某税务机关申报时,还应补缴238元(430-75-117)。

(2)对外商投资企业、外国企业和外国驻华机构发放给中方工作人员的工资、薪金所得,应全额征税。但对可以提供有效合同或有关凭证,能够证明其工资、薪金所得的一部分按照有关规定上缴派遣(介绍)单位的,可扣除其实际上缴的部分,按其余额计征个人所得税。

(三)对个人因解除劳动合同取得经济补偿金的征税方法

个人与用人单位解除劳动关系取得的一次性补偿收入自2001年10月1日起,按以下规定处理:

(1)企业依照国家有关法律规定宣告破产,企业职工从该破产企业取得的一次性安置费收入,免征个人所得税。

(2)个人因与用人单位解除劳动关系而取得的一次性补偿收入(包括用人单位发放的经济补偿金、生活补助费和其他补助费用),其收入在当地上年职工平均工资3倍数额以内的部分,免征个人所得税,超过3倍数额的部分,不并入当年综合所得,单独适用综合所得税率表,计算纳税。个人在解除劳动合同后又再次任职、受雇的,已纳税的一次性补偿收入不再与再次任职、受雇的工资薪金所得合并计算补缴个人所得税。

(3)个人领取一次性补偿收入时按照国家和地方政府规定的比例实际缴纳的住房公积金、医疗保险费、基本养老保险费、失业保险费,可以在计征其一次性补偿收入的个人所得税时予以扣除。

(四)关于企业减员增效和行政事业单位、社会团体在机构改革过程中实行内部退养办法人员取得收入的征税问题

实行内部退养的个人在其办理内部退养手续后至法定离退休年龄之间从原任职单位取得的工资、薪金,不属于离退休工资,应按"工资、薪金所得"项目计征个人所得税。

个人在办理内部退养手续后从原任职单位取得的一次性收入,应按办理内部退养手续后至法定离退休年龄之间的所属月份进行平均,并与领取当月的"工资、薪金"所得合并后减除当月费用扣除标准,以余额为基数确定适用税率,再将当月工资、薪金加上取得的一次性收入,减去费用扣除标准,按适用税率计征个人所得税。

个人在办理内部退养手续后至法定离退休年龄之间重新就业取得的"工资、薪金"所得,应与其从原任职单位取得的同一月份的"工资、薪金"所得合并,并依法自行向主管税务机关申报缴纳个人所得税。

(五)个人提前退休取得补贴收入征收个人所得税的规定

自2019年1月1日起,个人提前退休取得一次性补贴收入征收个人所得税按以下规定执行:个人办理提前退休手续而取得的一次性补贴收入,应按照办理提前退休手续至法定离退休年龄之间实际年度数平均分摊,确定适用税率和速算扣除数,计算纳税,如表8-13所示。计算公式:

应纳税所得额=(一次性补贴收入÷办理提前退休手续至法定退休年龄的实际年度数)-费用扣除标准

应纳税额=(应纳税所得额×适用税率-速算扣除数)×办理提前退休手续至法定退休年龄的实际年度数

表8-13 法定退休、内部退养、提前退休个税区分

项目	适用范围	特点	个税的征免
法定退休	各类人员	属于达到法定退休年龄的正式退休	按照国家统一规定发放的退休工资、离休工资和离休生活补助费免税
内部退养	企业减员增效和行政事业单位、社会团体在机构改革过程中实行内部退养办法人员	属于非正式退休。因未达到法定退休年龄,由企业发给基本生活费,达到退休年龄时正式办理退休手续	办理内部退养手续后从原任职单位取得的一次性收入和至法定离退休年龄之间取得的基本生活费收入均应按工资薪金所得纳税
提前退休	机关、企事业单位人员	属于正式退休。按照规定提前退休的人员可享受此待遇	取得按照统一标准发放的一次性补贴收入应按照工资薪金所得纳税

(六)企业促销展业赠送礼品个人所得税的规定

自2011年6月9日起,企业和单位(包括企业、事业单位、社会团体、个人独资企业、合

伙企业和个体工商户等,以下简称企业)在营销活动中以折扣折让、赠品、抽奖等方式,向个人赠送现金、消费券、物品、服务等(以下简称礼品)有关个人所得税的具体规定如下:

(1) 企业在销售商品(产品)和提供服务过程中向个人赠送礼品,属于下列情形之一的,不征收个人所得税。

① 企业通过价格折扣、折让方式向个人销售商品(产品)和提供服务。

② 企业在向个人销售商品(产品)和提供服务的同时给予赠品,如通信企业对个人购买手机赠话费、入网费,或者购话费赠手机等。

③ 企业对累积消费达到一定额度的个人按消费积分反馈礼品。

(2) 企业向个人赠送礼品,属于下列情形之一的,取得该项所得的个人应依法缴纳个人所得税,税款由赠送礼品的企业代扣代缴。

① 企业在业务宣传、广告等活动中,随机向本单位以外的个人赠送礼品,对个人取得的礼品所得,按照"偶然所得"项目,全额适用20%的税率缴纳个人所得税。

② 企业在年会、座谈会、庆典以及其他活动中向本单位以外的个人赠送礼品,对个人取得的礼品所得,按照"偶然所得"项目,全额适用20%的税率缴纳个人所得税。

③ 企业对累积消费达到一定额度的顾客,给予额外抽奖机会,个人的获奖所得,按照"偶然所得"项目,全额适用20%的税率缴纳个人所得税。

(3) 企业赠送的礼品是自产产品(服务)的,按该产品(服务)的市场销售价格确定个人的应税所得;是外购商品(服务)的,按该商品(服务)的实际购置价格确定个人的应税所得。

(七) 保险营销员、证券经纪人佣金收入个人所得税的规定

保险营销员、证券经纪人取得的佣金收入,属于劳务报酬所得,自2019年1月1日起,以不含增值税的收入减除20%的费用后的余额为收入额,收入额减去展业成本以及附加税费后,并入当年综合所得,计算缴纳个人所得税。保险营销员、证券经经人展业成本按照收入额的25%计算。

第三节　个人所得税纳税申报实务

一、纳税申报方式

个人所得税的纳税申报方式,有自行申报纳税和全员全额扣缴申报纳税两种方式。自行申报纳税,是由纳税人自行在税法规定的纳税期限内,向税务机关申报取得的应税所得项目和数额,如实填写个人所得税纳税申报表,并按照税法规定计算应纳税额,据此缴纳个人所得税的一种方法。全员全额扣缴申报纳税,是指扣缴义务人向个人支付应税款项时,依照个人所得税法规定预扣或者代扣税款,扣缴义务人应当在代扣税款的次月十五

日内,向主管税务机关报送其支付所得的所有个人的有关信息、支付所得数额、扣除事项和数额、扣缴税款的具体数额和总额以及其他相关涉税信息资料。这种方法,有利于控制税源、防止漏税和逃税。

(一)自行申报方式

有下列情形之一的,纳税人应当依法办理自行纳税申报
(1)取得综合所得需要办理汇算清缴。
(2)取得应税所得没有扣缴义务人。
(3)取得应税所得,扣缴义务人未扣缴税款。
(4)取得境外所得。
(5)因移居境外注销中国户籍。
(6)非居民个人在中国境内从两处以上取得工资、薪金所得。
(7)国务院规定的其他情形。

(二)全员全额扣缴申报方式

税法规定:扣缴义务人向个人支付应税款项时,应当依照个人所得税法规定预扣或者代扣税款,按时缴库,并专项记载备查。

全员全额扣缴申报,是指扣缴义务人应当在代扣税款的次月15日内,向主管税务机关报送其支付所得的所有个人的有关信息、支付所得数额、扣除事项和数额、扣缴税款的具体数额和总额以及其他相关涉税信息资料。这种方法,有利于控制税源、防止漏税和逃税。

根据《个人所得税法》及其实施条例、《税收征收管理法》及其实施细则的有关规定,国家税务总局制定下发了《个人所得税扣缴申报管理办法(试行)》(以下简称《管理办法》)。自2019年1月1日起执行的《管理办法》,对扣缴义务人和代扣预扣税款的范围、不同项目所得扣缴方法、扣缴义务人的义务及应承担的责任等内容做了明确规定。

扣缴义务人和代扣预扣税款的范围
(1)工资、薪金所得。
(2)劳务报酬所得。
(3)稿酬所得。
(4)特许权使用费所得。
(5)利息、股息、红利所得。
(6)财产租赁所得。
(7)财产转让所得。
(8)偶然所得。
扣缴义务人应当依法办理全员全额扣缴申报。

(三)取得综合所得需要办理汇算清缴的纳税申报

1. 综合所得需要办理汇算清缴的范围
取得综合所得且符合下列情形之一的纳税人应当依法办理汇算清缴。

(1) 从两处以上取得综合所得,且综合所得年收入额减除专项扣除后的余额超过6万元。

(2) 取得劳务报酬所得、稿酬所得、特许权使用费所得中一项或者多项所得,且综合所得年收入额减专项扣除后的余额超过6万元。

(3) 纳税年度内预缴税额低于应纳税额。

(4) 纳税人申请退税。

2. 综合所得需要办理汇算清缴的程序

需要办理汇算清缴的纳税人,应当在取得所得的次年3月1日至6月30日内,向任职、受雇单位所在地主管税务机关办理纳税申报,并报送《个人所得税年度自行纳税申报表》。纳税人有两处以上任职、受雇单位的,选择向其中一处任职、受雇单位所在地主管税务机关办理纳税申报;纳税人没有任职、受雇单位的,向户籍所在地或经常居住地主管税务机关办理纳税申报。

纳税人办理综合所得汇算清缴,应当准备与收入、专项扣除、专项附加扣除、依法确定的其他扣除、捐赠、享受税收优惠等相关的资料,并按规定留存备查或报送。

纳税人办理汇算清缴退税或者扣缴义务人为纳税人办理汇算清缴退税的,税务机关审核后,按照国库管理的有关规定办理退税。纳税人申请退税时提供的汇算清缴信息有错误的,税务机关应当告知其更正。纳税人更正的,税务机关应当及时办理退税。纳税人申请退税,应当提供其在中国境内开设的银行账户,并在汇算清缴地就地办理税款退库。

(四) 取得经营所得的纳税申报

个体工商户业主、个人独资企业投资者、合伙企业个人合伙人、承包承租经营者个人以及其他从事生产、经营活动的个人取得经营所得,包括以下情形:

(1) 个体工商户从事生产、经营活动取得的所得,个人独资企业投资人,合伙企业的个人合伙人来源于境内注册的个人独资企业,合伙企业生产、经营的所得。

(2) 个人依法从事办学、医疗、咨询以及其他有偿服务活动取得的所得。

(3) 个人对企业、事业单位承包经营、承租经营以及转包、转租取得的所得。

(4) 个人从事其他生产、经营活动取得的所得。

纳税人取得经营所得,按年计算个人所得税,由纳税人在月度或季度终了后15日内,向经营管理所在地主管税务机关办理预缴纳税申报,并报送《个人所得税经营所得纳税申报表(A表)》。在取得所得的次年3月31日前,向经营管理所在地主管税务机关办理汇算清缴,并报送《个人所得税经营所得纳税申报表(B表)》。从两处以上取得经营所得的,选择向其中一处经营管理所在地主管税务机关办理年度汇总申报,并报送《个人所得税经营所得纳税申报表(C表)》。

(五) 取得应税所得,扣缴义务人未扣缴税款的纳税申报

纳税人取得应税所得,扣缴义务人未扣缴税款的,应当区别以下情形办理纳税申报。

(1) 居民个人取得综合所得的,应当依法办理汇算清缴。

(2) 非居民个人取得工资、薪金所得,劳务报酬所得,稿酬所得,特许权使用费所得

的,应当在取得所得的次年6月30日前,向扣缴义务人所在地主管税务机关办理纳税申报,并报送《个人所得税自行纳税申报表(A表)》。有两个以上扣缴义务人均未扣缴税款的,选择向其中一处扣缴义务人所在地主管税务机关办理纳税申报。

(3)非居民个人在次年6月30日前离境(临时离境除外)的,应当在离境前办理纳税申报。

(4)纳税人取得利息、股息、红利所得,财产租赁所得,财产转让所得和偶然所得的,应当在取得所得的次年6月30日前,按相关规定向主管税务机关办理纳税申报,并报送《个人所得税自行纳税申报表(A表)》。

税务机关通知限期缴纳的,纳税人应当按照期限缴纳税款。纳税人取得应税所得没有扣缴义务人的,应当在取得所得的次月15日内向税务机关报送纳税申报表,并缴纳税款。

(六)取得境外所得的纳税申报

居民个人从中国境外取得所得的,应当在取得所得的次年3月1日至6月30日内,向中国境内任职、受雇单位所在地主管税务机关办理纳税申报;在中国境内没有任职、受雇单位的,向户籍所在地或中国境内经常居住地主管税务机关办理纳税申报;户籍所在地与中国境内经常居住地不一致的,选择其中一地主管税务机关办理纳税申报;在中国境内没有户籍,向中国境内经常居住地主管税务机关办理纳税申报。

(七)因移居境外注销中国户籍的纳税申报

纳税人因移居境外注销中国户籍的,应当在申请注销中国户籍前,向户籍所在地主管税务机关办理纳税申报,进行税款清算。

(1)纳税人在注销户籍年度取得综合所得的,应当在注销户籍前,办理当年综合所得的汇算清缴,并报送《个人所得税年度自行纳税申报表》。尚未办理上一年度综合所得汇算清缴的,应当在办理注销户籍纳税申报时一并办理。

(2)纳税人在注销户籍年度取得经营所得的,应当在注销户籍前,办理当年经营所得的汇算清缴并报送《个人所得税经营所得纳税申报表(B表)》。从两处以上取得经营所得的,还应当一并报送《个人所得税经营所得纳税申报表(C表)》。尚未办理上一年度经营所得汇算清缴的,应当在办理注销户籍纳税申报时并办理。

(3)纳税人在注销户籍当年取得利息、股息、红利所得,财产租赁所得,财产转让所得和偶然所得的,应当在注销户籍前,申报当年上述所得的完税情况,并报送《个人所得税自行纳税申报表(A表)》

(4)纳税人有未缴或者少缴税款的,应当在注销户籍前,结清欠缴或未缴的税款。纳税人存在分期缴税且未缴纳完毕的,应当在注销户籍前,结清尚未缴纳的税款。

(5)纳税人办理注销户籍纳税申报时,需要办理专项附加扣除、依法确定的其他扣除的,应当向税务机关报送《个人所得税专项附加扣除信息表》《商业健康保险税前扣除情况明细表》《个人税收递延型商业养老保险税前扣除情况明细表》等。

(八)非居民个人在中国境内从两处以上取得工资、薪金所得的纳税申报

非居民个人在中国境内从两处以上取得工资、薪金所得的,应当在取得所得的次月15日内,向其中一处任职、受雇单位所在地主管税务机关办理纳税申报,并报送《个人所得税自行纳税申报表(A表)》

(九)纳税申报方式

纳税人可以采用远程办税端、邮寄等方式申报,也可以直接到主管税务机关申报。

(十)办理汇算清缴的程序

1. 报送资料

(1)首次申报或基础信息发生变化时,应报送:①《个人所得税基础信息表(B表)》②个人有效身份证原件。

(2)年所得12万元以上的,应报送:《个人所得税纳税申报表(适用于年所得12万元以上的纳税人申报)》。

(3)从境外取得所得的,应报送:①《个人所得税自行纳税申报表(B表)》②境外税务机关填发的税款缴纳凭证原件。

(4)从中华人民共和国境内两处或者两处以上取得工资薪金所得的,或者取得应纳税所得没有扣缴义务人的,或者符合国务院规定的其他情形的,应报送:①《个人所得税自行纳税申报表(A表)》②能够证明纳税人收入、财产原值、相关税费的有关资料。

(5)个人将股权转让给其他个人或法人,属于《股权转让所得个人所得税管理办法(试行)》中规定情形的,应报送:①《个人所得税自行纳税申报表(A表)》②股权转让合同(协议)。

(6)对个人转让限售股取得的所得:

① 采取证券机构预扣预缴和纳税人自行申报清算相结合的方式征收的,应报送:a.《限售股转让所得个人所得税清算申报表》。b.加盖开户证券机构印章的限售股交易明细记录。c.相关完整、真实的财产原值凭证。d.缴纳税款凭证(《税务代保管资金专用收据》或《税收转账专用完税证》)。

② 采取纳税人自行申报纳税的方式征收的,应报送:《限售股转让所得个人所得税清算申报表》。

(7)纳税人非货币性资产投资分期缴纳个人所得税的,应报送:①《个人所得税自行纳税申报表(A表)》②已备案的《非货币性资产投资分期缴纳个人所得税备案表》③本期之前各期已缴纳个人所得税的完税凭证。

2. 办理渠道

(1)办税服务厅(场所);(2)税务局、移动终端、自助办税终端。具体渠道由省税务机关确认。

3. 办理时限

资料齐全、符合法定形式、填写内容完整的,税务机关受理后即时办结。

4. 办理结果

税务机关反馈申报结果。

5. 纳税人注意事项

(1) 纳税人对报送材料的真实性和合法性承担责任。

(2) 纳税人在资料完整且符合法定受理条件的前提下,最多只需要到税务机关跑一次。

(3) 纳税人在纳税期内没有应纳税款的,也应当按照规定办理纳税申报;纳税人享受减税、免税待遇的,在减税、免税期间应当按照规定办理纳税申报。

(4) 办税服务厅地址、电子税务局网址,可在省税务机关门户网站或拨打12366纳税服务热线查询。

(十一) 生产、经营纳税人个人所得税自行纳税申报

个体工商户、企事业单位的承包承租经营者、个人独资企业投资人和合伙企业合伙人,应按照法律法规的规定办理生产、经营纳税人个人所得税自行纳税申报。

1. 报送资料

(1) 实行查账征收个人所得税方式的个体工商户、企事业单位的承包承租经营者、个人独资企业投资人和合伙企业合伙人的预缴纳税申报,以及实行核定征收的纳税申报,应报送:《个人所得税生产经营所得纳税申报表(A表)》(合伙企业有两个或两个以上自然人合伙人的,应分别填报本表)。

(2) 实行查账征收个人所得税方式的个体工商户、企事业单位的承包承租经营者、个人独资企业投资人和合伙企业合伙人的个人所得税年度申报,应报送:《个人所得税生产经营所得纳税申报表(B表)》(合伙企业有两个或两个以上自然人合伙人的,应分别填报本表)。

(3) 个体工商户、企事业单位的承包承租经营者、个人独资企业投资人和合伙企业合伙人在中华人民共和国境内两处或者两处以上取得"个体工商户的生产、经营所得"和"对企事业单位的承包经营、承租经营所得"的,同项所得合并计算纳税的个人所得税年度汇总纳税申报,应报送:《个人所得税生产经营所得纳税申报表(C表)》。

2. 办理渠道

(1)办税服务厅(场所);(2)电子税务局、移动终端、自助办税终端。具体渠道由省级税务机关确认。

3. 办理时限

资料齐全、符合法定形式、填写内容完整的,税务机关受理后即时办理。

4. 办理结果

税务机关反馈申报结果。

5. 纳税人注意事项

(1) 纳税人对报送材料的真实性和合法性承担责任。

(2) 纳税人在资料完整且符合法定受理条件的前提下,最多只需要到税务机关跑一次。

(3) 在一年内按月取得承包经营、承租经营所得的纳税人,应在每月取得所得后的15日内办理个人所得税预缴月(季)度纳税申报,年度终了后30日内办理年度纳税申报。

① 在一年内分次取得承包经营、承租经营所得的纳税人,应在每次取得所得后的15日内办理个人所得税预缴月(季)度纳税申报,年度终了后3个月办理年度纳税申报。

② 实行核定征收的纳税人,应在次月15日内办理纳税申报。

③ 实行查账征收的个体工商户、个人独资企业投资人、合伙企业合伙人,应在次月15日内办理个人所得税预缴月(季)度纳税申报,年度终了后3个月内办理年度纳税申报。

④ 在中国境内两处或者两处以上取得个体工商户的生产、经营所得和对企事业单位的承包经营、承租经营所得的纳税人,同项所得合并计算纳税,应在年度终了后3个月内办理汇总纳税申报。

⑤ 投资兴办两个或两个以上企业,并且其中含有合伙企业的投资者,应在年度终了后3个月内办理汇总纳税申报。

⑥ 个人独资企业、合伙企业在年度中间终止经营活动的,纳税人应在实际经营终止之日起60日内办理清算申报。

(4) 纳税人在纳税期内没有应纳税款的,也应当按照规定办理纳税申报。纳税人享受减税、免税待遇的,在减税、免税期间应当按照规定办理纳税申报。

(5) 办税服务厅地址、电子税务局网址,可在省税务机关门户网站或拨打12366纳税服务热线查询。

二、代扣代缴申报

扣缴义务人每月或者每次预扣、代扣的税款,应当在次月15日内缴入国库,并向税务机关报送《个人所得税扣缴申报表》。

扣缴义务人首次向纳税人支付所得时,应当按照纳税人提供的纳税人识别号等基础信息填写《个人所得税基础信息表(A表)》并于次月扣缴申报时间税务机关报送。

扣缴义务人对纳税人向其报告的相关基础信息变化情况,应当于次月扣缴申报时向税务机关报送。

三、居民个人综合所得申报实务

【例8-23】居民个人张三2021年每月应发工资均为30 000元,每月减除费用5000元,可专项扣除的基本养老保险1800元,基本医疗保险1200元,失业保险500元,住房公积金1000元,合计专项扣除4500元,专项附加扣除中子女教育扣除1000元、赡养老人扣除1000元,两项共计2000元,符合专项附加扣除条件的大病医疗支出为70 000元。每月取得劳务报酬所得8000元。12月取得稿酬所得40 000元,12月取得特许权使用费所得2000元。假设没有减免收入及减免税额等情况。要求计算每月预交个人所得税及年终汇算清缴应纳个人所得税,并以12月为例,填写预扣预缴纳税申报表和年终汇算纳税申报表。

【解析】

(1) 该职员工资薪金所得预扣预缴计算：

1月份预扣预缴：(30 000-5000-4500-2000)×3%=555(元)。

2月份预扣预缴：(30 000×2-5000×2-4500×2-2000×2)×10%-2520-555=625(元)。

1~2月累计缴=555+625=1180(元)。

3月份预扣预缴：(30 000×3-5000×3-4500×3-2000×3)×10%-2520-1180=1850(元)。

1~3月累计缴=1180+1850=3030(元)。

4月份预扣预缴：(30 000×4-5000×4-4500×4-2000×4)×10%-2520-3030=1850(元)。

1~4月累计缴=3030+1850=4880(元)。

5月份预扣预缴：(30 000×5-5000×5-4500×5-2000×5)×10%-2520-4880=1850(元)。

1~5月累计缴=4880+1850=6730(元)。

6月份预扣预缴：(30 000×6-5000×6-4500×6-2000×6)×10%-2520-6730=1850(元)。

1~6月累计缴=6730+1850=8580(元)。

7月份预扣预缴：(30 000×7-5000×7-4500×7-2000×7)×10%-2520-8580=1850(元)。

1~7月累计缴=8580+1850=10 430(元)。

8月份预扣预缴：(30 000×8-5000×8-4500×8-2000×8)×20%-16 920-10 430=2250(元)。

1~8月累计缴=10 430+2250=12 680(元)。

9月份预扣预缴：(30 000×9-5000×9-4500×9-2000×9)×20%-16 920-12 680=3700(元)。

1~9月累计缴=12 680+3700=16 380(元)。

10月份预扣预缴：(30 000×10-5000×10-4500×10-2000×10)×20%-16 920-16 380=3700(元)。

1~10月累计缴=16 380+3700=20 080(元)。

11月份预扣预缴：(30 000×11-5000×11-4500×11-2000×11)×20%-16 920-20 080=3700(元)。

1~11月累计缴=20 080+3700=23 780(元)。

12月份预扣预缴：(30 000×12-5000×12-4500×12-2000×12)×20%-16 920-23 780=3700(元)。

1~12月累计缴=23 780+3700=27 480元。

(2) 工资薪金所得全年汇算时，工资收入额=30 000×12=360 000(元)。

各项扣除额=(5000+4500+2000)×12=138 000(元)。

应纳税所得额=360 000-138 000=222 000(元)。

应纳税额=222 000×20%-16 920=27 480(元)。

该职员工资薪金累计预扣预缴个税与汇算计算的个税是一致的。对于大部分只有一处工资薪金所得的纳税人,且纳税人涉税情况比较稳定,排除其他异常情况,纳税年度终了时预扣预缴的税款基本上等于年度应纳税款,因此无须再办理自行纳税申报、汇算清缴。

(3) 劳务报酬所得每月预扣预缴计算:

每月劳务费预扣预缴个税=8000×(1-20%)×20%-0=1280(元)。

1~12月劳务报酬所得预扣预缴个税=1280×12=15 360(元)。

(4) 12月稿酬所得预扣预缴计算:

应纳税所得额=40 000×(1-20%)×70%=22 400(元)。

应预扣预缴税额=22 400×20%=4480(元)。

(5) 12月特许权使用费所得预扣预缴税额计算:

应纳税所得额=2000-800=1200(元)。

应预扣预缴税额=1200×20%=240(元)。

(6) 2021年1~12月

该居民合计预扣预缴个税为27 480+15 360+4480+240=47 560(元)。

(7) 年终个人所得税汇算:

工资收入额=30 000×12=360 000(元)。

劳务报酬收入额=8000×12×(1-20%)=76 800(元)。

稿酬收入额=40 000×(1-20%)×70%=22 400(元)。

特许权使用费收入额=2000×(1-20%)=1600(元)。

综合收入额=360 000+76 800+22 400+1600=460 800(元)。

各项扣除总额=(5000+4500+2000)×12+70 000=208 000(元)。

应纳税所得额=460 800-208 000=252 800(元)。

应纳税额=252 800×20%-16 920=33 640(元)。

已经预扣预缴个税=27 480+20 080=47 560(元)。

汇算后,张三可向主管税务机关申请退税47 560-33 640=13 920(元)。

(8) 个人综合所得应填写:

① 个人所得税扣缴申报表(见表8-14)。

② 个人所得税年度自行纳税申报表(见表8-15)。

第八章 个人所得税法

表8-14 个人所得税扣缴申报表

税款所属期：2021年12月1日至2021年12月31日

扣缴义务人名称：张三

扣缴义务人纳税人识别号（统一社会信用代码）：□□□□□□□□□□□□□□□□□□

金额单位：人民币元（列至角分）

序号	姓名	身份证件类型	身份证件号码	纳税人识别号	是否为非居民个人	所得项目	本月（次）情况															累计情况												税款计算							备注
							收入额计算				专项扣除				其他扣除						累计收入额	累计减除费用	累计专项扣除	累计专项附加扣除						累计其他扣除	减按计税比例	准予扣除的捐赠额	应纳税所得额	税率/预扣率	速算扣除数	应纳税额	减免税额	已缴税额	应补/退税额	
							收入	费用	免税收入	减除费用	基本养老保险费	基本医疗保险费	失业保险费	住房公积金	年金	商业健康保险	税延养老保险	允许扣除的财产原值	其他税费				子女教育	赡养老人	住房贷款利息	住房租金	继续教育										
1	2	3	4	5	6	7	8	9	10	11	12	13	14	15	16	17	18	19	20	21	22	23	24	25	26	27	28	29	30	31	32	33	34	35	36	37	38	39	40
1	张三					工资薪金	30000			5000	1800	1200	500	1000							360000	60000	54000	12000	12000							222000	20%	16920	3700				
合计							30000			5000	1800	1200	500	1000							360000	60000	54000	12000	12000							222000	20%	16920	3700				

经办人签字：

经办人身份证件号码：

代理机构签章：

代理机构统一社会信用代码：

受理人：

受理税务机关（章）：

受理日期：　　年　　月　　日

国家税务总局监制

表 8-15 个人所得税年度自行纳税申报表

税款所属期:2021年1月1日至2021年12月31日
纳税人姓名:张三
纳税人识别号:□□□□□□□□□□□□□□□□□□ 金额单位:人民币元(列至角分)

项目	行次	金额
一、收入合计(1=2+3+4+5)	1	460 800.00
（一）工资、薪金所得	2	360 000.00
（二）劳务报酬所得	3	76 800.00
（三）稿酬所得	4	22 400.00
（四）特许权使用费所得	5	1600.00
二、费用合计	6	0.00
三、免税收入合计	7	0.00
四、减除费用	8	60 000.00
五、专项扣除合计(9=10+11+12+13)	9	54 000.00
（一）基本养老保险费	10	21 600.00
（二）基本医疗保险费	11	14 400.00
（三）失业保险费	12	6000.00
（四）住房公积金	13	12 000.00
六、专项附加扣除合计(14=15+16+17+18+19+20)	14	94 000.00
（一）子女教育	15	12 000.00
（二）继续教育	16	0.00
（三）大病医疗	17	70 000.00
（四）住房贷款利息	18	0.00
（五）住房租金	19	0.00
（六）赡养老人	20	12 000.00
七、其他扣除合计(21=22+23+24+25+26)	21	0.00
（一）年金	22	0.00
（二）商业健康保险	23	0.00
（三）税延养老保险	24	0.00
（四）允许扣除的税费	25	0.00
（五）其他	26	0.00
八、准予扣除的捐赠额	27	0.00
九、应纳税所得额(28=1-6-7-8-9-14-21-27)	28	252 800.00

续表

项目	行次	金额
十、税率(%)	29	20.00
十一、速算扣除数	30	16 920.00
十二、应纳税额(31=28×29-30)	31	33 640.00
十三、减免税额	32	0.00
十四、已缴税额	33	47 560.00
十五、应补/退税额(34=31-32-33)	34	-13 920.00
无住所个人附报信息		
在华停留天数	已在华停留年数	
谨声明:本表是根据国家税收法律法规及相关规定填报的,是真实的、可靠的、完整的。 　　　　　　　　　　　　　纳税人签字:张三　　　　　　　年　　月　　日		
经办人签字: 经办人身份证件号码: 代理机构签章: 代理机构统一社会信用代码:	受理人: 受理税务机关(章): 受理日期:　　　年　　月　　日	

四、个人经营所得纳税申报实务

【例8-24】李四在上海创办了一家个人独资企业,能完整、准确提供税务核算资料,查账征收个人所得税。2021年每季度取得的收入为200 000元,成本费用为50 000元,此外李四2021年度没有取得综合所得。假设该个人独资企业没有未弥补亏损,李四每季度支付社会保险及公积金15 000元(假设养老保险8000、医疗保险5000、失业保险500、公积金1500)商业健康保险费每季度600元、税延养老保险每季度2400元,专项附加扣除中子女教育每季度1500元、首套房贷款利息3000元,赡养老人6000元。要求计算每季度预扣预缴个人所得税及年终汇算清缴应纳个人所得税,并以第四季度为例,填写预扣预缴纳税申报表及年终汇算纳税申报表。

【解析】

(1)第一季度经营所得预扣预缴个税计算:

应纳税所得额=收入-成本费用-专项扣除-投资者减除费用-依法确定的其他扣除=200 000-50 000-15 000-5000×3-600=119 400(元)。

应纳税额=119 400×0.2-10 500=13 380(元)。

(2)第二季度经营所得预扣预缴个税计算:

应纳税所得额=收入-成本费用-专项扣除-投资者减除费用-依法确定的其他扣除=200 000×2-50 000×2-15 000×2-5000×6-600×2=238 800(元)。

应纳税额=238 800×0.2-10 500=37 260(元)。

应补缴税额=37 260-13 380=23 880(元)。

(3) 第三季度经营所得预扣预缴个税计算：

应纳税所得额=收入-成本费用-专项扣除-投资者减除费用-依法确定的其他扣除=200 000×3-50 000×3-15 000×3-5 000×9-600×3=358 200(元)。

应纳税额=358 200×0.3-40 500=66 960(元)。

应补缴税额=66 960-37 260=29 700(元)。

(4) 第四季度经营所得预扣预缴个税计算：

应纳税所得额=收入-成本费用-专项扣除-投资者减除费用-依法确定的其他扣除=200 000×4-50 000×4-15 000×4-5 000×12-600×4-2400×4=468 000(元)

应纳税额=468 000×0.3-40 500=99 900(元)。

应补缴税额=99 900-66 960=32 940(元)。

(5) 年度终了汇算清缴：

假设纳税调整增加额为50 000元，无其他调整项目。

2021年应纳税所得额=收入-成本费用-专项扣除-投资者减除费用-依法确定的其他扣除-专项附加扣除+纳税调整增加额=200 000×4-50 000×4-15 000×4-5000×12-600×4-2400×4-(1500+3000+6000)×4+50 000=476 000(元)。

应纳税额=476 000×0.3-40 500=102 300(元)。

应补缴税额=102 300-99 900=2400(元)。

个人所得税经营所得纳税申报表(A表)填写(见表8-16)单位扣税纳税申报表。

个人所得税经营所得纳税申报表(B表)填写(见表8-17)年终汇算纳税申报表。

表8-16 个人所得税经营所得纳税申报表(A表)

税款所属期:2021年10月1日至2021年12月31日

纳税人姓名:李四

纳税人识别号:□□□□□□□□□□□□□□□□□□　　　金额单位:人民币元(列至角分)

被投资单位信息	名称	纳税人识别号 (统一社会信用代码)	
征收方式	□√查账征收(据实预缴)　　□查账征收(按上年应纳税所得额预缴) □核定应税所得率征收　　□核定应纳税所得额征收 □税务机关认可的其他方式_____		
项目		行次	金额/比例
一、收入总额		1	800 000.00
二、成本费用		2	200 000.00
三、利润总额(3=1-2)		3	600 000.00
四、弥补以前年度亏损		4	
五、应税所得率(%)		5	

续表

项目	行次	金额/比例
六、合伙企业个人合伙人分配比例(%)	6	
七、允许扣除的个人费用及其他扣除(7=8+9+14)	7	132 000.00
(一)投资者减除费用	8	60 000.00
(二)专项扣除(9=10+11+12+13)	9	60 000.00
1. 基本养老保险费	10	32 000.00
2. 基本医疗保险费	11	20 000.00
3. 失业保险费	12	2000.00
4. 住房公积金	13	6000.00
(三)依法确定的其他扣除(14=15+16+17)	14	12 000.00
1. 商业健康保险	15	2400.00
2. 税延养老金	16	9600.00
3.	17	
八、应纳税所得额	18	468 000.00
九、税率(%)	19	30
十、速算扣除数	20	40 500.00
十一、应纳税额(21=18×19-20)	21	99 900.00
十二、减免税额(附报《个人所得税减免税事项报告表》)	22	
十三、已缴税额	23	66 960.00
十四、应补/退税额(24=21-22-23)	24	32 940.00

谨声明:本表是根据国家税收法律法规及相关规定填报的,是真实的、可靠的、完整的。

纳税人签字:李四　　　　年　月　日

经办人: 经办人身份证件号码: 代理机构签章: 代理机构统一社会信用代码:	受理人: 受理税务机关(章): 受理日期:　　年　月　日

国家税务总局监制

表8-17 个人所得税经营所得纳税申报表(B表)

税款所属期:2021年1月1日至2021年12月31日

纳税人姓名:李四

纳税人识别号:□□□□□□□□□□□□□□□□□□ 金额单位:人民币元(列至角分)

被投资单位信息	名称		纳税人识别号 (统一社会信用代码)		
项目				行次	金额/比例
一、收入总额				1	800 000.00
其中:国债利息收入				2	
二、成本费用(3=4+5+6+7+8+9+10)				3	200 000.00
(一)营业成本				4	
(二)营业费用				5	
(三)管理费用				6	
(四)财务费用				7	
(五)税金				8	
(六)损失				9	
(七)其他支出				10	
三、利润总额(11=1-2-3)				11	600 000.00
四、纳税调整增加额(12=13+27)				12	50 000.00
(一)超过规定标准的扣除项目金额(13=14+15+16+17+18+19+20+21+22+23+24+25+26)				13	
1.职工福利费				14	
2.职工教育经费				15	
3.工会经费				16	
4.利息支出				17	
5.业务招待费				18	
6.广告费和业务宣传费				19	
7.教育和公益事业捐赠				20	
8.住房公积金				21	
9.社会保险费				22	
10.折旧费用				23	
11.无形资产摊销				24	
12.资产损失				25	

续表

项目	行次	金额/比例
13. 其他	26	
（二）不允许扣除的项目金额（27＝28+29+30+31+32+33+34+35+36）	27	
1. 个人所得税税款	28	
2. 税收滞纳金	29	
3. 罚金、罚款和被没收财物的损失	30	
4. 不符合扣除规定的捐赠支出	31	
5. 赞助支出	32	
6. 用于个人和家庭的支出	33	
7. 与取得生产经营收入无关的其他支出	34	
8. 投资者工资薪金支出	35	
9. 其他不允许扣除的支出	36	
五、纳税调整减少额	37	
六、纳税调整后所得（38＝11+12-37）	38	650 000.00
七、弥补以前年度亏损	39	
八、合伙企业个人合伙人分配比例（%）	40	
九、允许扣除的个人费用及其他扣除（41＝42+43+48+55）	41	174 000.00
（一）投资者减除费用	42	60 000.00
（二）专项扣除（43＝44+45+46+47）	43	60 000.00
1. 基本养老保险费	44	32 000.00
2. 基本医疗保险费	45	20 000.00
3. 失业保险费	46	2000.00
4. 住房公积金	47	6000.00
（三）专项附加扣除（48＝49+50+51+52+53+54）	48	42 000.00
1. 子女教育	49	6000.00
2. 继续教育	50	
3. 大病医疗	51	
4. 住房贷款利息	52	12 000.00
5. 住房租金	53	
6. 赡养老人	54	24 000.00
（四）依法确定的其他扣除（55＝56+57+58+59）	55	12 000.00
1. 商业健康保险	56	2400.00

续表

项目	行次	金额/比例
2.税延养老保险	57	9600.00
3.	58	
4.	59	
十、投资抵扣	60	
十一、准予扣除的个人捐赠支出	61	
十二、应纳税所得额(62=38-39-41-60-61)或[62=(38-39)×40-41-60-61]	62	476 000.00
十三、税率(%)	63	30
十四、速算扣除数	64	40 500.00
十五、应纳税额(65=62×63-64)	65	102 300.00
十六、减免税额(附报《个人所得税减免税事项报告表》)	66	
十七、已缴税额	67	99 900.00
十八、应补/退税额(68=65-66-67)	68	2400.00

谨声明:本表是根据国家税收法律法规及相关规定填报的,是真实的、可靠的、完整的。 　　　　　　　　　　　　　　纳税人签字:李四　　　年　　月　　日		
经办人: 经办人身份证件号码: 代理机构签章: 代理机构统一社会信用代码:		受理人: 受理税务机关(章): 受理日期:　　年　　月　　日

国家税务总局监制

第九章 资源税

学习目标
1. 掌握资源税的纳税人、征税对象及税率。
2. 掌握资源税计税依据和计算方法。
3. 熟悉资源税税收优惠和征收管理。
4. 能够进行资源税纳税申报。

第一节 资源税构成要素

资源税是对在中华人民共和国领域和中华人民共和国管辖的其他海域开发应税资源的单位和个人,就其应税价格和数量课征的一种税。应税资源的具体范围,由《资源税税目税率表》确定。

资源税法是指国家制定的用以调整资源税征收与缴纳相关权利及义务关系的法律规范。现行资源税法的基本规范,是2019年8月26日由中华人民共和国第十三届全国人民代表大会常务委员会第十二次会议通过的《中华人民共和国资源税法》,自2020年9月1日起施行。

一、纳税义务人与扣缴义务人

(一) 纳税义务人

资源税的纳税义务人是指在中华人民共和国领域和中华人民共和国管辖的其他海域开发应税资源的单位和个人。

其中,单位是指国有企业、集体企业、私营企业、股份制企业、其他企业和行政单位、事业单位、军事单位、社会团体及其他单位;个人是指个体经营者和其他个人;其他单位和其他个人包括外商投资企业、外国企业及外籍人员。

中外合作开采陆上、海上石油资源的企业依法缴纳资源税。2011年11月1日前已依法订立中外合作开采陆上、海上石油资源合同的,在该合同有效期内,继续依照国家有关规定缴纳矿区使用费,不缴纳资源税。合同期满后,依法缴纳资源税。

（二）扣缴义务人

收购未税矿产品的单位为资源税的扣缴义务人。规定资源税的扣缴义务人，主要是针对零星、分散、不定期开采的情况，为了加强管理，避免漏税，由扣缴义务人在收购矿产品时代扣代缴资源税。资源税代扣代缴的适用范围应限定在除原油、天然气、煤炭以外的，税源小、零散、不定期开采等难以在采矿地申报缴纳资源税的矿产品。对已纳入开采地正常税务管理或者在销售矿产品时开具增值税发票的纳税人，不采用代扣代缴的征管方式。

二、税目与税率

（一）税目

目前，我国资源税税目包括5大类，在5个税目下面又设有若干个子目。现行资源税的税目及子目主要是根据资源税应税产品和纳税人开采资源的行业特点设置的。具体包括：

（1）能源矿产，包括原油、天然气、煤、煤成（层）气、地热等。

（2）金属矿产，指黑色金属和有色金属，主要包括铁矿、金矿、铜矿、铝土矿、铅锌矿、镍矿、锡矿、钨、钼及未列举名称的其他金属矿产品原矿或选矿。

（3）非金属矿产，指矿物类、岩石类、宝玉石类，主要包括高岭土、石灰岩、磷矿、萤石、天然石英砂、大理岩、砂石、宝石、玉石及未列举名称的其他非金属矿产品原矿或选矿。

（4）水气矿产，包括二氧化碳气、硫化氢气、矿泉水等矿产品原矿。

（5）盐，包括钠盐、钾盐、镁盐、锂盐，天然卤水和海盐等原矿或选矿。

纳税人在开采主矿产品的过程中伴采的其他应税矿产品，凡未单独规定适用税额的，一律按主矿产品或视同主矿产品税目征收资源税。

（二）税率

资源税按照《税目税率表》如表9-1所示，实行从价计征或者从量计征。

《税目税率表》中规定可以选择实行从价计征或者从量计征的，具体计征方式由省、自治区、直辖市人民政府提出，报同级人民代表大会常务委员会决定，并报全国人民代表大会常务委员会和国务院备案。

实行从价计征的，应纳税额按照应税资源产品（以下称应税产品）的销售额乘以具体适用税率计算。实行从量计征的，应纳税额按照应税产品的销售数量乘以具体适用税率计算。应税产品为矿产品的，包括原矿和选矿产品。

《税目税率表》中规定实行幅度税率的，其具体适用税率由省、自治区、直辖市人民政府统筹考虑该应税资源的品位、开采条件以及对生态环境的影响等情况，在《税目税率表》规定的税率幅度内提出，报同级人民代表大会常务委员会决定，并报全国人民代表大会常务委员会和国务院备案。《税目税率表》中规定征税对象为原矿或者选矿的，应当分别确定具体适用税率。

纳税人开采或者生产不同税目应税产品的,应当分别核算不同税目应税产品的销售额或者销售数量;未分别核算或者不能准确提供不同税目应税产品的销售额或者销售数量的,从高适用税率。纳税人开采或者生产应税产品自用的,应当依照本法规定缴纳资源税。但是,自用于连续生产应税产品的,不缴纳资源税。

表 9-1 资源税税目税率表

税目			征税对象	税率
能源矿产		原油	原矿	6%
		天然气、页岩气、天然气水合物	原矿	6%
		煤	原矿或者选矿	2%~10%
		煤成(层)气	原矿	1%~2%
		铀、钍	原矿	4%
		油页岩、油砂、天然沥青、石煤	原矿或者选矿	1%~4%
		地热	原矿	1%~20%或者每立方米1~30元
金属矿产	黑色金属	铁、锰、铬、钒、钛	原矿或者选矿	1%~9%
	有色金属	铜、铅、锌、锡、镍、锑、镁、钴、铋、汞	原矿或者选矿	2%~10%
		铝土矿	原矿或者选矿	2%~9%
		钨	选矿	6.5%
		钼	选矿	8%
		金、银	原矿或者选矿	2%~6%
		铂、钯、钌、锇、铱、铑	原矿或者选矿	5%~10%
		轻稀土	选矿	7%~12%
		中重稀土	选矿	20%
		铍、锂、锆、锶、铷、铯、铌、钽、锗、镓、铟、铊、铪、铼、镉、硒、碲	原矿或者选矿	2%~10%
非金属矿物	矿物类	高岭土	原矿或者选矿	1%~6%
		石灰岩	原矿或者选矿	1%~6%或者每吨(或者每立方米)1~10元
		磷	原矿或者选矿	3%~8%
		石墨	原矿或者选矿	3%~12%
		萤石、硫铁矿、自然硫	原矿或者选矿	1%~8%

续表

税目			征税对象	税率
非金属矿物	矿物类	天然石英砂、脉石英、粉石英、水晶、工业用金刚石、冰洲石、蓝晶石、硅线石（矽线石）、长石、滑石、刚玉、菱镁矿、颜料矿物、天然碱、芒硝、钠硝石、明矾石、砷、硼、碘、溴、膨润土、硅藻土、陶瓷土、耐火粘土、铁矾土、凹凸棒石粘土、海泡石粘土、伊利石粘土、累托石粘土	原矿或者选矿	1%~12%
		叶蜡石、硅灰土、透辉石、珍珠岩、云母、沸石、重晶石、毒重石、方解石、蛭石、透闪石、工业用电气石、白垩、石棉、蓝石棉、红柱石、石榴子石、石膏	原矿或者选矿	2%~12%
		其他粘土（铸型用粘土、砖瓦用粘土、陶粒用粘土、水泥配料用粘土、水泥配料用红土、水泥配料用黄土、水泥配料用泥岩、保温材料用粘土）	原矿或者选矿	1%~5%或者每吨（或者每立方米）0.1~5元
	岩石类	大理石、花岗岩、白云岩、石英岩、砂岩、辉绿岩、安山岩、闪长岩、板岩、玄武岩、片麻岩、角闪岩、页岩、浮石、凝灰岩、黑曜岩、霞石正长岩、蛇纹岩、麦饭石、泥灰岩、含钾岩石、含钾砂页岩、天然油石、橄榄岩、松脂岩、粗面岩、辉长岩、辉石岩、正长岩、火山灰、火山渣、泥炭	原矿或者选矿	1%~10%
		砂石	原矿或者选矿	1%~5%或者每吨（或者每立方米）0.1~5元
	宝玉石类	宝石、玉石、宝石级金刚石、玛瑙、黄玉、碧玺	原矿或者选矿	4%~20%
水气矿产		二氧化碳气、硫化氢气、氦气、氡气	原矿	2%~5%
		矿泉水	原矿	1%~20%或者每立方米1~30元
盐		钠盐、钾盐、镁盐、锂盐	选矿	3%~15%
		天然卤水	原矿	3%~15%或者每吨（或者每立方米）1~10元
		海盐		2%~5%

三、税收优惠

(一) 有下列情形之一的,免征资源税

(1) 开采原油以及在油田范围内运输原油过程中用于加热的原油、天然气。
(2) 煤炭开采企业因安全生产需要抽采的煤成(层)气。

(二) 有下列情形之一的,减征资源税

(1) 从低丰度油气田开采的原油、天然气,减征百分之二十资源税。
(2) 高含硫天然气、三次采油和从深水油气田开采的原油、天然气,减征百分之三十资源税。
(3) 稠油、高凝油减征百分之四十资源税。
(4) 从衰竭期矿山开采的矿产品,减征百分之三十资源税。
上述用语的含义是:
低丰度油气田,包括陆上低丰度油田、陆上低丰度气田、海上低丰度油田、海上低丰度气田。陆上低丰度油田是指每平方公里原油可开采储量丰度低于二十五万立方米的油田;陆上低丰度气田是指每平方公里天然气可开采储量丰度低于二亿五千万立方米的气田;海上低丰度油田是指每平方公里原油可开采储量丰度低于六十万立方米的油田;海上低丰度气田是指每平方公里天然气可开采储量丰度低于六亿立方米的气田。

高含硫天然气,是指硫化氢含量在每立方米三十克以上的天然气。

三次采油,是指二次采油后继续以聚合物驱、复合驱、泡沫驱、气水交替驱、二氧化碳驱、微生物驱等方式进行采油。

深水油气田,是指水深超过三百米的油气田。

稠油,是指地层原油粘度大于或等于每秒五十毫帕或原油密度大于或等于每立方厘米零点九二克的原油。

高凝油,是指凝固点高于四十摄氏度的原油。

衰竭期矿山,是指设计开采年限超过十五年,且剩余可开采储量下降到原设计可开采储量的百分之二十以下或者剩余开采年限不超过五年的矿山。衰竭期矿山以开采企业下属的单个矿山为单位确定。

根据国民经济和社会发展需要,国务院对有利于促进资源节约集约利用、保护环境等情形可以规定免征或者减征资源税,报全国人民代表大会常务委员会备案。

(三) 有下列情形之一的,省、自治区、直辖市可以决定免征或者减征资源税

(1) 纳税人开采或者生产应税产品过程中,因意外事故或者自然灾害等原因遭受重大损失。
(2) 纳税人开采共伴生矿、低品位矿、尾矿。

免征或者减征资源税的具体办法,由省、自治区、直辖市人民政府提出,报同级人民代表大会常务委员会决定,并报全国人民代表大会常务委员会和国务院备案。

纳税人的免税、减税项目,应当单独核算销售额或者销售数量。未单独核算或者不能准确提供销售额或者销售数量的,不予免税或者减税。

四、资源税征收管理

(一) 纳税义务发生时间

(1) 纳税人销售应税产品,其纳税义务发生时间为,收讫销售款或者取得索取销售款凭据的当时。

① 纳税人采取分期收款结算方式的,其纳税义务发生时间为销售合同规定的收款日期的当天。

② 纳税人采取预收货款结算方式的,其纳税义务发生时间为发出应税产品的当天。

③ 纳税人采取除分期收款和预收货款以外其他结算方式的,其纳税义务发生时间为收讫销售款或者取得索取销售款凭据的当天。

(2) 纳税人自产自用应税产品的纳税义务发生时间,为移送使用应税产品的当天。

(3) 扣缴义务人代扣代缴税款的纳税义务发生时间,为支付首笔货款或首次开具支付货款凭据的当天。

(二) 纳税期限

纳税期限是纳税人发生纳税义务后缴纳税款的期限。资源税按月或者按季申报缴纳,不能按固定期限计算缴纳的,可以按次申报缴纳。

纳税人按月或者按季申报缴纳的,应当自月度或者季度终了之日起十五日内,向税务机关办理纳税申报并缴纳税款;按次申报缴纳的,应当自纳税义务发生之日起十五日内,向税务机关办理纳税申报并缴纳税款。

(三) 纳税地点

(1) 纳税人开采或者生产资源税应税产品,应当依法向开采地或者生产地主管税务机关申报缴纳资源税。

(2) 如果纳税人应纳的资源税属于跨省开采,其下属生产单位与核算单位不在同一省、自治区、直辖市的,对其开采或者生产的应税产品,一律在开采地或者生产地纳税。

(3) 扣缴义务人代扣代缴的资源税,应当向收购地主管税务机关缴纳。

第二节　资源税应纳税额的计算

一、计税依据

资源税的计税依据为应税产品的销售额或销售数量,各税目的征税对象包括原矿或者选矿,具体按照表9-1《资源税税目税率表》相关规定执行。对未列举名称的其他矿产品,省级人民政府可对本地区主要矿产品按矿种设定税目,对其余矿产品按类别设定税目,并按其销售的主要形态(如原矿、选矿)确定征税对象。

(一)从价定率征收的计税依据

1. 计税销售额的一般规定

从价定率征收的计税依据为计税销售额。计税销售额是指纳税人销售应税产品向购买方收取的全部价款和价外费用,不包括增值税销项税额。

其中,价外费用,包括价外向购买方收取的手续费、补贴、基金、集资费、返还利润、奖励费、违约金、滞纳金、延期付款利息、赔偿金、代收款项、代垫款项、包装费、包装物租金、储备费、优质费以及其他各种性质的价外收费。

2. 运杂费用的扣减

对同时符合以下条件的运杂费用,纳税人在计算应税产品计税销售额时,可予以扣减:

(1)包含在应税产品销售收入中。

(2)属于纳税人销售应税产品环节发生的运杂费用,具体是指运送应税产品从坑口或者洗选(加工)地到车站、码头或者购买方指定地点的运杂费用。

(3)取得相关运杂费用发票或者其他合法有效凭据。

(4)将运杂费用与计税销售额分别进行核算。

纳税人扣减的运杂费用明显偏高导致应税产品价格偏低且无正当理由的,主管税务机关可以合理调整计税价格。

3. 特殊情形下销售额的确定

(1)纳税人开采应税矿产品由其关联单位对外销售的,按其关联单位的销售额征收资源税。

(2)纳税人既有对外销售应税产品,又有将应税产品用于除连续生产应税产品以外的其他方面的(包括用于非生产项目和生产非应税产品),则自用的这部分应税产品按纳税人对外销售应税产品的平均价格计算销售额征收资源税。

(3)纳税人将其开采的应税产品直接出口的,按其离岸价格(不含增值税)计算销售额征收资源税。

(4) 纳税人申报的应税产品销售额明显偏低并且无正当理由的,有视同销售应税产品行为而无销售额的,除财政部、国家税务总局另有规定外,按下列顺序确定销售额:

① 按纳税人最近时期同类产品的平均销售价格确定。
② 按其他纳税人最近时期同类产品的平均销售价格确定。
③ 按组成计税价格确定。组成计税价格为:

组成计税价格 = 成本×(1+成本利润率)÷(1-资源税税率)

上述成本是指应税产品的实际生产成本,成本利润率由省、自治区、直辖市税务机关确定。

④ 按后续加工非应税产品销售价格,减去后续加工环节的成本利润后确定。
⑤ 按其他合理方法确定。

(二) 从量定额征收的计税依据

实行从量定额征收的以销售数量为计税依据。销售数量的具体规定为:

(1) 销售数量,包括纳税人开采或者生产应税产品的实际销售数量和视同销售的自用数量。

(2) 纳税人不能准确提供应税产品销售数量的,以应税产品的产量或者主管税务机关确定的折算比换算成的数量为计征资源税的销售数量。

(三) 视同销售的情形

计税销售额或者销售数量,包括应税产品实际销售和视同销售两部分。应当征收资源税的视同销售的自产自用产品,包括用于非生产项目和生产非应税产品两类。视同销售具体包括以下情形:

(1) 纳税人以自采原矿直接加工为非应税产品的,视同原矿销售。
(2) 纳税人以自采原矿洗选(加工)后的选矿连续生产非应税产品的,视同选矿销售。
(3) 以应税产品投资、分配、抵债、赠与、以物易物等,视同应税产品销售。

二、应纳税额的计算

资源税的应纳税额,按照从价定率或者从量定额的办法,分别以应税产品的销售额乘以纳税人具体适用的比例税率或者以应税产品的销售数量乘以纳税人具体适用的定额税率计算。

(一) 从价定率方式应纳税额的计算

实行从价定率方式征收资源税的,根据应税产品的销售额和规定的适用税率计算应纳税额,具体计算公式为:

应纳税额 = 销售额×比例税率

【例9-1】某油田2021年6月销售原油2000吨,开具增值税专用发票取得销售额1000万元、增值税额130万元,其适用的税率为6%,请计算该油田6月应缴纳的资源税。

【解析】销售原油应纳税额=1000×6%=60(万元)。

(二) 从量定额方式应纳税额的计算

实行从量定额征收资源税的,根据应税产品的销售数量和规定的单位税额计算应纳税额,具体计算公式为:

应纳税额=销售数量×单位税额

【例9-2】某砂石开采企业2021年7月销售砂石2000立方米,适用的资源税税率为2元/立方米。请计算该企业7月应纳资源税税额。

【解析】销售砂石应纳税额=2000×2=4000(元)。

第三节 资源税纳税申报实务

一、资源税纳税申报办理时限

资源税按月或者按季申报缴纳,不能按固定期限计算缴纳的,可以按次申报缴纳。

纳税人按月或者按季申报缴纳的,应当自月度或者季度终了之日起十五日内,向税务机关办理纳税申报并缴纳税款;按次申报缴纳的,应当自纳税义务发生之日起十五日内,向税务机关办理纳税申报并缴纳税款。

二、资源税纳税申报报送资料

在中华人民共和国领域及管辖海域开采应税矿产品或者生产盐的单位和个人,应按照法律法规的规定办理资源税申报。在水资源税试点地区的水资源税纳税人,应当按照规定办理水资源税申报,申报时应报送《资源税纳税申报表》。

三、资源税纳税申报实务

【例9-3】某油田2021年10月共计开采原油8000吨,当月销售原油6000吨,取得不含增值税销售收入18 000 000.00元,同时还向购买方收取违约金22 600.00元,优质费5650.00元。销售收入中含运杂费用20 000.00元(取得增值税专用发票)。已知销售原油的资源税税率为6%,计算该油田10月应缴纳的资源税。

【解析】
(1) 取得违约金和优质费属于价外费用。
(2) 运杂费用不计算缴纳资源税。
(3) 应纳资源税=[18 000 000.00+(22 600.00+5650.00)÷(1+13%)−20 000.00]×

6%=1 080 300.00(元)。

（4）填写资源税纳税申报表，如表9-2所示。

表9-2 资源税纳税申报表

税款所属时间：自2021年10月1日至2021年10月31日　　　　填表日期：　年　月　日

纳税人识别号：　　　　　　　　　　　　　　　　　　　　　金额单位：元至角分

纳税人名称	***（公章）		法定代表人姓名	***	注册地址	***	生产经营地址	***
开户银行及账号	***		登记注册类型	***		电话号码	***	
税目	子目	折算率或换算比	计量单位	计税销售量	计税销售额	适用税率	本期应纳税额	本期减免税额	本期已缴税额	本期应补（退）税额
1	2	3	4	5	6	7	8①6×7；8②=5×7	9	10	11=8-9-10
原油			吨	6000.00	18 005 000.00	6%	1 080 300.00			1 080 300.00
合　　计	—	—	—	6000.00	18 005 000.00	—	1 080 300.00			1 080 300.00
授权声明	如果你已委托代理人申报，请填写下列资料： 为代理一切税务事宜，现授权　　　　　（地址）为本纳税人的代理申报人，任何与本申报表有关的往来文件，都可寄予此人。 授权人签字：					申报人声明	本纳税申报表是根据国家税收法律法规及相关规定填写的，我确定它是真实的、可靠的、完整的。 声明人签字：			

主管税务机关：　　　　　接收人：　　　　　接收日期：年　月　日

第十章　土地增值税

学习目标
1. 了解土地增值税的纳税义务人、征税范围、税率。
2. 掌握土地增值税应税收入及扣除项目。
3. 掌握土地增值税应纳税额的计算。
4. 熟悉土地增值税的优惠政策及征收管理。
5. 能够进行土地增值税的纳税申报。

土地增值税是对有偿转让国有土地使用权及地上建筑物和其他附着物产权,取得增值收入的单位和个人征收的一种税。土地增值税法是指国家制定的用以调整土地增值税征收与缴纳之间权利及义务关系的法律规范。现行土地增值税的基本规范,是1993年12月13日国务院颁布的《中华人民共和国土地增值税暂行条例》(以下简称《土地增值税暂行条例》)。

2019年7月16日,财政部、国家税务总局联合发布《中华人民共和国土地增值税法(征求意见稿)》,向社会公开征求意见,意见稿具体内容可扫描二维码查阅。

第一节　土地增值税构成要素

一、纳税义务人

土地增值税的纳税义务人为转让国有土地使用权、地上建筑物及其附着物(以下简称转让房地产)并取得收入的单位和个人。单位包括各类企业、事业单位,国家机关和社会团体及其他组织。个人包括个体经营者。

概括起来,《土地增值税暂行条例》对纳税人的规定主要有以下四个特点:

(1) 不论法人与自然人。即不论是企业、事业单位、国家机关、社会团体及其他组织还是个人,只要有偿转让房地产,都是土地增值税的纳税人。

(2) 不论经济性质。即不论是全民所有制企业、集体企业、私营企业、个体经营者还是联营企业、合资企业、合作企业、外商独资企业等,只要有偿转让房地产,都是土地增值税的纳税人。

(3) 不论内资与外资企业、中国公民与外籍个人。土地增值税适用于涉外企业和个人。不论是内资企业还是外商投资企业、外国驻华机构,也不论是中国公民、港澳台同胞、海外华侨,还是外国公民,只要有偿转让房地产,都是土地增值税的纳税人。

(4) 不论行业与部门。即不论是工业、农业、商业、学校、医院、机关等,只要有偿转让房地产,都是土地增值税的纳税人。

二、征税范围

土地增值税是对转让国有土地使用权及其地上建筑物和附着物征收,如表10-1所示。

1. 基本征税范围

土地增值税是对转让国有土地使用权及其地上建筑物和附着物的行为征税,不包括国有土地使用权出让所取得的收入。

国有土地使用权出让,是指国家以土地所有者的身份将土地使用权在一定年限内让与土地使用者,并由土地使用者向国家支付土地使用权出让金的行为,属于土地买卖的一级市场。土地使用权出让的出让方是国家,国家凭借土地的所有权向土地使用者收取土地的租金。出让的目的是实行国有土地的有偿使用制度,合理开发、利用、经营土地。因此,土地使用权的出让不属于土地增值税的征税范围。

而国有土地使用权的转让是指土地使用者通过出让等形式取得土地使用权后,将土地使用权再转让的行为,包括出售、交换和赠与,它属于土地买卖的二级市场。土地使用权转让,其地上的建筑物、其他附着物的所有权随之转让。土地使用权的转让,属于土地增值税的征税范围。

土地增值税的征税范围不包括未转让土地使用权、房产产权的行为,是否发生转让行为主要以房地产权属(指土地使用权和房产产权)的变更为标准。凡土地使用权、房产产权未转让的(如房地产的出租),不征收土地增值税。

土地增值税的基本范围包括:

(1) 转让国有土地使用权。"国有土地",是指按国家法律规定属于国家所有的土地。出售国有土地使用权是指土地使用者通过出让方式,向政府缴纳了土地出让金,有偿受让土地使用权后,仅对土地进行通水、通电、通路和平整地面等土地开发,不进行房产开发,即所谓"将生地变熟地",然后直接将空地出售出去。

(2) 地上的建筑物及其附着物连同国有土地使用权一并转让。"地上的建筑物",是指建于土地上的一切建筑物,包括地上地下的各种附属设施。"附着物",是指附着于土地上的不能移动或一经移动即遭损坏的物品。纳税人取得国有土地使用权后进行房屋开发建造然后出售的,这种情况即是一般所说的房地产开发。虽然这种行为通常被称作卖房,但按照国家有关房地产法律和法规的规定,卖房的同时,土地使用权也随之发生转让。由于这种情况既发生了产权的转让又取得了收入,所以应纳入土地增值税的征税范围。

(3) 存量房地产的买卖。存量房地产是指已经建成并已投入使用的房地产,其房屋所有人将房屋产权和土地使用权一并转让给其他单位和个人。这种行为按照国家有关的房地产法律和法规,应当到有关部门办理房产产权和土地使用权的转移变更手续,原土地使用权属于无偿划拨的,还应到土地管理部门补交土地出让金。

2. 特殊征税范围

(1) 房地产的继承。房地产的继承是指房产的原产权所有人,依照法律规定取得土地使用权的土地使用人死亡以后,由其继承人依法承受死者房产产权和土地使用权的民事法律行为。这种行为虽然发生了房地产的权属变更,但作为房产产权、土地使用权的原所有人(即被继承人)并没有因为权属变更而取得任何收入。因此,这种房地产的继承不属于土地增值税的征税范围。

(2) 房地产的赠与。房地产的赠与是指房产所有人、土地使用权所有人将自己所拥有的房地产无偿地交给其他人的民事法律行为。但这里的"赠与"仅指以下情况:

① 房产所有人、土地使用权所有人将房屋产权、土地使用权赠与直系亲属或承担直接赡养义务人的。

② 房产所有人、土地使用权所有人通过中国境内非营利的社会团体、国家机关将房屋产权、土地使用权赠与教育、民政和其他社会福利、公益事业的。社会团体是指中国青少年发展基金会、希望工程基金会、宋庆龄基金会、减灾委员会、中国红十字会、中国残疾人联合会、全国老年基金会、老区促进会以及经民政部门批准成立的其他非营利性的公益性组织。

房地产的赠与虽发生了房地产的权属变更,但作为房产所有人、土地使用权的所有人并没有因为权属的转让而取得任何收入。因此,房地产的赠与不属于土地增值税的征税范围。

(3) 房地产的出租。房地产的出租是指房产的产权所有人,依照法律规定取得土地使用权的土地使用人,将房产、土地使用权租赁给承租人使用,由承租人向出租人支付租金的行为。房地产的出租,出租人虽取得了收入,但没有发生房产产权、土地使用权的转让。因此,不属于土地增值税的征税范围。

(4) 房地产的抵押。房地产的抵押是指房地产的产权所有人、依法取得土地使用权的土地使用人作为债务人或第三人向债权人提供不动产作为清偿债务的担保而不转移权属的法律行为。这种情况由于房产的产权、土地使用权在抵押期间产权并没有发生权属的变更,房产的产权所有人、土地使用权人仍能对房地产行使占有、使用、收益等权利,房产的产权所有人、土地使用权人虽然在抵押期间取得了一定的抵押贷款,但实际上这些贷款在抵押期满后是要连本带利偿还给债权人的。因此,对房地产的抵押,在抵押期间不征收土地增值税。待抵押期满后,视该房地产是否转移占有而确定是否征收土地增值税。对于以房地产抵债而发生房地产权属转让的,应列入土地增值税的征税范围。

(5) 房地产的交换。这种情况是指一方以房地产与另一方的房地产进行交换的行为。由于这种行为既发生了房产产权、土地使用权的转移,交换双方又取得了实物形态的收入,按《土地增值税暂行条例》规定,它属于土地增值税的征税范围。但对个人之间互换自有居住用房地产的,经当地税务机关核实,可以免征土地增值税。

(6)合作建房。对于一方出地,一方出资金,双方合作建房,建成后按比例分房自用的,暂免征收土地增值税,建成后转让的,应征收土地增值税。

(7)房地产的代建房行为。这种情况是指房地产开发公司代客户进行房地产的开发,开发完成后向客户收取代建收入的行为。对于房地产开发公司而言,虽然取得了收入,但没有发生房地产权属的转移,其收入属于劳务收入性质,故不属于土地增值税的征税范围。

(8)房地产的重新评估。这主要是指国有企业在清产核资时对房地产进行重新评估而使其升值的情况。这种情况下,房地产虽然有增值,但其既没有发生房地产权属的转移,房产产权、土地使用权人也未取得收入,所以不属于土地增值税的征税范围。

3. 企业改制重组土地增值税政策

(1)按照《中华人民共和国公司法》的规定,非公司制企业整体改建为有限责任公司或者股份有限公司,有限责任公司(股份有限公司)整体改建为股份有限公司(有限责任公司)。对改建前的企业将国有土地、房屋权属转移变更到改建后的企业,暂不征土地增值税。

整体改建是指不改变原企业的投资主体,并承继原企业权利、义务的行为。

(2)按照法律规定或者合同约定,两个或两个以上企业合并为一个企业,且原企业投资主体存续的,对原企业将国有土地、房屋权属转移变更到合并后的企业,暂不征土地增值税。

(3)按照法律规定或者合同约定,企业分设为两个或两个以上与原企业投资主体相同的企业,对原企业将国有土地、房屋权属转移变更到分立后的企业,暂不征土地增值税。

(4)单位、个人在改制重组时以国有土地、房屋进行投资,对其将国有土地、房屋权属转移变更到被投资的企业,暂不征土地增值税。

上述(1)~(4)项有关改制重组土地增值税政策不适用于房地产开发企业。

(5)企业改制重组后再转让国有土地使用权并申报缴纳土地增值税时,应以改制前取得该宗国有土地使用权所支付的地价款和按国家统一规定缴纳的有关费用,作为该企业"取得土地使用权所支付的金额"扣除。企业在重组改制过程中经省级以上(含省级)国土管理部门批准,国家以国有土地使用权作价出资入股的,再转让该宗国有土地使用权并申报缴纳土地增值税时,应以该宗土地作价入股时省级以上(含省级)国土管理部门批准的评估价格,作为该企业"取得土地使用权所支付的金额"扣除。办理纳税申报时,企业应提供该宗土地作价入股时省级以上(含省级)国土管理部门的批准文件和批准的评估价格,不能提供批准文件和批准的评估价格的,不得扣除。

表 10-1 土地增值税征税范围汇总

有关事项	是否属于征税范围
1. 继承、赠与	(1) 继承:不征(无收入)
	(2) 赠与:公益性赠与、赠与直系亲属或承担直接赡养义务人,不征;非公益性赠与,征
2. 出租	不征(无权属转移)
3. 房地产抵押	抵押期不征;抵押期满偿还债务本息不征;抵押期满,不能偿还债务,而以房地产抵债,征
4. 房地产交换	单位之间换房,征;个人之间互换自有住房,免征
5. 合作建房	建成后自用,暂免征;建成后转让,征
6. 代建房	不征(无权属转移)
7. 重新评估	不征(无收入)
8. 改制重组	如:单位在改制重组时以国有土地、房屋进行投资,对其将国有土地、房屋权属转移、变更到被投资的企业,不征。但不适用于房地产开发企业

三、税率

土地增值税实行四级超率累进税率:

(1) 增值额未超过扣除项目金额 50% 的部分,税率为 30%。

(2) 增值额超过扣除项目金额 50%,未超过扣除项目金额 100% 的部分,税率为 40%。

(3) 增值额超过扣除项目金额 100%,未超过扣除项目金额 200% 的部分,税率为 50%。

(4) 增值额超过扣除项目金额 200% 的部分,税率为 60%。

上述所列四级超率累进税率,每级"增值额未超过扣除项目金额"的比例,均包括本比例数。超率累进税率如表 10-2 所示。

表 10-2 土地增值税四级超率累进税率表　　　　　　　　单位:%

级数	增值额与扣除项目金额的比率	税率	速算扣除系数
1	不超过 50% 的部分	30	0
2	超过 50%~100% 的部分	40	5
3	超过 100%~200% 的部分	50	15
4	超过 200% 的部分	60	35

四、土地增值税税收优惠

（一）建造普通标准住宅的税收优惠

纳税人建造普通标准住宅出售，增值额未超过扣除项目金额20%的，免征土地增值税。这里所说的"普通标准住宅"，是指按所在地一般民用住宅标准建造的居住用住宅。高级公寓、别墅、度假村等不属于普通标准住宅。2005年6月1日起，普通标准住宅应同时满足：住宅小区建筑容积率在1.0以上；单套建筑面积在120平方米以下；实际成交价格低于同级别土地上住房平均交易价格1.2倍以下。各省、自治区、直辖市要根据实际情况，制定本地区享受优惠政策普通住房的具体标准。允许单套建筑面积和价格标准适当浮动，但向上浮动的比例不得超过上述标准的20%。纳税人建造普通标准住宅出售，增值额未超过扣除项目金额20%的，免征土地增值税；增值额超过扣除项目金额20%的，应就其全部增值额按规定计税。

对于纳税人既建造普通标准住宅，又建造其他房地产开发的，应分别核算增值额。不分别核算增值额或不能准确核算增值额的，其建造的普通标准住宅不能适用这一免税规定。

（二）国家征用收回的房地产的税收优惠

因国家建设需要依法征用、收回的房地产，免征土地增值税。

这里所说的"因国家建设需要依法征用、收回的房地产"，是指因城市实施规划、国家建设的需要而被政府批准征用的房产或收回的土地使用权。

（三）因城市规划、国家建设需要而搬迁由纳税人自行转让原房地产的税收优惠

因城市实施规划、国家建设的需要而搬迁，由纳税人自行转让原房地产的，免征土地增值税。

因"城市实施规划"而搬迁，是指因旧城改造或因企业污染、扰民（指产生过量废气、废水、废渣和噪声，使城市居民生活受到一定危害），而由政府或政府有关主管部门根据已审批通过的城市规划确定进行搬迁的情况。因"国家建设的需要"而搬迁，是指因实施国务院、省级人民政府、国务院有关部委批准的建设项目而进行搬迁的情况。

（四）对企事业单位、社会团体以及其他组织转让旧房作为公共租赁住房房源的税收优惠

对企事业单位、社会团体以及其他组织转让旧房作为公共租赁住房房源的且增值额未超过扣除项目金额20%的，免征土地增值税。

第二节 土地增值税的计算

一、应税收入

根据《土地增值税暂行条例》及其《实施细则》的规定,纳税人转让房地产取得的应税收入,应包括转让房地产的全部价款及有关的经济收益。从收入的形式来看,包括货币收入、实物收入和其他收入。

(1) 货币收入。货币收入是指纳税人转让房地产而取得的现金、银行存款、支票、银行本票、汇票等各种信用票据和国库券、金融债券、企业债券、股票等有价证券。这些类型的收入其实质都是转让方因转让土地使用权、房屋产权而向取得方收取的价款。货币收入一般比较容易确定。

(2) 实物收入。实物收入是指纳税人转让房地产而取得的各种实物形态的收入,如钢材、水泥等建材,房屋、土地等不动产等。实物形态的收入价值不太容易确定,要通过估价确定。

(3) 其他收入。其他收入是指纳税人转让房地产而取得的无形资产收入或具有财产价值的权利,如专利权、商标权、著作权、专有技术使用权、土地使用权、商誉权等。这种类型的收入比较少见,其价值需要评估确定。

二、扣除项目

计算土地增值税应纳税额,并不是直接对转让房地产所取得的收入征税,而是要对收入额减除国家规定的各项扣除项目金额后的余额计算征税(这个余额就是纳税人在转让房地产中获取的增值额)。因此,要计算增值额,首先必须确定扣除项目。税法准予纳税人从转让收入额中减除的扣除项目包括如下几项:

1. 取得土地使用权所支付的金额

取得土地使用权所支付的金额包括两方面的内容:

(1) 纳税人为取得土地使用权所支付的地价款。如果是以协议、招标、拍卖等出让方式取得土地使用权的,地价款为纳税人所支付的土地出让金;如果是以行政划拨方式取得土地使用权的,地价款为按照国家有关规定补交的土地出让金;如果是以转让方式取得土地使用权的,地价款为向原土地使用权人实际支付的地价款。

(2) 纳税人在取得土地使用权时按国家统一规定缴纳的有关费用。是指纳税人在取得土地使用权过程中为办理有关手续,按国家统一规定缴纳的有关登记、过户手续费。

2. 房地产开发成本

房地产开发成本是指纳税人房地产开发项目实际发生的成本,包括土地的征用及拆迁补偿费、前期工程费、建筑安装工程费、基础设施费、公共配套设施费、开发间接费用等。

（1）土地征用及拆迁补偿费。包括土地征用费、耕地占用税、劳动力安置费及有关地上、地下附着物拆迁补偿的净支出、安置动迁用房支出等。

（2）前期工程费。包括规划、设计、项目可行性研究和水文、地质、勘察、测绘、"三通一平"等支出。

（3）建筑安装工程费。指以出包方式支付给承包单位的建筑安装工程费，以自营方式发生的建筑安装工程费。

（4）基础设施费。包括开发小区内道路、供水、供电、供气、排污、排洪、通信、照明、环卫、绿化等工程发生的支出。

（5）公共配套设施费。包括不能有偿转让的开发小区内公共配套设施发生的支出。

（6）开发间接费用。指直接组织、管理开发项目发生的费用，包括工资、职工福利费、折旧费、修理费、办公费、水电费、劳动保护费、周转房摊销等。

3. 房地产开发费用

房地产开发费用是指与房地产开发项目有关的销售费用、管理费用和财务费用。根据现行财务会计制度的规定，这三项费用作为期间费用，直接计入当期损益，不按成本核算对象进行分摊。故作为土地增值税扣除项目的房地产开发费用，不按纳税人房地产开发项目实际发生的费用进行扣除，而按《实施细则》的标准进行扣除。

《实施细则》规定，财务费用中的利息支出，凡能够按转让房地产项目计算分摊并提供金融机构证明的，允许据实扣除，但最高不能超过按商业银行同类同期贷款利率计算的金额。其他房地产开发费用，按取得土地使用权所支付的金额和房地产开发成本之和的5%以内计算扣除。凡不能按转让房地产项目计算分摊利息支出或不能提供金融机构证明的，房地产开发费用按取得土地使用权所支付的金额和房地产开发成本之和的10%以内计算扣除。计算扣除的具体比例，由各省、自治区、直辖市人民政府规定。

上述规定的具体含义是：

（1）纳税人能够按转让房地产项目计算分摊利息支出，并能提供金融机构的贷款证明的，其允许扣除的房地产开发费用为：利息+（取得土地使用权所支付的金额+房地产开发成本）×5%以内（注：利息最高不能超过按商业银行同类同期贷款利率计算的金额）。

（2）纳税人不能按转让房地产项目计算分摊利息支出或不能提供金融机构贷款证明的，其允许扣除的房地产开发费用为：（取得土地使用权所支付的金额+房地产开发成本）×10%以内。

全部使用自有资金，没有利息支出的，按照以上方法扣除。上述具体适用的比例按省级人民政府此前规定的比例执行。

（3）房地产开发企业既向金融机构借款，又有其他借款的，其房地产开发费用计算扣除时不能同时适用上述（1）、（2）项所述两种办法。

（4）土地增值税清算时，已经计入房地产开发成本的利息支出，应调整至财务费用中计算扣除。

此外，财政部、国家税务总局还对扣除项目金额中利息支出的计算问题作了两点专门规定：一是利息的上浮幅度按国家的有关规定执行，超过上浮幅度的部分不允许扣除；二是对于超过贷款期限的利息部分和加罚的利息不允许扣除。

4. 与转让房地产有关的税金

与转让房地产有关的税金是指在转让房地产时缴纳的城市维护建设税、印花税。因转让房地产缴纳的教育费附加,也可视同税金予以扣除。

5. 其他扣除项目

对从事房地产开发的纳税人可按取得土地使用权所支付的金额和房地产开发成本之和,加计20%扣除。此条优惠只适用于从事房地产开发的纳税人,其他纳税人不适用。

6. 旧房及建筑物的评估价格

纳税人转让旧房的,应按房屋及建筑物的评估价格,取得土地使用权所支付的地价款或出让金,按国家统一规定缴纳的有关费用和转让环节缴纳的税金作为扣除项目金额计征土地增值税。对取得土地使用权时未支付地价款或不能提供已支付的地价款凭据的,在计征土地增值税时不允许扣除。

旧房及建筑物的评估价格是指在转让已使用的房屋及建筑物时,由政府批准设立的房地产评估机构评定的重置成本价乘以成新度折扣率后的价格。评估价格须经当地税务机关确认。

纳税人转让旧房及建筑物,凡不能取得评估价格,但能提供购房发票的,经当地税务部门确认,可按发票所载金额并从购买年度起至转让年度止每年加计5%计算扣除。计算扣除项目时"每年"按购房发票所载日期起至售房发票开具之日止,每满12个月计1年,超过1年,未满12个月但超过6个月的,可以视同为1年。

对纳税人购房时缴纳的契税,凡能提供契税完税凭证的,准予作为"与转让房地产有关的税金"予以扣除,但不作为加计5%的基数。

对于转让旧房及建筑物,既没有评估价格,又不能提供购房发票的,地方税务机关可以根据《中华人民共和国税收征收管理法》第三十五条的规定,实行核定征收。

综上所述,根据转让项目的不同,土地增值税扣除项目也不同。具体如表10-3所示。

表10-3 土地增值额扣除项目具体规定

转让项目的性质	扣除项目
新建房地产转让 (扣除5项)	1. 取得土地使用权所支付的金额 2. 房地产开发成本 3. 房地产开发费用 4. 与转让房地产有关的税金 5. 财政部规定的其他扣除项目(加计扣除20%)房地产
存量房地产转让 (扣除3项)	1. 房屋及建筑物的评估价格 评估价格=重置成本价×成新度折扣率 2. 取得土地使用权所支付的地价款和按规定缴纳的有关费用 3. 转让环节缴纳的税金

三、应纳税额的计算

(一) 增值额的确定

土地增值税纳税人转让房地产所取得的收入减除规定的扣除项目金额后的余额,为增值额。准确核算增值额,还需要有准确的房地产转让收入额和扣除项目的金额。在实际房地产交易活动中,有些纳税人由于不能准确提供房地产转让价格或扣除项目金额,致使增值额不准确,直接影响应纳税额的计算和缴纳。因此,《土地增值税暂行条例》第九条规定,纳税人有下列情形之一的,按照房地产评估价格计算征收。

1. 隐瞒、虚报房地产成交价格

"隐瞒、虚报房地产成交价格"是指纳税人不报或有意低报转让土地使用权、地上建筑物及其附着物价款的行为。隐瞒、虚报房地产成交价格,应由评估机构参照同类房地的市场交易价格进行评估。税务机关根据评估价格确定转让房地产的收入。

2. 提供扣除项目金额不实

提供扣除项目金额不实",是指纳税人在纳税申报时不据实提供扣除项目金额的行为。提供扣除项目金额不实的,应由评估机构按照房屋重置成本价乘以成新度折扣率计算的房屋成本价和取得土地使用权时的基准地价进行评估。税务机关根据评估价格确定扣除项目金额。

3. 转让房地产的成交价格低于房地产评估价格,又无正当理由

"转让房地产的成交价格低于房地产评估价格,又无正当理由",是指纳税人申报的转让房地产的实际成交价低于房地产评估机构评定的交易价,纳税人又不能提供凭据或无正当理由的行为。转让房地产的成交价格低于房地产评估价格,又无正当理由的,由税务机关参照房地产评估价格确定转让房地产的收入。

上述所说的"房地产评估价格"是指由政府批准设立的房地产评估机构根据相同地段、同类房地产进行综合评定的价格。

(二) 应纳税额的计算方法

土地增值税按照纳税人转让房地产所取得的增值额和规定的税率计算征收。土地增值税的计算公式是:

应纳税额 = $\sum$(每级距的土地增值额 × 适用税率)

但在实际工作中,一般可以采用速算扣除法计算。计算公式为:

应纳土地增值税税额 = 增值额 × 税率 - 扣除项目金额 × 速算扣除系数

【例10-1】假定某房地产开发公司转让商品房一栋,取得收入总额为5000万元,应扣除的购买土地价款1000万元、开发成本600万元、开发费用400万元、相关税金及加计扣除合计400万元、扣除项目合计为2400万元。请计算该房地产开发公司应缴纳的土地增值税。

【解析】(1) 先计算增值额:

增值额=5000-2400=2600(万元)。

（2）计算增值额与扣除项目金额的比率：

增值额与扣除项目金额的比率=2600÷2400×100%=108%。

增值税超过扣除项目金额100%，未超过200%时，其适用税率为50%，速算扣除系数为15%。

（3）计算该房地产开发公司应缴纳的土地增值税：

应纳土地增值税税额=增值额×50%-扣除项目金额×15%=2600×50%-2400×15%=940(万元)。

四、房地产开发企业土地增值税清算

（一）土地增值税的清算单位

土地增值税以国家有关部门审批的房地产开发项目为单位进行清算，对于分期开发的项目，以分期项目为单位清算。

开发项目中同时包含普通住宅和非普通住宅的，应分别计算增值额。

（二）土地增值税的清算条件

（1）符合下列情形之一的，纳税人应进行土地增值税的清算。

① 房地产开发项目全部竣工、完成销售的。

② 整体转让未竣工决算房地产开发项目的。

③ 直接转让土地使用权的。

（2）符合下列情形之一的，主管税务机关可要求纳税人进行土地增值税清算。

① 已竣工验收的房地产开发项目，已转让的房地产建筑面积占整个项目可售建筑面积的比例在85%以上，或该比例虽未超过85%，但剩余的可售建筑面积已经出租或自用的。

② 取得销售(预售)许可证满3年仍未销售完毕的。

③ 纳税人申请注销税务登记但未办理土地增值税清算手续的。

④ 省税务机关规定的其他情况。

（三）非直接销售和自用房地产的收入确定

（1）房地产开发企业将开发产品用于职工福利、奖励、对外投资、分配给股东或投资抵偿债务、换取其他单位和个人的非货币性资产等，发生所有权转移时应视同销售房地产，其收入按下列方法和顺序确认。

① 按本企业在同一地区、同一年度销售的同类房地产的平均价格确定。

② 由主管税务机关参照当地当年、同类房地产的市场价格或评估价值确定。

（2）房地产开发企业将开发的部分房地产转为企业自用或用于出租等商业用途时，如果产权未发生转移，不征收土地增值税，在税款清算时不列收入，不扣除相应的成本和费用。

（3）土地增值税清算时，已全额开具商品房销售发票的，按照发票所载金额确认收入；未开具发票或未全额开具发票的，以交易双方签订的销售合同所载的售房金额及其他收益确认收入。销售合同所载商品房面积与有关部门实际测量面积不一致，在清算前已发生补、退房款的，应在计算土地增值税时予以调整。

（四）土地增值税清算时的扣除项目相关规定

（1）房地产开发企业办理土地增值税清算时计算与清算项目有关的扣除项目金额，即土地使用权所支付的金额，房地产开发成本、费用及与转让房地产有关税金，须提供合法有效凭证；不能提供合法有效凭证的，不予扣除。

（2）房地产开发企业办理土地增值税清算所附送的前期工程费、建筑安装工程费、基础设施费、开发间接费用的凭证或资料不符合清算要求或不实的，地方税务机关可参照当地建设工程造价管理部门公布的建安造价定额资料，结合房屋结构、用途、区位等因素，核定上述四项开发成本的单位面积金额标准，并据以计算扣除。具体核定方法由省税务机关确定。

（3）房地产开发企业开发建造的与清算项目配套的居委会和派出所用房、会所、停车场（库）、物业管理场所、变电站、热力站、水厂、文体场馆、学校、幼儿园、托儿所、医院、邮电通信等公共设施，按以下原则处理。

① 建成后产权属于全体业主所有的，其成本、费用可以扣除。

② 建成后无偿移交给政府、公用事业单位用于非营利性社会公共事业的，其成本、费用可以扣除。

③ 建成后有偿转让的，应计算收入，并准予扣除成本、费用。

（4）房地产开发企业销售已装修的房屋，其装修费用可以计入房地产开发成本。房地产开发企业的预提费用，除另有规定外，不得扣除。

（5）属于多个房地产项目共同的成本费用，应按清算项目可售建筑面积占多个项目可售总建筑面积的比例或其他合理的方法，计算确定清算项目的扣除金额。

（6）房地产开发企业在工程竣工验收后，根据合同约定，扣留建筑安装施工企业一定比例的工程款，作为开发项目的质量保证金，在计算土地增值税时，建筑安装施工企业就质量保证金对房地产开发企业开具发票的，按发票所载金额予以扣除，未开具发票的扣留的质保金不得计算扣除。

（7）房地产开发企业逾期开发缴纳的土地闲置费不得扣除。

（8）房地产开发企业为取得土地使用权所支付的契税，应视同"按国家统一规定交纳的有关费用"，计入"取得土地使用权所支付的金额"中扣除。

（9）拆迁安置费的扣除，按以下规定处理：

① 房地产企业用建造的该项目房地产安置回迁户的，安置用房视同销售处理，即按本企业在同一地区、同一年度销售的同类房地产的平均价格确定，或由主管税务机关参照当地当年同类房地产的市场价格或评估价值确定。同时将此确认为房地产开发项目的拆迁补偿费。房地产开发企业支付给回迁户的补差价款，计入拆迁补偿费，回迁户支付给房

地产开发企业的补差价款,应抵减本项目拆迁补偿费。

② 开发企业采取异地安置,异地安置的房屋属于自行开发建造的,房屋价值计入拆迁补偿费;异地安置的房屋属于购入的,以实际支付的购房支出计入拆迁补偿费。

③ 货币安置拆迁的,房地产开发企业凭合法有效凭据计入拆迁补偿费。

【例10-2】某市一房地产开发企业委托建造住宅楼。2021年底建成后,将其中的60%的建筑面积直接对外出售,取得不含增值税销售收入8000万元,缴纳除增值税以外的相关税金40万元,剩余40%部分用于对外出租,本年度取得不含税租金收入50万元。与该住宅楼开发项目相关的成本、费用情况如下:

(1) 为取得土地使用权所支付的地价款为1600万元。

(2) 取得土地使用权按国家规定缴纳相关税费62万元。

(3) 前期拆迁补偿费120万元,建筑安装工程费2500万元,绿化工程费用70万元。

(4) 开发过程中发生销售费用300万元,利息费用400万元,管理费用380万元,利息不能准确按转让房地产项目分摊,且不能提供金融机构证明。

其他资料:当地省政府规定,计算土地增值税时房地产开发费用的扣除比例为8%。本例不考虑地方教育附加。计算该房地产开发企业应缴纳的土地增值税。

【解析】

(1) 取得土地使用权所支付的金额 = (1600+62)×60% = 997.2(万元)。

(2) 开发成本 = (120+2500+70)×60% = 1614(万元)。

(3) 开发费用 = (997.2+1614)×8% = 208.9(万元)。

(4) 转让环节发生的相关税金合计为40万元。

(5) 房地产开发企业加计20%扣除费用 = (997.2+1614)×20% = 522.24(万元)。

可扣除项目金额合计 = 997.2+1614+208.9+40+522.24 = 3382.34(万元)。

(6) 增值额 = 8000-3382.34 = 4617.66(万元),增值率 = 4617.66÷3382.34×100% = 136.52%,适用税率50%,速算扣除系数15%。

(7) 该房地产开发企业应缴纳的土地增值税 = 4617.66×50%-3382.34×15% = 1801.48(万元)。

(五) 土地增值税清算应报送的资料

纳税人办理土地增值税清算应报送以下资料。

(1) 房地产开发企业清算土地增值税书面申请、土地增值税纳税申报表。

(2) 项目竣工决算报表、取得土地使用权所支付的地价款凭证、国有土地使用权出让合同、银行贷款利息结算通知单、项目工程合同结算单、商品房购销合同统计表等与转让房地产的收入、成本和费用有关的证明资料。

(3) 主管税务机关要求报送的其他与土地增值税清算有关的证明资料等。

纳税人委托税务中介机构审核鉴证的清算项目,还应报送中介机构出具的《土地增值税清算税款鉴证报告》。

（六）土地增值税清算项目的审核鉴证

税务中介机构受托对清算项目审核鉴证时,应按税务机关规定的格式对审核鉴证情况出具鉴证报告。对符合要求的鉴证报告,税务机关可以采信。

税务机关要对从事土地增值税清算鉴证工作的税务中介机构在准入条件、工作程序、鉴证内容、法律责任等方面提出明确要求,并做好必要的指导和管理工作。

（七）土地增值税的核定征收

房地产开发企业有下列情形之一的,税务机关可以参照与其开发规模和收入水平相近的当地企业的土地增值税税负情况,按不低于预征率的征收率核定征收土地增值税。

（1）依照法律、行政法规的规定应当设置但未设置账簿的。

（2）擅自销毁账簿或者拒不提供纳税资料的。

（3）虽设置账簿,但账目混乱或者成本资料、收入凭证、费用凭证残缺不全,难以确定转让收入或扣除项目金额的。

（4）符合土地增值税清算条件,未按照规定的期限办理清算手续,经税务机关责令限期清算,逾期仍不清算的。

（5）申报的计税依据明显偏低,又无正当理由的。

核定征收必须严格依照税收法律法规规定的条件进行,任何单位和个人不得擅自扩大核定征收范围,核定征收率原则上不得低于5%,各省级税务机关要结合本地实际,区分不同房地产类型制定核定征收率。

（八）清算后再转让房地产的处理

在土地增值税清算时未转让的房地产,清算后销售或有偿转让的,纳税人应按规定进行土地增值税的纳税申报,扣除项目金额按清算时的单位建筑面积成本费用乘以销售或转让面积计算。

单位建筑面积成本费用=清算时的扣除项目总金额÷清算的总建筑面积

（九）土地增值税清算后应补缴的土地增值税加收滞纳金

纳税人按规定预缴土地增值税后,清算补缴的土地增值税,在主管税务机关规定的期限内补缴的,不加收滞纳金。

【例10-3】2021年3月,某市税务机关拟对辖区内某房地产开发公司开发的房产项目进行土地增值税清算。该房地产开发公司提供该房产开发项目的资料如下:

（1）2018年3月以8000万元拍得用于该房地产开发项目的一宗土地,并缴纳契税。因闲置1年,支付土地闲置费400万元。

（2）2019年3月开始动工建设,发生开发成本5000万元;银行贷款凭证显示利息支出1000万元。

（3）2021年2月项目已销售可售建筑面积的80%,共计取得不含税收入20 000万元;可售建筑面积的20%投资入股某酒店,约定共担风险、共享收益。

(4) 假设清算土地增值税时允许扣除的各项税金为33万元。

(5) 公司已按照3%的预征率预缴了土地增值税600万元,并聘请税务中介机构对该项目土地增值税进行审核鉴证。(其他相关资料:当地适用的契税税率为5%,省级政府规定其他开发费用的扣除比例为5%)

要求:根据上述资料,按照要求(1)至要求(4)计算回答问题,如有计算,需计算出合计数。(1) 简要说明税务机关要求该公司进行土地增值税清算的理由。

(2) 计算该公司清算土地增值税时允许扣除的取得土地使用权支付金额。

(3) 计算该公司清算土地增值税时补缴的土地增值税。

(4) 回答税务机关能否对清算补缴的土地增值税征收滞纳金,简要说明理由。

【解析】

(1) 房地产开发企业将开发产品用于对外投资的,应视同销售房地产。本题中房地产开发项目全部竣工、完成销售(80%已对外销售,20%发生视同销售),符合土地增值税清算条件,房地产公司应进行土地增值税清算。

(2) 该公司清算土地增值税时允许扣除的土地使用权支付金额=8000+8000×5%=8400(万元)。

(3) 扣除项目金额=8400+5000+[1000+(8400+5000)×5%]+33+(8400+5000)×20%=17 783(万元),增值额=20 000÷80%-17 783=7217(万元),增值率=7217÷17 783×100%=40.58%,适用税率30%。

应纳土地增值税=7217×30%=2165.1(万元),需补缴土地增值税=2165.1-600=1565.10(万元)。

(4) 税务机关不能对清算补缴的土地增值税征收滞纳金。根据规定,纳税人按规定预缴土地增值税后,清算补缴的土地增值税,在主管税务机关规定的期限内补缴的,不加收滞纳金。

第三节 土地增值税纳税申报实务

一、土地增值税纳税申报办理时限

(1) 土地增值税的纳税义务人为转让国有土地使用权、地上的建筑及其附着物(以下简称转让房地产)并取得收入的单位和个人。单位包括各类企业、事业单位、国家机关和社会团体及其他组织;个人包括个体经营者。

(2) 纳税人应在转让房地产合同签订后7日内,到房地产所在地主管税务机关办理纳税申报,并向税务机关提交房屋及建筑物产权、土地使用权证书,土地转让、房产买卖合同、房地产评估报告及其他与转让房地产有关的资料,然后在税务机关规定的期限内缴纳土地增值税。

(3) 对于符合应进行土地增值税清算条件的项目,纳税人应当在满足条件之日起90日内到主管税务机关办理清算手续。

对于符合可要求纳税人进行土地增值税清算的项目,由主管税务机关确定是否进行清算;对于确定需要进行清算的项目,由主管税务机关下达清算通知,纳税人应当在收到清算通知之日起90日内办理清算手续。

(4) 纳税人申请注销税务登记但未办理土地增值税清算手续的,应在办理注销登记前进行土地增值税清算。

二、土地增值税纳税申报报送资料

(一) 土地增值税预征申报

从事房地产开发并转让的土地增值税纳税人,依照法律法规的规定向主管税务机关办理土地增值税预征申报,申报时应报送《土地增值税项目报告表(从事房地产开发的纳税人适用)》《土地增值税纳税申报表(一)(从事房地产开发的纳税人预征适用)》。

(二) 土地增值税清算申报

(1) 清算方式为查账征收的纳税人,应报送:
① 《土地增值税纳税申报表(二)(从事房地产开发的纳税人清算适用)》。
② 房地产开发项目清算说明。
③ 项目竣工决算报表、取得土地使用权所支付的地价款凭证、国有土地使用权出让合同、银行贷款利息结算通知单、项目工程合同结算单、商品房购销合同统计表、销售明细表、预售许可证等与转让房地产的收入、成本和费用有关的证明资料。

(2) 清算方式为核定征收的纳税人,应报送:
① 《土地增值税纳税申报表(五)(从事房地产开发的纳税人清算方式为核定征收适用)》。
② 税务机关出具的核定文书。

(三) 房地产项目尾盘销售土地增值税申报

从事房地产开发的纳税人在土地增值税清算时未转让的房地产,清算后销售或有偿转让的,应办理尾盘销售土地增值税纳税申报,申报时应报送《土地增值税纳税申报表(四)(从事房地产开发的纳税人清算后尾盘销售适用)》《清算后尾盘销售土地增值税扣除项目明细表》。

(四) 整体转让在建工程土地增值税申报

整体转让在建工程的纳税人,应办理整体转让在建工程土地增值税申报,申报时应报送:
(1)《土地增值税纳税申报表(六)(纳税人整体转让在建工程适用)》。

(2) 转让合同、评估报告原件及复印件。
(3) 其他与整体转让在建工程有关的资料产生的收入、成本和费用有关的证明资料。

三、土地增值税纳税申报实务

【例10-4】2021年4月,税务机关对A房地产开发公司开发的房产项目进行土地增值税清算。该房地产开发公司提供的资料如下:

(1) 2020年6月以17 760万元拍得一宗土地使用权,并缴纳了契税。

(2) 自2020年7月起,对受让土地50%的面积进行一期项目开发,发生开发成本6000万元,其中土地征用及拆迁补偿费1200万元,前期工程费600万元,建筑安装费2400万元,基础设施费800万元,公共配套设施费500万元,开发间接费用500万元。银行贷款凭证显示利息支出600万元,允许扣除的有关税金及附加290万元,其中城市维护建设税190万元,教育费附加100万元。项目总可售面积为10万平方米。

(3) 2021年3月该项目实现全部销售,共计取得不含税收入31 000万元。

(其他相关资料:当地适用的契税税率为5%,房地产其他开发费用比例按照取得土地使用权所支付的金额及房地产开发成本之和的5%,不考虑土地价款抵减增值税销售额的因素,该项目未预缴土地增值税。)

要求:根据上述资料,按照下列序号回答问题,如有计算须计算出合计数。
(1) 简要说明房地产开发成本包含的项目。
(2) 简要说明房地产开发费用的扣除标准。
(3) 计算该公司清算土地增值税时允许扣除的土地使用权支付金额。
(4) 计算该公司清算土地增值税时允许扣项目金额的合计数。
(5) 计算该公司清算土地增值税时应缴纳的土地增值税。
(6) 填写该公司的土地增值税纳税申报表。

【解析】

(1) 房地产开发成本包括土地征用及拆迁补偿费(包括土地征用费、耕地占用税等)、前期工程费、建筑安装工程费、基础设施费、公共配套设施费、开发间接费用等。

(2) 纳税人能够按转让房地产项目计算分摊利息支出并能提供金融机构贷款证明的:允许扣除的房地产开发费用=利息+(取得土地使用权所支付的金额+房地产开发成本)×5%以内。

纳税人不能按转让房地产项目计算分摊利息支出或不能提供金融机构贷款证明的(包含全部使用自有资金没有利息支出的情况)允许扣除的房地产开发费用=(取得土地使用权所支付的金额+房地产开发成本)×10%以内。

(3) 取得土地使用权所支付的金额包括地价款和取得土地使用权时按国家规定缴纳的有关费用。清算土地增值税时允许扣除的土地使用权支付金额=17 760×(1+5%)×50%=9324(万元)。

(4) 房地产开发费用=600+(9324+6000)×5%=1366.2(万元)。

加计扣除=(9324+6000)×20%=3064.8(万元)。

扣除项目金额合计数=9324+6000+1366.2+290+3064.8=20 045(万元)。

(5)增值额=31 000-20 045=10 955(万元),增值率=增值额/扣除项目金额=10 955/20 045×100%=54.65%,适用税率为40%,速算扣除系数为5%。

应纳土地增值税=10 955×40%-20 045×5%=3379.75(万元)。

该案例的土地增值税纳税申报表填写如表10-4所示。

表10-4 土地增值税纳税申报表(二)

(从事房地产开发的纳税人清算适用)

税款所属时间: 年 月 日至 年 月 日　　　　　　填表日期: 年 月 日

纳税人识别号:　　　　　　　　　　　　　　　金额单位:元至角分 面积单位:平方米

纳税人名称	A	项目名称	＊＊＊	项目编号	＊＊＊	项目地址	＊＊＊
所属行业	房地产业	登记注册类型	＊＊＊	纳税人地址	＊＊＊	邮政编码	＊＊＊
开户银行	＊＊＊	银行账号	＊＊＊	主管部门	＊＊＊	电 话	＊＊＊

项 目	行次	纳税人申报金额			
		合计	普通住宅	非普通住宅	其他类型房地产
一、转让房地产收入总额 1=2+3+4	1	310 000 000.00	310 000 000.00		
其中 货币收入	2	310 000 000.00	310 000 000.00		
实物收入及其他收入	3				
视同销售收入	4				
二、扣除项目金额合计 5=6+7+14+17+21+22	5	200 450 000.00	200 450 000.00		
1.取得土地使用权所支付的金额	6	93 240 000.00	93 240 000.00		
2.房地产开发成本 7=8+9+10+11+12+13	7	60 000 000.00	60 000 000.00		
其中 土地征用及拆迁补偿费	8	12 000 000.00	12 000 000.00		
前期工程费	9	6 000 000.00	6 000 000.00		
建筑安装工程费	10	24 000 000.00	24 000 000.00		
基础设施费	11	8 000 000.00	8 000 000.00		
公共配套设施费	12	5 000 000.00	5 000 000.00		
开发间接费用	13	5 000 000.00	5 000 000.00		
3.房地产开发费用 14=15+16	14	13 662 000.00	13 662 000.00		
其中 利息支出	15	6 000 000.00	6 000 000.00		
其他房地产开发费用	16	7 662 000.00	7 662 000.00		
4.与转让房地产有关的税金等 17=18+19+20	17	2 900 000.00	2 900 000.00		

续表

项　　目		行次	纳税人申报金额			
			合计	普通住宅	非普通住宅	其他类型房地产
其中	营业税	18				
	城市维护建设税	19	1 900 000.00	1 900 000.00		
	教育费附加	20	1 000 000.00	1 000 000.00		
5.财政部规定的其他扣除项目		21	30 648 000.00	30 648 000.00		
6.代收费用		22				
三、增值额　23=1-5		23	109 550 000.00	10 9550 000.00		
四、增值额与扣除项目金额之比(%)24=23÷5		24	54.65	54.65		
五、适用税率(%)		25	40	40		
六、速算扣除系数(%)		26	5	5		
七、应缴土地增值税税额　27=23×25-5×26		27	33 797 500.00	33 797 500.00		
八、减免税额　28=30+32+34		28				
其中	减免税(1) 减免性质代码(1)	29				
	减免税额(1)	30				
	减免税(2) 减免性质代码(2)	31				
	减免税额(2)	32				
	减免税(3) 减免性质代码(3)	33				
	减免税额(3)	34				
九、已缴土地增值税税额		35				
十、应补(退)土地增值税税额　36=27-28-35		36	33 797 500.00	33 797 500.00		

以下由纳税人填写：	
纳税人声明	此纳税申报表是根据《中华人民共和国土地增值税暂行条例》及其实施细则和国家有关税收规定填报的,是真实的、可靠的、完整的。
纳税人签章	代理人签章　　　　　　代理人身份证号
以下由税务机关填写：	
受理人	受理日期　　年　月　日　　受理税务机关

第十一章 城镇土地使用税

学习目标
1. 掌握城镇土地使用税的纳税人、征税对象及税率。
2. 掌握城镇土地使用税计税依据和计算方法。
3. 熟悉城镇土地使用税税收优惠和征收管理。
4. 能够进行城镇土地使用税纳税申报。

第一节 城镇土地使用税构成要素

城镇土地使用税是以国有土地为征税对象,对拥有土地使用权的单位和个人征收的一种税。城镇土地使用税法是指国家制定的调整城镇土地使用税征收与缴纳权利及义务关系的法律规范。现行城镇土地使用税法的基本规范,是 2006 年 12 月 31 日国务院修改并颁布的《中华人民共和国城镇土地使用税暂行条例》,2013 年 12 月 4 日国务院第 32 次常务会议作了部分修改(2013 年 12 月 7 日起实施)(以下简称《城镇土地使用税暂行条例》)。征收城镇土地使用税有利于促进土地的合理使用,调节土地级差收入,也有利于筹集地方财政资金。

一、纳税义务人

城镇土地使用税的纳税人,是指在城市、县城、建制镇、工矿区范围内使用土地的单位和个人。单位,包括国有企业、集体企业、私营企业、股份制企业、外商投资企业、外国企业及其他企业和事业单位、社会团体、国家机关、军队及其他单位。个人,包括个体工商户及其他个人。

城镇土地使用税的纳税人通常包括以下几类:拥有土地使用权的单位和个人;拥有土地使用权的单位和个人不在土地所在地的,其土地的实际使用人和代管人为纳税人;土地使用权未确定或权属纠纷未解决的,其实际使用人为纳税人;土地使用权共有的,共有各方都是纳税人,以共有各方实际使用土地的面积占总面积的比例,分别计算城镇土地使用税,由共有各方分别纳税;在城镇土地使用税征税范围内,承租集体所有建设用地的,由直接从集体经济组织承租土地的单位和个人,缴纳城镇土地使用税。

二、征税范围

城镇土地使用税的征税范围,包括在城市、县城、建制镇和工矿区内的国家所有和集体所有的土地。

上述城市、县城、建制镇和工矿区的确认标准为:城市是指经国务院批准设立的市;县城是指县人民政府所在地;建制镇是指经省、自治区、直辖市人民政府批准设立的建制镇;工矿区是指工商业比较发达,人口比较集中,符合国务院规定的建制镇标准,但尚未设立建制镇的大中型工矿企业所在地,工矿区须经省、自治区、直辖市人民政府批准。建立在城市、县城、建制镇和工矿区以外的工矿企业不需要缴纳城镇土地使用税。

三、税率

城镇土地使用税采用定额税率,即采用有幅度的差别税额,按大、中、小城市和县城、建制镇、工矿区分别规定每平方米城镇土地使用税年应纳税额。城镇土地使用税税额标准如表11-1所示。

表11-1 城镇土地使用税税率表

级别	人口(人)	每平方米税额(元)
大城市	50万以上	1.5~30
中等城市	20万~50万	1.2~24
小城市	20万以下	0.9~18
县城、建制镇、工矿区		0.6~12

各省、自治区、直辖市人民政府可根据市政建设情况和经济繁荣程度在规定税额幅度内,确定所辖地区的适用税额幅度。经济落后地区,土地使用税的适用税额标准可适当降低,但降低额不得超过上述规定最低税额的30%;经济发达地区的适用税额标准可以适当提高,但须报财政部批准。

城镇土地使用税规定幅度税额主要考虑到我国各地区存在着悬殊的土地级差收益,同一地区内不同地段的市政建设情况和经济繁荣程度也有较大的差别。把城镇土地使用税税额定为幅度税额,拉开档次,而且每个幅度税额的差距规定为20倍,这样,各地政府在划分本辖区不同地段的等级,确定适用税额时,有选择余地,便于具体操作。幅度税额还可以调节不同地区、不同地段之间的土地级差收益,尽可能地平衡税负。

四、税收优惠

(一) 法定免税项目

(1) 国家机关、人民团体、军队自用的土地。

（2）由国家财政部门拨付事业经费的单位自用的土地。

（3）宗教寺庙、公园、名胜古迹自用的土地。

宗教寺庙自用的土地，是指举行宗教仪式等的用地和寺庙内的宗教人员生活用地。公园、名胜古迹自用的土地，是指供公共参观游览的用地及其管理单位的办公用地。以上单位的生产、经营用地和其他用地，不属于免税范围，应按规定缴纳土地使用税，如公园、名胜古迹中附设的营业单位如影剧院、饮食部、茶社、照相馆等使用的土地。

（4）市政街道、广场、绿化地带等公共用地。

（5）直接用于农、林、牧、渔业的生产用地。

（6）经批准开山填海整治的土地和改造的废弃土地，从使用的月份起免缴土地使用税5~10年。

（7）对非营利性医疗机构、疾病控制机构和妇幼保健机构等卫生机构自用的土地，免征城镇土地使用税。

（8）企业办的学校、医院、托儿所、幼儿园，其用地能与企业其他用地明确区分的，免征城镇土地使用税。

（9）免税单位无偿使用纳税单位的土地（如公安、海关等单位使用铁路、民航等单位的土地），免征城镇土地使用税。

（10）对行使国家行政管理职能的中国人民银行总行（含国家外汇管理局）所属分支机构自用的土地，免征城镇土地使用税。

（11）自2016年1月1日至2021年12月31日，对专门经营农产品的农产品批发市场、农贸市场使用（包括自有和承租，下同）的房产、土地，暂免征收房产税和城镇土地使用税。

（12）自2018年10月1日至2020年12月31日，对按照去产能和调结构政策要求停业、关闭的企业，自停产停业次月起，免征城镇土地使用税。企业享受免税政策的期限累计不得超过两年。

（13）自2019年1月1日至2021年12月31日，对国家级、省级科技企业孵化器、大学科技园和国家备案众创空间自用以及无偿或通过出租等方式提供给在孵对象使用的土地，免征城镇土地使用税。

（14）由财政部另行规定免税的能源、交通、水利设施用地和其他用地。

（二）省、自治区、直辖市地方税务局确定的城镇土地使用税减免优惠

（1）个人所有的居住房屋及院落用地。
（2）房产管理部门在房租调整改革前经租的居民住房用地。
（3）免税单位职工家属的宿舍用地。
（4）集体和个人办的各类学校、医院、托儿所、幼儿园用地。

【例11-1】下列土地中，属于法定免缴城镇土地使用税的有（　　）。

A．名胜古迹自用土地
B．个人所有的居住房屋用地
C．免税单位无偿使用纳税单位的土地

D. 国家财政部门拨付事业经费的学校用地

【答案】ACD

【解析】选项B,个人所有的居住房屋用地,属于省、自治区、直辖市税务局确定减免。

五、城镇土地使用税征收管理

(一)纳税义务发生时间(如表11-2所示)

表11-2 城镇土地使用税纳税义务发生时间具体规定

具体情形	纳税义务发生时间
购置新建商品房	房屋交付使用之次月起
购置存量房	办理房屋权属转移、变更登记手续,房地产权属登记机关签发房屋权属证书之次月起
出租、出借房产	交付出租、出借房产之次月起
以出让或转让方式有偿取得土地使用权的	应由受让方从合同约定交付土地时间的次月起缴纳城镇土地使用税;合同未约定交付土地时间的,由受让方从合同签订的次月起缴纳城镇土地使用税
新征用的耕地	批准征用之日起满一年时
新征用的非耕地	批准征用次月起
纳税人因土地的权利状态发生变化而依法终止城镇土地使用税纳税义务的	其应纳税款的计算应截止到土地的权利状态发生变化的当月末(与房产税相同)

(二)纳税期限

城镇土地使用税实行按年计算、分期缴纳的征收方法,具体纳税期限由省、自治区、直辖市人民政府确定。

(三)纳税地点

城镇土地使用税在土地所在地缴纳。纳税人使用的土地不属于同一省、自治区、直辖市管辖的,由纳税人分别向土地所在地的税务机关缴纳城镇土地使用税;在同一省、自治区、直辖市管辖范围内,纳税人跨地区使用的土地,其纳税地点由各省、自治区、直辖市税务局确定。

第二节　城镇土地使用税计算

一、城镇土地使用税计税依据

城镇土地使用税以纳税人实际占用的土地面积为计税依据,土地面积计量标准为每平方米。纳税人实际占用的土地面积按下列办法确定。

(1) 由省、自治区、直辖市人民政府确定的单位组织测定土地面积的,以测定的面积为准。

(2) 尚未组织测量,但纳税人持有政府部门核发的土地使用证书的,以证书确认的土地面积为准。

(3) 尚未核发土地使用证书的,应由纳税人申报土地面积,据以纳税,待核发土地使用证以后再作调整。

(4) 对在城镇土地使用税征税范围内单独建造的地下建筑用地,按规定征收城镇土地使用税。其中,已取得地下土地使用权证的,按土地使用权证确认的土地面积计算应征税款;未取得地下土地使用权证或地下土地使用权证上未标明土地面积的,按地下建筑垂直投影面积计算应征税款。

对上述地下建筑用地暂按应征税款的50%征收城镇土地使用税。

二、城镇土地使用税应纳税额的计算

城镇土地使用税应纳税额可以通过纳税人实际占用的土地面积乘以该土地所在地段的适用税率求得。其计算公式为:

全年应纳税额=实际占用应税土地面积(平方米)×适用税率

【例11-2】某生产型企业A公司使用土地面积为19 000平方米,经税务机关核定,该土地为应税土地,每平方米年税额为3元。请计算其全年应纳的城镇土地使用税税额。

【解析】应纳城镇土地使用税=19 000×3=57 000(元)。

第三节　城镇土地使用税纳税申报实务

一、城镇土地使用税纳税申报办理时限

城镇土地使用税实行按年计算、分期缴纳的征收方法,具体纳税期限由省、自治区、直

辖市人民政府确定。

（1）纳税人购置新建商品房,自房屋交付使用之次月起,缴纳城镇土地使用税。

（2）纳税人购置存量房,自办理房屋权属转移、变更登记手续,房地产权属登记机关签发房屋权属证书之次月起,缴纳城镇土地使用税。

（3）纳税人出租、出借房产,自交付出租、出借房产之次月起,缴纳城镇土地使用税。

（4）以出让或转让方式有偿取得土地使用权的,应由受让方从合同约定交付土地时间的次月起缴纳城镇土地使用税;合同未约定交付时间的,由受让方从合同签订的次月起缴纳城镇土地使用税。

（5）纳税人新征用的耕地,自批准征用之日起满1年时开始缴纳土地使用税。

（6）纳税人新征用的非耕地,自批准征用次月起缴纳土地使用税。

（7）自2009年1月1日起,纳税人因土地的权利发生变化而依法终止城镇土地使用税纳税义务的,其应纳税款的计算应截止到土地权利发生变化的当月末。

二、城镇土地使用税纳税申报报送资料

在城市、县城、建制镇、工矿区范围内的城镇土地使用税纳税人,应当依照省、自治区、直辖市人民政府规定的缴纳期限内办理城镇土地使用税申报,申报时应报送《城镇土地使用税纳税申报表》。

三、城镇土地使用税纳税申报表实务

【例11-3】某企业A2021年实际占用土地面积30 000平方米,其中400平方米为厂区内的绿化区,企业内部医院占地600平方米,无偿提供土地使用权2000平方米给一残疾人福利工厂,职工宿舍区占地4000平方米。该地土地使用税为3元/平方米,企业A按季度申报城镇土地使用税,请计算企业A2021年应纳城镇土地使用税,并以第四季度为例填写城镇土地使用税纳税申报表。

【解析】企业内部医院用地为免税用地,免税单位无偿使用纳税单位的土地,免纳城镇土地使用税,其余占地均属土地使用税征税范围。

该企业A2021年应纳城镇土地使用税为:(30 000-600-2000)×3=82 200(元)。

该企业A2021年第四季度应纳城镇土地使用税为:(30 000-600-2000)×3/4=20 550(元)。

第四季度的城镇土地使用税纳税申报表如表11-3所示。

表11-3 城镇土地使用税 房产税纳税申报表

纳税人识别号（统一社会信用代码）：□□□□□□□□□□□□□□□□□□
纳税人名称：企业A

金额单位：人民币元（列至角分）；面积单位：平方米

一、城镇土地使用税

本期是否适用增值税小规模纳税人减征政策 （减免性质代码100149901）				本期适用增值税小规模纳税人减征政策起始时间 本期适用增值税小规模纳税人减征政策终止时间	所属期起	所属期止	年 月 年 月				
□是 □✓否					2021-10-01	2021-12-31					
税额标准		土地等级		土地总面积							
3元/平方米		***		27 400							
序号	土地编号	宗地号					本期应纳税额	本期减免税额	减征比例（%）	本期增值税小规模纳税人减征额	本期已缴税额	本期应补（退）税额
1	*	***					20 550.00	0.00		0.00	0.00	20 550.00
2	*	***										
3	*	***										
合计							*					

二、房产税

（一）从价计征房产税

本期是否适用增值税小规模纳税人减征政策 （减免性质代码08049901）				本期适用增值税小规模纳税人减征政策起始时间 本期适用增值税小规模纳税人减征政策终止时间	所属期起	所属期止	年 月 年 月				
□是 □否											
计税比例		税率									
序号	房产编号	房产原值	其中：出租房产原值				本期应纳税额	本期减免税额	减征比例（%）	本期增值税小规模纳税人减征额	本期已缴税额	本期应补（退）税额
1	*	*	*									
2	*	*	*									
3	*	*	*									
合计		*	*									

（二）从租计征房产税

序号	本期申报租金收入	税率	本期应纳税额	本期减免税额	本期增值税小规模纳税人减征额	本期已缴税额	本期应补（退）税额
1							
2							
3							
合计	*						

声明：此表是根据国家税收法律法规及相关规定填写的，本人（单位）对填报内容（及附带资料）的真实性、可靠性、完整性负责。

纳税人（签章）： 年 月 日

经办人：
经办人身份证号：
代理机构签章：
代理机构统一社会信用代码：

受理人：
受理税务机关（章）：
受理日期： 年 月 日

本表一式两份，一份纳税人留存，一份税务机关留存。

第十二章 财产税

学习目标
1. 掌握房产税、车船税的纳税人、征税对象及税率。
2. 掌握房产税、车船税的计税依据和计算方法。
3. 熟悉房产税、车船税的纳税义务发生时间、纳税期限、纳税地点。
4. 能够进行房产税、车船税的纳税申报。

第一节 房产税

房产税是以房屋为征税对象,按照房屋的计税余值或租金收入,向产权所有人征收的一种财产税。房产税法是指国家制定的调整房产税征收与缴纳之间权利及义务关系的法律规范。现行房产税法的基本规范,是1986年9月15日国务院颁布的《中华人民共和国房产税暂行条例》(以下简称《房产税暂行条例》)。征收房产税有利于地方政府筹集财政收入,也有利于加强房产管理。

一、房产税纳税要素

(一) 纳税义务人(如表12-1所示)

房产税以在征税范围内的房屋产权所有人为纳税人。其中:

产权属国家所有的,由经营管理单位纳税;产权属集体和个人所有的,由集体单位和个人纳税。

所称单位,包括国有企业、集体企业、私营企业、股份制企业、外商投资企业、外国企业以及其他企业和事业单位、社会团体、国家机关、军队以及其他单位;所称个人,包括个体工商户以及其他个人。

产权出典的,由承典人纳税。所谓产权出典,是指产权所有人将房屋、生产资料等的产权,在一定期限内典当给他人使用,而取得资金的一种融资业务。这种业务大多发生于出典人急需用款,但又想保留产权回赎权的情况。承典人向出典人交付一定的典价之后,在质典期内即获抵押物品的支配权,并可转典。产权的典价一般要低于卖价。出典人在规定期间内须归还典价的本金和利息,方可赎回出典房屋等的产权。由于在房屋出典期间,产权所有人已无权支配房屋,因此,税法规定由对房屋具有支配权的承典人为纳税人。

产权所有人、承典人不在房屋所在地的,或者产权未确定及租典纠纷未解决的,由房产代管人或者使用人纳税。

所谓租典纠纷,是指产权所有人在房产出典和租赁关系上,与承典人、租赁人发生各种争议,特别是权利和义务的争议悬而未决的。此外还有一些产权归属不清的问题,也都属于租典纠纷。对租典纠纷尚未解决的房产,规定由代管人或使用人为纳税人,主要目的在于加强征收管理,保证房产税及时入库。

无租使用其他房产的问题。纳税单位和个人无租使用房产管理部门、免税单位及纳税单位的房产,应由使用人代为缴纳房产税。

表12-1 房产税的纳税人

房产税的纳税人	产权所有人		非产权所有人
	自行纳税	他人代缴	
	产权属于集体和个人所有的,由集体单位和个人纳税	纳税单位和个人无租使用房管部门、免税单位、纳税单位的房产,由使用人代为缴纳房产税	1. 产权属于国家所有的,由经营管理单位纳税 2. 产权出典的,由承典人纳税 3. 产权所有人、承典人不在房屋所在地,或产权未确定及租典纠纷未解决的,由房产代管人或使用人纳税

(二) 征税范围

房产税以房产为征税对象。所谓房产,是指有屋面和围护结构(有墙或两边有柱),能够遮风避雨,可供人们在其中生产、学习、工作、娱乐、居住或储藏物资的场所。房地产开发企业建造的商品房,在出售前,不征收房产税,但对出售前房地产开发企业已使用或出租、出借的商品房应按规定征收房产税。

房产税的征税范围为城市、县城、建制镇和工矿区。具体规定如下:

(1) 城市是指国务院批准设立的市。

(2) 县城是指县人民政府所在地的地区。

(3) 建制镇是指经省、自治区、直辖市人民政府批准设立的建制镇。

(4) 工矿区是指工商业比较发达、人口比较集中、符合国务院规定的建制镇标准但尚未设立建制镇的大中型工矿企业所在地。开征房产税的工矿区须经省、自治区、直辖市人民政府批准。

房产税的征税范围不包括农村,这主要是为了减轻农民的负担。因为农村的房屋,除农副业生产用房外,大部分是农民居住用房。对农村房屋不纳入房产税征税范围,有利于农业发展,繁荣农村经济,促进社会稳定。

(三) 房产税税率

(1) 房产税从价计征的税率:房产税从价计征的年税率为1.2%。

(2) 房产税从租计征的税率:房产税从租计征的税率为12%。

(3) 自2008年3月1日起,对个人出租住房不区分用途,按4%的税率征收房产税;对企事业单位、社会团体以及其他组织按市场价格向个人出租用于居住的住房,减按4%的税率征收房产税。

(四) 房产税优惠政策

房产税的税收优惠政策主要有以下几项:

(1) 国家机关、人民团体、军队自用的房产免征房产税。但对出租房产以及非自身业务使用的生产、营业用房,不属免税范围。

(2) 由国家财政部门拨付事业经费的单位(全额或差额预算管理的事业单位),本身业务范围内使用的房产免征房产税。对于其所属的附属工厂、商店、招待所等不属单位公务、业务的用房,应照章纳税。

(3) 宗教寺庙、公园、名胜古迹自用的房产免征房产税。但宗教寺庙、公园、名胜古迹中附设的营业单位,如影剧院、饮食部、茶社、照相馆等所使用的房产及出租的房产,不属于免税范围,应照章纳税。

(4) 个人所有非营业用的房产免征房产税。个人所有的非营业用房,主要指居民住房,不分面积多少,一律免征房产税。对个人拥有的营业用房或者出租的房产,不属于免税房产,应照章纳税。当前,为了抑制房价的过快增长和房产投机行为,从2011年1月起,我国在上海、重庆等地进行房产税改革试点。

(5) 对非营利性医疗机构、疾病控制机构和妇幼保健机构等卫生机构自用的房产,免征房产税。

(6) 从2001年1月1日起,对按政府规定价格出租的公有住房和廉租住房,包括企业和自收自支事业单位向职工出租的单位自有住房,房管部门向居民出租的公有住房,落实私房政策中带户发还产权并以政府规定租金标准向居民出租的私有住房等,暂免征收房产税。

(7) 经营公租房的租金收入,免征房产税。公共租赁住房经营管理单位应单独核算公共租赁住房租金收入,未单独核算的,不得享受免征房产税优惠政策。

(8) 自2018年10月1日至2020年12月31日,对按照去产能和调结构政策要求停产停业关闭的企业,自停产停业次月起,免征房产税、城镇土地使用税。企业享受免税政策的期限累计不得超过两年。

(9) 自2019年1月1日至2021年12月31日,对国家级、省级科技企业孵化器、大学科技园和国家备案众创空间自用以及无偿或通过出租等方式提供给在孵对象使用的房产免征房产税。

(10) 自2019年1月1日至2021年12月31日,对高校学生公寓免征房产税。本条所称高校学生公寓,是指为高校学生提供住宿服务,按照国家规定的收费标准收取住宿费的学生公寓。

(11) 经财政部批准免税的其他房产。

(五)房产税的征收管理

1. 纳税义务发生时间(如表12-2所示)

表12-2 房产税纳税义务发生时间规定

房产用途	纳税义务发生时间
1.将原有房产用于生产经营	从生产经营之月起
2.自行新建房屋用于生产经营	从建成之次月起
3.委托施工企业建设的房屋	从办理验收手续之次月起(此前已使用或出租、出借的新建房屋,应从使用或出租、出借的当月起)
4.纳税人购置新建商品房	自房屋交付使用之次月起
5.购置存量房	自办理房屋权属转移、变更登记手续,房地产权属登记机关签发房屋权属证书之次月起
6.纳税人出租、出借房产	自交付出租、出借房产之次月起
7.房地产开发企业自用、出租、出借自建商品房	自房屋使用或交付之次月起
8.其他	因房产的实物或权利状态发生变化而依法终止房产税纳税义务的,其应纳税款的计算应截止到房产的实物或权利状态发生变化的当月末

2. 纳税期限

房产税实行按年计算、分期缴纳的征收办法,具体纳税期限由省、自治区、直辖市人民政府确定。

3. 纳税地点

房产税在房产所在地缴纳。对房产不在同一地方的纳税人,应按房产的坐落地点分别向房产所在地的税务机关缴纳。

二、房产税的计算

(一)房产税计税依据的确定

1. 房产税从价计征计税依据的确定

从价计征的计税依据为按照房产原值一次减除10%~30%损耗后的余值(扣除比例由省、自治区、直辖市人民政府确定)。

营业税改征增值税后,房产出租的,计征房产税的租金收入不含增值税。免征增值税的,确定计税依据时,租金收入不扣减增值税税额。

对于房产原值的规定主要有以下几点:

(1)房产原值是指纳税人按照会计制度规定,在"固定资产"科目中记载的房屋原价。因此,凡按会计制度规定在账簿中记载有房屋原价的,应以房屋原价按规定减除一定比例后作为房产余值计征房产税;没有记载房屋原价的,按照上述原则,并参照同类房屋确定房产原值,按规定计征房产税。

自2009年1月1日起,对依照房产原值计税的房产,不论是否记载在会计账簿"固定资产"科目中,均应按照房屋原价计算缴纳房产税。房屋原价应根据国家有关会计制度规定进行核算。对纳税人未按国家会计制度规定核算并记载的,应按规定予以调整或重新评估。

自2010年12月21日起,对按照房产原值计税的房产,无论会计上如何核算,房产原值均应包含地价,包括为取得土地使用权支付的价款、开发土地发生的成本费用等。宗地容积率低于0.5的,按房产建筑面积的2倍计算土地面积并据此确定计入房产原值的地价。

对于按揭买房发生的利息支出,凡按照国家会计制度规定应该计入房产原价的,需要计征房产税。

(2)房产原值应包括与房屋不可分割的各种附属设备或一般不单独计算价值的配套设施,主要有:暖气、卫生、通风、照明、煤气等设备;各种管线,如蒸汽、压缩空气、石油、给水排水等管道及电力、电讯、电缆导线;电梯、升降机、过道、晒台等。属于房屋附属设备的水管、下水道、暖气管、煤气管等应从最近的探视井或三通管起,计算原值;电灯网、照明线从进线盒连接管起,计算原值。凡以房屋为载体,不可随意移动的附属设备和配套设施,如给排水、采暖、消防、中央空调、电气及智能化楼宇设备等,无论在会计核算中是否单独记账与核算,都应计入房产原值,计征房产税。

(3)纳税人对原有房屋进行改建、扩建的,要相应增加房屋的原值。对更换房屋附属设备和配套设施的,在将其价值计入房产原值时,可扣减原来相应设备和设施的价值;对附属设备和配套设施中易损坏,需要经常更换的零配件,更新后不再计入房产原值。

2. 房产税从租计征计税依据的确定

从租计征的计税依据为租金收入(包括实物收入和货币收入)。以劳务或其他形式抵付房租收入的,按当地同类房产租金水平确定。营业税改征增值税后,房产出租的,计征房产税的租金收入不含增值税。免征增值税的,确定计税依据时,租金收入不扣减增值税税额。

3. 特殊业务房产税计税依据的确定

(1)对于投资联营的房产的计税规定。

对以房产投资联营、投资者参与投资利润分红、共担风险的,按房产余值作为计税依据计缴房产税;对以房产投资收取固定收入,不承担经营风险的,实际上是以联营名义取得房屋租金,应以出租方取得的租金收入为计税依据计缴房产税。融资租赁房屋,应以房产余值计征房产税,由承租人自融资租赁合同约定开始日的次月起依照房产余值缴纳房产税,合同未约定开始日的,由承租人自合同签订的次月起依照房产余值缴纳房产税。

(2)居民住宅区内业主共有的经营性房产的计税规定。从2007年1月1日起,对居民住宅内业主共有的经营性房产,由实际经营(包括自营和出租)的代管人或使用人缴纳房产税。自营房产的,依照房产原值减除10%~30%后的余值计征;没有房产原值或不能将业主共有房产与其他房产的原值准确划分开的,由房产所在地税务机关参照同类房产核定房产原值;出租房产的,按照租金收入计征。

(3) 凡在房产税征收范围内的具备房屋功能的地下建筑,包括与地上房屋相连的地下建筑以及完全建在地面以下的建筑、地下人防设施等,均应当依照有关规定征收房产税。

自用的地下建筑,按以下方式计税:

① 工业用房产,以房屋原价的50%~60%作为应税房产原值。

应纳房产税的税额=应税房产原值×[1-扣除比例]×1.2%

② 商业和其他用房产,以房屋原价的70%~80%作为应税房产原值。

应纳房产税的税额=应税房产原值×[1-扣除比例]×1.2%

房屋原价折算为应税房产原值的具体比例,由各省、自治区、直辖市和计划单列市财政和地方税务部门在上述幅度内自行确定。

③ 对于与地上房屋相连的地下建筑,如房屋的地下室、地下停车场、商场的地下部分等,应将地下部分与地上房屋视为一个整体,按照地上房屋建筑的有关规定计算征收房产税。

(二) 应纳税额的计算(如表12-3所示)

1. 从价计征的计算

从价计征是按房产的原值减除一定比例后的余值计征,其计算公式为:

应纳税额=应税房产原值×(1-扣除比例)×1.2%

如前所述,房产原值是"固定资产"科目中记载的房屋原价;减除一定比例是省、自治区、直辖市人民政府规定的10%~30%的减除比例;计征的适用税率为1.2%。

表12-3 房产税应纳税额的计算

计税方法	计税依据		税率	计算公式
从价计征	房产计税余值(原值扣除10%~30%)		1.2%	全年应纳税额=应税房产原值×(1-扣除比例)×1.2%
	工业用地下建筑	原价的50%~60%计算余值	1.2%	全年应纳税额=应税房产原值×(50%~60%)×[1-扣除比例]×1.2%
	商业和其他用地下建筑	原价的70%~80%计算余值	1.2%	全年应纳税额=应税房产原值×(70%~80%)×[1-扣除比例]×1.2%
从租计征	房屋租金		12%(个人4%)	全年应纳税额=租金收入×12%(个人为4%)

【例12-1】某企业的经营用房原值为3000万元,按照当地规定允许减除30%后按余值计税,适用税率为1.2%。请计算其应纳房产税税额。

【解析】应纳税额=3000×(1-30%)×1.2%=25.2(万元)。

2. 从租计征的计算

从租计征是按房产的租金收入计征,其计算公式为:

应纳税额=租金收入×12%(或4%)

【例12-2】某公司出租房屋5间,年租金收入为100 000元,适用税率为12%,计算其应纳房产税税额。

【解析】应纳税额=100 000×12%=12 000(元)。

第二节 车船税

车船税是以车船为征税对象,向拥有车船的单位和个人征收的一种税。车船税法是指国家制定的用以调整车船税征收与缴纳权利及义务关系的法律规范。现行车船税法的基本规范,是2011年2月25日,由中华人民共和国第十一届全国人民代表大会常务委员会第十九次会议通过的《中华人民共和国车船税法》(以下简称《车船税法》),自2012年1月1日起施行。

征收车船税有利于为地方政府筹集财政资金,有利于车船的管理和合理配置,也有利于调节财富差异。

一、车船税纳税要素

(一) 纳税义务人

车船税的纳税义务人,是指在中华人民共和国境内的车辆、船舶(以下简称车船)的所有人或者管理人。车船的所有人是指在我国境内拥有车船的单位和个人,对于私家车来说,也即通常所说的车主;车船的管理人是指对车船具有管理权或者使用权,不具有所有权的单位。

外商投资企业、外国企业、华侨、外籍人员和港澳台同胞,也属于车船税的纳税人。境内单位和个人将船舶出租到境外的,应依法征收车船税。

从事机动车第三者责任强制保险业务的保险机构为机动车车船税的扣缴义务人。

(二) 车船税征税范围

车船税的征税范围是指在中华人民共和国境内属于车船税法所附《车船税税目税额表》规定的车辆、船舶。车辆、船舶是指依法应当在车船登记管理部门登记的机动车辆和船舶,以及依法不需要在车船登记管理部门登记的,在单位内部场所行驶或者作业的机动车辆和船舶。

上述机动车辆具体包括:乘用车、商用客车(包括电车)、商用货车(包括半挂牵引车,三轮汽车和低速载货汽车等)挂车、摩托车、其他车辆(不包括拖拉机)。其中,其他车辆包括专用作业车和轮式专用机械车等。船舶包括机动船舶、非机动驳船、拖船和游艇。

(三)车船税税目税率

车船税采用定额税率。车船税的适用税额,依照车船税法所附的《车船税税目税额表》执行。

车辆的具体适用税额由省、自治区、直辖市人民政府依照车船税法所附《车船税税目税额表》规定的税额幅度和国务院的规定确定。

船舶的具体适用税额由国务院在车船税法所附《车船税税目税额表》规定的税额幅度内确定。

车船税税目税额表如表12-4所示。

表12-4 车船税税目税额表

税目		计税单位	年基准税额	备注
乘用车按发动机汽缸容量(排气量分档)	1.0升(含)以下的	每辆	60~360元	核定载客人数9人(含)以下
	1.0升以上至1.6升(含)的		300~540元	
	1.6升以上至2.0升(含)的		360~660元	
	2.0升以上至2.5升(含)的		660~1200元	
	2.5升以上至3.0升(含)的		1200~2400元	
	3.0升以上至4.0升(含)的		2400~3600元	
	4.0升以上的		3600~5400元	
商用车	客车	每辆	480~1140元	核定载客人数9人以上,包括电车
	货车	整备质量每吨	16~120元	1.包括半挂牵引车、挂车、客货两用汽车、三轮汽车和低速载货汽车 2.挂车按照货车税额的50%计算
其他车辆	专用作业车	整备质量每吨	16~120元	不包括拖拉机
	轮式专用机械车	整备质量每吨	16~120元	
摩托车		每辆	36~180元	

续表

税目		计税单位	年基准税额	备注
机动船舶	净吨位不超过200吨的	净吨位每吨	3元	拖船、非机动驳船分别按照机动船舶税额的50%计算
	净吨位超过200吨但不超过2000吨的		4元	
	净吨位超过2000吨但不超过10 000吨的		5元	
	净吨位超过10 000吨的		6元	
游艇	艇身长度不超过10米的	艇身长度每米	600元	
	艇身长度超过10米但不超过18米的		900元	
	艇身长度超过18米但不超过30米的		1300元	
	艇身长度超过30米的		2000元	
辅助动力帆艇			600元	

需要注意的是，对于在设计和技术特性上用于特殊工作，并装置有专用设备或器具的汽车，应认定为专用作业车。如汽车起重机、消防车、混凝土泵车、清障车、高空作业车、洒水车、扫路车等。但以载运人员或货物为主要目的的专用汽车，如救护车，不属于专用作业车。客货两用车，又称多用途货车，是指在设计和结构上主要用于载运货物，但在驾驶员座椅后带有固定或折叠式座椅，可运3人以上乘客的货车。客货两用车依照货车的计税单位和年基准税额计征车船税。

车船税法和实施条例所涉及的排气量、整备质量、核定载客人数、净吨位、千瓦、艇身长度，以车船登记管理部门核发的车船登记证书或者行驶证所载数据为准。

依法不需要办理登记的车船和依法应当登记而未办理登记或者不能提供车船登记证书、行驶证的车船，以车船出厂合格证明或者进口凭证标注的技术参数、数据为准；不能提供车船出厂合格证明或者进口凭证的，由主管税务机关参照国家相关标准核定，没有国家相关标准的参照同类车船核定。

（四）车船税优惠政策（如表12-5所示）

1. 法定减免

（1）捕捞、养殖渔船。

（2）军队、武警部队专用的车船。

（3）警用车船。

（4）依照法律规定应当予以免税的外国驻华使馆、领事馆、国际组织驻华机构及其有关人员的车船，不征收车船税。

（5）对节约能源的车船，减半征收车船税。

减半征收车船税的节能乘用车应同时符合以下标准：①获得许可在中国境内销售的排量为1.6升以下（含1.6升）的燃用汽油、柴油的乘用车（含非插电式混合动力、双燃料和两用燃料乘用车）；②综合工况燃料消耗量应符合相关标准。

减半征收车船税的节能商用车应同时符合以下标准：①获得许可在中国境内销售的燃用天然气、汽油、柴油的轻型和重型商用车（含非插电式混合动力、双燃料和两用燃料轻型和重型商用车）；②燃用汽油、柴油的轻型和重型商用车综合工况燃料消耗量应符合相关标准。

（6）对新能源车船，免征车船税。

免征车船税的新能源汽车是指纯电动商用车、插电式（含增程式）混合动力汽车、燃料电池商用车。纯电动乘用车和燃料电池乘用车不属于车船税征税范围，对其不征车船税。免征车船税的新能源汽车应同时符合以下标准：①获得许可在中国境内销售的纯电动商用车、插电式（含增程式）混合动力汽车、燃料电池商用车；②符合新能源汽车产品相关技术标准；③通过新能源汽车专项检测，符合新能源汽车相关标准；④新能源汽车生产企业或进口新能源汽车经销商在产品质量保证、产品一致性、售后服务、安全监测、动力电池回收利用等方面符合相关要求。免征车船税的新能源船舶应符合以下标准：船舶的主推进动力装置为纯天然气发动机，发动机采用微量柴油引燃方式且引燃油热值占全部燃料总热值的比例不超过5%的，视同纯天然气发动机。

（7）省、自治区、直辖市人民政府根据当地实际情况，可以对公共交通车船、农村居民拥有并主要在农村地区使用的摩托车、三轮汽车和低速载货汽车定期减征或者免征车船税。

（8）国家综合性消防救援车辆由部队号牌改挂应急救援专用号牌的，一次性免征改挂当年车船税。

2．特定减免

（1）经批准临时入境的外国车船和香港特别行政区、澳门特别行政区、台湾地区的车船，不征收车船税。

（2）按照规定缴纳船舶吨税的机动船舶，自《车船税法》实施之日（2012年1月1日）起5年内免征车船税。

（3）依法不需要在车船登记管理部门登记的机场、港口、铁路站场内部行驶或者作业的车船，自《车船税法》实施之日（2012年1月1日）起5年内免征车船税。

表12-5 新能源汽车、节能汽车、挂车车船税、车辆购置税政策

车辆性质		车船税政策	车辆购置税政策
新能源汽车	乘用车	纯电动乘用车和燃料电池乘用车不属于车船税征税范围，不征收车船税	免征车辆购置税
	商用车	纯电动商用车、插电式（含增程式）混合动力汽车、燃料电池商用车免征车船税	

续表

车辆性质		车船税政策	车辆购置税政策
节能汽车	乘用车	同时满足： 1. 获得许可在中国境内销售的排量为1.6升以下（含1.6升）的燃用汽油、柴油的乘用车（含非插电式混合动力、双燃料和两用燃料乘用车） 2. 综合工况燃料消耗量应符合标准,减半征收车船税	2018年起照章计算缴纳车辆购置税
	商用车	同时满足： 1. 获得许可在中国境内销售的燃用天然气、汽油、柴油的轻型和重型商用车（含非插电式混合动力、双燃料和两用燃料轻型和重型商用车） 2. 燃用汽油、柴油的轻型和重型商用车综合工况燃料消耗量应符合标准,减半征收车船税	
挂车——由汽车牵引才能正常使用且用于载运货物的无动力车辆		挂车按照货车税额的50%计算车船税	自2018年7月1日至2021年6月30日,对购置挂车减半征收车辆购置税

（五）车船税的征收管理

1. 纳税方式

（1）自行申报方式：纳税人自行向主管税务机关申报缴纳车船税。

（2）代收代缴方式：纳税人在办理机动车交通事故责任强制保险时由保险机构作为扣缴义务人代收代缴车船税。

2. 纳税义务发生时间

车船税纳税义务发生时间为取得车船所有权或者管理权的当月。以购买车船的发票或其他证明文件所载日期的当月为准。

3. 纳税地点

车船税的纳税地点为车船的登记地或者车船税扣缴义务人所在地。依法不需要办理登记的车船,车船税的纳税地点为车船的所有人或者管理人所在地。

二、车船税的计算

（一）车船税计税依据的确定

1. 车船税计税依据的一般规定

（1）乘用车、商用客车、摩托车：以辆数为计税依据。

（2）商用货车、挂车、其他车辆：以整备质量吨位数为计税依据。

（3）机动船舶、非机动驳船、拖船：以净吨位数为计税依据。

(4)游艇:以艇身长度为计税依据。

2. 车船税计税依据的特殊规定

(1)拖船按照发动机功率每1千瓦折合净吨位0.67吨计算征收车船税。

(2)《车船税法》及其实施条例涉及的整备质量、净吨位、艇身长度等计税单位,有尾数的一律按照含尾数的计税单位据实计算车船税应纳税额。计算得出的应纳税额小数点后超过两位的可四舍五入保留两位小数。

(3)乘用车以车辆登记管理部门核发的机动车登记证书或者行驶证书所载的排气量毫升数确定税额区间。

(二)车船税应纳税额的计算

(1)车船税各税目应纳税额的计算公式为:

应纳车船税=计税单位×适用年基准税额

(2)购置的新车船,购置当年的应纳税额自纳税义务发生的当月起按月计算。其计算公式为:

应纳车船税=年应纳税额÷12×应纳税月份数

【例12-3】甲公司于2021年2月20日购买了一艘净吨位为180吨的拖船。已知机动船舶净吨位每吨的年基准税额为6元。计算甲公司本年应纳车船税。

应纳车船税=180×6×50%×11÷12=495(元)

(3)在一个纳税年度内,已完税的车船被盗抢、报废、灭失的,纳税人可以凭有关管理机关出具的证明和完税证明,向纳税所在地的主管税务机关申请退还自被盗抢、报废、灭失月份起至该纳税年度终了期间的税款。

(4)已办理退税的被盗抢车船,失而复得的,纳税人应当从公安机关出具相关证明的当月起计算缴纳车船税。

(5)在一个纳税年度内,纳税人在非车辆登记地由保险机构代收代缴机动车车船税,且能够提供合法有效完税证明的,纳税人不再向车辆登记地的地方税务机关缴纳车辆车船税。

(6)已缴纳车船税的车船在同一纳税年度内办理转让过户的,不另纳税,也不退税。

第三节 财产税纳税申报实务

一、财产税纳税申报办理时限

(一)房产税

房产税实行按年计算、分期缴纳的征收方法,具体纳税期限由省、自治区、直辖市人民政府确定。纳税人在纳税期内没有应纳税款的,也应当按照规定办理纳税申报。纳税人享受减税、免税待遇的,在减税、免税期间应当按照规定办理纳税申报。

(二)车船税

车船税纳税义务发生时间为取得车船所有权或者管理权的当月。以购买车船的发票或其他证明文件所载日期的当月为准。

车船税按年申报,分月计算,一次性缴纳。纳税年度为公历1月1日至12月31日。车船税按年申报缴纳。具体申报纳税期限由省、自治区、直辖市人民政府规定。

二、财产税纳税申报报送资料

(一)房产税纳税申报

在城市、县城、建制镇、工矿区范围内的房产税纳税义务人,应当在省、自治区、直辖市人民政府规定的纳税期限内办理房产税申报。

(1)自用房产,应报送《房产税纳税申报表》;《从价计征房产税税源明细表》;不动产权证(房屋产权证、土地使用权证)或购房合同、发票等证明房地产权属的材料原件及复印件。

(2)出租房产,应报送《房产税纳税申报表》;《从租计征房产税税源明细表》;不动产权证(房屋产权证、土地使用权证)或购房合同、发票等证明房地产权属的材料、房屋租赁合同原件及复印件。

(二)车船税纳税申报

(1)车辆所有人或管理人,应报送:
① 车辆登记管理部门核发的车辆登记证书或者行驶证复印件,不能提供车辆登记证书、行驶证的,应报送车辆出厂合格证明或者进口凭证复印件。
② 车辆的所有人或者管理人身份证明材料原件。
③《车船税纳税申报表》。

(2)船舶所有人或管理人,应报送:
① 船舶登记管理部门核发的船舶登记证书复印件。
② 船舶的所有人或者管理人身份证明材料原件。
③《车船税纳税申报表》。

三、财产税纳税申报表实务

(一)房产税申报表实务

【例12-4】甲公司2021年年初房产原值为8000万元,3月与乙公司签订租赁合同,约定自 2021 年 4 月起将原值 500 万元房产租赁给乙公司,租期 3 年,月租金 2 万元,2021 年 4~6 月为免租使用期间。甲公司所在地计算房产税余值减除比例为 30%,甲公司按月申报房产税,计算甲公司 2021 年度应缴纳的房产税,并以 12 月为例填写房产税纳税申报表。

【解析】

对出租房产,租赁双方签订的租赁合同约定有免收租金期限的,免收租金期间由产权所有人按照房产原值缴纳房产税。

甲公司 2021 年 12 月从价计征房产税 = 7500×(1−30%)×1.2%×1/12 = 5.25(万元)。从租计征房产税 = 2×12% = 0.24(万元)。

甲公司 2021 年度 12 月应缴纳的房产税 = 5.25+0.24 = 5.49(万元)。

甲公司 2021 年度从价计征房产税 = 8000×(1−30%)×1.2%×1/2+7500×(1−30%)×1.2%×1/2 = 33.6+31.5 = 65.1(万元)。

从租计征房产税 = 2×6×12% = 1.44(万元)。

故甲公司 2021 年度应缴纳的房产税 = 65.1+1.44 = 66.54(万元)。

甲公司 2021 年 12 月房产税纳税申报表如表 12-6 所示。

表 12-6 城镇土地使用税 房产税纳税申报表

税款所属期：2021-01-01——2021-12-31

甲公司

一、城镇土地使用税

本期是否适用增值税小规模纳税人减征政策（减免性质代码 10049901）：□是 ☑否

序号	土地编号	宗地号	土地等级	税额标准	本期适用增值税小规模纳税人减征政策 本期适用增值税小规模纳税人减征政策	土地总面积	所属期起	所属期止	本期应 纳税额	本期减 免税额	本期增值税小规模 纳税人减征额	减征比例（%）	本期已 缴税额	本期应补 （退）税额
1	*							年 月	年 月					
2	*													
3	*													
合计	*				*		*	*						

二、房产税

本期是否适用增值税小规模纳税人减征政策（减免性质代码 08049901）：□是 □否

（一）从价计征房产税

序号	房产编号	房产原值	其中：出租 房产原值	计税比例	税率	所属期起	所属期止	本期应 纳税额	本期减 免税额	本期增值税小规模 纳税人减征额	减征比例（%）	本期已 缴税额	本期应补 （退）税额
1	*	80 000 000.00	5 000 000.00	70%	1.2%	2018-12-1	2018-12-31	52 500.00	0.00	0.00		0.00	52 500.00
2	*												
3	*												
合计	*		*		*	年 月	年 月	52 500.00	0.00	0.00		0.00	52 500.00

（二）从租计征房产税

序号	本期申报租金收入	税率	本期应纳税额	本期减免税额	本期增值税小规模纳税人减征额	本期已缴税额	本期应补（退）税额
1	20 000.00	12%	2 400.00	0.00	0.00	0.00	2 400.00
2							
3							
合计	*	*	2 400.00	0.00	0.00	0.00	2 400.00

声明：此表是根据国家税收法律法规及相关规定写的，本人（单位）对申报内容（及附带资料）的真实性、可靠性、完整性负责。

纳税人（签章）：　　　年　月　日

经办人：
经办人身份证号：
代理机构签章：
代理机构统一社会信用代码：

受理人：	受理税务机关（章）：	受理日期：　年　月　日

本表一式两份，一份纳税人留存，一份税务机关留存。

(二)车船税申报表实务

【例12-5】某企业A2021年1月12日购小轿车2辆,到当年12月31日未到车辆管理部门登记。已知小轿车年单位税额480元。计算该企业2021年应缴纳车船税。

【解析】纳税人未按照规定到车船管理部门办理应税车船登记手续的,以车船购置发票所载开具时间的当月作为车船税的纳税义务发生时间。

应缴纳车船税=2×480=960(元)。

本案例车船税纳税申报表如表12-7所示。

表 12-7 车船税纳税申报表

税款所属期限：自 2021 年 01 月 01 日至 2021 年 12 月 31 日　　　　　　　　　　　　　　　　　　　　　　　　　　填表日期：　年　月　日

纳税人识别号（统一社会信用代码）：***　　　　　　　　　　　　　　　　　　　　　　　　　　　　　　　　　　　金额单位：元至角分

纳税人名称	企业 A					纳税人身份证照类型		***		
纳税人身份证照号码	***					居住（单位）地址		***		
联系人	***					联系方式		***		

序号	（车辆）号牌号码/（船舶）登记号码	车船识别代码（车架号/船舶识别号）	征收品目	计税单位	计税单位的数量	单位税额	年应缴税额	本年减免税额	减免性质代码	减免税证明号	当年应缴税额	本年已缴税额	本期年应补（退）税额
	1	2	3	4	5	6	7=5*6	8	9	10	11=7-8	12	13=11-12
	***	***	1.6 升以上至 2.0 升（含）的乘用车	辆	2	480.00	960.00				960.00	0.00	960.00
合计							960.00				960.00	0.00	960.00

申报车辆总数（辆）	2	申报船舶总数（艘）	

纳税人声明	此纳税申报表是根据《中华人民共和国车船税法》和国家有关税收规定填报的，是真实的、可靠的、完整的。		
纳税人签章		代理人签章	代理人身份证号

以下由税务机关填写：

受理人		受理日期		受理税务机关（签章）	

第十三章　行为税

学习目标

1. 了解印花税、契税、车辆购置税、环境保护税的纳税人、征税范围及税率
2. 掌握印花税、契税、车辆购置税、环境保护税的计税依据和计算方法
3. 了解印花税、契税、车辆购置税、环境保护税的税收优惠政策
4. 熟悉印花税、契税、车辆购置税、环境保护税的征收管理
5. 能够进行印花税、契税、车辆购置税、环境保护税的纳税申报

第一节　印花税

印花税是以中华人民共和国境内书立应税凭证、进行证券交易的行为为征税对象征收的一种税。印花税法是指国家制定的用以调整印花税征收与缴纳权利及义务关系的法律规范。现行印花税法的基本规范，是2021年6月10日第十三届全国人民代表大会常务委员会第二十九次会议通过的《中华人民共和国印花税法》，本法自2022年7月1日起施行。

印花税因其采用在应税凭证上粘贴印花税票的方法缴纳税款而得名。征收印花税有利于增加财政收入、有利于配合和加强经济合同的监督管理、有利于培养纳税意识，也有利于配合对其他应纳税种的监督管理。

一、印花税纳税要素

（一）纳税人

（1）在中华人民共和国境内书立应税凭证、进行证券交易的单位和个人，为印花税的纳税人，主要包括立合同人、立账簿人、立据人、领受人、使用人及各类电子应税凭证的签订人。

(2) 在中华人民共和国境外书立在境内使用的应税凭证的单位和个人,应当依照本法规定缴纳印花税。

(3) 签订合同的各方当事人都是印花税的纳税人,但不包括合同的担保人、证人和鉴定人。

如果一份合同或应税凭证由两方或两方以上当事人共同签订,签订合同或应税凭证的各方都是纳税人,应各就其所持合同或应税凭证的计税金额履行纳税义务。

(二) 印花税税目

印花税的税目具体划定了印花税的征税范围。一般地说,列入税目的就要征税,未列入税目的不征税。

印花税税目包括:合同(指书面合同)、产权转移书据、营业账簿、证券交易。

其中合同包括:借款合同、融资租赁合同、买卖合同、承揽合同、建设工程合同、运输合同、技术合同、租赁合同、保管合同、仓储合同、财产保险合同等11类经济合同。

产权转移书据包括:土地使用权出让书据、土地使用权、房屋等建筑物和构筑物所有权转让书据(不包括土地承包经营权和土地经营权转移)、股权转让书据(不包括应缴纳证券交易印花税的)、商标专用权、著作权、专利权、专有技术使用权转让书据。

营业账簿是指实收资本(股本)、资本公积账簿。

证券交易,是指转让在依法设立的证券交易所、国务院批准的其他全国性证券交易场所交易的股票和以股票为基础的存托凭证。证券交易印花税对证券交易的出让方征收,不对受让方征收。

(三) 印花税税率

印花税的税率设计,遵循税负从轻、共同负担的原则,所以税率比较低。凭证的当事人,即对凭证有直接权利与义务关系的单位和个人均应就其所持凭证依法纳税。

在印花税的税目中,各类合同以及具有合同性质的凭证(含以电子形式签订的各类应税凭证)、产权转移书据、营业账簿中记载资金的账簿,适用比例税率。印花税的比例税率分为5个档次,分别是0.05‰、0.3‰、0.5‰、1‰、0.25‰。印花税税目、税率表如表13-1所示。

表13-1 印花税税目、税率表

税目		税率	备注
合同 (指书面合同)	借款合同	借款金额的万分之零点五	指银行业金融机构、经国务院银行业监督管理机构批准设立的其他金融机构与借款人(不包括同业拆借)的借款合同
	融资租赁合同	租金的万分之零点五	
	买卖合同	价款的万分之三	指动产买卖合同(不包括个人书立的动产买卖合同)

续表

	税目	税率	备注
合同（指书面合同）	承揽合同	报酬的万分之三	
	建设工程合同	价款的万分之三	
	运输合同	运输费用的万分之三	指货运合同和多式联运合同（不包括管道运输合同）
	技术合同	价款、报酬或者使用费的万分之三	不包括专利权、专有技术使用权转让书据
	租赁合同	租金的千分之一	
	保管合同	保管费的千分之一	
	仓储合同	仓储费的千分之一	
	财产保险合同	保险费的千分之一	不包括再保险合同
产权转移书据	土地使用权出让书据	价款的万分之五	转让包括买卖（出售）、继承、赠与、互换、分割
	土地使用权、房屋等建筑物和构筑物所有权转让书据（不包括土地承包经营权和土地经营权转移）	价款的万分之五	
	股权转让书据（不包括应缴纳证券交易印花税的）	价款的万分之五	
	商标专用权、著作权、专利权、专有技术使用权转让书据	价款的万分之三	
营业账簿	实收资本（股本）、资本公积合计金额的万分之二点五		
证券交易	成交金额的千分之一		

【例13-1】下列合同中，应按照"产权转移书据"税目缴纳印花税的有（   ）。

A．股权转让合同
B．商品房销售合同
C．专利实施许可合同
D．专利申请权转让合同

【答案】ABC

【解析】选项D属于技术合同。技术合同包括技术开发、技术转让、技术咨询、技术服务等合同，以及作为合同使用的单据。技术转让合同，包括专利申请权转让和非专利技术转让。

(四)印花税税收优惠

下列凭证免征印花税：

(1) 应税凭证的副本或者抄本。

(2) 依照法律规定应当予以免税的外国驻华使馆、领事馆和国际组织驻华代表机构为获得馆舍书立的应税凭证。

(3) 中国人民解放军、中国人民武装警察部队书立的应税凭证。

(4) 农民、家庭农场、农民专业合作社、农村集体经济组织、村民委员会购买农业生产资料或者销售农产品书立的买卖合同和农业保险合同。

(5) 无息或者贴息借款合同、国际金融组织向中国提供优惠贷款书立的借款合同。

(6) 财产所有权人将财产赠与政府、学校、社会福利机构、慈善组织书立的产权转移书据。

(7) 非营利性医疗卫生机构采购药品或者卫生材料书立的买卖合同。

(8) 个人与电子商务经营者订立的电子订单。

根据国民经济和社会发展的需要，国务院对居民住房需求保障、企业改制重组、破产、支持小型微型企业发展等情形可以规定减征或者免征印花税，报全国人民代表大会常务委员会备案。

【例 13-2】下列各项中，不属于印花税免税应税凭证的有( )。

A. 无息、贴息贷款合同

B. 发电厂与电网之间签订的电力购销合同

C. 保险公司与牧民签订的牧业保险合同

D. 银行因内部管理需要设置的现金收付登记簿

【答案】BD

【解析】选项 B，要缴纳印花税。选项 D，属于非应税凭证。

(五) 征收管理

印花税票由国务院税务主管部门监制。印花税由税务机关依照《中华人民共和国印花税法》和《中华人民共和国税收征收管理法》的规定征收管理。

印花税票为有价证券，其票面金额以人民币为单位，分为 1 角、2 角、5 角、1 元、2 元、5 元、10 元、50 元、100 元 9 种。

1. 纳税方法

印花税可以采用粘贴印花税票或者由税务机关依法开具其他完税凭证的方式缴纳。

印花税票粘贴在应税凭证上的，由纳税人在每枚税票的骑缝处盖戳注销或者画销。

2. 纳税义务发生时间

(1) 印花税的纳税义务发生时间为纳税人书立应税凭证或者完成证券交易的当日。

(2) 证券交易印花税扣缴义务发生时间为证券交易完成的当日。

3. 纳税期限

(1) 印花税按季、按年或者按次计征。实行按季、按年计征的，纳税人应当自季度、年度终了之日起十五日内申报缴纳税款;实行按次计征的,纳税人应当自纳税义务发生之日起十五日内申报缴纳税款。

(2)证券交易印花税按周解缴。证券交易印花税扣缴义务人应当自每周终了之日起五日内申报解缴税款以及银行结算的利息。

4. 纳税地点

(1)纳税人为单位的,应当向其机构所在地的主管税务机关申报缴纳印花税;纳税人为个人的,应当向应税凭证书立地或者纳税人居住地的主管税务机关申报缴纳印花税。

(2)不动产产权发生转移的,纳税人应当向不动产所在地的主管税务机关申报缴纳印花税。

(3)纳税人为境外单位或者个人,在境内有代理人的,以其境内代理人为扣缴义务人;在境内没有代理人的,由纳税人自行申报缴纳印花税,具体办法由国务院税务主管部门规定。

(4)证券登记结算机构为证券交易印花税的扣缴义务人,应当向其机构所在地的主管税务机关申报解缴税款以及银行结算的利息。

二、印花税应纳税额的计算

印花税按比例税率计算应纳税额,其计算公式为:

应纳税额=计税依据×适用税率

印花税的计税依据如下:

(1)应税合同的计税依据,为合同所列的金额,不包括列明的增值税税款。

(2)应税产权转移书据的计税依据,为产权转移书据所列的金额,不包括列明的增值税税款。

(3)应税营业账簿的计税依据,为账簿记载的实收资本(股本)、资本公积合计金额。

(4)证券交易的计税依据,为成交金额。

(5)应税合同、产权转移书据未列明金额的,印花税的计税依据按照实际结算的金额确定。

(6)计税依据按照前款规定仍不能确定的,按照书立合同、产权转移书据时的市场价格确定。依法应当执行政府定价或者政府指导价的,按照国家有关规定确定。

(7)证券交易无转让价格的,按照办理过户登记手续时该证券前一个交易日收盘价计算确定计税依据;无收盘价的,按照证券面值计算确定计税依据。

(8)印花税的应纳税额按照计税依据乘以适用税率计算。

(9)同一应税凭证载有两个以上税目事项并分别列明金额的,按照各自适用的税目税率分别计算应纳税额;未分别列明金额的,从高适用税率。

(10)同一应税凭证由两方以上当事人书立的,按照各自涉及的金额分别计算应纳税额。

(11)已缴纳印花税的营业账簿,以后年度记载的实收资本(股本)、资本公积合计金额比已缴纳印花税的实收资本(股本)、资本公积合计金额增加的,按照增加部分计算应纳税额。

【例13-3】某企业某年2月开业,当年发生以下有关业务事项:与其他企业订立转移专用技术使用权书据1份,所载金额100万元;订立产品购销合同1份,所载金额为200万元;订立借款合同1份,所载金额为400万元。试计算该企业上述事项应缴纳的印花税税额。

【解析】

(1) 企业产权转移书据应纳税额:

应纳税额=1 000 000×0.5‰=500(元)。

(2) 企业订立购销合同应纳税额:

应纳税额=2 000 000×0.3‰=600(元)。

(3) 企业订立借款合同应纳税额:

应纳税额=4 000 000×0.05‰=200(元)。

(4) 上述事项企业应纳印花税税额=500+600+200=1300(元)。

第二节 契税

契税是以在中华人民共和国境内转移土地、房屋权属为征税对象,向产权承受人征收的一种税。契税法是指国家制定的用以调整契税征收与缴纳权利及义务关系的法律规范。现行契税法的基本规范,是由中华人民共和国第十三届全国人民代表大会常务委员会第二十一次会议于2020年8月11日通过的《中华人民共和国契税法》,自2021年9月1日起施行。

一、契税纳税要素

(一) 契税纳税人

契税的纳税人是在我国境内承受土地、房屋权属的单位和个人。境内是指在中华人民共和国实际税收行政管辖范围内。土地、房屋权属是指土地使用权和房屋所有权。单位是指企业单位、事业单位、国家机关、军事单位和社会团体以及其他组织。个人是指个体经营者及其他个人,包括中国公民和外籍人员。

契税由权属的承受人缴纳。这里所说的"承受",是指以受让、购买、受赠、交接等方式取得土地、房屋权属的行为。

（二）契税征税范围

契税是以在中华人民共和国境内转移土地、房屋权属为征税对象，向产权承受人征收的一种税。具体征税范围包括以下五项内容。

1. 国有土地使用权出让

国有土地使用权出让是指土地使用者向国家交付土地使用权出让费用，国家将国有土地使用权在一定年限内让与土地使用者的行为。

国有土地使用权出让，受让者应向国家缴纳出让金，以出让金为依据计算缴纳契税。不得因减免土地出让金而减免契税。

2. 土地使用权的转让

土地使用权的转让是指土地使用者以出售、赠与、交换或者其他方式将土地使用权转移给其他单位和个人的行为。土地使用权的转让不包括农村集体土地承包经营权的转移。

3. 房屋买卖（如表 13-2 所示）

房屋买卖，是指以货币为媒介，出卖者向购买者过渡房产所有权的交易行为。以下几种特殊情况，视同买卖房屋。

（1）以房产抵债或实物交换房屋，应由产权承受人，按房屋现值缴纳契税。

（2）以房产作投资、入股。这种交易业务也属于房屋产权转移，应根据国家房地产管理的有关规定，办理房屋产权交易和产权变更登记手续，视同房屋买卖，由产权承受方按契税税率计算缴纳契税。

（3）买房拆料或翻建新房，应照章征收契税。

4. 房屋赠与

房屋的赠与是指房屋产权所有人将房屋无偿转让给他人所有。其中，将自己的房屋转交给他人的法人和自然人，称作房屋赠与人；接受他人房屋的法人和自然人，称为受赠人。房屋赠与的前提必须是产权无纠纷，赠与人和受赠人双方自愿。

5. 房屋交换

房屋交换是指房屋所有者之间互相交换房屋的行为。

6. 视同土地使用权转让、房屋买卖或者房屋赠与

（1）以土地、房屋权属作价投资、入股。

（2）以土地、房屋权属抵债。

（3）以获奖方式承受土地、房屋权属。

（4）以预购方式或者预付集资建房款方式承受土地、房屋权属。

表 13-2 转让房地产权属的转让方和承受方的纳税情况

转让方	承受方
（1）增值税（销售不动产、转让土地使用权） （2）城建税和教育费附加、地方教育附加 （3）印花税（产权转移书据） （4）土地增值税 （5）企业所得税（或个人所得税）	（1）印花税（产权转移书据） （2）契税

(三) 契税税率

契税实行3%~5%的幅度税率。实行幅度税率是考虑到我国经济发展的不平衡,各地经济差别较大的实际情况。因此,各省、自治区、直辖市人民政府可以在3%~5%的幅度税率规定范围内,按照本地区的实际情况决定。

(四) 契税税收优惠

1. 契税优惠的一般规定

(1) 国家机关、事业单位、社会团体、军事单位承受土地、房屋用于办公、教学、医疗、科研和军事设施的,免征契税。

(2) 城镇职工按规定第一次购买公有住房,免征契税。

财政部、国家税务总局规定:自2000年11月29日起,对各类公有制单位为解决职工住房而采取集资建房方式建成的普通住房,或由单位购买的普通商品住房,经当地县以上人民政府房改部门批准,按照国家房改政策出售给本单位职工的,如属职工首次购买住房,可免征契税。

(3) 因不可抗力灭失住房而重新购买住房的,酌情减免。不可抗力是指自然灾害、战争等不能预见、不可避免并不能克服的客观情况。

(4) 土地、房屋被县级以上人民政府征用、占用后,重新承受土地、房屋权属的,由省级人民政府确定是否减免。

(5) 承受荒山、荒沟、荒丘、荒滩土地使用权,并用于农、林、牧、渔业生产的,免征契税。

(6) 经外交部确认,依照我国有关法律规定以及我国缔结或参加的双边和多边条约或协定,应当予以免税的外国驻华使馆、领事馆、联合国驻华机构及其外交代表、领事官员和其他外交人员承受土地、房屋权属,免征契税。

(7) 公租房经营单位购买住房作为公租房的,免征契税。

(8) 对个人购买家庭唯一住房(家庭成员范围包括购房人、配偶以及未成年子女,下同),面积为90平方米及以下的,减按1%的税率征收契税;面积为90平方米以上的,减按1.5%的税率征收契税。对个人购买家庭第二套改善性住房,面积为90平方米及以下的,减按1%的税率征收契税;面积为90平方米以上的,减按2%的税率征收契税。家庭第二套改善性住房是指已拥有一套住房的家庭购买的家庭第二套住房。

(9) 财政部规定的其他减征、免征契税的项目。

2. 契税优惠的特殊规定(如表13-3所示)

表13-3 契税优惠的特殊规定

特殊行为	具体情况	契税政策
企业改制	企业整体改制,包括非公司制企业改制为有限责任公司或股份有限公司,有限责任公司变更为股份有限公司,股份有限公司变更为有限责任公司,原企业投资主体存续并在改制(变更)后的公司中所持股权(股份)比例超过75%,且改制(变更)后公司承继原企业权利、义务的,对改制(变更)后公司承受原企业土地、房屋权属	免征

续表

特殊行为	具体情况	契税政策
事业单位改制	事业单位按照国家有关规定改制为企业,原投资主体存续并在改制后企业中出资(股权、股份)比例超过50%的,对改制后企业承受原事业单位土地、房屋权属	免征
企业合并	合并为一个企业,原投资主体存续,合并后的企业承受原合并各方的土地、房屋权属	
企业分立	分立为两个或两个以上与原企业投资主体相同的企业,对分立后企业承受原企业土地、房屋权属	
企业破产	债权人(包括破产企业职工)承受破产企业抵偿债务的土地、房屋权属	免征
	非债权人承受破产企业土地、房屋权属,与原企业30%以上职工签订服务年限不少于3年的劳动用工合同的	减半征收
	非债权人承受破产企业土地、房屋权属,与原企业全部职工签订服务年限不少于3年的劳动用工合同的	免征
资产划转	对承受县级以上人民政府或国有资产管理部门按规定进行行政性调整、划转国有土地、房屋权属的单位	免征
	同一投资主体内部所属企业之间土地、房屋权属的划转,包括母公司与其全资子公司之间,同一公司所属全资子公司之间,同一自然人与其设立的个人独资企业、一人有限公司之间土地、房屋权属的划转	
	母公司以土地、房屋权属向其全资子公司增资,视同划转(新增)	
转股权	经国务院批准实施债权转股权的企业,对债权转股权后新设立的公司承受原企业的土地、房屋权属	
划拨用地出让或作价出资	以出让方式或国家作价出资(入股)方式承受原改制重组企业、事业单位划拨用地的	对承受方征税
公司股权(股份)转让	在股权(股份)转让中,单位、个人承受公司股权(股份),公司土地、房屋权属不发生转移	不征

【例13-4】下列行为中,应当缴纳契税的是( )。

A. 公租房经营企业购买住房作为公租房
B. 个人以自有房产投入本人独资经营的企业
C. 企业将自有房产与另一企业的房产等价交换
D. 企业以自有房产投资于另一企业并取得相应的股权

【答案】D

【解析】购买住房作为公租房、等价交换住房、以自有房产投入本人独资经营的企业

(房屋产权没有变化),均免纳契税。

(五) 契税的征收管理

1. 纳税义务发生时间

契税的纳税义务发生时间是纳税人签订土地、房屋权属转移合同的当天,或者纳税人取得其他具有土地、房屋权属转移合同性质凭证的当天。

2. 纳税期限

纳税人应当自纳税义务发生之日起10日内,向土地、房屋所在地的契税征收机关办理纳税申报,并在契税征收机关核定的期限内缴纳税款。

3. 纳税地点

契税的纳税地点在土地、房屋的所在地。

二、契税的计算

(一) 契税计税依据的确定

契税的计税依据为不动产的价格。由于土地、房屋权属转移方式不同,定价方法不同,因而具体计税依据视不同情况而决定。具体情况如表13-4所示。

(1) 国有土地使用权出让、土地使用权出售、房屋买卖,以成交价格为计税依据。成交价格是指土地、房屋权属转移合同确定的价格,包括承受者应交付的货币、实物、无形资产或者其他经济利益。

(2) 土地使用权赠与、房屋赠与,由征收机关参照土地使用权出售、房屋买卖的市场价格核定。

(3) 土地使用权交换、房屋交换,为所交换的土地使用权、房屋的价格差额。也就是说,交换价格相等时,免征契税;交换价格不等时,由多交付的货币、实物、无形资产或者其他经济利益的一方缴纳契税。对于成交价格明显低于市场价格并且无正当理由的,或者所交换土地使用权、房屋价格的差额明显不合理并且无正当理由的,征收机关可以参照市场价格核定计税依据。

(4) 以划拨方式取得土地使用权,经批准转让房地产时,由房地产转让者补交契税。计税依据为补交的土地使用权出让费用或者土地收益。

(5) 对于个人无偿赠与不动产行为(法定继承人除外),应对受赠人全额征收契税。

(6) 房屋附属设施征收契税的依据:

① 不涉及土地使用权和房屋所有权转移变动的,不征收契税。

② 采取分期付款方式购买房屋附属设施土地使用权、房屋所有权的,应按合同规定的总价款计征契税。

③ 承受的房屋附属设施权属如为单独计价的,按照当地确定的适用税率征收契税。如与房屋统一计价的,适用与房屋相同的契税税率。

【例13-5】赠与房屋时,确定契税计税依据所参照的价格或价值是(   )。

A. 房屋原值
B. 摊余价值
C. 协议价格
D. 市场价格

【答案】D

【解析】土地使用权赠与、房屋赠与，契税的计税依据由征收机关参照土地使用权出售、房屋买卖的市场价格核定。

表 13-4 契税计税依据和应纳税额计算

征税对象	纳税人	计税依据（不含增值税）	税率	计税公式
国有土地使用权出让	受让方	成交价格【提示】国有土地使用权出让，受让者应向国家缴纳出让金，以出让金为依据计算缴纳契税。不得因减免土地出让金而减免契税	3%~5%的幅度税率，各省、自治区、直辖市人民政府按本地区的实际情况在幅度内确定	应纳税额=计税依据×税率
土地使用权转让	受让方			
房屋买卖	买方			
土地使用权赠与、房屋赠与	受赠方	征收机关参照市场价核定	3%~5%的幅度税率，各省、自治区、直辖市人民政府按本地区实际情况在幅度内确定	应纳税额=计税依据×税率
土地使用权交换、房屋交换	付出差价方	等价交换免征契税；不等价交换，依交换价格差额征税		

（二）应纳税额的计算

契税采用比例税率。应纳税额的计算公式为：

应纳税额=计税依据×税率

【例13-6】张先生有两套住房，将一套出售给李先生，成交价格为1 200 000元；将另一套两室住房与王女士交换成两套一室住房，并支付给王女士换房差价款300 000元。试计算张先生、李先生、王女士相关行为应缴纳的契税(假定税率为4%)。

【解析】(1) 张先生应缴纳契税=300 000×4%=12 000(元)

(2) 李先生应缴纳契税=1 200 000×4%=48 000(元)

(3) 王女士无须缴纳契税。

第三节 车辆购置税

车辆购置税是以在中国境内购置规定车辆为课税对象，在特定的环节向车辆购置者征收的一种税。车辆购置税法是指国家制定的用以调整车辆购置税征收与缴纳权利及义务关系的法律规范。现行车辆购置税法的基本规范,是2018年12月29日第十三届全国人民代表大会常务委员会第七次会议通过,并于2019年7月1日开始施行的《中华人民共和国车辆购置税法》(以下简称《车辆购置税法》)。征收车辆购置税有利于合理筹集财政资金,规范政府行为,调节收入差距,也有利于配合打击车辆走私和维护国家权益。

一、车辆购置税纳税要素

(一)纳税义务人

在中华人民共和国境内购置汽车、有轨电车、汽车挂车、排气量超过150毫升的摩托车(以下统称应税车辆)的单位和个人,为车辆购置税的纳税人。所称购置,是指以购买、进口、自产、受赠、获奖或者其他方式取得并自用应税车辆的行为。车辆购置税实行一次性征收。购置已征车辆购置税的车辆,不再征收车辆购置税。

所称单位,包括国有企业、集体企业、私营企业、股份制企业、外商投资企业、外国企业以及其他企业,事业单位、社会团体、国家机关、部队以及其他单位。

所称个人,包括个体工商户及其他个人,既包括中国公民又包括外国公民。

【例13-7】下列人员中,属于车辆购置税纳税义务人的是(   )。
A. 应税车辆的出口者
B. 应税车辆的捐赠者
C. 应税车辆的获奖者
D. 应税车辆的销售者
【答案】C

(二)征税范围

车辆购置税以列举的车辆作为征税对象,未列举的车辆不纳税。其征税范围包括汽车、有轨电车、汽车挂车、排气量超过150毫升的摩托车。

地铁、轻轨等城市轨道交通车辆,装载机、平地机、挖掘机、推土机等轮式专用机械车,以及起重机(吊车)、叉车、电动摩托车,不属于应税车辆。

【例13-8】下列车辆,属于车辆购置税征税范围的有(   )。
A. 排气量200毫升的摩托车
B. 有轨电车
C. 汽车挂车
D. 电动自行车
【答案】ABC
【解析】电动自行车不属于车辆购置税的征税范围。

针对不同车辆涉及到的增值税、消费税、车辆购置税,可以通过表13-5判断区别。

表 13-5 不同行为增值税、消费税与车辆购置税应税情况确认

行为	增值税	消费税	车辆购置税
自产小汽车(含中轻型商用客车)非自用	√	√	×
进口小汽车(含中轻型商用客车)非自用	√	√	×
自产、进口卡车、货车用于销售、捐赠、投资、偿债	√	×	×
进口小汽车(含中轻型商用客车)自用	√	√	√
进口卡车、货车、有轨电车、汽车挂车自用	√	×	√
购置、受赠、获奖、接受投资小汽车、卡车、货车、有轨电车、汽车挂车等车辆自用	×	×	√

(三) 税率

车辆购置税实行统一比例税率,税率为10%。

(四) 税收优惠

下列车辆免征车辆购置税:

(1) 依照法律规定应当予以免税的外国驻华使馆、领事馆和国际组织驻华机构及其有关人员自用的车辆。
(2) 中国人民解放军和中国人民武装警察部队列入装备订货计划的车辆。
(3) 悬挂应急救援专用号牌的国家综合性消防救援车辆。
(4) 设有固定装置的非运输专用作业车辆。
(5) 城市公交企业购置的公共汽电车辆。

根据国民经济和社会发展的需要,国务院可以规定减征或者其他免征车辆购置税的情形,报全国人民代表大会常务委员会备案。

免税、减税车辆因转让、改变用途等原因不再属于免税、减税范围的,纳税人应当在办理车辆转移登记或者变更登记前缴纳车辆购置税。计税价格以免税、减税车辆初次办理纳税申报时确定的计税价格为基准,每满一年扣减百分之十。

应纳税额=初次办理纳税申报时确定的计税价格×(1-使用年限×10%)×10%-已纳税额

应纳税额不得为负数。

使用年限的计算方法是,自纳税人初次办理纳税申报之日起,至不再属于免税、减税范围的情形发生之日止。使用年限取整计算,不满一年的不计算在内。

(五) 征收管理

车辆购置税由税务机关负责征收。

1. 纳税义务发生时间

车辆购置税的纳税义务发生时间为纳税人购置应税车辆的当日。纳税人应当自纳税

义务发生之日起六十日内申报缴纳车辆购置税。购置应税车辆的当日,以纳税人购置应税车辆所取得的车辆相关凭证上注明的时间为准。

2. 纳税地点

纳税人购置应税车辆,应当向车辆登记地的主管税务机关申报缴纳车辆购置税。购置不需要办理车辆登记的应税车辆的,应当向纳税人所在地的主管税务机关申报缴纳车辆购置税。

3. 纳税环节

纳税人应当在向公安机关交通管理部门办理车辆注册登记前,缴纳车辆购置税。

公安机关交通管理部门办理车辆注册登记,应当根据税务机关提供的应税车辆完税或者免税电子信息对纳税人申请登记的车辆信息进行核对,核对无误后依法办理车辆注册登记。

4. 车辆购置税的退税制度

纳税人将已征车辆购置税的车辆退回车辆生产企业或者销售企业的,可以向主管税务机关申请退还车辆购置税。退税额以已缴税款为基准,自缴纳税款之日至申请退税之日,每满一年扣减百分之十。

已征车辆购置税的车辆退回车辆生产或销售企业,纳税人申请退还车辆购置税的,应退税额计算公式如下:

应退税额=已纳税额×(1-使用年限×10%)

应退税额不得为负数。

使用年限的计算方法是,自纳税人缴纳税款之日起,至申请退税之日止。

【例13-9】张某于2020年1月购买一辆小轿车自用,当月缴纳了车辆购置税2万元,2021年2月,因该车存在严重质量问题,张某与厂家协商退货,并向税务机关申请车辆购置税的退税。计算张某可得到的车辆购置税退税。

【解析】车辆退回生产企业或者经销商的,纳税人申请退税时,主管税务机关自纳税人办理纳税申报之日起,按已缴税款每满1年扣减10%计算退税额;未满1年的,按已缴纳税款全额退税。张某购买该车满1年不满2年,可得到的退税=2×(1-10%)=1.8(万元)。

二、车辆购置税应纳税额计算

(一)计税依据

应税车辆的计税价格,按照下列规定确定:

(1)纳税人购买自用应税车辆的计税价格,为纳税人实际支付给销售者的全部价款,不包括增值税税款。

(2)纳税人进口自用应税车辆的计税价格,为关税完税价格加上关税和消费税。

(3)纳税人自产自用应税车辆的计税价格,按照纳税人生产的同类应税车辆的销售价格确定,不包括增值税税款。

(4) 纳税人以受赠、获奖或者其他方式取得自用应税车辆的计税价格,按照购置应税车辆时相关凭证载明的价格确定,不包括增值税税款。

纳税人申报的应税车辆计税价格明显偏低,又无正当理由的,由税务机关依照《中华人民共和国税收征收管理法》的规定核定其应纳税额。

纳税人以外汇结算应税车辆价款的,按照申报纳税之日的人民币汇率中间价折合成人民币计算缴纳税款。

应税车辆的计税价格,按照下列规定确定,如表13-6所示。

表13-6 车辆购置税计税依据有关规定

车辆取得	计税依据	说明
1. 购买自用（包括国产、进口车辆）	纳税人实际支付给销售者的全部价款（不含增值税）	代收转付的款项不作计税依据
2. 进口自用	组成计税价格＝关税完税价格＋关税＋消费税	以外汇结算应税车辆价款的,按照申报纳税之日的人民币汇率中间价折算
3. 自产自用	纳税人生产的同类应税车辆的销售价格（不含增值税）	1. 已取消最低计税价格的相关规定。2. 纳税人申报的应税车辆计税价格明显偏低,又无正当理由的,由税务机关核定其应纳税额
4. 受赠、获奖或者其他方式取得自用	购置应税车辆时相关凭证载明的价格（不含增值税）	

（二）应纳税额的计算

车辆购置税的应纳税额按照应税车辆的计税价格乘以税率计算。计算公式为：

应纳税额＝计税依据×税率

由于应税车辆的来源、应税行为的发生以及计税依据组成的不同,因而,车辆购置税应纳税额的计算方法也有区别。

1. 购买自用应税车辆应纳税额的计算

纳税人购买自用应税车辆实际支付给销售者的全部价款,依据纳税人购买应税车辆时相关凭证载明的价格确定,不包括增值税税款。

在应纳税额的计算当中,应注意以下费用的计税规定。

① 购买者随购买车辆支付的工具件和零部件价款应作为购车价款的一部分,并入计税依据中征收车辆购置税。

② 支付的车辆装饰费应作为价外费用并入计税依据中计税。

③ 代收款项应区别征税。凡使用代收单位（受托方）票据收取的款项,应视作代收单位价外收费,购买者支付的价费款,应并入计税依据中一并征税;凡使用委托方票据收取,受托方只履行代收义务和收取代收手续费的款项,应按其他税收政策规定征税。

④ 销售单位开给购买者的各种发票金额中包含增值税税款,因此,计算车辆购置税时,应换算为不含增值税的计税价格。

⑤ 销售单位开展优质销售活动所开票收取的有关费用,应属于经营性收入,企业在

代理过程中按规定支付给有关部门的费用,企业已作经营性支出列支核算,其收取的各项费用并在一张发票上难以划分的,应作为价外收入计算征税。

【例 13-10】张某 2021 年 12 月从某汽车销售有限公司购买一辆小汽车供自己使用,支付了含增值税税款在内的款项 232 000 元,另支付代收临时牌照费 500 元、代收保险费 1000 元,支付购买工具件和零配件价款 3000 元,车辆装饰费 1300 元。所支付的款项均由该公司开具"机动车销售统一发票"和有关票据。请计算张某应纳车辆购置税。

【解析】计税依据 = (232 000+550+1000+3000+1300)÷(1+13%) = 210 486.73(元)。

应纳税额 = 210 486.73×10% = 21 048.67(元)。

2. 纳税人进口自用应税车辆税额计算

纳税人进口自用应税车辆,是指纳税人直接从境外进口或者委托代理进口自用的应税车辆,不包括在境内购买的进口车辆。

纳税人进口自用的应税车辆应纳税额的计算公式为:

应纳税额 = (关税完税价格+关税+消费税)×税率

【例 13-11】某外贸进出口公司 2021 年 10 月,从国外进口 10 辆某型号小轿车。该公司报关进口这批小轿车时,经报关地海关对有关报关资料的审查,确定关税完税价格为每辆 185 000 元人民币,海关按关税政策规定每辆征收了关税 46 200 元,并按消费税、增值税有关规定分别代征了每辆小轿车的进口消费税 25 600 元和增值税 41 000 元。由于业务需要,该公司将一辆小轿车留在本单位使用。根据以上资料,计算应纳车辆购置税。

【解析】计税依据 = 185 000+46 200+25 600 = 256 800(元)

应纳税额 = 256 800×10% = 25 680(元)

3. 纳税人自产自用应税车辆税额的计算

纳税人自产自用应税车辆的计税价格,按照同类应税车辆(即车辆配置序列号相同的车辆)的销售价格确定,不包括增值税税款;没有同类应税车辆销售价格的,按照组成计税价格确定。组成计税价格计算公式如下:

组成计税价格 = 成本×(1+成本利润率)

属于应征消费税的应税车辆,其组成计税价格中应加计消费税税额。

上述公式中的成本利润率,由国家税务总局各省、自治区、直辖市和计划单列市税务局确定。

第四节 环境保护税

环境保护税是对在我国领域以及管辖的其他海域直接向环境排放应税污染物的企事业单位和其他生产经营者征收的一种税。环境保护税法是指国家制定的调整环境保护税征收与缴纳相关权利及义务关系的法律规范。现行环境保护税法的基本规范包括 2016 年 12 月 25 日第十二届全国人民代表大会常务委员会第二十五次会议通过的《中华人民共和国环境保护税法》(以下简称《环境保护税法》)、2017 年 12 月 30 日国务院发布的

《中华人民共和国环境保护税法实施条例》等。《环境保护税法》自2018年1月1日起正式实施。

一、环境保护税纳税要素

(一)纳税义务人

环境保护税的纳税义务人是在中华人民共和国领域和中华人民共和国管辖的其他海域直接向环境排放应税污染物的企业事业单位和其他生产经营者。

应税污染物,是指《环境保护税法》规定的《环境保护税税目税额表》《应税污染物和当量值表》所规定的大气污染物、水污染物、固体废物和噪声。

有下列情形之一的,不属于直接向环境排放污染物,不缴纳相应污染物的环境保护税。

(1)企业事业单位和其他生产经营者向依法设立的污水集中处理、生活垃圾集中处理场所排放应税污染物的。

(2)企业事业单位和其他生产经营者在符合国家和地方环境保护标准的设施、场所贮存或者处置固体废物的。

(3)达到省级人民政府确定的规模标准并且有污染物排放口的畜禽养殖场,应当依法缴纳环境保护税,但依法对畜禽养殖废弃物进行综合利用和无害化处理的。

(二)税目、税率

环境保护税税目包括大气污染物、水污染物、固体废物和噪声四大类。如表13-7所示。

环境保护税采用定额税率,其中,对应税大气污染物和水污染物规定了幅度定额税率,具体适用税额的确定和调整由省、自治区、直辖市人民政府统筹考虑本地区环境承载能力、污染物排放现状和经济社会生态发展目标要求,在规定的税额幅度内提出,报同级人民代表大会常务委员会决定,并报全国人民代表大会常务委员会和国务院备案。

表13-7 环境保护税税目税率表

税目		计税单位	税额	备注
大气污染物		每污染当量	1.2元至12元	
水污染物		每污染当量	1.4元至14元	
固体废物	煤矸石	每吨	5元	
	尾矿	每吨	15元	
	危险废物	每吨	1000元	
	冶炼渣、粉煤灰、炉渣、其他固体废物(含半固态、液态废物)	每吨	25元	

续表

税目		计税单位	税额	备注
噪声	工业噪声	超标1~3分贝	每月350元	
		超标4~6分贝	每月700元	
		超标7~9分贝	每月1400元	
		超标10~12分贝	每月2800元	
		超标13~15分贝	每月5600元	
		超标16分贝以上	每月11 200元	

注:1. 一个单位边界上有多处噪声超标,根据最高一处超标声级计算应纳税额。当沿边界长度超过100米有两处以上噪声超标,按照两个单位计算应纳税额。

2. 一个单位有不同地点作业场所的,应当分别计算应纳税额,合并计征。

3. 昼、夜均超标的环境噪声,昼、夜分别计算应纳税额,累计计征。

4. 声源一个月内超标不足15天的,减半计算应纳税额。

5. 夜间频繁突发和夜间偶然突发厂界超标噪声,按等效声级和峰值噪声两种指标中超标分贝值高的一项计算应纳税额。

【例13-12】下列污染物中,属于环境保护税征收范围的有(   )。

A. 建筑噪声

B. 二氧化硫

C. 煤矸石

D. 氮氧化物

【答案】BCD

【解析】应税噪声特指的是工业噪声,不包括建筑噪声(选项A)和交通噪声。

(三) 税收优惠

1. 暂免征税项目

下列情形,暂予免征环境保护税:

(1) 农业生产(不包括规模化养殖)排放应税污染物的。

(2) 机动车、铁路机车、非道路移动机械、船舶和航空器等流动污染源排放应税污染物的。

(3) 依法设立的城乡污水集中处理、生活垃圾集中处理场所排放相应应税污染物,不超过国家和地方规定的排放标准的。

(4) 纳税人综合利用的固体废物,符合国家和地方环境保护标准的。

(5) 国务院批准免税的其他情形。

2. 减征税额项目

(1) 纳税人排放应税大气污染物或者水污染物的浓度值低于国家和地方规定的污染物排放标准30%的,减按75%征收环境保护税。

(2) 纳税人排放应税大气污染物或者水污染物的浓度值低于国家和地方规定的污染

物排放标准50%的,减按50%征收环境保护税。

综上所述,环境保护税税收优惠政策如表13-8所示。

表13-8 环境保护税税收优惠政策汇总

排污主体	排放对象	环境保护税	备注
企业事业单位和其他生产经营者	向依法设立的城乡污水集中处理、生活垃圾集中处理场所排放	不征	
	向环境排放	减征	浓度值低于规定标准
		应征	浓度值不低于规定标准
依法设立的城乡污水集中处理、生活垃圾集中处理场所	向环境排放	免征	不超排放标准
		减征	超排放标准但浓度值低于标准（现实几乎无此情况）
		应征	超排放标准且超浓度值标准

【例13-13】下列情形,暂予免征环境保护税的有( )。

A. 农业种植排放应税污染物的

B. 规模化养殖排放应税污染物的

C. 机动车行驶排放应税污染物的

D. 依法设立的城乡污水集中处理场所排放相应应税污染物不超过国家和地方规定的排放标准的

【答案】ACD

（四）征收管理

1. 征管方式

环境保护税采用"企业申报、税务征收、环保协同、信息共享"的征管方式。纳税人应当依法如实办理纳税申报,对申报的真实性和完整性承担责任。税务机关依照《中华人民共和国税收征收管理法》和《环境保护税法》的有关规定征收管理。环境保护主管部门依照《环境保护税法》和有关环境保护法律法规的规定对污染物监测管理。县级以上地方人民政府应当建立税务机关、环境保护主管部门和其他相关单位分工协作工作机制。环境保护主管部门和税务机关应当建立涉税信息共享平台和工作配合机制,定期交换有关纳税信息资料。

2. 数据传递和比对

环境保护主管部门应当将排污单位的排污许可、污染物排放数据、环境违法和受行政处罚情况等环境保护相关信息,定期交送税务机关。

税务机关应当将纳税人的纳税申报、税款入库、减免税额、欠缴税款以及风险疑点等环境保护税涉税信息,定期交送环境保护主管部门。

税务机关应当将纳税人的纳税申报数据资料与环境保护主管部门交送的相关数据资料进行比对。纳税人申报的污染物排放数据与环境保护主管部门交送的相关数据不一致的,按照环境保护主管部门交送的数据确定应税污染物的计税依据。

3. 复核

税务机关发现纳税人的纳税申报数据资料异常或者纳税人未按照规定期限办理纳税申报的,可以提请环境保护主管部门进行复核,环境保护主管部门应当自收到税务机关的数据资料之日起十五日内向税务机关出具复核意见。税务机关应当按照环境保护主管部门复核的数据资料调整纳税人的应纳税额。

纳税人的纳税申报数据资料异常,包括但不限于下列情形:

(1) 纳税人当期申报的应税污染物排放量与上一年同期相比明显偏低,且无正当理由。

(2) 纳税人单位产品污染物排放量与同类型纳税人相比明显偏低,且无正当理由。

4. 纳税义务发生时间

环境保护税纳税义务发生时间为纳税人排放应税污染物的当日。环境保护税按月计算,按季申报缴纳。不能按固定期限计算缴纳的,可以按次申报缴纳。

纳税人按季申报缴纳的,应当自季度终了之日起十五日内,向税务机关办理纳税申报并缴纳税款。纳税人按次申报缴纳的,应当自纳税义务发生之日起十五日内,向税务机关办理纳税申报并缴纳税款。纳税人申报缴纳时,应当向税务机关报送所排放应税污染物的种类、数量,大气污染物、水污染物的浓度值,以及税务机关根据实际需要要求纳税人报送的其他纳税资料。

5. 纳税地点

纳税人应当向应税污染物排放地的税务机关申报缴纳环境保护税。应税污染物排放地是指应税大气污染物、水污染物排放口所在地;应税固体废物产生地;应税噪声产生地。

纳税人跨区域排放应税污染物,税务机关对税收征收管辖有争议的,由争议各方按照有利于征收管理的原则协商解决。

纳税人从事海洋工程向中华人民共和国管辖海域排放应税大气污染物、水污染物或者固体废物,申报缴纳环境保护税的具体办法,由国务院税务主管部门会同国务院海洋主管部门规定。

【例13-14】以下符合环境保护税政策规定的有(   )。

A. 环保税的纳税义务发生时间为纳税人排放应税污染物的当日

B. 纳税人应当向机构所在地的税务机关申报缴纳环境保护税

C. 环境保护税按月计算,按季申报缴纳

D. 纳税人按次申报缴纳的,应当自季度终了之日起15日内,向税务机关办理纳税申报并缴纳税款

【答案】AC

【解析】选项B,纳税人应当向应税污染物排放地的税务机关申报缴纳环境保护税。选项D,纳税人按次申报缴纳的,应当自纳税义务发生之日起15日内,向税务机关办理纳税申报并缴纳税款。

二、环境保护税应纳税额的计算

(一) 计税依据的确定

(1) 应税固体废物的计税依据,按照固体废物的排放量确定。固体废物的排放量为当期应税固体废物的产生量减去当期应税固体废物的贮存量、处置量、综合利用量的余额。

固体废物的贮存量、处置量,是指在符合国家和地方环境保护标准的设施、场所贮存或者处置的固体废物数量;固体废物的综合利用量,是指按照国务院发展改革、工业和信息化主管部门关于资源综合利用要求以及国家和地方环境保护标准进行综合利用的固体废物数量。

(2) 纳税人有下列情形之一的,以其当期应税固体废物的产生量作为固体废物的排放量。

① 非法倾倒应税固体废物。
② 进行虚假纳税申报。

(3) 应税大气污染物、水污染物的计税依据,按照污染物排放量折合的污染当量数确定。

纳税人有下列情形之一的,以其当期应税大气污染物、水污染物的产生量作为污染物的排放量。

① 未依法安装使用污染物自动监测设备或者未将污染物自动监测设备与环境保护主管部门的监控设备联网。
② 损毁或者擅自移动、改变污染物自动监测设备。
③ 篡改、伪造污染物监测数据。
④ 通过暗管、渗井、渗坑、灌注或者稀释排放以及不正常运行防治污染设施等方式违法排放应税污染物。
⑤ 进行虚假纳税申报。

(4) 从两个以上排放口排放应税污染物的,对每一排放口排放的应税污染物分别计算征收环境保护税。纳税人持有排污许可证的,其污染物排放口按照排污许可证载明的污染物排放口确定。

(二) 应纳税额的计算

环境保护税应纳税额按照下列方法计算:

1. 应税大气污染物应纳税额的计算

应税大气污染物的应纳税额=污染当量数×适用税额

2. 应税水污染物应纳税额的计算

应税水污染物的应纳税额=污染当量数×适用税额

3. 应税固体废物应纳税额的计算

应税固体废物的应纳税额=固体废物排放量×适用税额

4. 应税噪声应纳税额的计算

应税噪声应纳税额=超过国家规定标准的分贝数对应的具体适用税额

【例13-15】某化工厂是环境保护税纳税人,该厂仅有1个污水排放口且直接向河流排放污水,已安装使用符合国家规定和监测规范的污染物自动监测设备。检测数据显示,该排放口2021年9月共排放污水3万吨(折合3万立方米),应税污染物为六价铬,浓度为六价铬0.5mg/L。请计算该化工厂9月份应缴纳的环境保护税(该厂所在省的水污染物税率为2.6元/污染当量,六价铬的污染当量值为0.02)

【解析】(1)计算污染当量数:

六价铬污染当量数=排放总量×浓度值÷当量值=30000000×0.5÷1000000÷0.02=750。

(2)应纳税额=750×2.6=1950(元)。

【例13-16】某工业企业有一个生产场所,只在昼间生产,边界处声环境功能区类型为1类,生产时产生噪声为60分贝,《工业企业厂界环境噪声排放标准》规定1类功能区昼间的噪声排放限值为55分贝,当月超标天数为18天。请计算该企业当月噪声污染应缴纳的环境保护税。

【解析】超标分数:60-55=5(分贝)。

根据《环境保护税税目税额表》可知,该企业当月噪声污染应缴纳环境保护税700元。

第五节 行为税纳税申报实务

一、行为税纳税申报办理时限

(一)印花税

印花税应当在书立或领受时贴花。同一种类应纳税凭证,需频繁贴花的,纳税人可以根据实际情况自行决定是否采用按期汇总缴纳印花税的方式。汇总缴纳的期限为一个月。缴纳方式一经选定,一年内不得改变。实行核定征收印花税的,纳税期限为一个月,税额较小的,纳税期限可为一个季度,具体由主管税务机关确定。纳税人应当自纳税期满之日起15日内申报缴纳印花税。纳税人在纳税期内没有应纳税款的,也应当按照规定办理纳税申报。纳税人享受减税、免税待遇的,在减税、免税期间应当按照规定办理纳税申报。

(二)契税

纳税人应当自纳税义务发生之日起10日内,向土地、房屋所在地的契税征收机关办理纳税申报,并在契税征收机关核定的期限内缴纳税款。

(三) 车辆购置税

(1) 纳税人购买自用应税车辆的,应自购买之日起60日内申报纳税。
(2) 进口自用应税车辆的,应自进口之日起60日内申报纳税。
(3) 自产、受赠、获奖或者以其他方式取得并自用应税车辆的,应自取得之日起60日内申报纳税。
(4) 免税车辆因转让、改变用途等原因,其免税条件消失的,纳税人应在免税条件消失之日起60日内到主管税务机关重新申报纳税。

(四) 环境保护税

环境保护税纳税义务发生时间为纳税人排放应税污染物的当日。环境保护税按月计算,按季申报缴纳。不能按固定期限计算缴纳的,可以按次申报缴纳。

纳税人按季申报缴纳的,应当自季度终了之日起十五日内,向税务机关办理纳税申报并缴纳税款。纳税人按次申报缴纳的,应当自纳税义务发生之日起十五日内,向税务机关办理纳税申报并缴纳税款。纳税人申报缴纳时,应当向税务机关报送所排放应税污染物的种类、数量,大气污染物、水污染物的浓度值,以及税务机关根据实际需要要求纳税人报送的其他纳税资料。

二、行为税纳税申报报送资料

(一) 印花税

纳税人办理印花税申报时应报送《印花税纳税申报(报告)表》。

(二) 契税

纳税人办理契税申报时应报送《契税纳税申报表》;身份证明原件及复印件;不动产权属转移合同;发票原件及复印件。

(三) 车辆购置税

纳税人办理车辆购置税申报时应报税《车辆购置税纳税申报表》,同时提供以下资料:
(1) 纳税人身份证明。
(2) 车辆价格证明。
(3) 车辆合格证明。
(4) 税务机关要求的其他资料。

(四) 环境保护税

(1) 纳税人首次申报或基础信息发生变化时应报送《环境保护税基础信息采集表》。

(2) 通过自动监测、监测机构监测、排污系数和物料衡算法计算污染物排放量的纳税人,应报送《环境保护税纳税申报表(A类)》。

(3) 除适用A类申报之外的其他纳税人,包括按次申报的纳税人,应报送《环境保护税纳税申报表(B类)》。

三、行为税纳税申报实务

(一) 印花税

【例13-17】某A企业2021年度8月份发生以下业务:

(1) 采用以物易物方式进行商品交易签订合同一份,商品价值50万元,对方商品价值55万元。

(2) 该企业承揽加工业务,签订加工承揽合同两份,其中一份合同分别记载由受托方提供原材料,价值30万元,另收取加工费10万元;另一份合同规定由委托方提供原材料,原材料价值50万元,企业收取加费20万元。

(3) 该企业与外单位签订货物运输合同一份,总金额为100万元,含货物的装卸费和保险费共计10万元。

(4) 签订借款合同两份,一份借款金额为200万元,后因故未借,另一份借款合同,借款金额为100万元,合同约定半年后归还本金和利息。

【解析】根据上述资料对该企业印花税的计算缴纳进行分析。

(1) 对在商品购销活动中,采用以货易货方式进行商品交易签订的合同,是反映既购又销双重经济行为的合同。对此,应按合同所载的购、销金融合计数计税贴花。故该企业以物易物合同应缴纳的印花税为:(500 000+550 000)×0.3‰=315(元)。

(2) 在对加工承揽合同计税时,对于由受托方提供原材料,凡在合同中分别记载加工费金额和原材料金额的,应分别按"加工承揽合同"和"购销合同"分别计税,两项税额相加数,即为合同应贴印花。若合同中未分别记载,则应就全部金额依照加工承揽合同计税贴花。

对于由委托方提供主工材料或原料,受托方只提供辅助材料的加工合同,无论加工费和辅助材料金额是否分别记载,均以辅助材料与加工费合计数,依照加工承揽合同计税贴花。对委托方提供的主要材料或原料金额不计税贴花。故签订的两份加工承揽合同应缴纳的印花税为:

300 000×0.3‰+100 000×0.5‰+200 000×0.5‰=240(元)。

(3) 货物运输合同的计税依据为取得的运输费金额(即运费收入),不包括所运货物的金额、装卸费和保险费等。故货物运输合同应缴纳的印花税为:(1 000 000−100 000)×0.5‰=450(元)。

(4) 印花税即是凭证税,又具有行为税性质。应税合同签订时,即发生纳税义务,必须依法贴花,履行完税手续。所以,不论合同是否兑现或能否按期兑现,都应当缴纳印花税。因而,对于已签订了借款合同,但最终未借款的合同也应按规定计税贴花。故企业签订的借款合同应缴纳的印花税为:(2 000 000+1 000 000)×0.05‰=150(元)。

该企业2021年8月份印花税纳税申报表如表13-9所示。

表13-9 印花税纳税申报(报告)表

税款所属期限:自2021年08月01日至2021年08月31日

纳税人识别号(统一社会信用代码):□□□□□□□□□□□□□□□□□□

纳税人名称:A企业　　　　　　　　　　　　　　　金额单位:人民币元(列至角分)

本期是否适用增值税小规模纳税人减征政策(减免性质代码:09049901)					是√否		减征比例(%)			
应税凭证	计税金额或件数	核定征收		适用税率	本期应纳税额	本期已缴税额	本期减免税额		本期增值税小规模纳税人减征额	本期应补(退)税额
		核定依据	核定比例				减免性质代码	减免税额		
	1	2	3	4	5=1×4+2×3×4	6	7	8	9	10=5-6-8-9
购销合同	1 350 000.00			0.3‰	405.00					405.00
加工承揽合同	300 000.00			0.5‰	150.00					150.00
建设工程勘察设计合同										
建筑安装工程承包合同										
财产租赁合同										
货物运输合同	900 000.00			0.5‰	450.00					450.00
仓储保管合同										
借款合同	3 000 000.00			0.05‰	150.00					150.00
财产保险合同										
技术合同										
产权转移书据										
营业账簿(记载资金的账簿)										
营业账簿(其他账簿)										
权利、许可证照										

续表

应税凭证	计税金额或件数	核定征收		适用税率	本期应纳税额	本期已缴税额	本期减免税额		本期增值税小规模纳税人减征额	本期应补（退）税额
		核定依据	核定比例				减免性质代码	减免税额		
	1			4	5=1×4+2×3×4	6	7	8	9	10=5-6-8-9
合计					1155.00					1155.00

本期是否适用增值税小规模纳税人减征政策（减免性质代码:09049901） 是√否 减征比例(%)

谨声明:本纳税申报表是根据国家税收法律法规及相关规定填报的,是真实的、可靠的、完整的。

纳税人(签章)： 年 月 日

经办人： 经办人身份证号： 代理机构签章： 代理机构统一社会信用代码：	受理人： 受理税务机关(章)： 受理日期： 年 月 日

（二）契税

【例13-18】某企业A向企业B转让一块土地,土地坐落于C地,土地面积为1000平方米,双方于2021年12月签订合同,合同价款为2000万元,当地省政府规定的契税税率为3%,计算企业B应缴纳的契税。

【解析】企业B应缴纳的契税=2000×3%=60（万元）。

该案例的契税纳税申报表如表13-10所示。

表13-10 契税纳税申报表

填表日期:年 月 日　　　　　　　　　　　　金额单位:元至角分；　　面积单位:平方米

纳税人识别号：*********

承受方信息	名称	B企业		√单位 □个人	
	登记注册类型	股份有限公司		所属行业	
	身份证件类型	身份证□ 护照□其他√		身份证件号码	***
	联系人	张某		联系方式	***
转让方信息	名称	A企业		√单位 □个人	
	纳税人识别号	***	登记注册类型	股份有限公司	所属行业
	身份证件类型	工商执照	身份证件号码	***	联系方式	***
土地房屋权属转移信息	合同签订日期	2021年12月10日	土地房屋坐落地址	C地	权属转移对象	***
	权属转移方式	***	用途	***	家庭唯一普通住房	□90平米以 □90平米及以下
	权属转移面积	1000平方米	成交价格	20 000 000.00	成交单价	20000元/平

续表

税款征收信息	评估价格		计税价格	20 000 000.00	税率	3%
	计征税额	600 000.00	减免性质代码		减免税额	
					应纳税额	600 000.00
以下由纳税人填写：						
纳税人声明	此纳税申报表是根据《中华人民共和国契税暂行条例》和国家有关税收规定填报的,是真实的、可靠的、完整的。					
纳税人签章		代理人签章		代理人身份证号		
以下由税务机关填写：						
受理人		受理日期	年月日	受理税务机关签章		

（三）车辆购置税

【例 13-19】 王某于 2021 年 10 月从某汽车有限公司购买一辆小汽车供自己使用,支付了含增值税税款在内的款项 339 000 元,另支付购买工具件和零配件价款 2260 元,车辆装饰费 1130 元。所支付的款项均由该汽车有限公司开具"机动车销售统一发票"和有关票据。计算王某应纳车辆购置税并填写车辆购置税纳税申报表。

【解析】

（1）计税依据 = (339 000+2260+1130)/(1+13%) = 303 000(元)。

（2）应纳税额 = 303 000×10% = 30 300(元)。

车辆购置税纳税申报表如表 13-11 所示。

表 13-11 车辆购置税纳税申报表

填表日期:2021 年 10 月 31 日　　　　　　　　　　　　金额单位:元

纳税人名称	王某	申报类型	√征税□免税□减税
证件名称	身份证	证件号码	***
联系电话	***	地　　址	***
合格证编号（货物进口证明书号）	***	车辆识别代号/车架号	***
厂牌型号	***		
排量(cc)	***	机动车销售统一发票代码	***
机动车销售统一发票号码	***	不含税价	303 000.00
海关进口关税专用缴款书(进出口货物征免税证明)号码			

续表

关税完税价格		关 税		消费税	
其他有效凭证名称		其他有效凭证号码		其他有效凭证价格	
购置日期		申报计税价格		申报免(减)税条件或者代码	
是否办理车辆登记		车辆拟登记地点			

纳税人声明：
　　本纳税申报表是根据国家税收法律法规及相关规定填报的,我确定它是真实的、可靠的、完整的。
　　纳税人(签名或盖章):王某

委托声明：
　　现委托(姓名)＿＿＿＿＿＿(证件号码)　　　　　　办理车辆购置税涉税事宜,提供的凭证、资料是真实、可靠、完整的。任何与本申报表有关的往来文件,都可交予此人。
　　委托人(签名或盖章):　　　　被委托人(签名或盖章):

以下由税务机关填写

免(减)税条件代码					
计税价格	税率	应纳税额	免(减)税额	实纳税额	滞纳金金额
303 000.00	10%	30 300.00		30 300.00	
受理人： 　年　月　日		复核人(适用于免、减税申报)： 　年　月　日		主管税务机关(章)	

(四) 环境保护税

【例13-20】某企业2021年4月向大气直接排放二氧化硫、氟化氢各10千克,一氧化碳、氯化氢100千克。该省大气污染物适用税额为1.2元/每污染当量。这家企业只有一个排放口,计算该企业4月大气污染物应缴纳的环境保护税并填写环境保护税纳税申报表,0.95、0.87、16.7、10.75分别为响应污染物的污染当量值(单位:千克)。

【解析】
(1)计算各污染物的污染当量数(单位:千克)。
二氧化硫:10/0.95＝10.53。
氟化物:10/0.87＝11.49。
一氧化碳:100/16.7＝5.99。
氯化氢:100/10.75＝9.3。

(2)按污染物的污染当量数排序。

氟化物(11.49)>二氧化硫(10.53)>氯化氢(9.3)>一氧化碳(5.99)。

(3)计算应纳税额。

氟化物:11.49×1.2=13.79(元)。

二氧化硫:10.53×1.2=12.63(元)。

氯化氢:9.3×1.2=11.16(元)。

该企业4月的环境保护税纳税申报表如表13-12所示。

表13-12 环境保护税纳税申报表(A类)

税款所属期:2021-04-01 至 2021-04-30　　填表日期:2018年5月6日　金额单位:元至角分

纳税人名称	企业(公章)				统一社会信用代码(纳税人识别号)		＊＊＊＊＊＊＊＊＊	
税源编号	排放口名称或噪声源名称	税目	污染物名称	计税依据或超标噪声综合系数	单位税额	本期应纳税额	本期减免税额	本期已缴税额	本期应补(退)税额
						=×			=
＊	大气污染物排放口	大气污染	二氧化硫	10.53	1.2	12.63			12.63
＊	大气污染物排放口	大气污染	氟化氢	11.49	1.2	13.79			13.79
＊	大气污染物排放口	大气污染	一氧化碳	5.99	0	0			0
＊	大气污染物排放口	大气污染	氯化氢	9.30	1.2	11.16			11.16
合计	——	——	——		——	37.58			37.58
授权声明	如果你已委托代理人申报,请填写下列资料: 　　为代理一切税务事宜,现授权(地址)(统一社会信用代码)为本纳税人的代理申报人,任何与本申报表有关的往来文件,都可寄予此人。 　　授权人签字:				＊申报人声明		本纳税申报表是根据国家税收法律法规及相关规定填写的,是真实的、可靠的、完整的。 声明人签字:		

经办人:　　　主管税务机关:　　　受理人:　　　受理日期:年　月　日